Food and Beverage in Airline

항공기내식음료론

엄경아 · 황승미 공저

백산출판사

머리말

누구나 어린 시절 자전거 타는 법을 익혀 동네 한 바퀴 돌 때의 설렘은 잊지 못할 것이다. 1시간은 족히 걸어가야 할 거리도 힘들이지 않고 10분 만에 갈 수 있게 되었으니 그 짜릿한 기분을 무엇과 비교할 수 있을까?

비행기를 처음 탈 때의 기분도 마찬가지일 것이다. 사람의 두 발을 대체해 주는 교통수단은 풍요로운 삶을 추구하려는 인류의 역사와 함께 발전해 왔으며, 현재 항공운송산업은 민영화, 자유화, 그리고 세계화되어 가는 국제환경의 변화 속에 있다.

특히 문화와 풍속이 다르고 여행의 목적과 기간이 다양한 고객을 대상으로 다른 어느 산업보다 앞선 글로벌 서비스 체제를 요구하고 있다. 일례로 영국항공은 10여 년 전부터 이코노미 클래스 고객층만 20가지 이상으로 구분하여 가격과 서비스를 차별화하는 관리시스템을 유지하고 있다.

이러한 환경 속에서 글로벌 항공서비스인으로 성장하기 위해 오늘도 많은 지원자들이 새로운 지식을 익히고 가다듬는다. 하지만 그저 지식으로 앵무새처럼 외운 것을 반복한다면 미래에 만나게 될 고객에게 특별한 감정을 전달할 수 없을 것이다.

각 나라의 다양한 인종과 문화, 종교에 대한 이해를 바탕으로 항공사에서 제공하는 기내식과 음료들이 어떤 배경하에서 만들어지고 그러한 음식문화가 계승, 발전되었는지 알고 서비스한다면 그동안 느낄 수 없었던 고객을 향한 맞춤서비스도 제공할 수 있게 되고 보다 자연스럽게 서비스할 수 있을 것이다.

식문화는 한순간에 만들어지지 않는다. 그 안에는 그 민족의 오랜 역사적 발전과정과 다양한 문화적 경험이 축적되어 있다. 따라서 항공기내식음료는 문화적 이해를 바탕으로 생활양식, 습관, 풍속, 종교 그리고 기내식 서비스에 관한 소소한 이야기를 통해 학습되어야 하며, 이것을 기초로 다양한 국적의 고객들에게 최상의 서비스를 제공할 수 있을 것이다.

이러한 목적을 위하여 본서는 크게 4부로 구성하였다.

제1부에서는 음식문화의 이해, 동·서 식문화의 비교, 각국 음식문화의 특징을 통하여 세계 식문화에 대한 기본적인 이해를 돕고자 하였다. 제2부에서는 Alcoholic Beverage와 Non-Alcoholic Beverage의 발생과정 및 각 음료에 대한 특성을 학습하여 음료에 대한 지식을 넓힐 수 있도록 하였고, 제3부에서는 Hors D'oeuvre부터 Hot Beverage까지 서양식 Course요리에 대한 사례를 들어 이해를 높이고자 하였다. 그리고 제4부에서는 기내식의 구성, Special menu, Class별 기내식 서비스 절차와 방법, 각 노선별 기내식 제공 유의점에 관하여 설명하였다. 마지막으로 부록에서는 기내에서 제공하는 Menu 용어에 대한 설명을 총망라하여 정리하였다.

항공기내식음료에 대한 배움의 목적이 앞으로 여러분들이 만나게 될 고객들의 문화와 역사에 대한 이해를 넓히고 고객의 마음을 헤아리기 위한 것이라면 본서는 항공기내식음료에 대한 학습에 있어 기본에 가장 충실한 책이 될 것이다.

아무쪼록 본서가 앞으로 항공서비스인으로 성장하는 데 있어 학습자에게 새로운 시각을 제공할 수 있다면 커다란 보람이 될 것이다.

글로벌 명품 항공사에 맞는 항공서비스인으로 여러분들이 날개를 활짝 펴고 세계의 하늘을 선도하는 그날을 위해 작은 밑거름이 되었으면 하는 소망도 함께 담아본다. 또한 이 책의 출간을 위해 그동안 끊임없이 학문적 기초와 식음료에 대해 연구업적을 쌓아주신 선행 연구자들과 출간기획부터 편집, 교정, 출판까지 전 과정에 애정을 담아주신 백산출판사 관계자분들께도 감사를 전한다.

2013년 경민대학교 교정에서

저자 일동

Contents

Part 1 세계 식문화의 이해

Part 4 기내식의 이해

P a r t

1

세계 식문화의 이해

Chapter 1

음식문화의 이해

학습목표

1. 음식문화의 정의에 대해 기술할 수 있다.
2. 인류의 역사와 생활양식에 따른 문화의 특징에 대해 이해한다.
3. 시대별, 대륙별 음식문화의 형성과 계승에 대해 이해한다.
4. 식생활의 발전과정에 대해 이해한다.
5. 식사와 식사주기에 대해 설명할 수 있다.

1.1 음식문화의 정의

음식문화를 이해하기 전에 문화에 대해 먼저 살펴보자면 어떤 집단에 속한 다수의 Member들이 공유하며 세대로부터 다음 세대로 이어지는 학습행동을 문화라고 정의내리고 있다(Cambell). 이러한 문화는 지역과 풍토에 따라 나라와 민족의 전통문화로 뭉쳐진 사회 집단의 모든 사람에게 알려지고 몸에 배여 공유하여 전해 내려왔다. 세계 각국의 식생활 문화의 공통점은 그 지방과 민족에 알맞은 식생활 전통을 지녀왔다는 점이다.

한편 음식(飮食)은 먹거나 마실 수 있는 모든 것을 가리키는 말이다. 음식은 주로 탄수화물, 단백질, 지방, 무기질 등의 영양소와 물이 포함되어 있으며, 동물이나 인간이 음식을 먹거나 마시는 목적은 영양소와 만족감을 얻는 것이다. 음식은 보통 식물과 동물, 또는 버섯과 같은 균류나 알코올과 같이 발효된 물질로 만들 수 있다. 과거의 인간은 음식을 사냥과 채집만으로 얻었으나, 오늘날 대부분의 문명사회에서는 사냥과 채집과 함께 주로 농경, 목축, 양식 등으로 음식을 얻는다. 일부 지역에서는 다른 방법도 사용되나 일반적인 것은 아니다.

대부분의 문화에서는 요리 전통이나 선호, 관습에 따른 요리를 찾아볼 수 있고, 다양한 문화만큼 조리법과 조리 도구, 선호하는 식품 따위도 분화되었으며, 음식을 단순히 소비만 하는 것이 아니라 복합적으로 거래하면서 문화권의 경제적인 이득을 도모하는 경우도 있다.

문화 내에서는 그 문화의 종교나 사회적 관념이 어떤 식품이나 음식을 섭취하는 것을 제한하거나 권장하기도 한다. 음식은 식품 자체의 독이나 조리 과정, 보관상에서 일어나는 세균 감염 때문에 식중독 따위의 문제를 일으킬 수도 있으며, 음식을 만들 때에는 안전성을 확인할 필요가 있다. 많은 언어권에서 음식은 "마음의 양식"과 같은 은유나 비유에 쓰이기도 한다.

음식문화는 음식이 어떻게 획득되고 저장되는지, 음식이 어떻게 조리되는지, 음식이 누구에게 어떤 방법으로 제공되는지, 음식이 어떻게 섭취되는지의 요소들이 포함된다. 즉, 음식문화는 식(食)에 관한 문화로서 한 시대의 식생활 문화는 그 시대의 시대적 가치관을 반영한다.

1.2 음식문화의 형성과 계승

1) 음식문화의 형성

기원전 13000년 전 지구의 온난화가 시작되면서 인류의 여러 부락이 레반트라고 부르는 지중해 동부지역에 정착했다. 그들은 Ecotone(추이대)지역에 정착했다. 추이대란 둘 이상의 생태지대 사이의 경계를 가리키는 용어이다. 그런 지역은 다양한 동식물이 서식하기 때문에 살기에 적합하다. 동양의 배산임수지대의 선호도 이런 고대인의 성향을 물려받았을 것이다. 레반트 지역의 고대인들은 참나무 열매와 캐슈넛의 풍부한 영양 덕분에 이동생활을 포기하고 정착해 살았다. 하지만 그 후 북미 빙상지역에 갇혀 있던 아가시호수가 북대서양으로 흘러들면서 생긴 기후변동으로 전 지구적인 가뭄이 들었다. 약 일천 년 동안, 그 기후 변동에 적응하기 위해 레반트 지역의 인류는 농경을 시작했다. 가뭄이 되자 역설적으로 농경이 시작된 것이다. 그리고 전 세계에 흩어져 있던 고대인들은 농사를 짓기 시작했다.

구석기 시대부터 길들여진 지방과 단백질에 더불어 농경으로 지은 빵과 쌀이 인류를 먹여 살리기 시작했다.

인류의 역사는 자연으로부터 식량을 채취하고 종자를 보전하여 농지를 경작하며 동물을 사육하는 모든 행위가 먹을 것을 구하려는 근본적인 욕구에서부터 비롯되었다고 볼 수 있다. 이러한 인류의 역사는 생활양식에 따라 선사 시대, 고대, 중세, 근대, 현대와 같이 시기를 구분하며, 지역과 문화에 따라 서양사, 유럽사, 중동의 역사와 같이 구분하기도 하고, 한국사, 일본의 역사, 미국의 역사와 같이 나라별로 구분하기도 한다.

2) 음식문화의 요인

각 민족의 음식문화는 그들이 처한 자연환경에 터전을 두고 문명의 시작과 함께 그 모습을 만들어 가기 시작했다고 볼 수 있다.

문명의 초기에 생성되기 시작한 음식문화는 정치, 사회, 경제, 종교, 기술 등 여러 사회·경제적 요인들과 상호 영향을 주고받으며 그 지역의 생태계에 적합하도록 변화·발전·계승되어 왔다. 그러한 까닭에 오랜 세월 동안 음식문화는 계승되어 올 수 있었다.

또한 사회적 요인으로 종교와 사상, 직업, 교육 정도 등이 식생활 문화의 형성요인으로 꼽힌다.

마지막으로 소득은 식생활 문화를 형성하는 중요한 요인이 된다. 소득에 따라 식기도구, 식품구입, 외식비용이 달라지기 때문이다.

시대와 사회가 변화하면서 먹을거리의 양만 해결되면 사람들은 음식의 양은 물론 질적인 측면도 함께 고려하게 된다. 그래서 식생활은 소득 수준에 따라서 민감하게 달라지는데 식생활의 형태를 GNP 수준에 따라서 구분할 수 있다.

문화인류학자인 레비스트로스는 문화와 자연을 구분하는 기준의 하나로 인간의 식생활을 예로 들었다. 이것은 단순히 생리적인 욕구를 충족시키기 위한 동물과 달리 인간의 식생활이 육체적, 문화적, 심리적, 경제적, 과학적인 욕구를 모두 충족시킬 수 있는 특성을 지니고 있기 때문이다.

동아시아에서는 쌀이, 중동과 유럽에서는 보리와 밀, 호밀 등의 맥류가, 중남미에서는 옥수수가 각각의 풍토에 적합했으므로 주곡으로 채택되었으며, 이것을 주요 에너지원으로 이용하게 되었다. 목축이 적합했던 중동과 유럽 등지에서는 양, 염소, 소 등의 가축을 키워 그 고기와 젖을 주요한 식량으로 이용하게 되었다. 그 결과 특정한 식품을 일정량 정기적으로 확보할 수 있게 되었고, 주산식품을 중심으로 각 지역마다 독특한 음식과 음식문화가 생겨나게 되었다.

3) 식생활의 발전 단계

식생활의 형태는 GNP 수준에 따라 아래와 같이 5단계로 나누어 볼 수 있다.

① 원시 단계 : 생명유지를 위해 자연에 의존하여 수렵이나 채취 등으로 식품을 확보하는 단계로서 공복감을 없애기 위한 본능적 단계이다.

② 기아 단계 : 전체 인구의 절반 이상이 농사에 종사하면서도 식량이 부족하며, 지역 간, 신분계급 간 차이가 크다. 식량 생산력이 높은 남자의 권위가 높아 성별에 따른 음식 소비의 차이가 크며, 남아 선호 사상이 뚜렷하다.

영양부족의 의한 영아 사망률이 높고 손님이 오면 지나치게 음식을 권한다.

③ 안정의 단계 : 영농 기술이 발달하여 양적인 식량 문제가 어느 정도 해결된 단계

지역, 소득 수준 간 차이가 크지만 부유층과 빈곤층 사이의 중산층이 두텁다. 유아 사망률이 감소하고 인구가 크게 증가하며, 동물성 식품의 소비량이 소득 수준에 따라 차이가 있으나 전체적으로 증가한다.

④ 식도락 단계 : 농업과 경제가 발전하여 우수한 질의 농산물을 생산하는 단계로 엥겔계수가 40% 내외 또는 그 이하로 감소한다.

동물성 식품과 과일의 소비가 증가한 반면 쌀 소비량이 감소하며 가공식품과 청량음료의 소비가 늘어나기 시작한다.

외식이 늘어나고, 양보다 질을 중시하게 되며, 성인병이 많아진다.

⑤ 복지 단계 : 생활수준의 향상으로 건강한 삶과 장수를 추구하는 단계

가공식품이 공급되어 조리의 간편성을 가져와 식생활을 위한 노동력이 감소한다.

식품 유통시장의 확대로 식품 구매의 지역차가 없고 과잉 영양으로 비만이 늘고 성인병이 증가한다. 건강관련정보와 건강식품에 대한 관심이 증가하며 실버산업이 번창한다.

4) 음식문화의 계승

(1) 선사시대

① 선사시대의 특징

수렵 채취생활을 하던 원시인들의 식생활은 동물이 먹이를 얻는 방식과 크게 다를 바가 없었다. 그러다가 지금으로부터 약 1만 년 전 농경이 시작되면서 인류의 식품확보 방식은 혁

명적인 변화를 맞게 되었다. 이 무렵부터 인류는 정착생활을 영위하며, 각 지역의 기후와 풍토에 알맞은 곡식과 식물을 재배하기 시작했다. 인류의 발생과 이동선사 시대는 문자 기록이 있기 전 인류의 역사이다. 문자 기록이 없기 때문에 당시 사용하였던 도구를 기준으로 시대를 구분한다. 선사 시대는 구석기 시대, 중석기 시대, 신석기 시대 같은 석기 시대와 문자를 사용하지 않았던 지역의 청동기 시대 및 초기 철기 시대를 포함한다.

현생 인류는 100,000~50,000년 전 아프리카 동부에서 발현하여 전 세계로 퍼져 나간 것으로 추정되고 있다. 당시 지구는 제6빙하기 전의 온난기로 아프리카 대륙에는 이미 나일 강이 있었고 현재의 사하라 사막 등 아프리카의 사막은 녹지였을 것으로 추측된다. 인류는 마지막 빙하기 무렵 북아메리카와 오세아니아에까지 퍼져나가게 되었으며 빙하기가 끝나는 기원전 12,000년경에는 빙하가 덮지 않은 지구상 모든 지역에 거주하게 되었다. 이 당시의 인류는 수렵채집 생활을 하며 유랑하였다.

② 선사 시대의 식생활

이 시대의 식생활은 주로 고기잡이와 사냥에 의해서 이루어졌다.

조개와 물고기, 해조류가 중요한 식품종류였으며 해변이나 강가에서 주로 발견되는 조개무지가 증명해 주고 있다. 또 조개무지에서 물고기의 뼈가 무수히 출토되어 이 시대의 사람들이 조개류와 함께 물고기를 많이 먹고 있었음을 말해주고 있다.

이 밖에 바다짐승인 고래, 바다표범, 물개 등의 큰 바다동물들의 뼈들도 발견되고 있어 이들도 식품으로 쓰이고 있음을 알 수 있다(부산 동삼동, 영선동, 함흥 농포동 유적).

그 외에 육지의 야생동물인 사슴, 멧돼지, 노루, 고라니, 야생개, 산토끼, 개, 삵, 북경얼룩사슴, 영양, 꿩, 야생닭 등도 사냥으로, 그리고 각종 열매류, 근채류로는 마, 칡뿌리, 고사리, 산채류를 곡물류로는 피, 기장, 쌀알, 각종 나무뿌리 등이 유물로 발견되는 것으로 보아 많은 시행 끝에 먹는 것과 먹을 수 없는 것을 구분을 하고 수집이 가능한 것들을 먹다보니 그 음식 섭취가 균형적이지 못하고 편식의 영향이 있지 않았나 추측이 된다.

신석기 시대에 들어 농업이 시작되면서 정착생활이 시작되었다. 그 결과 움집과 같은 거주지가 생기고 이들이 모인 촌락이 형성되었다. 신석기인들은 장례와 같이 공동체의 문화를 지니고 있었다. 청동기 시대에 들어 인류는 금속을 사용하게 되었고 강력한 권력을 갖춘 지배 집단이 형성되었다. 또한 인류 최초의 도시, 국가, 문자, 도서관, 상업, 종교, 신화, 철학과 같은 지금까지도 인류 문화의 중요한 부분을 차지하는 분야들이 생겨났다.

구석기 시대 이후 신석기 사용이 있기 전까지의 석기 시대를 중석기 시대라 한다. 부싯돌과 같은 돌을 사용하여 구석기 시대에 비해 단단한 도구를 제작하였다. 유럽에서는 대략 소빙하기가 끝난 후 신석기가 시작되는 기원전 5000년까지 지속되었다. 이 시기에 인류는 개와 같은 가축을 기르기 시작하였으며 불을 사용하였다. 북유럽의 경우 중석기 시대는 기원전 4000년 전까지 계속되었다.

중석기 시대부터 인류는 토기를 사용하기 시작하였다.

사회 문화에도 커다란 발전이 있어 농사를 시작하였고 매장과 같은 장례문화가 생겨났다. 이집트 카룬 호에서 당시의 것으로 보이는 다수의 무덤이 발견되었다. 이와 같은 경제, 문화적인 발전은 이전의 인류 역사와 확연히 구분되는 것으로 흔히 신석기 혁명이라 불린다.

신석기 시대에 이르러 농사를 짓기 시작하면서 인류는 정착생활을 하기 시작하였고 움집을 만들고 촌락을 이루었다. 기원전 5000년 전부터 기원전 4000년 사이 번성한 이집트 파이윰 문화의 경우 당시 사용한 토기와 움집 유적이 발견되었으며 보리, 밀, 아마와 같은 작물이 재배되었고 양과 나귀가 가축으로 길러졌다.

한반도의 신석기 시대 유적은 1950년 평안남도 온천군 궁상리 패총 유적이 발견된 이래 지금까지 100여 곳이 발견되었으며 대표적인 유물로는 마제 석기 이외에 빗살무늬 토기, 즐문토기 등이 있다. 1998년 남강댐 수몰지역의 유적 조사에서 부산시립직할박물관의 남강유적조사발굴단은 토기를 잇대어 관으로 사용한 옹관묘를 발굴하여 신석기 시대에 옹관을 이용한 매장 풍습이 있었음을 확인하였다.

밭갈이 하는 모습, 이집트 벽화농업은 신석기 시대에 일어난 가장 큰 변화로 고든 차일드는 이 시기의 경제·문화적 변화를 신석기 혁명이라 이름 붙였다. 메소포타미아의 수메르에서는 약 기원전 9,500년경부터, 인도에서는 약 기원전 6000년경부터, 고대 이집트에서는 약 기원전 5000년경부터, 그리고 중국에서는 기원전 2500년경부터 농경이 시작되었다.

한반도에서도 신석기 시대부터 농업이 시작되어 조, 피, 수수 등을 재배하였다. 당시 유물로는 평양에서 발견된 탄화된 조를 비롯하여 돌로 만든 보습, 낫, 괭이 등이 있다.

신석기 시대에 시작된 농업으로 인류는 강을 중심으로 한 촌락을 형성하여 정착생활 문화를 이루었고 이는 세계 여러 지역에서 문명의 모태가 되었다. 당시 인류는 국가의 성립 단계까지는 이르지 못하였으나 부족단위의 생활을 이루고 있었다.

이러한 신석기 시대에 출현한 대표적인 문화 중 하나는 종교이다. 기원전 5000년경의 이집트 분묘에서는 매장된 시신과 함께 토기, 장신구와 같은 유물과 개의 뼈가 발견되어 당시에 이미 내세 사상이 있었음을 알게 해 준다. 그 당시 일반적인 숭배 대상은 태양이었으며 이러한 태양 숭배는 이집트, 인도, 중국, 한반도 등 지역에서 두루 발견된다. 또한 모성 숭배와 하늘을 아버지에 견주어 숭배하는 사상도 이때부터 시작되었다.

청동기 시대에 이르러 기원전 2500년경 아카드 제국과 같은 문명이 출현하였다. 중국에서는 상나라 시대에 이르러 청동기의 제작이 보편화되었으며, 만주 지역에서는 기원전 13세기 무렵, 한반도에서는 기원전 10세기 무렵부터 청동기를 사용하였다.

청동기 제작을 위한 야금술의 발명은 기원전 4000년 무렵 고대 메소포타미아에서 시작되었다. 우르와 같은 당시 도시 국가의 유적에서 비소와 구리의 합금으로 된 유물이 발견되었다. 이후 보다 견고한 주석과 구리의 합금이 쓰이게 되었다.

청동기 시대는 인류의 초기 문명이 출현한 시기이다. 이 시기에 지금까지 인류 문화의 중요한 부분을 차지하고 있는 국가, 도시, 정치, 법률, 문자, 철학과 같은 것들이 출현하였다. 당시의 주요 문명으로는 고대 이집트 및 메소포타미아와 페르시아, 인더스 문명, 중국의 상나라 등이 널리 알려져 있다.

청동기는 유라시아 대초원을 통해 교역되었고 이때 이미 비단길의 원형이 되는 교역로가 있었던 것으로 추정된다. 당시 중국 북부에서 사용된 비소가 함유된 청동기가 발굴되어 이 지역까지 메소포타미아의 청동기가 교역되었음을 알게 해 준다.

최초의 철기는 운석 등에서 발견된 철을 이용한 것으로 기원전 3000년에서 2000년 사이 지금의 터키 지역에서 이미 사용되고 있었다. 그러나 야금술을 이용하여 철광석에서 철을 분리한 철로 도구를 만들기 시작한 것은 기원전 1500년경 아나톨리아 지역에 등장한 히타이트이다. 철기 제작 기술은 유라시아 초원지대의 기마 민족이었던 스키타이 문화로 전파되어 전 세계에 파급되었다. 중국과 한반도 등 동아시아에는 기원전 4세기경 철기가 전파되었다.

원시농경시대에는 피, 기장, 콩, 팥 등이 주요 재배 작물이었다. 이 중 콩은 우리나라에서 개발된 작물이다. 이런 오랜 역사 속에서 콩을 사용한 '장'문화가 발달하게 된 것이다. 중국계 청동기문화가 전래되면서 우리나라에는 벼농사도 함께 유입되었다.

(2) 고대

주요 고대 문명 메소포타미아 이외에 잘 알려진 주요 고대 문명으로는 고대 이집트, 고대 그리스, 페르시아 제국, 인더스 문명, 황하 문명의 상나라, 마야 문명 등이 있다. 이 외에도 전 세계에 걸쳐 고대 문명이 존재하였다. 만주와 한반도에서는 고조선 이래 삼국 시대까지의 고대 국가들이 있었다.

① 메소포타미아(수메르) 문명

가장 오래된 문명은 메소포타미아 지역에서 일어난 수메르 문명이다. 이들은 기원전 3200년경부터 도시 국가를 이루었으며, 설형문자를 이용하여 문서를 만들고 이를 보관할 도서관을 세웠다. 전쟁을 통해 영향력이 강해진 키시나 우르크, 라가시 등은 이웃도시를 지배라는 우두머리 도시가 되었다. 우르의 제왕 우르 남무는 자와 저울과 같은 도량형을 통일시키고 학교를 건설했으며, 백과사전을 편찬하기도 하였다. 우르 남무의 가장 중요한 업적 중 하나는 법전의 편찬으로 이 법은 훗날 함무라비 법전으로 계승되었다.

② 이집트 문명

기원전 3100년경 히에라콘폴리스 통치자들은 이집트를 장악하고 나일 강 북부의 하 이집트를 정복했다. 마지막 정복자였던 나르메르 왕은 자신의 정복을 기념하기 위해 팔래트를 제작하였다. 그의 후계자 메네스는 멤피스에 새로운 수도를 건설하고 이집트 최초의 왕조를 세웠다.

이후 3,000년간 고대 이집트는 독자적인 문명을 이루었으며 수많은 왕조가 세워지고 사라졌다. 고대 이집트 문명은 독특한 상형문자와 제3왕조 시기의 거대한 피라미드 및 스핑크스를 건설하였다. 이집트의 왕조는 강력한 영향력을 행사하기도 하고 도시별로 분열되어 약화되기도 하였으나 알렉산더 대왕에 의해 헬레니즘 문화로 편입될 때까지 나일 강 유역을 비롯하여 시리아에 이르기까지 그 영향력을 행사하였다.

〈그림 1-1〉 고대 이집트 18왕조 무덤의 포도를 수확하는 그림
출처 : www.wikipedia.org

한편 고대 이집트인들은 손수 자신들이 먹을 것을 생산하고 조달하였다. 이들의 주요 생활터전은 나일 강 주변이었으며 나일 강의 잦은 범람으로 인해 비옥한 토지 운영이 가능하였다. 비옥한 토지는 풍성한 농작물 수확을 가능하게 해주기 때문이다. 그들은 밀, 보리, 덩굴식품, 채소, 멜론, 석류 등을 재배하였으며 아마(리넨의 원료)도 키웠다. 특히 빵과 맥주와 같은 음식의 주원료가 되는 곡물을 나일 강 범람기 때 심고 수확 후 양파, 양배추, 콩, 오이, 부추, 배추 등의 채소를 심었다. 또한 과일나무 및 덩굴식품을 키웠는데 덩굴식품은 과일나무 주변에 심어서 그늘진 환경을 만들어 주

는 지혜가 있었다.

③ 고대 그리스 문명

고대 그리스는 원래 절제적이고 검소한 국가였다. 스파르타인들은 항상 '거무스름한 죽'을 섭취했다는 이야기는 매우 풍자적이면서도 유명한 일화이다. 스파르타에서는 노인들이 고기를 섭취할 필요가 별로 없다고 생각해서, 이를 모두 원기 왕성한 젊은이들에게 양보하도록 했다. 그러나 시간이 경과함에 따라 그리스 요리도 점차 세련되어졌다. 고대의 위대한 요리사는 대개 그리스인이었고, 또 세계 최초로 요리책을 출판한 자들도 그리스인이었다. 당시 전문적인 요리사는 지식인들 사이에서 '예술가'로 칭송되었다. 새로운 요리를 고안해 내는 것은 훌륭한 창조활동이었으며, 그 작품은 특정한 의식을 거쳐 일반인에게 공개되었다. 고대 그리스의 요리나 음식들은 대체로 신화적 기준에 따라 조직되어 있었다. 고대인들은 음식을 익히는데, 직접 굽기, 물에 끓이기, 약한 불에서 오랫동안 익히기 방식을 이용했다. 굽기에서 약한 불에 뭉근히 익히는 조리방식으로 이행하는 과정은 그야말로 획기적인 문화적 대수확이었다.

그리스인들은 손님에 대한 환대와 극진한 대접을 매우 중요시했다. 호메로스의 서사시들은 이런 사실을 잘 입증해 준다. 기원전 7세기경에 그리스 대저택에서는 화려한 연회가 자주 베풀어졌는데 주로 회식이 베풀어지는 장소는 메가론이라 불리는 넓은 홀이었다. 대축제 대에는 방문객을 영접하는 현관이나 안뜰에서 고기의 가장 좋은 부위인 등심과 넓적다리를 석쇠 위에 올려 구웠다. 그리스의 여러 제신들에게 짐승을 희생 제물로 바치는 경우에는 즉석에서 도살이 행해졌다. 사람들은 짐승의 털을 뽑아서 아궁이에 집어던졌는데, 이것은 일종의 기도하는 제식행위였다.

④ 인더스 문명

인더스 문명은 언제 시작되었는지에 대해서는 정확히 알려지지 않았다. 1856년, 영국의 철도공사 중 브룬튼(Brunton)형제에 의해 하라파 유적이 발견되었고, 1920년을 시작으로 본격적인 인더스 문명에 대한 유적 발굴이 시작되었다. 모헨조다로 및 여러 가지 인장 등 광활한 지역을 어우르며 유적이 발견되었는데, 평균적으로 600km 이상 떨어진 것을 보면, 교역의 활발함을 알 수 있다.

기원전 2500년경(서양사로서는 고대 바빌로니아 왕국 초기 시대) 인더스강 상류 펀자브(Punjab) 지방에서 성립된 것으로 보며, 강의 범람을 관리하기 위한 개간 기술가, 농업 발달이 있었다. 인더스강을 토대로 항해용 선박, 조선업이 발달하기 시작하였으며 그즈음 발달한 다른 초기문명, 메소포타미아(Mesopotamia) 문명과 이란에 발달한 문명과 해상무역을 하며 발전되어가기 시작했다. 계획적인 도시 계획에 따라서 포장도로, 배수도 등을 건설하였다.

그뿐만 아니라, 공중목욕장, 집회서, 시장 등 벽돌문화를 건설하며, 근대적인 기초를 잡아두었다. 도시 주변의 농촌에서 밀·보리·면화 등을 재배하면서 소·양 등을 사육하였고, 인근 오리엔트와의 무역도 중요한 생활 수단이었다.

청동기문화를 사용하고, 토기에 명암을 넣으며, 상형문자를 사용하였다.

인더스 문명하면, 아리아(Aryan)인(人)을 빼놓을 수 없을 것이다. 아리아인들은 펀자브 지방 북서부에서 거주하다, 고대에서 개발된 선사문명으로 펀자브지방으로 내려와 살게 되었다(기원전 1000년). 대부분 유목생활을 주로하며, 기원전 2000년경부터 조금씩 유입이 되었으며 기원전 1500년경에는 평화로운 이주가 주로 이루었으며, 결국 기원전 1000년경에는 인도의 전체를 거의 장악하게 되었다. 그 전에 인도의 중심인 데칸고원 및 갠지스 문명에는 드라비다족(族)이 주로 이루었지만, 그들은 농경중심의 민족인지라 무력을 앞세운 아리아인들에게 인도의 지배권을 넘겨주었다. 그러면서 인도전역에 철제 기구들의 보급되기 시작하며, 가부장 중심의 사회, 음식의 중심이 되는 소를 신성시 하게 되었다.

⑤ 황하 문명

황하 유역은 신석기 시대 이후 오랜 기간 동안 인류의 발자취가 남아 있는 지역이다. 황하 문명은 중국의 고대 국가의 시초인 하나라에서부터 상나라 시기까지의 문명이다. 청나라 말 기원전 1,200년경의 것으로 추정되는 상나라의 갑골문자가 은허에서 출토되어 은나라의 실제를 알 수 있게 되었다. 갑골문자는 거북의 등을 구워 갈라진 모양을 보고 점괘를 적은 것으로 왕의 조상에게 제사를 지내기 위해 사람의 머리를 바쳐야 하는지 등을 물었다.

고대 시대에 발생한 많은 문화 요소들은 오늘날까지 인류의 생활에 깊이 영향을 주고 있다.

(3) 중세

1045년 세워진 웨스트민스터 대성당역사에서 중세라는 용어는 르네상스 시기 유럽에서 자신들과 고대 사이의 역사를 암흑기로 인식하는 입장에서 쓰이기 시작한 용어이다. 그러나 중세는 근대 이전의 시기를 나타내는 일반적인 의미로 여전히 사용되고 있으며 요한 호이징아는 오히려 르네상스를 〈중세의 가을〉로 표현하기도 하였다.

각 지역별 역사에서 중세는 대략 다음의 시기를 뜻한다.

대륙별 중세시대의 시기

유럽 : 로마 제국의 멸망~16세기
아랍 : 이슬람의 출현~오스만 제국의 비잔틴 함락과 전성기
중국 : 당나라 후기~명나라의 시기
한국 : 고려시대
일본 : 가마쿠라 시대(1192~1333년),
남북조 동란기(1336~1392년), 무로마치 시대(1338~1573년)의 기간
인도 : 10세기 말 이슬람의 침입~무굴 제국에 유럽의 개입이 시작된 17세기 무렵

① 유럽의 중세

유럽의 중세는 어느 한 시점에 급작스럽게 시작된 것이 아니라 일련의 사건들 속에서 점진적으로 형성되었다. 유럽 중세의 형성에 영향을 미친 사건으로는 훈족의 침입, 콘스탄티누스 1세의 기독교 공인, 게르만족의 이동과 프랑크 왕국의 성립 등을 들 수 있다. 대부분의 학자들은 유럽 중세의 시작을 로마 제국의 붕괴로부터 보고 있다.

유럽의 르네상스는 14세기부터 시작되었다. 이는 그리스, 로마 시대 세계에 존재했던 과학 지식의 재발견과, 당시 유럽의 경제와 사회의 발전에 있어 가능할 수 있었다. 하지만 르네상스는 호기심의 문화도 만들었고, 끝에 가서는 인문주의를 이끌게 된다. 바로 과학혁명이 그것이다. 또한 르네상스는 그 당시의 의학, 예술, 건축학, 기술 등에 임청난 영향을 끼치게 되었고, 그 시대에 이루어졌던 르네상스의 산물들은 현재까지 남아 있기도 하다.

이슬람의 확산은 중세 아랍 세계의 가장 큰 특징이다. 성사(聖使) 무하마드에 의해 메카와 메디나를 중심으로 아라비아 반도에 확산된 이슬람은 무하마드가 사망하던 632년 무렵 이미 아라비아 반도 전역에 퍼져 나갔다. 이후 이슬람 제국은 661년 성립된 우마미야 왕조와 750년 성립된 아바스 왕조를 거치면서 중동, 중앙아시아, 북아프리카에 이르는 거대한 제국으로 발전하였다. 심지어 발칸 반도, 스페인까지 퍼져 나가게 되었고, 이로 인해 십자군 전쟁이 일어나게 되었으며 그리스 시대의 지식이 유럽으로 들어와서 르네상스가 일어나는 계기가 된다.

〈그림 1-2〉 후안 후아네스 '최후의 만찬', 1560년경, 에스파냐 마드리드, 프라도 미술관

서양의 기본적인 식사라면 가장 먼저 떠오르는 것은 스테이크와 빵이다. 특히나 현대의 서구인을 생각하면 스테이크와 떼어서 생각할 수 없다. 그러나 사실 중세 유럽사회에서 고기를 제대로 먹을 수 있었던 계층은 소수의 통치자들뿐이었다. 영국인들이 산업혁명을 성공시키고 소를 계획적으로 방목하기 전까지 일반 민중은 한 달에 고기를 100g도 식탁에 올리기 힘들었다.

중세의 빵은 몇 가지로 나뉜다. 가난한 사람의 빵, 부자의 빵, 귀족의 빵, 성직자의 빵이다. 각각의 빵은 주 재료가 달랐다. 즉, 신분과 재산에 따라 하얀 밀가루 빵부터 보리빵, 호밀빵 등으로 식사의 질과 양이 큰 차이를 보였다. 중세 서양인들은 역사 속에서 다양한 조리법을 개발하였으며 다양한 색채와 미각을 즐기는 것에 국한되는 것이 아니라 음식에 의식적이고 상징적인 의미를 부여했다.

A.D 5세기에는 게르만 민족이 대 이동과 함께 지중해 세계를 장악했던 서로마 제국이 멸망하고 중세 유럽은 암흑기로 돌입한다. 이 시기에 유럽 음식들은 매우 빈약해져서 곡물, 우유, 치즈, 그리고 야채가 주식이 된다. 이 시기에 요리는 수도원이나 교회 근방의 주요 농업 생산지를 통해 근근이 명맥을 이어오다가 1000년 이후 수도사들로부터 평민들에게 전수되어 그 지방 특유의 요리들로 발전하게 된다. 이 시기 요리 기술의 일반적인 경향은 몸에 좋고 입맛을 돋우고, 소화가 잘되는 음식의 개발이었으며, 준비에 들어가는 수고를 줄이고 과

일과 야채의 신선함을 살린 것이었다. 빵은 갓 구운 말랑한 것이 아니라 굳은 채로 먹기도 하고 영양이 풍부한 수프를 만들어 베이컨을 띄워 먹기도 하였다.

한편 종교적인 축제와 헌물의식에서는 요리한 고기음식이 평민들에게 나누어지기도 했다. 특히 바실리카타(Basilicata) 지역에서 돼지를 집중적으로 사육함으로써 고기 음식에 대한 평민들의 욕망을 어느 정도 만족시킬 수 있었다. 그리스 시대의 곡물류 중에서 가장 보편적인 것은 대맥과 밀의 종류인 스페루터 보리(Farro)를 들 수 있는데 빵 제조에는 별로 적합하지 못했다. 고대 그리스와 로마시대 이탈리아에서는 곡물들과 물과 섞은 후에 끓여서 만든 폴렌타 죽이 만들어졌다. 이들이 먹는 빵은 그 기원이 오래되는데 이미 고대 그리스 시대부터 '아르토스'라는 명칭으로 불렸다. 그러나 그 당시 빵은 얇은 형태의 것을 불에 구운 것으로서 다른 음식을 담기 위한 접시로도 사용되기도 했으며 오늘날의 빵과는 많은 차이가 있었다. 또한 봉건제가 형성되는 과정에서 숲은 경제적 가치를 지닌 재산으로 재인식되었으며 그 기준은 가축을 사육하는 데 필요한 떡갈나무였다. 6세기의 의사인 안티무스는 고기를 요리하는 방식, 즉 불에 굽기, 물에 끓이기, 화덕에 굽기, 스튜요리에 대해서 서술했다. 삼겹살을 불에 굽게 되면 수분이 지나치게 증발되어 육질이 질기고 딱딱해지기 때문에 물에 끓여서 보존하도록 충고했고 또한 삼겹살을 기름에 튀겨서 먹는 것은 몸에 해롭지만, 이를 채소나 그 밖의 다른 음식들과 함께 먹는 것은 좋다고 했다. 11세기에 접어들자 서유럽의 여러 지역들에서 농업혁명이 시작되면서 고기를 비롯하여 밀과 그 밖의 다른 곡물들의 생산이 급증했고 주민들의 경제생활에서 수요자와 공급자의 역할이 구분되는 현상이 동반되었다. 일부의 농민들이 재산을 축적하기도 했으나 대부분의 농민들은 밀을 제외한 다른 곡물들과 콩과 식물, 밤, 보리빵 또는 보리와 옥수수로 만든 폴렌타 죽을 먹었다.

일찍이 저장 수단이 열악했던 시절, 사람들은 향신료에 매료되었고 향신료는 부의 상징으로 여겨지기도 했다. 고대 이집트와 로마, 중세 유럽에서 향신료는 '영혼의 조미료'였다. 이집트에서는 후추가 파라오의 육체를 불멸로 보존하기 위해 방부제로 사용되었다. 로마인들은 시나몬 연기가 죽은 자의 영혼을 하늘로 인도한다고 생각했다. 중세 기독교인들은 향신료를 시신에 바르는 것이 예수의 죽음과 부활을 따르는 길이라고 믿었다. 이 향신료가 세계의 역사를 바꿔놓았다.

② 아시아

중국, 한국, 일본과 같은 동아시아의 국가들은 고대에서부터 교류와 갈등을 겪으면서 역사적으로 상호 밀접한 관계에 있었다. 그러나 세 국가 모두 자국의 역사 인식을 우선적으로 고려하고 있어 공통의 역사 인식을 도출하고 있지는 못하다.

중국의 역사에서 중세는 당나라 후기에서 명나라 말에 이르는 시기이며, 한국의 경우 고려 시대를 중세로 파악한다. 한편, 일본의 역사에서는 가마쿠라 시대에서 무로마치 바쿠 시대까지를 중세로 파악한다.

중국요리는 다채로운 형태와 독특한 맛에 있어서 타의 추종을 불허한다. 특히 곰, 자라, 고양이, 들쥐 등 살아있는 것은 무엇이든 요리의 대상으로 삼아 불로장수의 사상과 밀접한 관계를 갖고 발전해왔기 때문에 한의사를 중심으로 요리법이 발전되었다고 하여 "식의동원(食醫同原)"이라는 어의(語義)를 굳게 믿고 있다.

따라서 요리사의 사회적 지위도 상당하여 은나라 시대에 이윤(伊尹)이라는 사람은 요리사로서 재상이 되었다. 그는 『본미론(本味論)』이라는 요리책을 저술하였으며, 조리 기구를 가지고 가서 오리 통구이를 황제 탕왕(湯王)에게 바치고 궁중 요리사임을 계기로 국정에 대한 건의를 하였는데, 황제는 그의 생각이 출중하여 그를 재상으로 중용 하였다고 한다.

요리 기술이 고대로부터 확립되었다는 사실은 은나라의 『본미론』, 송나라의 『중궤론』, 원나라의 『운림당음식제도집』, 명나라의 『송씨존생』, 청나라의 『성원록』, 『수원식단』 등 수많은 요리책이 전해오는 것에서도 알 수 있다.

이렇게 기록으로 전해오는 왕실이나 귀족 요리와 함께 입에서 입으로 전해져 내려온 서민요리가 한데 어우러져 중국요리가 더욱 발전하게 된 것이다.

만리장성을 쌓은 진시황제로부터 한방식(漢方食)이 시작되었고 가공 식품도 먹기 시작했다고 전해진다.

한(漢)나라 시대로 접어들면서 떡, 만두 등 곡류를 가루로 내서 음식을 만들어 먹는 조리법이 생기기 시작했고 식기도 금, 은, 칠그릇을 만들어 사용하기 시작했다.

이어 수·당나라 시대에는 대운하가 건설되어 강남의 질 좋은 쌀이 북경까지 전달되어 북경 일대의 식생활이 풍요로워졌으며 화북 지방에서는 식생활에 일대 혁명이 일어나기 시작했다. 물레방아를 이용하여 제분을 시작함으로 해서 대량생산의 길을 튼 덕분에 일반 서민들도 그 혜택을 받아 빵이며 전병 등을 만들어 먹기 시작했다. 페르시아 지방에서 설탕이 들어와 재배되기 시작한 것도 이 무렵부터이다. 식사는 1일 2식이었으며 조리는 원칙적으로 남자의 일이었다. 원나라 시대에 접어들면서 중국요리가 서방 세계로 전달되기 시작하였는데 몽고인들은 유목민들이었으므로 고기 요리와 유제품의 음식을 많이 먹었다. 요리는 주로 구워서 먹었는데 기마 민족의 특징이라고 볼 수 있다.

명나라 시대에는 옥수수, 고구마가 수입되었고, 도로, 운하 등이 잘 발달되어 남방에 이르는 길도 잘 트였기 때문에 각 지역의 요리 재료, 향신료, 과일 등을 쉽게 구할 수 있어서 요리법이 한층 더 발달하기 시작했다.

③ 우리나라

우리나라에서는 후고구려의 왕인 궁예를 몰아내고, 신하들의 추대를 받아서 왕위에 오른 왕건은 다시 민족 통일을 이룩하고 나라이름을 고려라 하였다.

중국의 송나라와 친해 불교도 융성하였고 평화를 누렸으나 무신의 난 이후 계속해서 위기를 맞았다. 이후 몽고의 침략을 받아 몽고의 사위나라라는 미명아래 공녀, 공물을 바치면서 온갖 시달림을 당하게 된다. 몽고인들은 원래가 유목민들이었으므로 불교에 의해 억눌렸던 목축과 육식을 부활시켰다. 대대적으로 왕들은 권농정책(勸農政策)을 펴서 농업을 융성하게 하려 했으나 고려시대에 워낙 수해와 가뭄이 심해 기아에 허덕였다. 그러나 그 당시 여러 야채들이 있었으며 수박은 홍다구가 13세기에 몽고에서 들여왔다.

무는 원래 상당히 매운 것이었으나 고려의 무는 담백하였다고 하니 품질을 많이 개선시킨 것이었다. 또한 명종이 '곡물뿐만 아니라 밤나무, 잣나무, 배나무, 대추나무를 때에 맞추어 주도록 하라'고 하여 과수 원예도 이때부터 권장되었다. 불교의 교리하에서 몽고의 영향을 받은 이후 귀족들은 주로 목축한 양과 돼지를 먹었다.

중세시대 유럽과 마찬가지로 백성들은 육식은 거의하지 못하였고 대신 미꾸라지, 전복, 방합, 진주조개, 붉은 게, 굴, 거북, 해초류 등의 해산물을 주로 섭취하였다.

고려에서 소금은 전매제로 하였다. 설탕은 초기에는 송나라에서 사들였고, 고려말기에는 남해 상인에게서 보다 싸게 들였다. 이때에는 꿀을 이용하여 과자를 만들기도 하였으며 후추나무 열매인 호초(胡椒)도 이때에 있었으나 값이 매우 비쌌다.

고려에는 쌀의 가공기술이 발달하여 "고려의 쌀은 몇 해가 지나도 햅쌀과 같았다"라고 『고려도경(高麗圖經)』에 기록되어 있다.

좋은 일이 있으면 손님에게 흰 쌀밥을 대접하였다고 하니 서민들은 평소에 쌀밥을 먹지 못했다. 이때는 보리와 쌀 등을 섞어 혼식을 하고 있었으며, 약밥은 사금갑의 고사를 통해서 기름, 꿀을 섞고 잣, 밤, 대추를 얹어서 만든 것이다. 밀가루 제품을 통틀어 병이라 하였는데, 국수만은 송대부터 널리 면(麵)이라 불리게 되었다. 국수에는 양손으로 늘리는 호(胡)국수, 뜨거운 물속에서 밀어 납첩(메밀), 칼국수(밀가루) 등이 있었는데 우리나라의 것은 냉면국수와 칼국수이다. 사신에게는 10여 가지의 음식을 제공했었는데 가장 먼저 대접한 음식은 면 종류였다.

통일신라시대까지의 떡은 아직 산발적이었지만 고려시대에 접어들면서 우리 고유의 떡과 과자가 어느 정도 체계를 갖추었다.

우리 떡의 주종을 이루는 것설기떡, 쑥시루떡이 있고, 또 '고려율고'라 하여 쌀가루에 밤가루를 섞어 쪄낸 것이 유명하다. 고려가요 쌍화점(霜花店)에서 "쌍화점에 쌍화사라 가고신딘, 회회아비 내 손을 주여이다"라는 표현이 있다. 고려 말기 몽고 사람을 따라 이 땅에 들어온 회회가 쌍화를 가져왔다. 쌍화는 속에 소를 넣은 밀가루 발효 떡으로서 오늘날의 포자에 해당한다.

고려시대의 과자는 아직 오늘날의 과자의 체계를 갖추지 못하고 있으나 우리나라 특유의 과자인 유밀과(油蜜菓)와 다식(茶食)이 널리 이용되었다.

또한 아욱냉국, 토란국, 쌀뜨물에 끓인 미역국, 생채, 숙채 등이 있었다. 고려를 지배한 몽고는 수많은 여자를 몽고로 끌고 갔다. 그 여자들 대부분이 이역 만리타향의 궁중에서 일하게 되는 궁주의 뜰에 상추를 심어 밥을 싸서 먹음으로써 망국의 설움을 실컷 달랬던 것이다.

고려시대에는 불교가 더욱 융성하였다. 따라서 육식이 식생활에서 멀어지기 시작했으며, 특히 우육식(牛肉食)은 거의 자취를 감추었다. 송나라의 서긍은 "고려에 와보니 그들이 사신을 대접하기 위하여 양과 돼지를 살 하는데 네 다리를 묶고 불 위에 내던지고, 만일 다시 살아나면 몽둥이로 때려 죽니 뱃속의 창자가 온통 갈라져서 오물이 흘러나와, 이것으로 요리한 고기에 고약한 냄새가 나서 도저히 먹을 수 없다"고 말하고 있다. 이렇듯 맥적의 전통은 어디로 사라진 것인지 알 수는 없으나 이때의 식육상을 짐작할 수 있다. 고려후기 몽고의 지배하에 이런 사정을 바뀔 수밖에 없었다. 몽고 사람들은 목축에 능숙하였다. 그들은 우리나라 제주도의 기후가 온난하여 겨울에도 영하로 내려가는 일이 적고, 자생 목초가 풍부하며, 사나운 짐승이 없어 목장으로서 천혜의 조건을 갖는데 착안하였다. 그리하여 충렬왕 때 호마와 우량한 품종의 소를 이끌고 제주도에서 우장을 개발하였다. 소도 제대로 도살하지 못한 이들은 몽고사람이나 회교도인들에게 통추살(망치, 몽둥이로 죽이는 방법)을 배웠다. 이 방법은 배운 무리들이 나중에 화척, 정(白丁)이란 계급을 형성하게 되었다.

이때는 고기 요리법도 몽고인들에게 배웠다. 대표적인 방법이 공탕(空湯)이었는데 이는 맹물에 고기를 삶는 조리법을 의미한다. 고려시대에는 육류, 생선 모두 주로 날로 먹었다. 이때 중국(송, 원 시대)은 점차 날로 먹지 않았으나 일본은 생선을 날로 먹었다. 이규보의 시에

"고깃국에 파를 넣으면 맛이 좋아지네"라는 표현이 있다. 따라서 고기에 파 같은 훈채를 섞어서 국을 끓이다가 고려 후기에 육식이 본격화되니 개장, 쇠고기를 쓴 육개장 등이 나타난 것으로 짐작된다. 고려시대에는 중국의 영향을 받아 본격적으로 불고기, 갈비를 해먹기 시작하였다.

콩의 원산지인 우리나라에서 두부를 일찍이 만들었다는 것을 알 수 있게 말해주는 문헌이 없다가 고려시대 이색(李穡)의『목은집(牧隱集)』에 나타난다.

두부는 BC 2세기경 한(漢)나라시대 회남왕(淮南王) 류안(劉安)이 처음 만든 것이라고 알려져 있으며(本草綱目 卷 25)우리나라에 처음으로 두부가 전래된 것은 고려 말기의 성리학자 이색(李穡)의 목은집(牧隱集)에 대사구두부내향(大舍求豆腐來餉)이라는 제목의 시(詩)에 "나물죽도 오래 먹으니 맛이 없는데, 두부가 새로운 맛을 돋우어 주어 늙은 몸이 양생하기 더없이 좋다…"라는 구절이 나오는 것으로 보아 고려시대에 송나라와 원나라를 통해 들어온 것으로 추정된다. 두부는 주로 사찰음식으로 사용되었던 것으로 전해진다. 우리나라에서는 두부를 포(泡)라고 불렀다. 두부의 이름은 본래 백아순(白雅馴)이었는데, 이를 방언이라고 생각, 따로 이름하여 포(泡)라고 하였다고 한다.

우리나라의 여러 능원(陵園)에는 각각 승원(僧院)이 있어 여기서 두부를 만들어 바치게 하였으니 이 승원을 조포사(造泡寺)라고 하였다.

두부는 식물성 단백질 요리여서 절간음식으로 발달되었기 때문이다. 산릉(山陵)을 모시면 반드시 그 곁에는 두부 만드는 절(寺)인 조포사를 두어 제수(祭需)를 준비하게 했기 때문에 소문난 두부에는 연도사(衍度寺)두부, 봉선사(奉先寺)두부 등 절 이름이 붙어있는 경우가 많은 것을 알 수 있다.

이렇듯 두부는 초기에는 희귀식품으로 존재하다가 조선조에 이르러 대중화되었으며 세종 14년 명나라에 사신으로 파견되었던 박신생이 명나라 황제의 서한을 가지고 돌아왔는데, 그 내용인 즉, 조선에서 보낸 여인네들의 음식솜씨가 뛰어나고, 특히 두부를 만들고 요리하는 솜씨가 절묘하여, 앞으로도 두부를 잘 만드는 여인네들을 골라 보내달라는 내용이 있어 당시 우리나라의 여인들의 두부 만드는 기술이 뛰어났다고 한다. 또한 일본의 두부는 임진왜란 중에 병량(兵糧) 담당관으로 와 있던 오까베지로베(岡部治郎兵衛)란 자가 조선에서 그 제조법을 배워갔다 하기도 하고 진주성 싸움에서 경주성장(慶州城將) 박호인(朴好仁)이 일본인에게 붙들려가서 도사노고오찌에서 두부제조업을 시작한 것이 근세 일본 두부제조업의 시초라고 하기도 하며 또 일본에서는 자신들에게 두부제조기술을 전해준 사람을 원나라

황실의 후예라는 주장이고 보면 두부는 두부가 가진 가치만큼이나 각국의 역사적 자존심도 강하다 하겠다. 과거 문헌들을 찾아보면 우리나라의 두부조리 가공법은 대단히 다채로웠으나 안타깝게도 계승 발전되지 못하고 단순히 '손두부'만이 옛날의 그 맛으로 인식되는 실정이다.

중국에는 고대에 김치를 저(菹)라 하였지만 송(宋)시대엔 부르는 이름이 없어지더니 청대에는 엄채(掩菜), 또는 함채(鹹菜)라 하게 되었다. 우리나라와 일본에서는 토속적으로 저(菹)라고 표현하였다. 고려말기에 이르러 침채(沈菜)라는 말이 등장하고 조선 시대의 구급벽록에서 딤채국이라는 말이 나온다. 침채(沈菜)에서 김치라는 말이 유래하였다. 고려 시대의 김치는 소금에 절여 발효시킨 것임을 알 수는 있으나 여기에 젓갈이나 향신료(香辛料)를 넣었는지는 전혀 알 수 없다.

소주는 만주말로 '알키'라 하고, 『목은집』에 '아라길주'가 나온다. 또 이것을 '주'라고도 하였다. 몽고의 침입으로 이 땅에 소주가 크게 퍼졌다.

몽고인들이 일본을 치기 위한 전초 기지였던 제주도와 병참 기지였던 안동과 개성은 지금도 소주의 명산지로 손꼽히고 있다.

그리하여 매일 소주에 곤드레가 된 금진의 무리를 '소주도'(燒酒徒)라 한 적도 있었다.

그 후 소주는 산패하지 않은 증류수로서 뿌리를 내리게 되었다.

불교가 융성하면서 차 마시는 풍속은 극성에 이른다. 차는 상류층의 선물이 되기도 하였고 사신을 맞이하는 데도 으레 이용되었다.

이런 차를 마시다 보니 이른바 다도(茶道)가 생겨나 아래 사진과 같이(오설록 녹차박물관 소장) 마침내 우리의 자랑거리인 고려청자의 개발을 유도하게 되었다.

〈그림 1-3〉 고려청자
출처 : 오설록 녹차박물관

한편 유밀과는 밀가루에 꿀을 듬뿍 섞어서 반죽하여 일정한 모양으로 만들어 기름에 지지고 다시 꿀을 묻힌 것이다. 본디 중국에서 나온 것이나 고려에서 독특하게 발전시킨 오늘날의 약과의 일종이다. 이것은 행사가 있을 때 주로 사용되었다. 이것은 제사의 과일 대신 사용하기 위하여 대추, 밤, 배, 감 등의 모양으로 찍어 내었으나 나중에 새나 짐승의 모양을 만들었다. 다식은 차의 융성과 함께 발달할 수밖에 없었고, 본디 물에 달여서 마셨다고 하는데, 송대에 가서 차잎을 쪄서 일정한 무늬를 새긴 틀에 박아 고압으로 쪄내어 다병을 만들게 되었고, 이것을 가루로 내어 마셨다.

그러던 것이 점차 차 대신 곡물에 꿀을 섞어서 반죽하여 다병 만들듯이 다식판에 박아내어 제찬, 연회식, 음다례 등에 쓰게 되니 이름만 다식으로 남아있고 실물은 바뀌게 되었다.

(4) 근세

근세라는 시대 구분은 다양한 의미를 내포하고 있다. 서양의 근세는 17세기 이후 일어난 구체제의 붕괴와 산업혁명을 통해 형성된 민족주의, 자본주의, 제국주의 등의 형성을 그 특징으로 하는 일련의 흐름이다. 한편으로 시민사회의 형성과 민주주의의 발전 등이 근세의 특징으로 일컬어진다.

한국의 경우 조선시대를 근세로 본다. 일본의 경우 16세기 이후 19세기 메이지 시대 이전까지를 근세로 보며 아즈치, 모모야마 시대 및 에도 시대에 해당한다.

중세 말 극적인 인구 감소로 인한 위기를 경험한 유럽은 16세기에 들어서면서 조금씩 앞으로 나아간다. 그러나 곧 유럽 세력 내의 패권 다툼이 치열해지면서 대륙은 본격적인 전쟁의 시기로 접어들게 된다. 수많은 전쟁으로 유럽은 간신히 세력 균형을 유지하고 주도세력은 끊임없이 변화한다. 에스파냐에서 합스부르크로, 다시 프랑스로 주도권이 옮겨가면서 유럽 전역은 전쟁에 시달리게 된다. 세력 균형을 위해서 어제의 적이 오늘의 동지가 되는 다양한 연합 세력이 탄생하면서 유럽은 외교혁명을 이룩하게 된다.

종교개혁도 근세 유럽에서는 빼놓을 수 없는 부분이다. 가톨릭은 면죄부를 판매하여 돈으로 신앙심을 가늠하는 과오를 저지르면서 스스로의 지위를 실추시켰다. 마르틴 루터는 95개조 논제를 통해서 가톨릭의 개혁을 촉구했다. 한 사람의 힘으로 시작된 종교개혁 움직임은 유럽 전역으로 퍼져나갔고, 이를 통해서 신교와 구교의 갈등이 촉발되었다. 또한 종교를 내세운 전쟁이 더해지면 유럽은 또다시 혼란에 빠지게 되었다.

이어 발견의 시대를 맞이한 유럽은 끊임없는 해양 팽창을 시도했다. 콜럼버스의 신대륙 발견으로 유럽의 해양 팽창은 절정에 달하게 되고, 수많은 탐험가들과 모험가들의 시도가 이어졌다. 아프리카, 인도, 중국, 남북 아메리카로의 항해는 유럽에 막대한 부를 가져다주었다. 이 부를 바탕으로 영국은 산업혁명을 이룰 수 있었다. 귀족이 아닌 경제적 부를 누리는 새로운 세력이 등장함으로써 유럽은 계급사회에서 신분사회로의 변화를 꾀한다.

16~18세기에는 궁정에 속하지 않는 다양한 사교 집단이 형성되었으며, 이 사교 공간 안에

서 그들은 그들만의 예절과 관습을 만들어내고 공유함으로써 그들을 민중과 구별할 수 있었던 것이다.

이때 '맛'은 매우 중요한 부분을 차지하고 있었다. 맛에 대한 취향은 계속하여 문학 및 예술적 취향과 비교되었고 유사성이 부각되었다.

중세 유럽인들이 향신료에 남다른 애착을 보인 데는 영양가, 방부제로서의 역할, 강장제로서의 효능 등 그 자체의 특성도 중요했지만 일단 동방에서 비싼 돈을 들여 수입해오는 사치제라는 점이 크게 작용했다. 그 이국적인 풍미에 흠뻑 매료된 상류층은 물질적인 여유를 과시하는 수단으로 향신료를 소비했다. 향신료는 식품이기보다 기호품으로서 부자들의 욕망의 대상이었다. 하지만 대항해 시대가 도래하면서 동방과의 무역이 이전보다 훨씬 수월해지자 향신료의 수입량이 크게 늘었고 곧 희소성(상류 사회가 다른 집단으로부터 자신들을 구분짓는 척도인 바로 그 희소성)도 떨어졌다. 너도 나도 생강, 계피, 후추 등 섬세한 향료들을 사용할 수 있게 되자 아이러니컬하게도 요리에는 지방 성분이 없고 향신료를 많이 치던 특징이 사라지게 되었다. 17세기 프랑스의 엘리트들은 향신료를 버리고 대신 삼파, 염교, 버섯, 서양풍조목, 멸치류 등을 썼다.

중세 귀족들은 가금류와 사냥하여 잡은 요리만을 구워 먹었으며 부위는 문제가 되지 않았다. 그런데 15~18세기에 들어서 도살된 고기가 구이에도 사용되기 시작했으며 그런 가운데 고깃덩어리의 다양한 부위가 구별되기 시작했다.

서민층은 질 낮은 고기의 맛을 돋우기 위해 강한 양념을 사용했다. 반면 귀족의 요리에서는 음식의 고유한 맛을 보존하기 위해 요리에 필요한 양념들을 별도로 조리하는 것이 관례였다. 고전주의 시대의 요리사들의 또 다른 관심사는 고기를 알맞게, 결코 지나치지 않을 정도로 익히거나 설익은 채로 그리고 소스를 많이 뿌리지 않고 먹는 것이었다. 이러한 자연스러운 맛과 그에 알맞은 요리법을 향한 추세는 중세에 비교하여 두드러졌다. 그리하여 16세기까지 유럽인들을 사로잡았던 이국적 향료에 대한 욕망은 크게 수그러들었으며, 오히려 토속적 향료들만이 제한적으로 사용되었다.

17세기 이후 요리사들은 이전보다 더욱, 이른바 미식의 원칙에 주목했다. 따라서 17세기 중엽 이후 요리책들의 저자들은 각자의 요리기술을 놓고 논쟁을 벌였다. 그 주제는 '좋은 맛'이었다.

17세기 구 귀족 가문들이 벼락 출세자들의 등장에 위기감을 느꼈으며 17세기 중엽 이후 표출되기 시작한 귀족의 저항 시도는 18세기에 구체화되었다. 귀족과 부르주아의 경쟁은 사치와 같은 상징적인 측면을 통해 나타나기도 했다.

절대주의 왕정에서의 식사시간은 복잡한 의식을 위한 구실인 동시에 사교적인 과시의 장이었다. 식사예절은 특히 유행의 영향을 많이 받았다. 음식을 칼끝으로 먹는 것은 금지되었지만, 치즈만은 칼끝으로 먹는 것이 예법이었다. 나이프로 음식을 찍어 먹는 것은 거의 억제되고 모든 음식은 포크로 먹는 것이 원칙이지만, 올리브는 스푼으로 먹어야 했고, 호두알은 도구를 사용하지 않고 손가락으로 먹는 것이 예의바른 행동이었다. 17세기까지는 빵을 나이프로 잘라먹었으나 18세기 이후에는 오직 손으로만 먹었다. 합리적이고 도덕적인 이유와는 거리만 먼 관행의 변화는 오직 왕과 상류층의 방식을 따르는 것이었고 사회적 '구별짓기'의 의미가 더 많았다.

산업혁명 이후 자본주의의 발달로 역사상 유래 없는 경제력과 군사력을 갖추게 된 유럽의 각국은 세계 각 지역을 자국의 식민지로 만들어 갔으며 19세기 무렵에는 세계의 대부분(아프리카, 아시아 등의 국가들)이 영국, 프랑스, 독일, 네덜란드, 러시아 등 이른바 열강에 의해 분할되었다.

사라예보 사건으로 시작된 제1차 세계대전은 열강들의 제국주의와 범슬라브주의, 범게르만주의와 같은 민족주의가 작용하여 전 세계적인 전쟁으로 번졌다. 제1차 세계대전은 전 지구상에서 동시에 전쟁이 일어난 세계대전이었으며 총력전, 참호전, 대량 학살이 일어난 전쟁이었다. 이때의 전쟁으로 탱크, 독가스 등의 신무기들이 발명되었으며, 이전까지의 열강이었던 영국과 프랑스는 미국에게 자리를 내주게 되었다. 전쟁의 결과 오스트리아-헝가리 제국이 붕괴되었고 독일은 바이마르 공화국이 세워졌다.

제1차 세계대전 직후 러시아에서 사회주의 혁명이 일어나 소비에트 연방이 세워졌다. 이후 소비에트 연방은 20세기 말 붕괴될 때까지 서양의 자본주의 체제와 양립하는 양대 세력 중 하나로 존재하였다.

1929년 10월 24일 뉴욕 주식시장의 붕괴가 일어난 검은 목요일 이후 자본주의 세계는 유래 없는 공황을 맞이하였다. 미국에서는 대공황에 대한 대처로 케인즈주의와 함께 관세를 최대 48%까지 올리는 스무트-홀리 관세 법안이 통과되었다. 이로써 자유방임주의에 기반한 자본주의 경제를 대체하여 케인즈의 이론에 따른 뉴딜 정책과 같은 수정 자본주의가 대두되었다. 또한 이 사건으로 세계의 경제는 잠시 후퇴하였으며, 독일과 일본은 혼란을 벗어나기 위해 점점 제국주의로 흐르면서 다시 제2차 세계대전이 발발하는 계기가 된다.

나카사키에 투하된 원자폭탄 대공황의 여파로 인해 붕괴된 세계 경제는 독일의 나치즘과 이탈리아의 파시즘과 같은 전체주의 사상이 세력을 확장할 수 있는 기회를 제공하였다. 독일 나치의 지지율과 실업률 사이에는 상당한 상관관계가 있었다. 또한 독일, 일본, 이탈리아는 추축국을 결성하고 미국, 소비에트 연방, 영국 등이 연합국을 구성하면서 세계는 두 편으로 나뉘게 되었다. 제2차 세계대전은 독일의 폴란드 침공을 이유로 연합국이 추축국에 전쟁을 선언해 전 세계적인 전쟁으로 확산되었으며, 이후 일본 제국이 동남아시아를 점령하기 위해서 미국을 견제하기 위해 태평양전쟁을 일으켜 세계대전에 합류하였다. 제2차 세계대전은 유럽에서는 베를린 함락, 태평양에서는 원자폭탄의 투하와 일본의 항복으로 끝났다. 전쟁의 결과 추축국인 독일, 일본, 이탈리아가 패망하였고 세계는 국제 연합을 결성했다.

이러한 근현대사의 아픔을 고스란히 간직한 음식이 바로 베트남의 쌀국수 '포Pho'이다.

유럽이나 북미 시장에서 가장 많이 팔리는 아시아의 면요리로 항상 'Pho'가 차지하고 있으며 아오자이, 씨클로와 더불어 베트남을 상징하는 문화 아이콘이 포이다.

우선 '포Pho'라는 이름의 유래부터 살펴보면 두 가지 설이 있다. 처음으로 포를 팔았던 하노이 행상들은 점토로 만든 화덕, 이른바 '코프레포coffre-feu' 위에서 국수를 삶았다. 상인은 불이 있어야 국수를 만들 수 있었기 때문에 사람들은 상인에게 '포'가 있느냐고 물었으며 이것이 자연스레 음식 이름으로 굳어졌다는 설이다. 또 다른 설은 1858년 프랑스의 나폴레옹 3세가 베트남을 침공한 이후 1884년 베트남은 프랑스의 식민지로 전락하게 된다. 그리고 식민지 지배자였던 프랑스인들은 쌀국수에 맛을 들이게 된다. 중국의 영향을 받아 오래전부터 국수를 먹어왔던 베트남, 캄보디아, 라오스 등은 쌀국수를 주로 닭 육수에 말아 먹었다. 하지만 쇠고기 육수에 길들여진 프랑스인들은 기존의 쌀국수 제조 방식에 자신들의 요리를 접목하게 된다. 그래서 하노이 최초의 외국인 수석 주방장인 프랑스인 콜루는 프랑스식 비프스튜의 일종인 '팟토포pot-au-feu(포토퍼라고도 읽는다)'에서 유래되었다고 주장한다. 어느 설이 맞든지 간에 오늘날 베트남인들과 전 세계인들이 즐기는 '포'는 온전한 베트남 전통 음식이라기보다는 프랑스 식민지 기간 동안 양국의 식문화가 융합된 결과라 할 수 있다. '포Pho'가 세계로 전래된 경로를 살펴보면, 원래 쌀국수는 하노이를 중심으로 한 베트남 북부 지역의 음식이었다. 1954년 프랑스 식민지 지배의 거점이었던 디엔비엔푸가 함락되면서 베트남은 남과 북으로 갈라진다. 북부인 하노이에 공산주의 정권이 들어서면서 모든 식당이 국영화되자 이를 견디지 못한 식당 주인들이 대거 남쪽으로 피난을 갔고 일부는 프랑스로 넘어 간다. 남쪽으로 피난 간 이들은 지금의 호치민시인 사이공에서 쌀국수음식점을 시작해 대중적인 인기를 얻게 된다. 그래서 쌀국수 음식점 이름 가운데 '포 54'가 많다. 이때부터 베트남 남쪽 사람들은 포를 '북쪽에서 온 포'라는 의미로 '포박Pho bac'이라 부르기도 했다. 베트남전쟁에서 미국이 철수함에 따라 1975년 베트남은 전 국토가 공산화된다. 이 과정에서 철수하는 미군을 따라 수많은 난민들이 국외로 탈출한다. 해외로 도피한 베트남 사람들이 생계유지를 위해 손쉽게 선택할 수 있는 수단이 음식점이었고, 그로 인해 '포'가 미국과 프랑스를 비롯한 세계 각국으로 퍼져나가는 계기가 되었다.

이처럼 베트남 쌀국수는 프랑스 식민 지배 과정을 통해 그 형태가 완성되었으며 공산혁명의 과정 속에서 세계로 퍼져나가게 되었다.

(5) 현대

현대는 현재의 정치 체제하의 시대와, 현재의 국제 사회 체제하의 시대를 가리키는 역사 개념이다.

제2차 세계대전이 끝난 1945년부터 1960년대에 이르기까지 세계 각지의 식민지들이 대부분 독립하였다. 이들 국가 중 상당수는 냉전 시기 비동맹주의를 고수하였고 미국과 소련이라는 양대 강국과 떨어진 다른 세계라는 의미의 제3세계로 불렸다. 제3세계라는 용어는 사회주의국가가 붕괴한 오늘날에도 남북문제와 같은 경제 관계에서 여전히 관용적으로 사용된다.

제2차 세계대전 이후 세계 각국은 전 지구적인 전쟁의 위험을 줄이고 평화 체제를 구축하기 위해 국제 연합을 결성했다. 최초 회원국은 51개국이었으며 현재 193개국이 가입되어 있다.

20세기의 인류가 살아온 역사는 자동차·비행기·전화·컴퓨터·인터넷으로 상징되는 속도의 시대라 할 수 있다. 특히 미국을 중심으로 이루어진 대중 자본주의는 모든 사람들을 속도 속에 빨려 들어가게 한다. 해가 뜨면 일하고 해가 지면 일을 멈추었던 시대는 이미 구시대로 치부되어진다. 패스트푸드는 이러한 속도 시대에 걸맞은 음식으로 순식간에 전 세계에 퍼져나갔다. 또한 경제성장과 식생활의 변화로 소비자의 기호도는 다양해지고 있으며, 가공제품의 가공도가 높아지고 있다.

그리고 생활의 다양화와 기호성의 차이로 소품목 대량생산에서 다품목 소량생산의 경향이 커지고 대중매체의 영향으로 상품수명(life cycle)이 짧아지고 있다.

또한 현대 식문화는 생활수준의 향상과 건강에 대한 관심, 노령화 및 기호식품에 대한 요구 등에 따라 변화하고 있다.

① 생활수준의 향상 : 편의식품(즉석식품 instant food), 건강식품(health food), 저칼로리 식품(diet food)

② 무공해 식품, 자연식품, 유기식품, 건강식품
③ 노령화, 핵가족화 : 노인식, 환자용 특수식품
④ 기호식품의 요구도 증가 : 음료 및 기호식품의 소비재 증가

5) 음식문화의 계승과 발전

세계의 역사 속에서 음식문화의 계승과 발전모습을 통하여 살펴본 것에서 알 수 있듯이 인간은 음식을 먹는 행위를 통하여 식사양식과 식사예절 등을 정립하였고 이것을 습득하고 후대에 전달함으로써 문화적인 요소도 가미하게 되었다. 따라서 먹는 것에 관련된 모든 활동을 총괄한다는 것은 생산에서부터 시작하여 저장, 가공과 유통, 과학정보, 소비경제 문화 등의 모든 요인들이 유기적으로 연결되어 이루어진다는 것을 의미하는 것이다.

음식의 종류와 먹는 방법, 요리방법과 식사 가치관에 따라 동일 문화임이 증명되면 외부세계 문화권과 구별짓는 척도가 되었다.

또한 인류의 문화는 선사시대부터 현대에 이르기까지 자연에서 문화의 구조를 이루며 발전, 계승해 왔다.

식생활 문화의 형성요인으로는 자연적, 종교적, 경제적, 사회적, 심리적, 기술적 요인과 더불어 외부세계와의 교류에 따라 기존의 식생활은 변화와 융합을 거듭해 왔다. 생활가치관과 식생활에 대한 욕구는 새로운 식생활 문화를 형성하게 된다고 볼 수 있다.

자연적 요인으로는 아래와 같이 기후와 풍토가 식생활의 형성에 영향을 미친다.

✻ 기후와 풍토에 따른 식생활 특성

기후	특성
한대	음식이 담백하고 종류가 적다. 가공을 거의 안하며 생선을 생식한다.
온대	다양한 먹거리가 산출되며, 가공품도 발달한다. 찰기 있는 쌀을 이용하며 적당한 향신료도 사용한다. 순하고 독한 술을 모두 애용한다.
열대	과다한 향신료를 사용한다. 기름을 이용한 조리법이 발달한다. 채소 대신에 과일을 이용한다. 찰기 적은 쌀을 이용하며 음식 종류가 적다.

1.3 식사와 식사주기

1) 관습적인 식사

각 민족 집단마다 식사의 내용, 식사주기, 음식의 제공순서가 관습적으로 정해져 있다.

한 끼의 식사는 각 민족 집단마다 일정한 음식으로 구성된다. 아시아의 많은 나라들에서는 다른 음식이 많아도 밥이 없으면 그것을 식사라고 여기지 않는다. 서아프리카의 카메룬에서는 카사바 반죽을 먹어야 제대로 식사를 한 것이다. 미국을 비롯한 서구에서는 식사는 주요리와 곁들임 요리로 구성되며 대개 육류요리가 주요리가 되고 채소요리, 감자요리 같은 전분요리가 곁들여진다.

식사의 모든 요소를 포함하고 있는 한 그릇 음식은 식사로 간주된다.

문화에 따라 상황에 적합한 식사 내용이 정해져 있는 경우가 많다. 아침식사의 경우 미국에서는 계란과 베이컨, 중동에서는 치즈와 올리브, 동남아시아에서는 밥과 국을 먹는다.

식사 횟수와 식사 시간은 문화집단에 따라 다르다. 가난한 나라에서는 하루 한 끼 식사를 하는 반면, 부유한 나라에서는 3~5끼의 식사를 한다. 식사 시간 및 끼니별 식사량의 배분도 문화에 따라 다르다. 대부분의 유럽에서는 전통적으로 점심에 가장 많은 음식을 먹는 반면, 미국에서는 저녁식사가 가장 푸짐하다.

세상 사람들은 대체 뭘 얼마나 먹고 사는 것일까? 영국 일간 가디언 인터넷판에 소개된 『배고픈 행성 : 세상은 무엇을 먹나』는 미국 저널리스트 피터 멘젤 등이 전 세계 24개국을 돌아다니며 취재해 만든 책이다.

이 책의 저자들은 2000년부터 세계 24개국 30가족의 600회 식사를 촬영했다.

가장 인상적인 것은 일주일치 음식을 쌓아 놓고 촬영한 가족사진이다. 저자들은 가족들에게 돈을 지불하고 일주일 동안 먹는 음식이 어떤 것이며 얼마나 되는지 구입하게 한 후 사진을 촬영했다. 5인으로 이루어진 독일의 멜란더 가족은 육류와 초콜릿 빵 등 다양하고 풍성한 식탁을 차리는 데 일주일에 500달러(약 46만 원) 가량을 쓴다. 한편 말리의 나토모씨는 아내 두 명과 자녀 9명이 일주일 먹을 옥수수 등 음식을 구입하는 데 26달러(약 2만 4천 원)가 든다.

쿠웨이트 8인 가족은 22만 원, 아프리카 차드의 6인 가족은 1,200원, 프랑스의 4인 가족은 39만 원으로 일주일 동안 식사를 한다.

비교 사진은 상당히 흥미롭다. 나라별 식문화의 차이를 잘 보여줄 뿐 아니라 섭취하는 음식의 양 차이가 너무 크다는 것을 확인시켜 주기 때문이다. 나라별 식탁 메뉴 및 음식량의 차이는 문화뿐 아니라 정치적 문제라는 점을 저자들은 몇 장의 사진으로 웅변한다.

프랑스

중국

미국

말리

독일

〈그림 1-4〉『세상은 무엇을 먹나』에 소개된 일주일간의 식사메뉴
출처 : www.menzelophoto.com

2) 식사주기의 차이점

이규태의 '아침밥'이라는 칼럼에서는 '굿모닝'하는 식으로 아침인사에 아침이 들어가 있는 영국이나 독일 같은 나라들에서는 아침이 빠르고, '봉주르'하는 식으로 날이 들어가 있는 나라들에서는 아침이 늦다고 보았으며 아침에 일찍 일어나는 민족일수록 아침을 든든히 잘 먹고 늦게 일어나는 민족일수록 아침밥을 소홀히 한다고 하였다.

간단한 아침식사를 컨티넨털이라고 하는 것도 영국에서 보는 유럽대륙의 소홀한 아침밥에서 비롯된 말이다. 정오가 가까워서 러시가 일어나는 스페인에서는 아침밥을 아예 차 한 잔으로 때운다.

유럽의 호텔식 아침식사는 보통 컨티넨탈 스타일과 잉글랜드 스타일 혹은 아메리칸 스타일로 크게 나뉜다. 컨티넨탈식은 빵 몇 종류, 그리고 약간의 잼과 버터 그리고 커피 혹은 주스와 우유 한잔으로 구성된다. 아메리칸 식은 몇 종류의 치즈와 햄, 빵류, 몇 가지 과일주스 및 커피, 시리얼, 우유, 따뜻한 스크램블과 소시지, 그리고 삶은 계란이 첨가된다.

전형적인 이탈리아 아침식사는 에스프레소 한 잔과 담배 한 모금이다. 그렇게 하루를 시작해 11시 즈음 간단하게 크로와상 하나와 에스프레소를 마신다. 그리고 1시부터 통상 3시 정도까지(스페인은 2시부터 4시까지) '시에스타'라고 하는 점심 및 낮잠 시간을 갖는다. 점심 식사 시간이 길다고 식사량이 많은 것은 아니다. 오후 5시경 '나랑하'라 불리는 오렌지주스 한잔과 간단한 스낵을 먹으며 늦은 저녁식사 시간까지의 공백을 메운다. 저녁식사는 일반가정에서 8시 이전에는 거의 먹지 않고 식사는 8시30분 혹은 9시 정도부터 시작한다. 아무리 짧아도 한 시간 반 정도 혹은 그 이상 식사를 한다. 스파게티 혹은 피자 한판이 애피타이저가 되고 본식으로 손바닥보다 큰(14온스 이상) 고기(돼지, 양, 소고기)를 올리브유와 소금을 살짝 뿌린 샐러드와 함께 먹는다. 그리고 생선이나 닭 정도를 더 먹기도 하고 디저트(케이크, 푸딩, 요거트 따위)를 먹는다. 중간에 포도주는 빠질 수 없는 필수 음료가 되며 통상 11시가 지나야 저녁이 끝나고 자정쯤 잠이 들고, 점심과 저녁으로 식사량이 뒤쪽에 치중되는 형태를 띤다.

〈그림 1-5〉 **프랑수아 부셰의 아침식사, 프랑스**

출처 : www.wikipedia.org

프랑스인이 부러워할 정도로 사치스런 아침식사

를 하는 네덜란드에서는 보통 아침식사 때 디너 접시를 사용하여 치즈나 햄, 살라미 등 푸짐한 음식을 즐긴다.

한편 러시아 속담에는 '아침은 자신을 위해 먹고, 점심은 친구와 나누고, 저녁은 적에게 줘라'라는 말이 있다. 그렇지만, 러시아에서는 성장기 아이들을 위해서는 많게 여섯 끼, 성인은 네 끼를 표준으로 식사한다.

주로 아침에는 요구르트나 사워크림, 달걀요리, 햄 또는 소시지, 빵, 죽, 그리고 음료로 홍차, 커피, 코코아 등을 먹는다. 오전 10시에서 11시가 되면 두 번째 아침식사가 있다. 이때는 가볍게 샌드위치나 과일조림, 차를 마시며 오후 1시가 되면 가장 푸짐하고 맛이 좋은 점심을 먹는다. 점심식사 후 낮잠을 자고 깨어나면 오후 4시쯤 간식을 먹는다. 7시쯤에는 저녁을 먹는다. 저녁은 수프없이 전채와 주요리, 디저트가 주로 식탁에 오르며, 자기 전 10시쯤 야참을 먹는다. 이때는 사워크림과 프로스토크바샤라는 신맛이 강한 유제품을 먹는다.

반면 영국에서는 아침에 주로 씨리얼(겨울에는 포리지porriage, 오트밀 끓인 것)과 토스트에 버터를 바르고 마멀레이드를 발라먹는다. 이와 함께 커피나 티를 마신다. 그 외에 영국의 유명한 Cooked Breakfast는 토스트와 함께 접시에 따뜻한 음식(베이컨, 소시지, 달걀, baked beans, fried mushrooms, fried bread)이 나온다.

티 타임(Tea break)은 아침과 오후, 두 번 정도 가지는데, 일반적으로는 아침 열시반과 오후 세시반 정도에 삼십분 정도 티타임을 가지면서 티와 비스킷, 혹은 케이크 슬라이스를 함께 먹는다. 우리가 생각하는 차는 녹차, 홍차, 유자차 등 다양하지만 이들은 거의 tea라고 하면 영국식 black tea(그들은 ordinary tea라고도 부름)에 우유를 넣은 것이다.

(1) Breakfast의 종류

① Continental Breakfast

- 영국을 제외한 유럽식 조식을 말한다.
- 빵과 음료만으로 이루어진 간단한 식사이다.
- 간단한 감자요리, 달걀, 소시지 등을 곁들이기도 한다.

② American Breakfast

- 미국에서 비롯된 아침 메뉴로 Continental Breakfast보다 가짓수가 많다.
- 과일주스, 토스트, 달걀요리, 씨리얼, 요거트, 커피, 우유, 차 등으로 구성되어 있다.

3) 특별 식사

한편 세계 여러 나라는 명절과 기념일에 따라 각각 특징적인 식사를 준비한다.

✻ 세계 여러 나라의 명절과 음식

나라 이름	이름, 시기	의미	음식과 놀이	하는 일
중국	춘절 1월 1일(음력)	중국의 가장 큰 명절로 가족의 화목과 행복을 기원한다.	만두를 먹고 사자놀이, 폭죽놀이를 즐긴다.	고향방문 제사 세배
일본	오봉절 8월 15일	고향에 가족들이 모여 조상의 은덕을 기리는 성묘를 한다.	쇼료우마를 먹고 봉오도리 춤을 춘다.	고향방문 성묘 선물
필리핀	만성절 11월 1~2일	고향을 방문하여 가족 묘지에 모여 조상들의 영혼을 기린다.	밤새 이야기를 하며 음식과 놀이를 즐긴다.	고향방문 성묘 기도의식
미국	추수감사절 11월 마지막주 목요일	풍성한 수확을 신에게 감사하며 가족과 화목한 시간을 보낸다.	칠면조 고기 호박파이	고향방문 가족과 함께 식사
베트남	쭝투 8월 15일/(음력)	가족 화목을 위하여 자녀들에게 애정과 관심을 갖는다.	빤쭝투 보름달맞이 가면 만들기	전통 베트남 문화 소개
러시아	성드미트리 토요일 11월 8일 직전의 토요일	가정의 화목을 기원하고 추수를 감사한다.	햇곡식과 햇과일로 만든 음식 햇곡식으로 빚은 보드카	성묘 새들에게 햇곡식을 모이로 던져주기

한 예로 미국의 추수감사절의 유래를 살펴보면, 경건한 삶을 추구하던 청교도 102명이 영국에서의 박해를 피해 1620년 메이플라워호에 올라 60여 일간의 항해 끝에 신대륙 플리머스항에 도착하였으나, 그해 겨울 혹독한 추위로 많은 사람들이 사망하게 되고, 이때 원주민인 인디언들의 도움으로 생존자들은 이듬해 가을 곡식을 추수할 수 있게 된다. 이에 청교도인들은 인디언들을 초대해 추수한 곡식과 채소, 과일 등을 놓고 하나님께 감사를 드리고 음식을 나눠 먹은 것이 미국에서 추수감사절에 칠면조를 먹는 효시가 되었다.

세계 여러 나라들은 각국의 자연적, 계절적, 역사적 특징을 담은 명절과 기념일을 가지고 있으며 조상에 대한 감사, 가족의 화목, 풍요와 건강을 바라는 마음이 담겨있다.

우리나라에는 설날, 대보름, 한식, 초파일, 단오, 추석, 동지 등이 있다.

이러한 전통은 나라마다 명절과 기념일의 이름, 시기, 음식과 놀이, 하는 일이 다르며 각각 계승을 위해 노력하고 있다.

Chapter 2

동·서 식문화의 비교

학습목표

1. 동서양의 주식에 따른 문화적 차이를 비교할 수 있다.
2. 채식문화와 육식문화에 따른 특징과 차이점을 이해하고 설명할 수 있다.
3. 동서양의 음식문화에 따른 식사 도구의 특징과 사용법에 대해 설명할 수 있다.
4. 종교에 따른 식문화에 대해 바르게 이해한다.

2.1 밥과 빵의 문화

전통적인 식사문화는 동, 서 두 개의 유형으로 나눌 수 있다. 비목축에 쌀을 주식으로 하는 동유형의 식사문화와 목축과 맥류를 주식으로 하는 서유형의 식사문화가 그것이다. 동유형은 동북아시아와 동남아시아에, 서유형은 유럽과 중동에 분포한다.

아시아의 비목축 미식지대에서는 전통적으로 동물성 식품이 아닌 곡물에 함유된 식물성 단백질을 섭취하였다. 맥류에 비해 쌀에 들어 있는 필수 아미노산의 균형이 우수하므로 약간의 콩을 보충해 주면 쌀밥을 단백질원으로 해서 살아가는 것도 가능하다.

반면 서양식 식사에서는 밀, 호밀 등의 맥류로 만든 빵과 기름이 주요 에너지원이 되고 고기와 유제품이 중요한 단백질 급원이다.

밥을 같이 나눠먹는 사람들의 끈끈한 관계를 식구(食口)라고 한다. 같이 밥을 나눠 먹을 수 있는 인간적 관계가 행복을 결정하는 중요한 변수이다. 밥을 같이 나눠 먹을 수 있는 시간적 여유가 없으면 화목하다고 볼 수 없기 때문이다. 화목(和睦)하다는 말의 '화(和)'라는 한자도 벼를 뜻하는 '화(禾)'와 입을 뜻하는 '구(口)'가 어울려 이루어진 말이다.

그런데 빵을 나눠먹는 인간적 관계는 '동료'를 의미하는 'companion'이라는 말을 쓴다. 혈연관계인 식구와 우정을 나누는 동료의 차이는 인간적 관계 맺음의 강도(强度)에서 차이가 난다. 동료보다 식구가 그만큼 끈끈한 인간적 관계가 강하게 나타난다. 밥을 지으면서 밥알과 밥알이 끈적끈적하게 서로 붙어 있는 것처럼 밥을 나눠 먹는 사람들의 사람간의 관계도 그만큼 끈끈한 인간적 관계를 보여주는 경우가 많다.

이에 반해 빵은 빵 그 자체가 하나의 독립적인 주식으로 먹는 경우가 많다. 밥이 관계의 음식이라면 빵은 개체나 실체로서의 독립성을 갖는 음식인 셈이다. 유목 문화권에서는 움직이지 않으면 생존이 보장되지 않았기 때문에 이동식 생활을 하는 데에 빵이 잘 어울렸던 것이다. 어둠이 깔리기 전에 빨리 다른 목적지로 이동하려면 빵을 구워서 빨리 먹어야 한다. 오늘날 패스트푸드가 발달한 것도 이와 같은 서양 사람들의 이동성에서 그 근거를 찾을 수 있다. '빵은 길을 만들고 밥은 마을을 만든다'라는 서적에서는 빵은 이동하면서 새로운 길을 만드는데 적합한 음식이지만, 밥은 모여서 먹으면서 촌락 공동체를 만드는데 적합한 음식이라고 보았다.

'밥과 빵'(이어령)이라는 수필에서는 밥과 빵을 여러 측면에서 비교해 놓고 밥을 먹는 우리 문화와 빵을 먹는 서양문화 간의 차이가 바로 그 밥과 빵 때문이라는 것을 설명해 놓았다. 밥은 언제나 각자 자신의 집에서 지어야 하고 빵은 빵집에서 사온다는 점, 밥은 끼니 때마다 새로 지어야 하지만 빵은 가지고 다니며 먹을 수 있다는 점이 두 문화 사이의 큰 차이를 만든다고 설명하고 있다. 빵은 차갑게 식어도 먹는 데 지장이 없지만 밥은 따뜻해야 하기 때문에 한솥밥을 나누어 먹은 우리나라의 가족관계는 서양에 비해 유달리 유대감이 깊다. 빵은 운반이 가능하기에 기동력이 있어 전투식량으로 편리하다. 그래서 빵의 문화는 정복의 문화이고 활동의 문화이며 개인의 문화이다. 그에 비해 밥의 문화는 한 지붕 안에 고정되어 있는 정적인 문화이고 평화의 문화로 설명하고 있다. 밥에는 단순히 배만을 채우는 그 물질만이 아니라 그 김처럼 정이 서려 있고 사랑이 배어 있다고 볼 수 있다.

2.2 채식문화와 육식문화

맛시모 몬타나리의 『유럽의 음식문화』라는 저서를 보면 고대 그리스 로마 사람들은 채식 위주의 식사를 했다고 한다. 곡물을 재료로 한 빵과 죽, 포도주, 기름 채소 등 채식류가 주류를 이루는 가운데 약간의 육류, 특히 치즈를 곁들이는 방식이었다. 이러한 음식의 특징은 그리스나 로마에서 발달했던 농업과 밀접한 연관이 있다. 밀, 포도, 올리브는 이 지역의 농업생산과 문화에서 가장 중요한 작물이었으며 고대 그리스 로마 철학에서 잘 나타나 있듯이 음식문화에서도 겸손과 절제를 미덕으로 하고 있다. 이와는 반대로 켈트족과 게르만족은 사냥과 어로, 야생과일의 채취, 숲에서의 자유로운 방목 등을 했던 관계로 육류가 가장 중요한 요소를 차지하고 있다. 이러한 음식문화의 차이는 중세 봉건사회가 시작되고 교회가 발전하면서 성찬과 금식이라는 상반된 모티브로 나타나게 되는데 게르만족의 후손들이 왕과 귀족들의 위치를 차지하면서 육식과 폭식, 술을 즐기는 문화가 발달하게 되었다.

그러나 지중해의 환경에서 태어나고 자라난 기독교는 성찬식의 기적을 상징하는 도구로서 빵과 포도주를 채택하였고 기름을 성사를 집행하는데 사용하였다. 그리고 수도사들의 청빈과 금욕을 강조하기 위하여 음식을 절제하였으며, 이러한 수단의 하나로서 육식을 절제하였다.

또 다른 큰 영향은 산업혁명 이후의 음식문화의 변화이다. 19세기 산업혁명과 과학의 발달이 일어나면서 음식의 탈지방화(delocalization)이 일어나게 되었다. 수송 수단의 혁명과 음식의 변형 및 보관 기술이 발달하면서, 영토와 음식 사이의 연관이 약화되었고 계절적인 불확실성을 제거하게 되었다. 그리고 비산업화된 지역의 대부분의 음식 재료들이 유럽-미국의 음식 수요의 상당부분을 해결하는데 이용되었다. 햄버거 시장의 확대와 부국들의 육류 소비 증가에 따라 라틴 아메리카의 쇠고기 생산은 엄청나게 늘었지만, 정작 이들 나라의 국내 육류 소비는 감소했다고 한다. 그리고 탈지방화의 효과로 전 세계의 음식 섭취 모델이 비슷하게 변화하고, 모든 종류의 음식의 혼합과 실험이 일어나고 있다.

2.3 동·서양의 음식문화와 식사도구

"네가 먹은 것이 무엇인지 말해주면 나는 네가 어떤 사람인지 말해줄께"라고 『맛의 생리학』이라는 저서에서 프랑스의 브리야 사바랭은 단언한 바 있다.

한 사람의 식생활을 통해 그 사람을 판단할 수 있을 만큼 식생활은 얼마나 중요한 부분인지 생각해 볼 수 있다.

아시아 지역에서는 주식과 부식의 두 가지 종류의 음식이 발달되었다. 동양에서는 밥과 반찬으로 구성되는 반면에 유럽에서는 빵과 함께 수프, 고기요리, 채소요리 등과 함께 식사가 구성된다.

주식과 식사하는 방법에 따라 국가나 민족의 식생활을 밀 문화권, 쌀 문화권, 잡곡 문화권 등으로 나누어 볼 수 있다.

또한 각 민족의 식습관에 따라 음식을 먹는 도구가 다르다. 식생활 문화권을 식사방법에 따라 나누어 보면 숟가락이나 젓가락만 사용하는 문화권, 나이프와 포크를 쓰는 문화권, 손으로 식사하는 문화권으로 나누어 볼 수 있다.

수저문화는 그 나라만의 식생활에 따라 발전하거나 퇴화되었다고 할 수 있으며 수저의 발달은 숟가락에서 점차 젓가락으로 발전이 되었다고 본다.

젓가락을 처음 발명한 나라는 중국으로 약 3000년 전으로 추정되며, 한국과 일본은 각각 1800년 전, 1500년 전으로 추정하고 있다.

오랜 역사를 지니는 수저는 우리나라는 물론 중국, 일본, 싱가포르, 베트남, 몽골 등 주로 동아시아 지역에서 사용하고 있다. 특히 한중일 등 동북아시아 지역에서 상용화되어 있는데, 시대나 지역에 따라 각기 다른 모습을 띠고 있다. 초기에는 조개껍데기나 나무를 깎아서 수저를 만들었고, 주철 생산이 가능하게 된 후부터는 백동, 놋쇠, 금, 은 등을 사용해 제작했다. 중국에서는 숟가락을 사기로 만들기도 했으며, 일본에서는 아직도 대나무로 만든 젓가락을 사용하고 있다.

중국은 기름진 음식과 튀김 등으로 이루어진 음식들의 특징은 대부분 부피가 크고, 큰 테이블에서 별도로 덜어먹는 식습관으로 먼 거리에서 집어서 먹기에 길고 끝부분이 뭉퉁한 것이 특징인 반면, 우리나라는 젓가락보다 숟가락의 발달이 가장 앞서서 발달을 했고 유지된 식습관의 특징인 밥과 국의 문화의 영향으로 좁은 밥상에 둘러 앉아 반찬의 독점보다는 함께 공유하는 식문화가 젓가락의 섬세함과 정확성을 요구하게 되었고 철제 젓가락이 그 요구를 가장 잘 반영한 내용이라 할 수 있다.

또한 우리나라 사람들은 뜨겁고 수분을 많이 함유하고 있는 찰진 음식을 좋아하기 때문에 숟가락을 많이 사용한다. 동남아시아에서도 밥을 주식으로 하지만 음식은 찰기가 없고 기름기도 없고 수분이 적고 뜨겁지 않아서 손으로 식사하는 것이 가능하다.

한편 일본은 숟가락을 사용하지 않아 젓가락이 식사하기 편하게 뭉뚝하고 짧은 모양이며, 대개 나무로 만든 것이라 소박하다.

생선요리가 많다보니 집는 일보다는 생선의 뼈를 바르거나 찌르고 자르는 일이 많아 위아래의 굵기의 차이가 큰 것이 특징이다.

숟가락을 쓰지 않아 '미소시루'같은 된장국을 먹을 때는 어쩔 수 없이 국그릇을 들고 마셔야 하는데, 우리나라에서는 밥그릇을 들고 먹는 것이 예의에 어긋난다고 하지만 일본에서는 그렇지 않은 것은 일본의 식기가 우리나라와는 달리 목제식기가 발달하였기 때문이다.

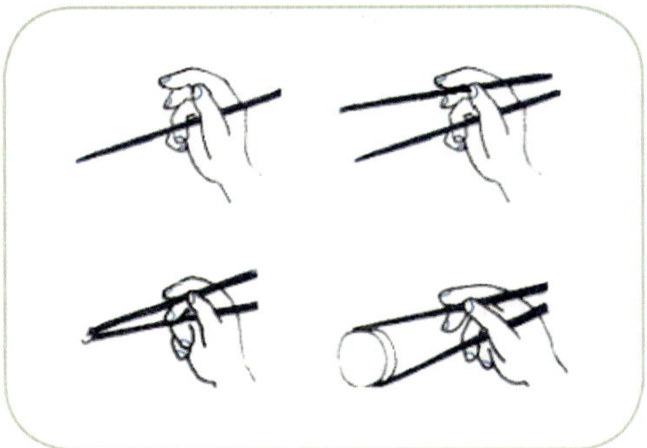

〈그림 2-1〉 젓가락 사용법

한편 유럽에서 나이프는 오래 전부터 애용되고 있었지만, 그것은 어디까지나 고기를 썰기 위한 단순한 도구에 지나지 않았다. 그렇다면 유럽 사람들은 그동안 무엇을 가지고 식사를 했을까? 바로 손이다. 유럽 사람들은 고대 로마 시대부터 손으로 식사를 하는 것이 상식이었다. 그러나 예절에 까다로운 상류 계층 사람들은 약지와 새끼손가락을 제외한 나머지 3개의 손가락으로 음식을 집는 것이 품위 있는 행위라고 생각했고, 10개의 손가락으로 우적우적 먹어대는 족속은 그 성장이 의심스럽다며 엄격하게 나무랐다고 한다.

11세기에 들어서 이탈리아의 토스카나 지방에서부터 끝이 두 갈래로 나뉜 소형포크가 고안되었는데 이것도 완고한 사람들의 반대에 부딪쳤었다. 신의 은총으로 받은 음식은 오로지 손으로만 만져야 한다는 이유인데 그 덕분에 개발된 포크는 창고에 쳐 박혀 한동안 빛을 보지 못했다. 포크가 다시 식탁으로 돌아온 것은 15세기로 남자들보다 여자들의 식기로 선호대상이 되었으나 좀처럼 고쳐지지 않았던 손으로 먹는 식습관 덕분에 오늘날에도 고급 레스토랑에서 나오는 핑거볼(finger bowl)처럼 손을 씻을 물을 식탁에 미리 준비해두는 문화가 생겨난 것이다. 18세기 프랑스 혁명에 도달한 즈음에 혁명으로 쫓겨난 귀족들에 의해 평민과 귀족이 다르다는 것을 보여주기 위해 그때부터 포크를 사용하였다. 추방의 쓰라린 아픔을 경험한 귀족들이 남과 차별된 식사예법을 고안하고 식기까지 준비해서 적극 수용하는 방안이 도입되자 고귀한 신분이 사용하는 포크와 나이프는 품위와 사치의 심벌로 금세 변하여, 유럽에서 손가락으로 먹는 식사는 상스런 식사법으로 전락하였다.

평민의 결혼

귀족의 결혼

〈그림 2-2〉 평민과 귀족의 식사 모습

출처 : www.wikipedia.org

나이프와 포크는 서양의 기본적인 식기이다.

서양식 상차림에서 수저류에 해당하는 스푼, 포크, 나이크를 통틀어 '커틀러리', 또는 '플랫웨어(flatware)'라고 한다. 고급 커틀러리는 순은 제품이나 도금 제품이 많은데 이것은 '실버웨어'라고도 부른다. 단순히 나이프, 포크, 스푼이라는 도구로서의 역할뿐만 아니라 식탁의 수준을 결정하는 기준이 되기도 한다. 특히 은식기나 커틀러리는 대대로 이어져 내려온 것이나 그 가문의 문장이 새겨져 있는 것 등 유럽에서는 그 집안의 격식을 표현하는 한 부분이 되기도 한다.

이러한 손잡이 부분의 모양에 따라 이름이 붙여진다. 서양 고가구의 패턴과 같은 퀸 엘리자베스, 그랜드 바로크, 프렌치 리전시, 치펀데일 등은 고급스러운 테이블 세팅에 어울린다. 단순하고 현대적인 문양을 대표하는 이스톤, 브리타니, 러시모어, 시티스크레이프 등은 심플한 테이블에 잘 매치되는 스타일이다.

〈그림 2-3〉 손잡이 문양에 따른 커틀러리

커틀러리는 보통 4인용 기준인 20피스와 8인용 기준인 40피스, 45피스 세트로 사용한다. 4인용 20피스의 구성은 디너용 나이프, 포크, 샐러드 포크, 수프 스푼, 티스푼의 5가지가 4벌씩 포함된다. 8인용 45피스에는 서빙할 때 사용하는 설탕 스푼, 버터 나이프, 전채요리용 코프, 서빙용 스푼, 피어스트 테이블 스푼이 각 한 개씩 추가된다.

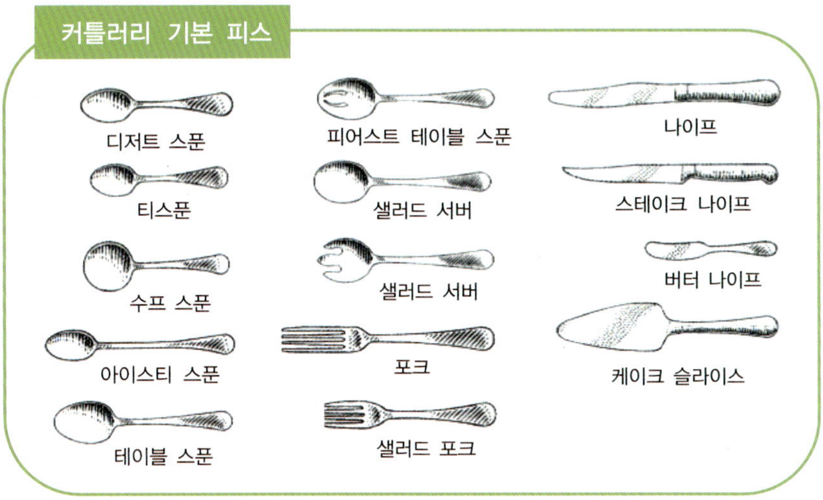

〈그림 2-4〉 커틀러리 기본 피스

또한 서양식 세팅에서는 주로 유리잔을 사용하기 때문에 글라스 웨어(glassware)라고 부른다. 테이블에 세팅하는 소품 중 종류가 가장 다양하다. 기본적인 모양에 따라 크게 고블랫(goblet)과 텀블러(tumbler)로 나뉜다. 고블렛은 스템웨어(stemware)라고도 부른다. 고블렛은 중간의 손잡이 부분이 가는 줄기처럼 생겼고, 물, 와인, 샴페인, 코냑 등을 마실 때 사용한다. 텀블러는 위아래의 크기가 비슷하거나 아래로 갈수록 약간 좁아지는 모양으로 칵테일이나 음료수 잔으로 쓴다.

정식 상차림에서는 보통 크고 작은 와인 글라스가 3개씩 놓여 있는데 가장 큰 것이 물, 주스, 우유, 맥주 등을 마실 때 사용하는 것이다. 가장 작은 것은 화이트와인을 마실 때 쓴다. 화이트와인은 차갑게 마시므로 작은 것을 써야 따뜻해지기 전에 다 마실 수 있기 때문이다.

약간 큼직한 와인 글라스는 레드와인을 마시기에 적당하다. 실온으로 마시는 레드와인은 화이트와인과 달리 따뜻해지는 것을 우려할 필요도 없고 크면 오히려 공기와 닿는 면적이 많아 향기를 음미하기에 더 적당하다.

〈그림 2-5〉 Glassware의 종류

이들의 사용법을 간추려 소개한다.

① 나이프와 포크가 각각 3개 놓여 있다. 중앙 접시의 오른쪽 바깥에 놓인 나이프와 반대편에 놓인 포크를 먼저 사용하고 다음엔 순서대로 안쪽 것을 사용하되 가장 큰 나이프와 포크가 그 날의 주요리(main dish)를 먹기 위한 식기이다.

② 생선은 생선용 나이프와 포크를 사용한다. 생선용은 전통적으로 은기를 주로 사용한다. 생선용 포크는 날 쪽에 홈이 파여져 있고, 나이프의 경우 등이 볼록하게 튀어나와 있는데 이는 생선 가시를 발라내기 위해서이다.

③ 스푼은 가장 오른쪽에 놓는다. 디저트용은 미리 식탁에 내놓지 않는 것이 원칙이지만 경우에 따라서는 중앙 접시 위쪽에 놓아두기도 한다.

④ 치즈용 나이프, 디저트용 포크와 스푼 등은 치즈나 디저트 접시와 함께 나온다. 중앙 접시 위쪽에 미리 세팅되는 경우도 있다.

⑤ 식사 도중인 경우 나이프와 포크를 접시에 걸쳐서 좌우로 놓아둔다.
식사를 마친 경우에는 이들을 접시의 오른쪽 위에 나란히 놓는다.

⑥ 대화 도중 나이프와 포크를 흔드는 것은 주의한다. 음식을 씹고 있거나 대화를 나누는 동안은 포크와 나이프를 들지 말고 접시에 걸쳐놓는다.

⑦ 치즈나 과일을 먹을 때 나이프를 결코 입술로 가져가서는 안 된다.

⑧ 나이프로 샐러드나 빵을 잘라서는 안 된다. 샐러드 재료가 크거나 토스트인 경우는 나이프를 사용할 수 있다.

⑨ 포크나 나이프를 떨어뜨렸을 경우 줍지 말고 웨이터에게 새 것을 요구하되, 가정에 초대된 경우라면 직접 줍고 새 것을 부탁한다.

⑩ 식기나 도구들을 부딪쳐 소리를 내서는 안 된다.

⑪ 식기를 들고 요란한 제스처를 쓰다가 떨어뜨려서는 안 된다.

⑫ 식탁에서 이쑤시개를 사용하지 않는다. 꼭 사용해야 할 경우 화장실을 이용한다.

접시, 글라스, 커틀러리, 테이블클로스, 냅킨과 센터 피스 등의 테이블 소품으로 구성되는 정통적인 서양식 테이블 세팅에서 가장 중요한 것은 그릇들로서 그중에서도 기본이 되는 것이 디너 접시이다.

디너 접시란 명칭은 저녁식사를 할 때 사용하는 가장 기본적인 그릇으로서 주요리를 담는 개인용 큰 접시라는 의미도 지니고 있지만 예전의 유럽에서는 디너 접시 사이즈의 그릇밖에 없었다고 한다. 디너 플레이트(dinner plate)는 플레이스 플레이트(place plate)라고도 부르는데, 이는 테이블에서 이 접시가 세팅된 위치에 따라 앉은 자리가 정해지며 한 사람이 차지해야 할 범위를 정하는 '위치 접시'의 역할을 하기 때문이다. 디너 접시는 27cm가 기본 사이즈이지만 25cm의 고기요리용 접시나 좀 더 작은 접시도 디너 접시로 사용할 수 있다.

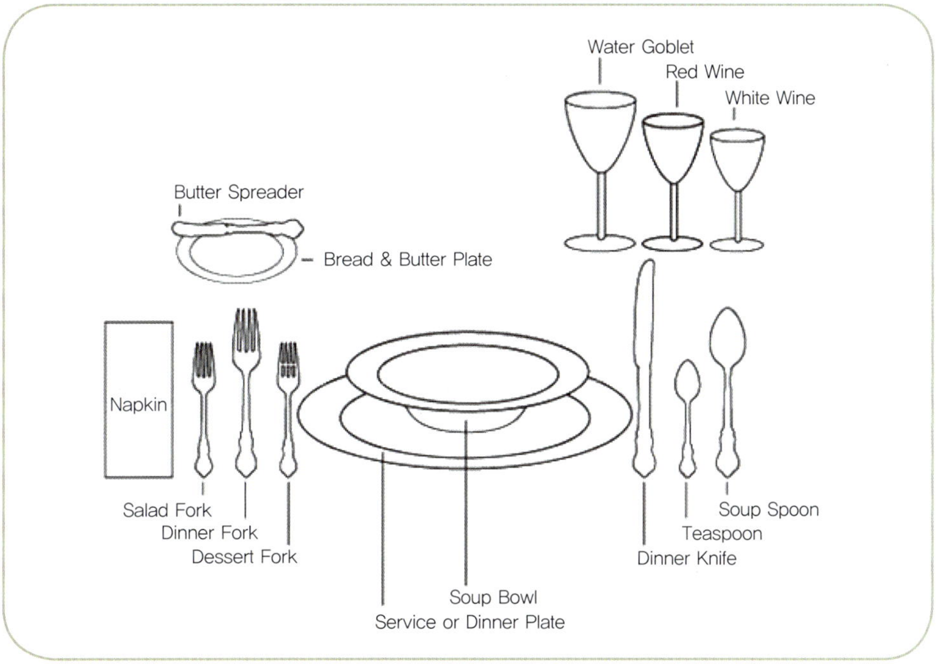

〈그림 2-6〉 테이블에 세팅된 식기의 종류와 용도

2.4 종교에 따른 음식문화

각 나라와 족속 그리고 그 구성원들 사이에는 그들만의 고유의 종교가 존재하고 있다. 기독교, 불교, 이슬람교와 같이 교세가 큰 종교에서부터 각 부족들이 믿고 있는 영세한 종교에 이르기까지 지구상에는 수많은 종교가 존재한다. 몇몇 집단에서는 종교의 교리가 도덕보다 더 강하게 적용되며 삶의 전반에 커다란 영향을 미치고 있는 것이 사실이다.

각기 다른 종교에는 각기 다른 'taboo'가 존재한다. 이것은 생활전반에 이르며 작게는 음식문화에까지 영향을 준다. 한 예로 인구의 대다수가 힌두교도와 이슬람교도인 인도에는 전 세계에 살고 있는 채식주의자보다 더 많은 수의 채식주의자고 살고 있다. 또한 인도 맥도날드에서는 소고기와 돼지고기를 사용한 메뉴는 존재하지 않는다. 대신 'veggie Burger(채식주의자를 위한 햄버거)'와 Chiken이나 fish를 사용한 Burger가 존재한다. Veggie Burger는 콩, 감자, 당근 등을 적절히 섞어서 패티를 만들어 제공한다.

〈그림 2-7〉 인도 맥도날드 메뉴

이집트에서는쇠고기 대신 아랍인들이 좋아하는 닭고기를 아랍식 둥근빵에 말아서 만든 맥 아라비아 코푸타를 버거 패티로 사용하여 만들며 아이쉬랑 비슷한 빵에 싼 고기 패티와 토마토, 양상추 등으로 판매한다.

〈그림 2-8〉 **이집트 McArabia**
출처 : http://hi8001.egloos.com

서로 다른 종교마다 서로 다른 음식문화와 음식에 관한 금기를 가지고 있다. 하지만 이러한 금기 사항을 조금 주의 깊게 살펴본다면 음식에 관한 금기는 종교와 밀접한 관련을 가지고 있고 또한 종교가 발생한 지역의 지리와 풍토에 영향을 받고 있음을 이해할 수 있다.

1) 유대교

현재 기독교의 모태인 유대교에는 수많은 금기들이 존재한다. 특히 구약성서의 모세5경을 중요시 하는 이슬람교와 유대교의 금기 식품은 대체로 비슷한데 유대교의 음식에 관한 규정은 구약성서의 '레위기'와 '신명기'에 근거를 두고 있다.

굽없는 짐승에 대한 금기로써 '여호와께서 모세에게 일러 가라사대 이스라엘 자손에게 고하여 이르라 너희 중 먹을 만한 생물은 이러하니 짐승 중 무릇 구비 갈라져 쪽발이 되고 새김질하는 것은 너희가 먹되 새김질 하는 것이나 굽이 갈라진 짐승 중에도 너희가 먹지 못할 것은 이러하니'로 표현되어 있으며, 죽은 짐승에 관한 금기로서 '스스로 죽은 것의 기름이나 짐승에게 찢긴 것의 기름은 달리는 쓰려니와 결단코 먹지 말지니라. 레위기 7장 22절~24절에 명시되어 있다. 소, 양, 염소 등은 굽이 있는 짐승이지만 돼지는 이와 다른 발모양을 가지고 있다. 따라서 이러한 금기 조항은 특별히 돼지고기를 염두에 둔 금기라 할 수 있다. 이슬람교도는 아무리 배가 고파도 절대 돼지고기를 먹지 않는다고 한다. 이슬람교 사람들은 돼지가 지저분한 동물이라고 생각한다.

이러한 금기 사항은 유대교와 이슬람교가 널리 퍼져 있는 중동 지방의 기후와 밀접한 관련이 있다. 이곳은 열대 기후 지방이기 때문에 일반적으로 고기를 먹는다는 것이 위생상 문제가 있다. 또한 돼지는 많은 식량을 소비하므로 사람이 먹기에도 부족한 식량을 짐승에게까지 굳이 나누어줘 가며 키울 만한 동물이 못 되었던 것이다.

더운 지방에서는 음식이 쉽게 부패하기 마련이다. 특히 육식동물의 주성분인 단백질과 지방은 다른 영양소보다 온도에 의해서 쉽게 상하므로 스스로 죽은 음식을 먹는 행위는 굉장히 위험한 행위였음이 틀림없다. 따라서 직접 살육하지 않은 동물의 고기는 언제 죽은 것인지 알 수 없기 때문에 이러한 금기가 생겨났다고 할 수 있다.

또한 구약성서의 레위기에 보면 「무릇 이스라엘 집 사람이나 그들 중에 우거하는 타국인 중에 어떤 피든지 먹는 자가 있으면 내가 그 피 먹는 사람에게 진노하여 그를 백성 중에서 끊으리니 육체의 생명은 피에 있음이라. 내가 이 피를 너희에게 주어 단에 뿌려 너희의 생명을 위하여 속하게 하였나니 생명이 피에 있으므로 피가 죄를 속하느니라」라는 피에 관한 금기가 있다. 이 시대에 사람들에게 피는 생명을 의미했다. 따라서 피를 마시는 것은 하나의 생명을 살인하는 행위와 같았고 십계명에 살인하지 말라는 조항에도 위배되는 행위였다. 또한 훗날(기원후 36년) 예수그리스도가 십자가에 달려 돌아가실 때 흘린 피는 보혈의 피라 하여 새로운 생명과 구원을 상징하게 된다.

유대교에서 갈려나온 기독교에서는 모든 인간이 태어날 때부터 원죄가 있다고 말한다. 이러한 인간의 원죄는 창세시절 아담과 이브가 하나님이 금하신 선악과를 따먹음으로써 생겨난 것이다. 하지만 인간이 원죄를 짓게 되는 원인은 사악한 뱀의 꼬드김 때문이었다. 이때 하나님께서는 뱀에게 평생 흙을 파먹고 살 것이며 기어 다니게 될 것이라고 저주를 한다. 이때부터 유대교에서는 뱀을 가증하고, 부정한 동물이라 하며 가까이 하는 것은 물론 먹는 것까지 금하게 되었다.

2) 힌두교

이슬람교도나 유대교도들이 돼지를 더럽다 하여 먹지 않는다. 그러나 힌두교도들은 반대로 신성하다는 이유로 소를 먹지 않는다.

힌두교의 가르침에 의하면, 발굽이 나눠지 않은 동물이나 맹수류, 물갈퀴가 있는 새나 물소, 그밖에 야생동물의 젖 그리고 마늘, 양파, 버섯같이 향이 강한 음식물은 먹으면 안 된다. 또 육식은 가능한 한 피해야 한다. 왜냐하면 그들은 윤회사상을 믿는데 자신들이 먹는 양이나 새가 죽은 조부모나 부모가 환생한 것일지도 모른다고 생각하기 때문이다.

보통 인도인들은 이런 금기 식품에 크게 신경을 쓰지는 않지만 소만은 전혀 다르다. 먹어서도 안 될 뿐 아니라. 소에게는 길도 반드시 양보해야 하고 신의 사자(使者)라 여기는 흰 소와는 절대로 부딪쳐서도 안 된나. 물론 가죽 소가죽 제품은 사용해서도 안 되는데 특히 관광객이 힌두교 사원을 방문할 때는 쇠가죽으로 된 신발, 벨트, 지갑 등은 몸에 지닐 수 없다. 이처럼 힌두교 사회에서 소를 식용으로 쓰지 않는 것은 소를 산채로 이용하면 농사도 돕고 젖을 짜내고 배설물도 연료로 이용할 수 있으므로 소를 먹어치우면 손해이기 때문이다. 이러한 이유는 종교라는 명분을 통해 사람들이 소를 먹는 것을 자연스럽게 금하게 했다. 또한 인도의 기후가 소의 방목과 맞지 않다. 곳곳에 커다란 사막이 있으며 건기가 일 년의 반이 넘는 인도 기후 탓에 소를 방목시킬 초지가 없기 때문이다. 따라서 소를 키운다면 인간이 먹는 곡물을 먹이로 줘야 했기 때문에 소고기를 먹는 문화는 인도에서 정착될 수 없었다고 할 수 있다.

3) 이슬람교

이슬람교에서도 죽은 고기나 알라가 아닌 대상에게 바친 음식물 외에 이슬람교도가 숨통을 끊지 않은 동물의 고기는 먹어서는 안 되는 것으로 되어 있다. 그들에게는 '비스밀라(신의 이름으로)' 하면서 경동맥을 한 번에 끊어 버리는 것이 올바른 도살법이다. 이 도살법에 따른 것을 할랄(허용된 것)이라 부르고 그렇지 않은 것을 하람이라 하는데 하람은 먹으면 안 된다.

중동지방을 중심으로 분포된 이슬람교에서도 역시 기후로 인한 고기의 부패를 염려하여 도살법을 엄격하게 정하고 있는 것이라 할 수 있다.

또한 이슬람교도가 아닌 사람이 사용한 식기와 조리기 등은 반드시 깨끗이 닦은 후에 사용해야 한다는 종교상의 규정이 있다. 이것은 다른 민족으로부터 옮을 수 있는 전염병 등을 고려한 위생상의 이유이다.

Chapter 3

각국 음식문화의 특징

학습목표

1. 우리나라 음식문화의 특징을 바로 이해한다.
2. 각 지방별 특색음식의 특징을 설명할 수 있다.
3. 아시아, 유럽, 중동, 중남미, 북미, 아프리카 등 대륙별 음식문화의 특징과 차이점을 이해하고 설명할 수 있다.

3.1 우리나라 음식문화의 특징

우리나라는 위치적으로 북쪽으로는 아시아대륙과 육로로 인접하고 동, 서, 남의 삼면은 바다에 면하고 있다. 이러한 위치는 대륙성 기후와 해양성 기후의 점이성 지대이므로 기후면에서 대륙성 기후와 해양성 기후의 양면성을 갖는다.

따라서 대륙성 영향의 폐쇄성과 해양성 영향의 개방성 양면이 반영되어 이중적 요소를 갖게 되었다. 또한 동서남북으로 준령을 사이에 두고 그 풍토가 다르다. 해안선이 남북으로 길고 굴곡이 심하여 좋은 어장을 형성할 수 있고 여러 종류의 해산물을 얻을 수 있다. 또한 사계절이 뚜렷하여 곡류, 육류, 어류, 채소류가 매우 다양하게 생산되고 이에 따른 요리 방법 또한 발달하였다.

이러한 한식은 아름다운 색의 조화뿐만 아니라 영양학적으로 조화와 균형을 갖춘 건강한 음식이다. 쌀밥 특히 잡곡을 섞은 밥, 국, 김치, 반찬 형태의 한식 식단은 비만이나 이로 인해 생기는 동맥경화, 고혈압 및 암 등을 예방하는 우수한 식단으로 평가되고 있다.

김치에 들어 있는 유산균은 아토피 치료 효과가 입증되었으며 세계 5대 건강식으로 김치가 선정되기도 하였다. 또한 비빔밥과 비빔국수는 세계 최고의 기내식 상인 Mecury Award를 수상하기도 하였다.

또한 쌀밥의 전분은 체내에서 서서히 소화, 흡수되며 밥과 반찬을 번갈아 먹게 되므로 혈당 상승이 느리고 포만감을 느끼게 하여 비만을 예방하는 효과가 있다.

더불어 한식 상차림은 쌀밥과 김치, 장류, 콩 제품, 생선, 나물, 고기 등 반찬이 조화롭게 짜여 있어서 다양한 식품 섭취가 가능하다.

한국의 상차림은 음식을 한꺼번에 차려 낸다. 각 음식은 놓여지는 위치가 정해져 있는데, 이는 조선 중기 이후에 그 규범이 확립된 것으로 본다. 일상생활에서의 상차림에는 반상(3·5·7·9·12첩), 장국상, 죽상, 교자상, 다과상이 있고, 특별한 날의 상차림에는 백일상, 돌상, 폐백상, 큰상 등이 있다.

일상식에서는 3첩이나 5첩 정도의 반상 차림이 기본이며, 이때 첩이란 것은 밥, 국, 찌개, 찜, 전골, 김치, 장류 등의 기본 음식을 제외하고, 뚜껑이 있는 그릇인 쟁첩에 담겨지는 반찬의 수를 의미한다. 예를 들어 3첩 반상이면 기본 음식과 숙채, 구이(또는 조림), 마른찬이 놓이는 상차림이다.

〈그림 3-1〉 한식 상차림 9첩 반상
출처 : www.miniature.or.kr 한식 상차림

한국 음식하면 떠오르는 비빔밥, 잡채, 신선로, 갈비찜, 생선찜 등의 음식 재료를 보면 곡류, 채소류, 어육류, 유지류 등 동물성 식품과 식물성 식품이 혼합되어 있는 특징을 발견할 수 있다. 조리법 자체가 구이, 찜, 데쳐서 무치는 방법 등을 많이 사용하는 담백한 조리법으

로 지방을 많이 사용하지 않고, 사용하는 지방도 주로 식물성 기름으로 우리 몸에 좋은 불포화지방산의 함량이 동물성 지방에 비하여 상대적으로 많다는 특징을 지니고 있다.

또한 식단 구성이 저열량의 탄수화물 및 채식 위주로 되어 있어, 탄수화물, 단백질, 지방 등 3대 영양소가 균형을 이루며 생선 및 해조류를 이용한 다양한 음식이 발달하였다. 우리 식단은 탄수화물 : 단백질 : 지방의 에너지 구성 비율이 65% : 15% : 20%로 권장비율인 60~65% : 15~20% : 20%에 아주 근접해 있다. 또 식사 내용에서도 식물성과 동물성 식품의 비율이 80 : 20으로 적정하게 구성되어 있다.

이러한 한식의 우수성의 특징에 기인하여 국내 항공사에서는 꾸준히 한식을 기내서비스로 제공하고 있다.

국내 항공사에서 제공하는 한식 기내식은 동치미국수, 백김치를 곁들인 단호박 영양밥, 외국인들에게 반응이 좋은 갈비 등이다. 특히, 동치미 국물은 숙성시기에 따라 맛이 달라지는 특성을 고려해 한식조리 기능장을 포함한 기내식 전문 인력들이 3개월 동안 연구와 검증을 거쳐 제공하였다. 이외에도 단호박 영양밥은 밤, 대추, 잣, 은행, 흑미, 현미 등을 함께 섞어 지은 밥으로 맛과 영양은 물론 형형색색 보는 즐거움을 더해 한국 전통 음식의 맛과 멋을 전달한다.

국내 항공사는 한식의 전통성을 널리 알리고 한식을 세계화하는 데 적극 나서고 있으며 다양한 한식 기내식 메뉴를 지속해서 개발하고 세계 최고 수준의 고품격 기내서비스 제공하기 위한 노력을 지속하고 있다.

각 지방별 음식의 특징과 대표적인 음식을 살펴보면 아래와 같다.

1) 함경도 음식

함경도는 밭곡식이 많고 남한지방의 곡식보다 매우 차지고 맛이 구수하다. 함흥냉면은 홍어, 가자미 등의 생선회를 맵게 비벼 먹기도 한다. 다대기라는 말도 이 고장에서 나온 말로 고춧가루에 갖은 양념을 넣어 만든 것을 말한다. 음식의 모양이 크고 장식이나 기교는 적다.

대표적인 함경도 음식

함흥냉면, 강냉이밥, 찐조밥, 감자국수, 옥수수죽, 얼린 콩국수, 콩부침 등

2) 평안도 음식

평안도는 해산물이 풍부하고 평야가 넓어 곡식도 풍부하다. 추운 지방이므로 겨울에는 육류와 콩, 녹두 등으로 만든 음식을 즐기며 음식도 먹음직스럽게 큼직하고 푸짐하게 만든다. 특히 겨울에 먹는 음식이 발달되었다. 국수를 즐겨 먹고 겨울에 냉면, 여름에 어복쟁반이라는 더운 국수를 먹는다. 냉면은 동치미 국물에 말고 꿩탕에도 말아 먹기도 한다.

대표적인 평안도 음식

평양냉면, 어복쟁반, 온면, 만두국, 고사리죽, 녹두지짐 등

3) 황해도 음식

황해도에서는 쌀과 질 좋은 잡곡의 생산이 많아 조밥을 많이 먹는다. 황해도는 곡물 중심의 떡이 다양하게 발달되어 있고 맛은 구수하며 모양은 소박하다.

대표적인 황해도 음식

잡곡밥, 된장떡, 호박김치찌개, 수수죽, 밀범벅, 강엿, 새우찜, 황해도고기전, 오쟁이떡, 좁쌀떡 등

4) 서울 음식

서울 지방은 전국 각지에서 생산된 여러 가지 재료가 수도인 서울에 모이기 때문에 이것들을 활용한 다양한 음식이 발달되었다. 서울 음식의 간은 짜지도 맵지도 않은 적당한 맛을 지니고 있다. 양념들은 곱게 다져서 쓰고, 음식의 양은 적으나 가짓수를 많이 만든다. 북쪽지방의 음식이 푸짐하고 소박한데 비하여 서울 음식은 모양을 예쁘고 작게 만들어 멋을 낸다.

대표적인 서울 음식

설렁탕, 잣죽, 떡국, 국수장국, 육개장, 신선로, 구절판, 탕평채, 도미찜, 경단 등

5) 강원도 음식

강원도에는 산과 바다가 있어서 여러 종류의 산물이 나는데, 산악지방의 감자, 옥수수, 메밀, 도토리 등으로 만든 음식과 해안의 해산물로 된 소박한 음식들이 향토음식으로 꼽힌다. 산악지방은 육류를 쓰지 않는 담백한 음식이 많으나 해안지방은 멸치나 조개를 넣어 음식맛을 낸다. 이곳에서는 멥쌀이나 찹쌀로 만든 떡보다는 감자를 중심으로 한 밭작물과 산

채를 이용하여 만든 떡이 발달되어 있다. 따라서 맛이 극히 소박하고 구수한 것이 특징이며 옥수수의 산지답게 이것으로 만든 엿이 유명하다.

대표적인 강원도 음식

감자밥, 메밀막국수, 감자수제비, 강냉이범벅, 감자부침, 오징어구이, 오징어회, 쇠미역쌈, 쇠미역튀각, 명태식해, 도토리묵, 감자송편, 감자경단, 찰옥수수시루떡, 메밀총떡, 옥수수엿, 더덕생채, 동태순대, 오징어 순대, 감자시루떡 등

6) 경기도 음식

경기도 지방은 서해안에서 채취되는 해산물이 풍부하고, 동쪽 산간지대에서는 산채가 많아 여러 가지 식품이 고루 생산되는 지역이다. 개성을 제외하고는 전반적으로 소박하며 양이 많은 편이다. 간은 세지도 약하지도 않은 서울과 비슷한 정도이고 양념도 많이 쓰는 편은 아니다. 각 지역마다 생산되는 산물을 이용하여 여주에서는 여주땅콩강정, 가평에서는 가평송화다식 등이 발달되었다.

대표적인 경기도 음식

조랭이떡국, 오곡밥, 냉콩국수, 팥죽, 개성순대, 삼계탕, 갈비탕, 개성약과, 수수부꾸미, 오미자화채, 개성경단, 개성주악 등

7) 충청도 음식

충청도는 농업이 성하고 서해에는 좋은 어장이 있어 곡식과 채소, 그리고 해산물이 풍부하다. 충청도 음식은 사치스럽지 않고 양념도 많이 쓰지 않는다. 국물을 내는 데는 고기보다는 닭 또는 굴, 조개 같은 것을 많이 쓰며 양념으로는 된장을 즐겨 쓴다. 부식에 늙은 호박을 많이 쓰고 음식의 양이 많고 맛이 순하다. 충청도는 곡류가 비교적 풍부한 편이어서 곡류 중심의 떡이 발달되어 왔다. 특히 찹쌀과 콩을 주재료로 하여 만든 쇠머리떡은 그 맛이 좋기로 유명하다. 또 이 지방에서는 인삼이 많이 재배되고 있어 인삼약과, 수삼정과 등 인삼을 이용한 음식이 많이 만들어지고 있다.

대표적인 충청도 음식

쇠머리떡, 호박범벅, 늙은호박찌개, 호박고지적, 공주깍두기, 호도장아찌, 넙치아욱국, 애호박나물, 호박송편, 수삼정과, 인삼약과 등

8) 경상도 음식

경상도는 동해와 남해에 좋은 어장을 가지고 있어 해산물이 풍부하고, 땅이 기름져서 농산물도 넉넉하게 생산된다. 물고기를 고기라고 할 정도로 생선을 즐겨 먹고 대체로 음식이 짜고 매운 편이다. 음식은 멋을 내거나 사치스럽지 않고 소담하게 만든다. 경상도는 날씨가 따뜻해 고춧가루를 많이 사용한 매운 음식이 많아 아구찜, 가오리찜, 장아찌류 등의 음식이 발달되어 있다. 영국의 엘리자베스 여왕이 다녀갔던 안동지역은 양반문화를 중시 여기던 고장으로 양반들만의 음식상, 제삿상 등이 구분되어 있기도 하고 안동식혜가 유명하다.

대표적인 경상도 음식

아구찜, 따로국밥, 애호박죽, 조개국수, 추어탕, 곰탕, 토란줄기찜, 콩잎김치, 당귀장아찌, 더덕장아찌, 단풍콩잎장아찌, 유과, 칡떡, 안동식혜, 해물잡채, 장어조림, 부추김치, 파김치, 찹쌀부꾸미 등

9) 전라도 음식

전라도는 땅이 기름져서 풍부한 곡식과 각종 해산물, 산채 등 다른 지방에 비해 산물이 많아 음식의 종류가 다양하며, 음식에 대한 정성이 유별나고 사치스러운 편이다. 콩나물 기르는 법과 조리법이 특이하며 고추장, 술맛이 빼어나다. 간은 다른 지방에 비해 짜게 하는 편으로, 매운맛과 자극적인 맛이 두드러지며 고춧가루·젓갈 등 양념을 많이 사용하여 저장성이 뛰어난 것이 특징이다.

대표적인 전라도 음식

전주비빔밥, 콩나물국밥, 깨죽, 대합죽, 꽃게미역국, 파산적, 콩나물잡채, 대합구이, 홍어찜, 꼬막무침, 죽순탕, 순창고추장, 꽃송편 등

10) 제주도 음식

제주도는 자연환경의 영향으로 쌀은 거의 생산하지 못하고 콩, 보리 등의 잡곡을 생산한다. 해산물이 풍부하고, 소·말 등의 목축이 성하며 향토음식으로는 돼지고기와 닭고기, 생선을 이용하는 음식이 발달하였다. 제주도 음식은 해초가 주된 재료이며, 된장으로 맛을 내고 각각의 재료가 가지고 있는 자연의 맛을 그대로 살리는 것이 특징이다.

대표적인 제주도 음식

미역죽, 전복죽, 옥돔죽, 닭죽, 돼지족탕, 옥돔구이, 전복회, 소라회, 고사리전, 전복김치 등

3.2 아시아 음식문화의 특징

우리나라가 위치하고 있는 동북아시아는 우리와 비슷한 식생활을 하고 있는 일본, 중국, 대만 등이 속해 있다. 이 지역은 식생활에서 쌀을 주식으로 하고 채소, 해산물, 콩이나 콩발효식품을 많이 사용한다는 공통점이 있다.

일찍이 세계 맛의 중심지라고 하면 당연히 아시아였다. 오늘날 화려하게 꽃을 피운 것처럼 보이는 서양요리의 근원은 아시아와 신대륙에서 대량으로 유입된 조미료, 향신료와 새로운 야채류에 있다고 볼 수 있다.

1) 중국

중국은 세계인구의 1/4을 차지하며 12억 명을 넘어서고 있다. 다양한 자연환경과 여러 민족의 집합, 그리고 유구한 중국역사로 인해 독특한 식문화가 형성되었다. 중국음식은 세계 어디를 가나 중국 음식점이 있을 정도로 세계인의 입맛을 사로잡아 세계 3대 요리의 으뜸으로 자리 잡고 있다. 중국요리는 다양한 식재료를 고루 사용하고 기름을 잘 활용하여 식단에 있어서도 농담의 배합이 잘 되어 있다. 수많은 다양한 방법으로 조리하여 맛뿐만 아니라 영양적으로도 완벽한 균형을 이루는 이상적인 요리이다.

중국인은 일상생활에서 조화와 균형을 중요시하는 가치 체계를 지니고 있어 음식물의 구조를 오곡(밀, 콩, 조, 참깨, 기장)과 오축(양, 닭, 소, 개, 돼지) 그리고 음식물의 맛과 향기도 오미(신맛, 쓴맛, 단맛, 짠맛, 매운맛)와 오향(산초향, 계피향, 꽃봉오리향, 회향자향, 붓순향)으로 구분하고, 음식과 맛, 향기가 서로간에 조화를 적적히 이루도록 음식을 조리하였다.

중국음식은 종류와 재료, 요리법 등에서도 다양성이 두드러진다. 음식에 사용되는 재료의 종류만 해도 식용가능한 모든 동, 식물이 대상으로 제비집, 돼지내장, 오리피, 상어지느러미 등의 특수재료도 사용한다.

다양한 요리에 비해 조리기구는 가지가 적고, 사용법도 비교적 간단하다.

또한 생식보다는 반드시 불이나 뜨거운 물을 사용하여 익혀 먹는 화식을 기본으로 한다. 중국에서 일찍부터 차문화가 발달한 것도 이러한 이유 때문이라고 볼 수 있다.

중국음식은 기름의 사용이 합리적으로 독특하다. 발연점에서 단시간에 볶아서 식재료 본래의 맛이 살아 있고 영양소의 손실을 적게 하며 튀김의 경우 두 번 튀기어 처음에는 수분을 제거하고 두 번째는 표면을 바싹해지고 속뼈까지 연해지는 효과를 볼 수 있다. 이러한 조리는 바오라는 중국요리 특유의 방법을 쓰는 것이다. 즉, 가열한 기름속에 재료를 얼른 넣었다 꺼내는 것인데, 재료가 가진 여분의 수분을 증발시켜 제거하는 것이다.

중국의 정식은 첸차이, 다차이, 뎬신으로 구분한다.

① 첸차이(前菜)

처음에 코스 요리로 4종류의 요리가 나온다. 먼저 찬 전채(冷葷 : 렁훈)가 나온 다음, 더운 전채(熱盆 : 러펀)가 나온다. 입맛을 돋우기 위한 양식의 오르되브르에 해당한다.

② 다차이(大菜)

주된 재료로 만든 탕차이(湯菜 : 탕요리), 정차이(蒸菜 : 찜요리), 자차이(炸菜 : 튀김요리), 차오차이(炒菜 : 볶음요리), 웨이차이(煨菜 : 조림요리), 카오차이(烤菜 : 구이요리), 류차이(溜菜 : 소스를 얹은 요리) 등이 있다.

③ 뎬신(點心)

마지막으로 디저트 코스에서는 단맛이 나는 단 과자, 짠맛이 나는 면·밥·분식 등이 나온다.

2) 일본

일본의 대부분의 지역은 해양성 온난기후이고 사계절의 구분이 뚜렷이 나나타고 있다. 남방으로부터의 난류와 북방으로부터의 오호츠크 한류가 서로 교류하는 일본해 환류는 일본의 기후를 고온, 다습하게 하여 각종 식종을 증식시키고 이를 이용한 식품을 만들어 내게 하였다. 즉, 일본의 자연적인 조건은 식물자원의 양과 종류를 풍부하게 하고 그 조리, 가공법을 복잡하게 만드는 원동력이 되었다.

일본도 우리나라와 마찬가지로 주식은 쌀로서, 가장 중요한 식재료이며 거의 모든 식사에 제공된다. 쌀의 전분 함유량이 높고 조리 후 끈기가 많다. 그대로 밥을 먹기도 하나, 식초를 섞어 초밥으로 먹거나 초밥에 날 생선을 얇게 저민 것을 얹어서 먹기도 한다. 때로는 쌀로 국수를 만들어 먹기도 한다. 쌀 다음으로 콩이 많이 사용되는데, 아부라아게(두부튀김), 미소(일본된장), 쇼우(왜간장), 낫도 등이 대표적이다. 순무 또는 가지 등의 침채류를 매 끼니마다 사용하며 매 식사 때마다 녹차가 제공된다.

일본요리는 계절적인 요리를 매우 중요시하며 조미료로 된장, 간장, 설탕, 술, 식초, 소금을 주료 사용한다. 일본요리의 기본이 되는 다시는 가쓰오부시와 멸치, 다시마 등으로 만든다. 또한 재료의 본 맛을 살려서 조리하므로 향신료를 진하게 쓰지 않는다.

일본 음식문화가 우리나라와 다른 점은 쇠고기, 닭고기, 돼지고기 등의 조리문화가 발달하지 못했다는 점이다. 이는 사람이 먹기에 부족한 곡물을 동물에게 먹일 수 없었기 때문에 가축수가 적었기 때문으로 보인다. 또한 덴무천왕시대는 불교를 믿어 즉위 4년 만에 수렵의 금지와 육식을 금지하는 법령을 만들어 헤이안시대에는 소와 말의 고기를 먹는 사람을 귀신과 같은 사람으로 여기게 되었던 영향도 있다.

반면 신선한 과일과 야채를 많이 섭취하는데 밀감을 주로 많이 섭취하며 순무, 무, 가지 등 야채로 만든 침채류를 연중 사용한다.

대표적인 음식은 스시(초밥), 돈부리(덮밥), 우동, 자루소바, 라멘, 시루모노(국), 아키모노(구이), 니모노(조림), 덴뿌라(튀김), 나베모노(냄비요리)가 있다.

일본음식의 상차림은 외상(=獨床)이 기본이며, 일반적으로 국물 한 가지에 요리 세 가지로 구분되는 1즙 3채가 기본이다. '1즙 3채'의 내용은 밥, 국, 향물, 생선회, 삶은 것, 구운 것 등이며 여기에서 밥과 향물은 세지 않으므로 1즙 3채가 된다. 여기서 즙(汁)이란 국을, 채(菜)란 반찬을 뜻하며, 음식의 수가 증가하면 상의 수도 증가하는데 일즙삼채(一汁三菜), 일즙오채(一汁五菜), 이즙오채(二汁五菜)로 구성되어 있다. 이때 채의 숫자는 반드시 홀수로 하는데, 이는 홀수를 양으로 짝수를 음으로 여기는 사상에서 비롯된 것이다. 일본의 전통적인 상차림에는 혼젠(本膳)요리와 가이세키(會席)요리, 가이세키(懷石)요리, 쇼 진(精進) 요리가 있다.

3) 동남아시아

동남아시아는 쌀을 주식으로 하여 '밥을 먹는다'는 말이 곧 식사를 한다는 뜻이며 단백질의 주요 섭취원은 생선이다. 동남아시아의 카레이라고 하는 것은 인도 카레보다 물기가 많은데 요리는 우선 카레이 페스트를 기본으로 카레 이외에 조림, 수프 등을 만들고 동남아시아 특유의 자극적인 맛을 내는 요리를 만든다. 갖가지 조개를 넣고 수프로 만든 것이 태국의 켄, 미얀마의 아이에이다. 그리고 닭이나 소고기를 조린 것이 말레이시아, 인도네시아의 룬던이다.

3.3 인도 음식문화의 특징

인도는 남북의 길이가 길기 때문에 지역에 따라 상당한 기후차이를 보인다. 전반적으로 몬순기후를 보이나 남인도의 경우 1년 내내 열대기후를 나타내고 북쪽 히말라야 지방의 경우는 1년 내내 춥다. 많은 인종, 언어, 종교와 계급제도인 카스트제도는 현대 인도의 발전을 저해하는 원인이 되고 있다. 현재 인도에는 총 7개가 넘는 인종이 공존하고 있으며 '마살라의 천국'이라고 할만큼 인도요리에서 마살라라는 향신료를 많이 이용한다. 이는 우리나라의 간장, 된장처럼 맛을 내는 것으로 주로 식물의 열매, 씨앗, 잎, 뿌리 등으로 만들어진 향신료로 그 종류도 아주 많다. 번역하자면 글자그대로 Mixture(혼합), 또는 Spice(스파이스) 그 자체를 뜻하며 마살라 자체가 하나의 스파이스가 될 수도 있고 어떤 스파이스를 섞든 마살라라는 단어는 그냥 들어갈 수 있다. 다양한 마살라 중에서 널리 알려지고 가장 많이 쓰이는 마살라는 탄두리 마살라와 가람 마살라이다.

〈그림 3-2〉 탄두리 마살라

〈그림 3-3〉 가람 마살라

대부분의 힌두교도와 자이나 교도들은 채식주의자며, 이슬람교와 시크교도들은 비 채식주의자이다. 힌두교도들은 쇠고기를, 이슬람교도들은 돼지고기를 먹지 않기 때문에 주로 닭고기와 양고기를 이용한 음식이 많이 발달하였다.

주식으로는 남인도와 뱅갈에서는 플라우(향신료를 넣은 볶음밥) 및 비리야니(향신료나 너트를 이용한 고급음식으로 고기나 닭고기로 만듦)와 같은 쌀밥을, 북인도에서는 밀가루로 만든 난, 차파티, 파라다, 푸리와 같은 빵을 주식으로 한다.

인도의 쌀은 우리나라 쌀과 달리 길쭉하고 끈기가 거의 없다. 난은 정제한 흰 밀가루인 마이다로 만든 빵으로 탄두르라고 하는 진흙화덕의 안쪽 면에 넓은 잎사귀 모양으로 얇게 늘여서 구워낸 것이다.

인도커리는 전 세계적으로 유명한 음식으로 향신료에 따라 다양한 맛을 내는데 향신료의 종류가 100가지가 넘는다.

한편 진흙으로 항아리 모양으로 빚은 인도식 오븐 탄두르에 음식을 탄두리 음식이라고 하며 숯불로 달군 탄두르 내에 양념한 닭고기, 대하, 생선 등을 꼬챙이에 끼워서 반대쪽의 잿속에 묻히도록 수직으로 세워 놓고 구워낸 것이다. 탄두리 치킨은 닭을 요구르트와 고추, 정향, 계피 등과 같은 향신료로 양념한 후 구워낸 음식이다.

달(Dahl)은 부드럽게 삶은 콩에 마살라를 넣고 끓인 대중적 수프로서 인도인의 식사에 없어서는 안 될 음식이다.

3.4 유럽 음식문화의 특징

경제적, 문화적으로 유럽전체를 대표하는 중요한 지역은 서유럽으로 볼 수 있다. 지리적으로 평야부분이 넓고 1년 내내 강한 편서풍과 북해의 영향을 받는 해양성 기후를 보이기 때문에 온난, 다습하지만, 온화한 기후와 알맞은 강수량을 가져다주며 무성한 숲을 이룬다. 낮은 구릉과 평야가 넓게 펼쳐져 있어 여러 가지 농산물과 축산물을 생산하였고 대륙을 둘러싼 바다에서의 풍부한 수산자원으로 인해 음식문화가 자연스럽게 발달하였다.

1) 프랑스

유럽 음식문화의 교차로 프랑스는 농업, 목축업, 수산업이 고루 발달하였고 최고 품질을 자랑하는 포도주, 풍부한 채소와 과일, 수백 종의 치즈, 싱싱한 해산물로 인해 재료의 특성을 충분히 살리면서 고도의 기술을 구사하여 섬세한 아름다움과 세련된 맛을 내는 특징이 있다.

18~19세기 프랑스 외교관 탈레랑 페리고르는 '영국에는 300가지 종교와 3종류의 소스가 있다. 프랑스에는 3가지 종교와 300종류의 소스가 있다'라는 농담을 했다고 한다. 이처럼 프랑스 요리는 소스 맛을 즐기기 위해 음식을 먹는다고 해도 과언이 아닐 만큼 소스가 중요시된다. 포도주, 향신료, 허브 등이 어우러져 음식에 곁들여 더욱 음식을 풍성하게 연출하는

효과가 있다.

옛 프랑스는 골(Gaul)인들이 살던 땅으로 음식 맛은 거칠었으나 1533년 이탈리아 메디치가의 까뜨린느가 앙리 2세에게 출가했을 때 프랑스 요리의 르네상스가 시작되었다고 볼 수 있다. 이후 대식가였던 루이 14세, 세련된 미식가였던 루이 15세 등으로 인해 궁정요리는 섬세한 음식으로 바뀌어갔다. 현재 프랑스 요리는 부유층의 요리 오뜨퀴진(haute cuisine), 민간의 향토요리 퀴진 뒤 떼루와(cuisine de terroir), 누벨퀴진(nouvell cuisine) 등 3가지 유형의 요리전통에 기초를 두고 있다.

한편 세계 3대 진미로 알려진 푸아그라(거위간), 트러플(송로버섯), 캐비어(철갑상어알)는 프랑스 고전 요리의 전형적인 식재료이다. 푸아그라는 거위나 오리를 좁은 우리에 가두고 강제로 옥수수나 사료를 많이 먹여 살을 찌우면 거위의 간에도 지방이 쌓여 본래 크기의 5~10배로 늘어난다. 중후한 맛이 일품이며 송로버섯과 그 맛과 향이 잘 어울리는 음식이다. 트러플(송로버섯)은 땅 밑 떡갈나무 뿌리 근처에서 자라는 버섯으로 주름지고 두꺼운 껍질로 덮여 있다. 검은색과 누르스름한 색이 있으며 재배가 되지 않아 돼지나 개의 후각을 빌려 찾아 낸다.

캐비어는 철갑상어알을 소금에 절인 것으로 이란산, 러시아 산이 많으며 카스피해산을 최고로 친다. 알의 크기에 따라 벨루가(beluga), 세브루가(bevruga), 오세트라(osetra)라는 이름으로 불린다.

〈그림 3-4〉 세계 3대 진미 푸아그라, 트러플, 캐비어(왼쪽부터)

프랑스에서는 '포도주가 빠진 식사는 태양이 없는 낮과 같다'라는 말이 있을 정도로 포도주에 대한 열정이 대단하다. 포도주는 식사에 동반된 음료로 마시기도 하지만 요리의 맛을 돋우고 부드럽게 하기 위한 조미료로도 사용된다. 프랑스의 포도주 산지는 보르도, 부르고뉴, 알자스, 샹파뉴, 론, 루와르의 6지역으로 구분되며 보르도와 부르고뉴는 적포도주가, 알자스와 루와르는 백도주로 유명하다. 론은 적포도주와 백포도주의 균형을 이루고 있고 샹파뉴에서는 샴페인이 생산된다. 원래 샴페인이라는 이름도 샹파뉴라는 지역에서 유래된 이름이다.

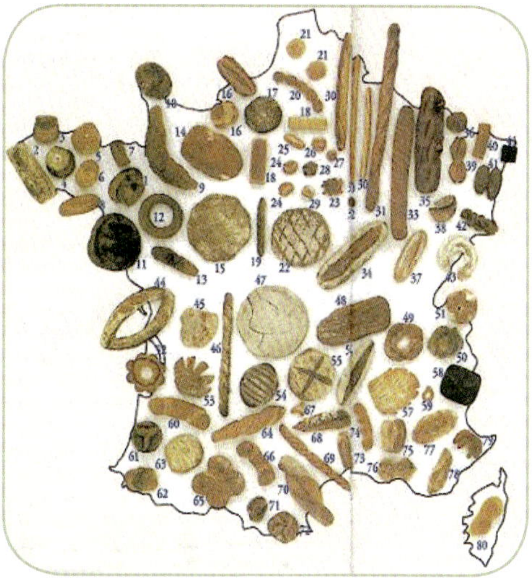

〈그림 3-5〉 **프랑스를 대표하는 치즈(좌)와 빵(우)**

프랑스의 치즈는 포도주 빵과 더불어 프랑스인들이 가장 즐기는 음식이다. 빵에 얹어 먹기도 하고 포도주와 곁들여 먹기도 하며, 식사 전에 오드뢰브로로 먹거나 디저트로 먹을 수 있다.

프랑스 빵은 당도나 유지가 전혀 들어가지 않는 것이 특징이다. 밀가루와 물, 소금과 르뱅(천연 이스트)만 넣던 것을 요즘은 인공 이스트를 사용한다. 대표적으로 바게뜨는 긴 막대기 모양에 껍질은 딱딱하지만 살짝 쪼개보면 속이 부드러워 햄이나 치즈, 샐러드, 그 외에도 취향에 따라 좋아하는 것을 넣어 먹을 수 있다.

그 외에도 버터나 마가린을 넣고 잔뜩 주름잡힌 반달 모양의 크루아상이나 분유나 럼주, 바닐라향 등 여러 가지 첨가물을 넣을 수 있는 브리오슈가 대표적인 프랑스 빵이다.

또한 뺑 드 깡빠뉴라는 이름의 빵이 있는데, 둥글넙적하고 볼품은 없지만 프랑스의 시골 지방에서 직접 만들어 먹는 빵이다.

① 크로와상 : 초승달 모양의 빵으로 구우면 파이처럼 켜가 생기며 버터의 아삭거리는 감촉이 좋다

② 브리오슈 : 버터와 계란을 가득 넣고 만든 빵으로 커피에 적셔 먹는 것이 보통이다.

③ 피테아 크루트 : 과자 용기에서 구워내고 껍질은 오븐에서 구워지는 동안 파이가 축축하고 연한 분홍빛을 띤다.

④ 일자 스파어 : 과일과 카스텔라가 많이 섞이는 파이로 가끔 표면의 작은 빵조각들은 이스트 반죽으로 만들기도 한다.

⑤ 마들렌 : 차를 마실 때 곁들여 먹는 과자이다.

⑥ 럼바바 : 럼과 설탕, 시럽들을 푹 적신 이스트 과자이다.

⑦ 마카롱 : 아몬드가 들어 있는 과자로 로렌의 중심도시인 낭시에서 유명하다.

⑧ 타르트 타탱 : 사과잼을 듬뿍 바른 캐러맬 과자로 루아르 계곡의 타탱 호텔에서 처음 만들었다고 한다.

⑨ 수제트 그레이크 : 브르타뉴에서 가장 유명한 음식 중의 하나로 오렌지와 그랑마르니에주 향이 독특하다.

⑩ 가래트 비스킷 : 브르타뉴 역에서 주로 만드는 얇은 소금버터향이 진하게 풍겨나는 과자이다.

⑪ 팽드 샹파뉴 : 오늘날 찾아보기는 힘들지만 아직도 몇몇 기술 좋은 요리사들은 이 빵을 만들어 내고 있다. 시큼한 밀가루 반죽 빵은 빵에 냄새가 배어 들어가도록 연기를 내기 위해서는 장작으로 굽는 오븐을 사용해야 한다.

⑫ 피살라 디에르 : 피자와 비슷한 것으로 양파와 올리브 멸치 등을 곁들여 낸다.

⑬ 레몬파이 : 크림과 레몬을 섞은 달콤한 페이스트리 이다. 망통은 레몬 생산지로 유명하다.

⑭ 푸가스 : 검은 올리브와 멸치, 양파, 그 외 다른 것들이 골고루 섞인 격자무늬의 납작한 과자이다.

⑮ 바게트 : 껍질이 갈라져 있는 기다란 빵으로 샌드위치를 만들어 먹기도 하며 그냥 버터를 발라 먹기도 한다.

⑯ 팽오 쇼콜라 : 바게트 속에 초콜릿을 넣고 둘둘 말아 버터를 바른 초콜릿 빵이다.

2) 이탈리아

음악의 어머니가 헨델이라면 유럽 음식문화의 어머니는 이탈리아라고 할 수 있다. 이탈리

아는 지중해성 기후로 비옥한 토양에서 과일과 채소, 허브와 향신료가 풍부하게 나오고 지중해는 해산물의 보고이다. 목축업도 발달하여 육가공품과 치즈가 생산되고 포도주도 유명하다.

이탈리아의 대표적인 음식은 파스타로서 이탈리아어로 반죽이라는 뜻을 갖고 있다. 반죽에 허브나 향신료, 채소 등을 넣어 맛과 색을 내기도 한다. 이탈리아 음식의 특징으로 지방색을 들 수 있다. 남북으로 긴 모양의 나라의 특징으로 인해 지방색이 뚜렷하다.

〈그림 3-6〉 이탈리아 파스타의 종류

또한 가장 인기 있는 디저트의 하나인 티라미수는 달콤한 케이크 위에 약간 신맛이 나는 부드러운 크림치즈 마스카포네를 넣고 위에 얇게 다진 초콜릿을 뿌려서 만든 것이다.

이탈리아의 대표적인 새해 음식은 코테치노 콘 렌티치(Cotechino con lenticchie)로서, 돼지발로 만든 소시지에 렌즈콩을 곁들인 음식이다.

채소, 우유, 와인을 넣은 물에 돼지발을 잘 삶아 뼈를 제거한 후 껍질과 고기를 잘게 썰어 소시지로 만들고 여기에 올리브오일에 볶은 야채, 향신료, 토마토 등과 졸여 볶은 렌즈콩을 얹어 먹는다.

이탈리아인들은 닭과 달리 땅을 긁지 않는 돼지를 먹으면 한 해가 풍요롭고 부자로 잘 산다고 믿는다. 왜냐하면 'scratch(긁는다)'에는 '궁핍하게, 가까스로 살아간다'라는 의미도 있기 때문이라고 한다.

가톨릭을 믿는 이탈리아에서 가장 큰 명절 하면 역시 크리스마스이다. 아침 미사를 본 이후 이탈리아인들은 점심부터 오후 5시까지 오랜 시간 동안 천천히 만찬을 즐기는데, 주 요리로는 햄이나 스테이크, 바비큐 요리 등을 먹는다. 파네토네(Panettone)는 크리스마스 과자 중 빼놓을 수 없는 것으로 샴페인과 이스트를 이용해 부풀리고 건포도나 설탕에 절인 과일을 넣고 만든 케이크이다.

〈그림 3-7〉 이탈리아 새해 음식 코테치노 콘 렌티치

파네토네라는 이름은 밀라노 지방이 제빵사 안토니오의 이름에서 따온 것이라고 하는데, 15세기 그는 크리스마스 무렵 그의 연인을 감동시키기 위해 케이크를 만들어 주었다고 한다.

3) 독일

지방자치국가인 독일의 특성은 음식에도 그대로 나타나 있다. 각 지방마다 먹는 법이 다르고 즐기는 음식도 서로 다르다. 독일에서 가장 즐기는 음식인 소시지와 맥주도 지방마다 조금씩 차이를 보이고 있다. 동부지역은 파프리카와 캐러웨이 등의 강한 향신료를 많이 사용하고 바닷가에 면한 북부지역은 스칸디나비아 반도의 영향으로 청어와 같은 생선을 많이 먹는다. 그리고 라인강 유역의 서부지역은 와인이 많이 나며 남부지역은 소시지와 맥주, 감자를 이용한 요리가 다른 지역에 비해 가장 많다.

독일에서는 '사람은 빵만 먹고 살 수 없다. 반드시 소시지와 햄이 있어야 한다'라는 속담이 있다. 마치 우리나라의 김치와 같이 대부분의 독일 가정 식탁에서 하루도 빠지지 않고 오르는 음식이다. 이렇게 소시지가 발달한 이유는 자연환경과 밀접하게 영향이 있다. 독일은 강우량이 적고 겨울이 긴 나라로서 밀 경작이 어려웠을 뿐만 아니라 다른 곡물도 잘 자

〈그림 3-8〉 독일 시장 내 판매대에 진열된 소시지

라지 못했다. 이러한 환경으로 인해 사육기간이 짧은 돼지는 가장 적절한 식량 공급원이었으며 도살한 돼지를 소금에 절여 놓아 이듬해 봄까지 아껴 먹을 수 있었다. 돼지 가공품은 뷔르스트(소시지), 살라미, 슁켄(햄), 스펙(베이컨) 등으로 구분된다.

소시지의 원형은 호메로스의 시 '오딧세이'에서도 발견되는 것으로 보아 최소한 3,000년 이상의 역사를 가지고 있다고 본다.

한편 맥주의 나라이기도 한 독일은 전역에서 각 지역마다 오랜 전통을 가진 양조장이 있고, 그 지역의 레스토랑에서는 대부분 자기 지역의 맥주를 판매한다.

오늘날 독일은 세계에서 맥주 소비량이 2위에 해당된다. 1위는 필스너 맥주가 탄생한 체코이지만, 필스너를 개발한 사람도 바이에른에서 초빙한 독일인이다. 맥주라는 술이 세상에 나오게 된 것은 훨씬 더 오래 전이기는 하지만, 맥주를 개량하고 발전시켜 오늘날까지 전통을 잇고 있는 주체가 게르만족이라는 것에 대해서는 누구도 이견을 제기하지 못한다.

독일에서 영업 중인 맥주 양조장만 1,300개가 넘는다. 즉, 독일에서 1,300가지 이상의 맥주 브랜드가 있다는 뜻으로써, 작은 양조장에서 소량 생산하여 독자적으로 판매하는 것도 가능하기 때문에 중소 양조장이 매우 많다.

〈그림 3-9〉 9월 말에서 10월 초에 개장되는 독일 뮌헨의 맥주텐트

독일 맥주의 맛이 탁월한 가장 큰 이유는 홉(맥아) 함유량이 100%이기 때문이다. 우리나라 맥주는 홉 함유량이 10%만 넘으면 맥주로 분류하지만 독일에서는 단 1%라도 다른 원료가 들어가면 맥주가 아닌 맥주음료로 분류한다. 500년 전 공포된 "맥주 순수령"의 전통이 아직까지 살아있는 것이다.

독일 맥주는 원료가 풍부하므로 굳이 인위적으로 탄산을 첨가할 필요가 없기 때문에 미지근하거나 김이 빠져도 그 맛이 변하지 않는다.

4) 그리스

그리스인들에게 우리의 설날과 같은 의미를 갖는 날은 부활절이다. 새해의 시작은 물론 달력에 따라 1월 1일이지만 그리스인들은 부활절을 지내면서 비로소 새로운 한 해가 시작되었다는 기분을 만끽한다. 부활절은 그리스의 일 년 세시풍속의 중심이다. 다른 명절들이 부활절을 기준 삼아 결정된다. 정교회는 부활절 전의 10주간을 세 단계로 나누어 교인들로 하여금 부활절을 맞을 영적 준비를 시킨다. 부활절 전 10주부터 7주까지의 4주간은 금식 전 기간이라 하여 금식을 위한 마음의 준비를 하는 기간이다. 이 기간의 마지막 한 주를 사육제 기간이라 하여 고기와 술을 비롯한 모든 음식을 마음껏 즐기도록 허락한다. 앞으로 다가올 엄격한 금식을 견디기 위하여 모든 욕망을 채워 보는 기간이다. 사육제 기간 동안에는 마을마다 가면무도회와 같은 축제를 벌이고 흥겹게 노는 마당을 마련한다. 사육제의 마지막 날은 축제의 절정으로 온 마을 사람들이 거의 취할 때까지 술을 마시고 야단스러운 춤판을 벌인다. 사육제가 끝난 다음날인 '정결 월요일'부터 부활절까지 7주간은 고기와 기름, 달걀과 우유가 들어간 음식을 먹지 않는 금식 기간인 사순절이다. 이 기간의 마지막 주는 성대주간이라 하여 예수가 그의 생애 마지막에 당했던 고행을 맛보는 고난 주간이다. 최후의 만찬이나 십자가에 매달리심, 십자가 위에서의 죽음을 기념하는 예배 의식이 집중적으로 행해지는 가장 성스러운 기간이다. 성대주간의 마지막 날인 성 대 토요일이 바로 부활절이다. 성경에 의하면 예수 그리스도는 부활한 후 40일 동안 지상에서 활동하다가 하늘로 올라갔다고 한다. 그래서 정교회는 부활절 뒤 여섯 번째 주일날을 그리스도의 승천을 기리는 그리스도 승천 주일로 정하고 큰 축제를 벌인다. 그리고 그 다음 주일은 다락방에 모여 있던 사도들에게 성령이 내렸다는 오순절이다. 이와 같이 부활절 앞뒤로 1년 52주 가운데 17주간의 세시풍속이 결정된다. 일년의 삼분의 일에 해당하는 긴 기간이다.

그리스의 파트라 축제는 매년 부활절 40일 전에 펠레폰네소스 반도 북단 파트라 항구에서 열린다. 파트라 항구는 아테네에서 서쪽으로 약 230 km 떨어진 곳이며 이태리를 잇는 국제 대형여객선들이 운집해 있는 항구로서 그리스의 관문이기도 하다. 그리스는 전통적으로 치크노 뱀띠(목요일이며 고기를 구어 냄새를 피우며 신들을 위로하는 날) 주일의 일요일에 이 같은 축제를 열며 축제는 약 2주간 준비기간을 갖으며 마지막 날인 일요일이 피크를 이룬다. 그리고 다음 날 월요일은 Clean Monday 로 전국적으로 휴일이다. 의미는 예수님의 부활을 기념하는 부활절 전 40일간 종교적으로 육고기 먹는 것을 금하며 정결한 생활로 들어가는 마지막 날로서 신들 중에 하나인 酒神 Dionisopoulos(라틴어로 박쿠스)를 기념하며 각 지방들 나름의 고유의상을 입고 그 지방들의 춤과 함께 전 주민들이 축제를 연다.

5) 헝가리

헝가리 음식의 놀라움을 맛보기란 어렵지 않다. 원래부터 과일과 야채가 풍부해서 이곳에서 식사하는 것은 매우 즐거운 일이다. 하지만 불행히도 그렇지 못할 때가 더 많다. 일반적으로 기본 식사는 지방이 많은 고기(돼지고기를 선호한다) 또는 바짝 익힌 생선, 전분가루, 보기 좋은 장식용 피클 등이다. 이런 식사로 폴콜트(porkolt)(스튜, 외국에서는 '굴라쉬'라 부른다), 굴야스(gulyas)(걸쭉한 쇠고기 수프), 할라쯜(halaszle)(파프리카가 첨가된 매운 생선 수프) 등이 있다. 요카이 발브레즈(jokai bableves)(콩 수프), 하이데그 규몰레슬레브(hideg gyumolcsleves)(신 체리로 만든 차가운 과일 수프) 또는 팔라씬타(palacsinta)(크레페) 등을 맛본다면 만족할 것이다.

3.5 중동 음식문화의 특징

1) 이집트

라마단 금식 종료를 기념하는 이드 알 피트르는 우리나라의 추석과 같은 대명절로, 이집트 인들의 진면목을 만날 수 있는 좋은 기회이다.

이드 알 피트르 기간 동안 이집트 사람들은 풍부한 음식을 준비하고 형형색색의 파누스 램프로 화려한 장식을 한다. 친지와 이웃을 방문해 인사와 덕담을 나누며 무사히 라마단 기간을 마친 것을 기념하는데, '이드(Eid)'가 축제, 축하, 기념을 뜻하는 만큼 가난한 사람들에게도 기부를 하고 자선을 베푼다. 또 아이들은 새 옷을 선물 받고 가족과 함께 즐거운 축제를 만끽한다.

2) 터키

터키의 종교적 행사 중에서 가장 중요한 것은 바로 라마잔(ramazan)이다. 흔히 라마단이라고 하는 것이다. 이슬람 달력은 음력으로 일년 355일이다. 그래서 매년 절기가 10일씩 빨라진다. 그리고 윤달이 없다. 라마잔도 이슬람력으로 절기를 따진다. 라마잔 기간 동안에는 해가 있는 동안 아무것도 먹거나, 마시지 않으며, 담배도 피지 않고, 성행위도 금지되어 있다. 그리고 식사는 해가 지고 나서 식사를 한다. 금식이 끝나는 시간이 되면, 각 자미(cami, 회교사원, 모스크)에서 공포가 쏘아진다. 해가 지는 시간에 따라서 하기 때문에 지역마다 시간이 다르다. 저녁식사는 친척이나 이웃을 초대해서 같이 식사를 성대하게 하는 편이다. 라마잔은 이슬람교도에게는 종교적 의무를 지키는 축제이다. 누구나 금식을 해야 할 의무가 있는 것은 아니다. 그래서 금식을 하지 않는 사람도 상당히 많다. 또한 환자나 여행자, 어린이는 금식을 하지 않아도 된다. 라마잔 기간 동안에는 도시 곳곳에서 많은 축제가 벌어지고, 시청에서는 시민들에게 저녁식사를 제공하고, 자미의 근방에는 시장이 들어선다. 라마잔의 27일째와 28일째 사이의 밤을 카디르 게제시(Kadir Gecesi)라고 한다. 이때가 마호멧(이슬람의 선지자이며, 창시자)이 알라(Allah)로부터 코란을 받은 날이라고 한다. 그래서 각 회교사원에서는 저녁예배와 기도가 있다.

라마잔이 끝나면 쉐케르 바이람(Şeker bayram)이 있다. 우리말로 사탕 명절이라고 옮기면 되겠다. 이 명절은 3일간 계속된다.

쉐케르 바이람 때는 아이들이 이집 저집을 다니면서 사탕과 초콜릿을 얻으러 다닌다. 우리와 마찬가지로 명절 때는 친지를 방문하고, 부모님을 찾는 사람들로 길이 붐빈다.

또 다른 중요한 명절이 쿠르반 바이람(Kurban bayram)이다. 이것은 구약 성경에서 유래한 것인데, 이슬람의 선지자 아브라함(아브라함은 유대교, 기독교의 선지자이기도 하다)이 자신의 아들 이스마일을 제물로 바치려고 하는 장면에서 시작됐다. 이때가 되면 많은 양이 제물로 받쳐진다. 제물로 바칠 수 있는 동물은 양뿐만 아니라 소, 낙타도 가능하다. 전에는 이 쿠르반을 아무데서나 잡아서 거리가 온통 피바다가 되는 경우가 많았는데, 새로운 법령이 제정되면서 시청에서 지정한 장소에서만 양을 죽일 수 있다. 이렇게 해서 잡은 양은 자기가 다 먹는 것이 아니라 가난한 사람들과 같이 나누어야 한다. 양가죽은 아무나 수거할 수 없고, 정부 단체에서만 수거할 수 있다.

3.6 중남미 음식문화의 특징

이 지역의 음식문화는 대자연의 맛을 느낄 수 있는 식재료를 바탕으로 인디오 원주민의 음식문화와 유럽 음식이 혼합된 음식문화를 발전시켜왔다.

예를 들어 멕시코음식은 아즈텍 원주민들의 음식문화가 모체가 되고 스페인과 프랑스 점령자들의 음식문화 등의 영향을 받아 문화적 퓨전 음식으로 발전하였고 아르헨티나는 안데스 산악지역을 중심으로 거주했던 원주민의 음식문화에 1516년 스페인사람 솔리스가 아르헨티나를 발견하고 지배하면서 국민성, 풍습, 생활습관 등이 대부분 유럽식이다.

1) 멕시코

멕시코인들은 축제를 위해 산다고 해도 과언이 아닐 정도로 많은 축제를 여는 나라이고, 특히 종교, 풍년 등을 주제로 한 축제가 많고 독특한 음식을 만들어 먹는다.

1월에는 로스카빵을 만들어 먹는데, 빵에 조그만 인형을 넣어 이것을 발견하는 사람에게 1년 내내 행운이 있다고 한다. 헌법 발표 기념일이자 국기의 날에는 멕시코 국기를 상징하는 옥수수, 아보카도, 빨간 피망을 주재료로 만든 삼색 샐러드를 먹는다.

스페인으로부터의 독립을 기념하는 독립기념일에는 고기를 넣고 푹 끓이다가 고춧가루를 풀고 소금으로 간을 한 포솔레를 먹는다.

풍부한 천연자원의 넓은 면적의 나라에는 음식의 재료도 다양하다. 북부 지역은 육식, 양고기, 소고기를 직접 불에 구워서 먹고 우유를 많이 섭취하는 편이다. 또한 북부 지역에서는 밀가루 또르띠야를 많이 사용하고 육식을 많이 하는 편이다.

중부 지역은 양념된 채소를 삶아서 먹고 닭고기, 돼지고기와 옥수수를 많이 먹는 편이다.

중앙 동부 지역은 뿌에블라시를 중심으로 하여 '몰레'의 원산지라고 할 수 있다. 몰레는 삶은 닭고기와 20여 가지의 재료를 '메따떼'라는 멧돌 같은 돌로 만든 기구에 갈아서 닭고기 육수로 만든 소스를 곁들인 요리이다. 재료 중에는 여러 종류의 고추와 아몬드, 잣, 땅콩, 초콜릿까지 포함된다. 아주 특별한 잔치나 모임에서 찾아볼 수 있던 요리이다.

동부 해안가는 해물요리가 풍부하다. 베라크루스의 요리들은 새우, 조개, 굴, 생선 요리가 유명하다. 생굴 칵테일 '부엘베 알 라 비다(생명을 되돌려 주는 칵테일)'의 맛은 죽어가던 사람도 맛보면 정신 차릴 만하다. 카리브 해안에서 잊을 수 없는 요리는 '쎄비체'로 이것은 여러 가지 해물을 레몬즙에 절여서 양파, 토마토, 고추, 고수를 곁들인 요리이다. 마야 문명을 꽃피웠던 유카탄 반도에서는 '아시오떼'라는 양념이 유명하다. '꼬치니따 삐빌'을 만드는데 주로 사용되는데, '꼬치니따 삐빌'은 삶은 돼지고기를 식초와 오렌지 주스, 아시오떼를 섞은 소스에 재워두었다가 약간의 마늘, 오레가노와 소금을 넣고 조린다.

식사패턴은 하루 5회가 정상으로 멕시코의 아침식사는 빵, 우유, 커피, 갓 짜낸 오렌지 주스가 기본이다. 달걀은 수십 가지의 방법으로 요리한다. 그리고 따말, 께사디야, 고기류, 치즈, 소시지를 먹는다. 점점 아침식사를 하지 않는 경향이 있어 커피나 주스만 마시는 것이 보편화되어 가고 있다. 알무에르소는 아침과 점심사이에 10 : 30~11 : 00 경에 먹는 식사로, 샌드위치, 께사디야 등을 간단하게 먹는다. 멕시코에서 정식 점심식사(꼬미다) 시간은 오후 3시경이다. 점심식사로는 국물이 있는 요리, 국물이 없는 요리 한가지 씩 먹는 것이 보통이다. 꼬미다는 직장에서 먹지 않고 집에서 먹고 구 후에 낮잠까지 잔 후, 오후 5시경에 사무실에 돌아간다. 저녁식사는 8시경에 먹는 것이 보통이다. 점심식사를 많이 했으면 저녁식사는 비교적 가볍게 한다.

멕시코의 대표음식은 토르티야와 타코를 꼽을 수 있다. 토르티야는 옥수수로 만든 대표음식으로, 옥수수 가루를 반죽하여 밀전병처럼 둥그렇게 구운 것으로 이 토르티야에 음식을 싸 먹는 것을 타코라고 한다. 멕시코 사람들은 우리가 밥을 먹듯 토르티야와 타코를 먹으며 타코 요리는 싸먹는 방법과 재료에 따라 수십 가지로 나뉘는데, 토르티야에 음식을 넣고 튀기면 퀘사딜라, 콩, 양파, 치즈 등을 얹은 조금 두꺼운 토르티야인소페, 튀긴 토르티야 조각에 치즈를 녹여 부어 먹는 것은 나초라고 한다.

그리고 파히타는 구운 쇠고기나 치킨을 볶은 양파, 신선한 샐러드와 함께 밀가루 토르티야에 싸서 먹는 요리로 살사소스나 토마토소스, 사워크림 등을 얹어 먹기도 한다. 이러한 음식과 더불어 용설란의 일종인 마게이라는 선인장의 포기를 쪄서 발효시킨 뒤 증류해 만드는 술인 데킬라를 즐긴다. 알코올 도수가 40도에서 60도나 되는 독한 술이지만, 냄새가 없고 맛이 산뜻하다. 레몬 즙과 소금을 함께 놓고 마시는 독특한 방법 때문에 더욱 인기가 있으며 멕시코 국가적인 술로 특허법에 의해 상표를 보호받고 생산과정에서도 감독을 받고 있다.

2) 브라질

브라질의 각 지역은 고유한 토착 문화, 식민지 문화, 강과 바다와의 인접성, 강수와 토양 상태에 따라 다양한 음식문화를 발전시켜 왔다.

브라질의 여왕으로 불리는 마니옥은 인디오들이 주식으로 이용한다. 검은색 껍질을 가지고 있으며 단단하고 감자와 비슷하다. 마니옥은 녹말처럼 가루를 내서 죽을 만들어 먹거나 볶아서 마시기도 한다. 마니옥의 뿌리에서 얻은 녹말을 '마니오카 녹말(manioca flour)'이라고 하는데 빵이나 음료에 이용한다. 그리고 브라질에서는 아프리카에서 건너온 덴데(dende) 기름을 많이 이용한다. 흑인들은 브라질 이주 당시 야자수의 일종인 '덴데'라는 식물을 가지고 와서 그 열매에서 기름을 짜서 음식에 이용했는데, 오렌지 빛깔을 띤 이 기름은 아무 맛이 없지만 끓이면 독특한 향미가 난다. 마니오카즙은 하루 정도 끓이면 노란색의 투쿠피가 된다. 거의 모든 인디오음식에 사용되어 재래시장에서는 우리나라의 기름처럼 병에 담아서 판매하고 있다. 야자나무 심은 떡가래 모양으로 흰색이며 씹는 맛이 죽순과 비슷하다. 샐러드에 이용한다. 카챠카는 브라질인들이 가장 즐기는 술로서 사탕수수로 만든다. 바비큐, 마리네이드, 고추 절일 때 사용한다. 야자나무의 열매인 코코넛에서 짜낸 즙으로 흑인들의 음식에 많이 사용한다. 잘 익은 코코넛은 짙은 갈색의 단단한 껍질 속에 흰 과육이 채워져 있으며 수분이 적다. 브라질에서는 레몬을 사용하지 않고 라임을 이용한다.

브라질의 대표음식으로는 페이조아다가 있다. 페이조아다는 원래 백인들이 먹다 남은 허드렛고기(돼지꼬리, 족발, 귀 등)를 콩과 함께 큰 냄비에 끓여먹던 흑인 노예의 음식이었다. '페이조(feijo)'는 강낭콩의 일종인 '콩'을, '아다(ada)'는 '섞어서 찌다'를 뜻하는 포르투갈어이다. 현재는 토요일 점심에 먹는 맛있는 음식으로, 리오데자네이로의 특색음식이다. 고기는 1인분씩 그릇에 담고 월계수 잎, 마늘, 양파, 끓인 콩을 넣어 맛이 배도록 다시 끓인다. 쌀밥이나 마니오카 가루를 곁들여 먹는다.

또한 츄라스코는 브라질식 숯불고기로 리오그란데의 특색음식이다. 커다란 쇠고기 덩어리를 모닥불에 구워먹으며 즐기던 습성에서 유래한 것으로 오늘날에는 꼬치에 꿴 고기를 불에 구워 먹는 모든 요리를 지칭하며 브라질 전 지역에 걸쳐 결혼식, 생일 등의 행사에 빠지지 않는 브라질 제1의 음식이 되었다.

그 외 바타파는 북동부 지역의 '바이아주' 전통 음식이다. 이 지역은 포르투갈인들이 가장 먼저 도착한 곳으로 일찍부터 사탕수수를 재배하기 시작하였다. 밀가루와 고기가 귀했던 당시, 흑인 요리사들은 해산물, 마니오카, 고구마, 코코넛, 파인애플, 야자유 등 지역 특산물을 많이 사용했다. 땅콩, 양파, 마늘, 생강, 새우를 코코넛 과즙을 부은 식빵과 함께 갈면 노란색 반죽이 된다. 이것을 덴데유에 넣고 끓이다가 닭고기 국물을 넣고 끓여 걸쭉하게 한 일종의 스튜이다.

엠파다는 브라질 사람들이 가장 즐겨먹는 파이로 밀가루를 반죽해서 익힌 다음, 토마토, 야자열매, 닭고기, 양파, 파슬리, 올리브 등을 넣고 찐 것이다.

3) 아르헨티나

아르헨티나의 음식문화가 다른 라틴 아메리카 국가들과 차별되는 점은 유럽 이민자의 유입으로 인해 유럽 식문화의 영향을 강하게 받은 점이다. 또한 이탈리아, 스페인, 아메리카 토속 원주민 식문화 그리고 식민지 시대 스페인 후손들의 식문화가 다양하게 어우러져 있다는 점이 특이하다.

주목할 만한 것은 아르헨티나가 세계에서 손꼽히는 식량 생산국이라는 것이다. 밀, 콩, 옥수수는 물론 소고기, 유제품 등도 다양하게 수출하고 있다.

풍부한 식재료는 음식의 발달에 지대한 영향을 끼쳤다. 전통적인 소고기 생산국으로 국민 일인당 연간 소고기 소비량은 세계 최고 수준이다.

풍부한 밀 생산량은 식생활에도 영향을 주었다. 식탁에는 항상 빵이 오르고, 파스타, 피자 등을 메뉴로 하는 이태리 음식이 아르헨티나에서 발전하는 데 중요한 요인이 되었다. 아르헨티나의 피자는 이태리 본토의 것보다 반죽이 더 두꺼운 편인데 이는 풍부한 식재료의 영향이라고 볼 수 있다. 대표적인 음식으로는 라 빰빠, 부에노스 아이레스, 꼬르도바, 산타페 등이 있다. 닭고기, 소고기, 유제품, 파스타 등이 이들 지역의 주식으로 발전하게 되고 고단백, 고열량 음식 위주의 문화가 정착하게 된다.

그 외 밀레네사라는 음식 또한 발전했는데 한국의 돈가스와 비슷하지만 소스가 없고 주재료가 소고기인 점이 다르다. 또한 아르헨티나에선 유럽식인 밀라네사를 정착시키면서 밀라네사 나뽈리따나라는 새로운 메뉴를 개발하기도 한다. 밀라네사 나뽈리따나는 밀라네사 위에 토마토소스와 치즈를 얹은 것을 말한다.

비프스테이크 구이 같은 것은 본래 유럽의 식문화였으나. 아르헨티나에서는 다양한 고기 부위를 식재료로 쓰면서 아르헨티나만의 고기구이 식문화가 발전하게 된다.

파스타는 아르헨티나인의 식생활에 빠져서는 안 되는 메뉴로 그 어떤 음식보다 가장 많이 조리해 먹는다. 라비올리, 뇨키, 카넬로니, 페투치니 등 다양한 종류의 파스타가 있으며, 속을 채우는 만두 형태의 내용물에는 리코타가 항상 이용된다. 리코타는 파스타뿐만 아니라 케이크, 각종 타르트 등을 조리하는 데 빠져서는 안 되는 중요한 식재료이다.

파스타를 먹는 방식 또한 아르헨티나 식이 따로 있다. 우선 파스타는 빵(주로 바게트)과 같이 먹는다. 이런 방식이 정착한 이유는 여러 가지 설이 있다. 우선 아주 오랫동안 빵 가격이 대단히 저렴해서 빵이 매우 흔했다. 그리고 아르헨티나식 파스타는 소스가 많이 뿌려지기 때문에 국물이 많다. 그래서 소스에 빵을 찍어먹는 것이다.

소렌띠노라는 파스타는 이탈리아 도시 이름이지만 사실 아르헨티나의 마르델 쁠라따라는 도시에서 독자적으로 발전된 파스타의 종류이다. 만두처럼 크고 둥근 모양으로 다양한 속을 넣어 만든다. 그리고 이탈리아 북부지방에서 유래된 음식 중 폴렌타(옥수수죽)도 아르헨티나 중부지방에서 발전된 음식 중 하나이다.

아르헨티나 고유의 음식 중 유명한 것 중의 하나가 '엠빠나다'이다. 토속 음식으로 정착을 하긴 했지만 스페인 안다루시아 지방에서 그 유래를 찾아볼 수 있다. 아랍 지방에서 먹던 만두 종류인 파타이가 엠빠나다와 매우 유사하다.

프랑스 음식의 영향으로는 오믈렛이 있다. 그 외 메디아 루나라는 빵이 프랑스에서 유래했다. 메디아 루나(media luna)란 반달이란 뜻이며 버터와 지방을 많이 넣은 빵으로 아르헨티나의 아침 메뉴에 빠지지 않는다. 마지막으로 아르헨티나에서 가장 유명한 아사도(asado)가 있으며 축산업이 발달한 관계로 아르헨티나식 소몰이꾼이 있다. 이들을 가우쵸(gaucho)라 부르는데, 이들의 식문화에서 나온 것이 바로 장작으로 고기를 구워 먹는 아사도라는 음식이다. 아사도에 쓰이는 고기는 소고기뿐만 아니라 양고기, 염소고기, 멧돼지고기, 사슴고기 등 매우 다양하다.

3.7 북미 음식문화의 특징

북미에 위치하고 있는 나라는 미국과 캐나다이다. 영국, 프랑스, 독일 등 유럽에서 이주한 사람들이 개척하여 이룩한 나라이기 때문에 역사는 짧지만, 자연적, 경제적 규모와 위력이 세계에서 가장 크다

1) 미국

영어로 "I am what I eat(난 내가 먹는 것이다)"라는 우스갯소리가 있듯이 미국의 음식문화는 미국의 문화를 이해하는 데 아주 중요하다.

우리나라와 달리 미국은 한국과 같이 오랜 역사를 가지고 음식이 발전된 것이 아니라서 우리와 같은 의미의 '전통음식'은 존재하지 않는다고 보는 것이 맞다. 미국 음식의 시초는 미국으로 처음 건너와 살기 시작했던 유럽인들이 미국에서 나는 곡물이나 가축에 맞춰 먹기 시작한 유럽의 음식이 합쳐진 것이라고 볼 수 있다.

어느 나라 음식이든 받아들이고 녹여서 자기들만의 독특한 색깔의 음식으로 변화시킨 것이 바로 미국 음식, 즉 미국화된 음식이다.

실용적인 면이 강조된 변형된 미국 음식의 특징을 살펴보면 바쁘게 돌아가는 사회생활의

일면으로 주로 외식을 하거나 간편하게 먹을 수 있는 햄버거, 핫도그, TV 디너, 전자레인지, cafeteria, Chinese take-out, drive-thru, fast food 등을 고안해 냈다.

'Hunger is the best sauce(시장이 반찬)'이라는 미국 속담처럼 미국 음식은 맛보다는 한 끼를 해결하는 의미가 짙다고 볼 수 있다.

간편하게 즐기는 문화 때문에 미국의 영화나 드라마를 보면 쉽게 볼 수 있는 brown bag, 점심 봉지의 문화가 생겨났다. 이 안에는 보통 햄 앤 치즈 혹은 피넛버터 앤 젤리 샌드위치가 들어있다. 또한 검약정신이 몸에 배어있는 이들의 실용주의는 음식점에서 먹고 남은 음식을 봉지에 담아가는 버릇도 길러왔는데 남은 음식을 집에 있는 개에게 갖다 줄 것 같이 doggy bag이라고 표현한다. 영어 표현 중 'bread and butter'란 표현은 "필요한 양식" 또는 "필수불가결"이라는 뜻으로 사용된다. 그 만큼 미국인들이나 유럽인들이 빵과 버터는 많이 먹는다. 우리나라 식단을 보면 찌개나 국 혹은 반찬은 매일 바뀌지만 김치와 밥은 바뀌지 않는다. 이와 같이 미국에서도 빵과 버터는 항상 먹는 음식이다.

김치가 지역에 따라 그리고 담그는 방식에 따라 많은 종류가 있는 것처럼 치즈도 생산지나 가공법에 따라 (브리, 체더, 이덤, 가우다, 모짜렐라, 프로볼로네, 스위스 치즈 등) 여러 종류가 있어 각각 독특한 맛과 향을 가지고 있다. 그러나 미국인들은 치즈도 자기들 입맛에 맞게 변형하여 아메리칸 치즈라는 것을 만들어 햄버거나 샌드위치에 넣어 먹는다.

다양한 음식을 즐기는 미국에서 가장 큰 이점은 세계 각국의 음식을 다 맛볼 수 있다는 것이다. 일본의 스시(sushi)부터 들어본 적도 없는 유럽의 스모개스보드(Smorgasbord)에 이르기까지 수많은 외국의 음식들이 미국화 되어 미국인들의 식단에 올라와 있다. 스모개스보드란 북유럽사람들이 즐기는 훈제된 고기를 전채 요리로 먹는 것을 말한다. 미국의 대도시, 그 중에서도 뉴욕에서는 세계 각국의 음식을 편견 없이 판매하는 식당들이 있기 때문에 언제든지 외국 음식을 맛볼 수 있다.

캘리포니아에서는 히스패닉 인구가 급증하면서 타코, 나쵸, 또띠아, 퐈이타, 부리토, 엔칠리다 같은 멕시코나 중남미 음식이 크게 퍼져있고 나라가 크기 때문에 다양한 음식이 존재하지만 지방에 따라 전혀 다른 음식도 존재한다. 미국 남부에서는 개구리 다리 튀김과 같은 남부 전형의 음식이 존재하며, 그 지역에서만 찾아볼 수 있는 패스트푸드 체인도 있다.

2) 캐나다

미국과 마찬가지로 이민자들의 구성이 다양한 캐나다는 요리에서도 그 색깔이 드러난다.

토론토나 몬트리올 등의 대도시에는 특히 많은 나라의 사람들이 모여 살기 때문에 각국의 음식을 정통으로 즐길 수 있다.

캐나다는 영국과 프랑스의 문화가 공존하는 곳으로 미국보다는 유럽에 가까운 정취를 지니고 있다. 요리의 천국이라고 할 정도여서 프랑스 요리, 이탈리아 요리, 멕시코 요리, 그리스 요리 등은 물론이고 중국 요리에서부터 일본 요리, 베트남 요리, 한국 요리 등 동양 요리도 풍부하게 만날 수 있다. 게다가 많은 국적의 요리들이 접한 콤비네이션 형식의 복합적인 요리들도 가끔 만날 수 있는 것도 캐나다 음식의 특징 중 하나이다.

굳이 캐나다 요리라고 한다면 밴쿠버, 빅토리아, 핼리팩스 등 해안가에 위치한 도시에서 값싸고 맛있게 즐길 수 있는 연어나 가재 등의 시푸드(Seafood) 요리와 캘거리를 중심으로 한 앨버타 주의 대평원에서 많이 사육되는 양질의 소를 재료로 해서 만든 스테이크가 세계적으로 유명한 캐나다 요리이다. 콤보 스타일의 메뉴는 한 쟁반에 자신이 선택한 음식을 한꺼번에 담아주는 형식으로 푸짐하고 싸게 즐길 수 있다. 주로 중국 요리나 멕시코 요리 등이 이런 형식이 많다. 어느 도시를 가든지 간에 이탈리아나 멕시코 요리가 많은 것이 특징인데, 이것은 그만큼 캐나다인들이 즐겨 먹고 좋아하기 때문이다. 또 하나 캐나다인들은 어디를 가나 간식 메뉴는 시저스 샐러드(Ceaser's Salad)로, 담백하게 만들어진 소스를 싱싱한 야채에 끼얹어 먹는다.

목축업과 낙농업 역시 발달하여 스테이크 요리가 유명하고, 질 높은 우유 유제품이 풍부하다. 술은 독한 것보다는 주로 맥주나 와인을 많이 먹는데, Bar나 Pub에 가면 20~100여 종류의 맥주를 다양하게 즐긴다.

3.8 아프리카 음식문화의 특징

아프리카 사람들은 그들의 환경에 맞게 식생활을 영위하고 있다. 아프리카 대륙이 광대하고 여러 기후가 나타나기 때문에 각 부족의 생활 방식에 따라 다양한 음식문화가 존재한다.

아프리카 음식은 말 그대로 자연식으로써 옥수수, 쌀, 수수 등 곡류를 주식으로 하며 섬유질이 풍부하고 인공감미료나 조미료를 넣지 않아 담백한 맛이 난다. 주로 곡류로 만든 주식과 함께 야채나 고기를 볶거나 끓여 만든 간단한 반찬을 곁들여 먹으며 반찬 가짓수 역시 1~2가지가 넘지 않는다.

광대한 대륙의 아프리카는 동부, 서부, 남부 등 지역별로 조금씩 다른 음식문화를 지니고 있다. 케냐, 탄자니아, 우간다로 대표되는 동아프리카 지역은 옥수수로 만드는 걸쭉한 죽 형태의 우갈리, 시금치의 일종인 수쿠마위키, 쇠고기·양고기 등을 숯불에 구워 잘게 자르고 소금으로 간한 다음 양배추나 토마토와 함께 먹는 냐마야쿠초마 등을 주로 먹는다.

빅토리아 호수 연안의 열대 우림 지역에 사는 우간다의 바간다족의 주식은 바나나이다. 이 바나나는 우리가 생각하는 바나나와는 다르다. "마토케(Matoke)"라는 이 바나나는 삶거나 쪄서 먹어야 하며, 그 맛은 바나나와 감자의 중간 정도의 맛이다. 보통 양배추, 토마토, 양파 등을 넣고 끓인 수프와 함께 먹는다.

케냐 고원 지역의 비옥한 토지를 차지하고 살고 있는 키쿠유족은 콩와 옥수수가 주식이다. 보통 콩은 삶아서 으깬 후에 먹는다. 옥수수는 가루를 내어 끓는 물에 개어서 먹는다. 이것이 "우갈리(Ugali)"라는 음식인데 키쿠유족뿐만 아니라 동아프리카 전체에서 가장 흔한 음식이다. 이 우갈리의 맛은 우리의 백설기 떡과 비슷하며 "수쿠마(Sujuma)" 등의 반찬과 함께 먹는다. 이 수쿠마는 우리나라에서 "케일"이라고 불리는 야채인데 잘게 썰어 기름에 볶아서 먹는다. 해안에 사는 스와힐리인들은 해안가에 있는 코코넛 열매를 이용해서 밥을 한다. "왈리(Wali)"라는 것인데 코코넛을 갈아서 즙을 내어 그 물로 밥을 한다. 그 맛은 뭐라 말할 수 없이 고소하다. 그들은 이 왈리에 튀긴 생선과 쇠고기 수프인 "카랑가(Karanga)" 등과 함께 먹는다. 스와힐리인들은 독실한 이슬람 신자인데 "라마단"이라는 단식기간이 끝나는 날, 잔지바르의 야시장에서는 음식 축제가 벌어진다. 삶은 문어(Pweza), 양고기 꼬치구이(Mshikaki) 등을 사탕수수 주스와 함께 먹는다.

인도에서 들어온 밀크티인 차이(Chai)는 동아프리카인들이 즐겨 마시는 음료이다.

이것은 우리의 홍차인데, 우유와 설탕을 곁들여 마신다. 해안 지역에서는 생강을 이 차에 넣기도 한다. 냐마쵸마(NyamaChoma)는 염소고기를 숯불에 구운 것이다. 이밖에 케냐의 수도 나이로비에는 야생동물을 맛볼 수 있는 음식점이 있다. 영양, 톰슨가젤, 일란드, 기린, 코끼리, 악어 등의 고기를 숯불에 바베큐로 해서 판다.

아프리카인들도 종교상의 문제가 없으면 술을 먹는다. 현대의 도시 지역에서는 맥주를 파는 술집이 있고, 시골 지역으로 가면 가정에서 제조된 술이 있다. 케냐의 마싱가댐 주변 캄바족의 "짱아(Changa)"라는 술은 옥수수를 발효시킨 후 증류해서 만든 술인데 고량주와 비슷하다.

Part

2

Beverage의 이해

Chapter 4

Alcoholic Beverage

학습목표

1. 기내 음료에 대해 구분하고 서비스하는 방법을 이해한다.
2. 와인의 문화와 역사를 이해하고 와인의 품종과 Tasting 방법 등 기내에서 와인을 서비스하기 위한 기초지식에 대해 이해하고 설명할 수 있다.
3. 맥주의 기원과 종류를 이해하고 맛좋은 맥주의 요인 등을 파악하여 서비스할 수 있다.
4. 위스키의 역사와 유래, 종류에 대해 파악하고 특징에 대해 이해한다.
5. 브랜디의 유래와 특징에 대해 이해하고 설명할 수 있다.
6. 진, 보드카, 럼, 캄파리의 역사와 종류에 대해 설명할 수 있다.
7. Liqueur가 Liquor와 구분되는 특징을 이해할 수 있다.
8. Cocktail의 종류와 만드는 방법에 대해 바르게 알고 기내에서 서비스할 수 있다.

4.1 기내 음료의 개요

음료는 크게 비알코올성음료(Non-Alcoholic Soft Drink)와 알코올성음료(Alcoholic Hard Drink Liquor)로 나눌 수 있다.

1) 기내 음료의 이해

〈그림 4-1〉 기내 음료의 종류

① 기내 음료 서비스 및 기내 음료 기본 지식에 대한 중요성

기내 음료는 기내식과 함께 항공 서비스의 꽃이라고 할 수 있으며, 그만큼 고객의 기대치와 Needs가 높다. 기내에 탑재되는 모든 식음료는 수많은 선별 과정을 거쳐 최고의 서비스를 위한 아이템으로 선정되며 승무원은 이러한 아이템이 고객에게 최상의 상태로 서비스될 수 있도록 인적 서비스를 제공해야 한다. 식음료에 대한 충분한 지식을 갖추고 서비스에 임할 때 보다 차별화되고 품격 있는 서비스로 고객만족을 실현할 수 있다.

② 기내 음료 탑재 방식

Beverage Cart와 Liquor Cart

Beverage Cart는 중/장거리 노선에서 Aperitif 서비스 시 고객에게 직접 가지고 나가 음료를 서비스 하는 Cart이다.

Liquor Cart는 고객에게 직접 가지고 나가 서비스하지 않고 Liquor Cart 내의 Item을 이용하여 Beverage Cart를 보충하거나 Liquor Cart 내의 와인이나 맥주를 따로 서비스한다.

〈그림 4-2〉 Beverage Cart 전면/후면의 내부

〈그림 4-3〉 Liquor Cart의 전면 내부

③ 기내 음료 서비스 방법

서비스 준비 방법

투명 Drawer를 이용하여 Cart 상단에 주스류, Soft Drink, White Wine, Red Wine, 플라스틱 컵, 와인 서비스용 Linen, 생수, Lemon Slice with Muddler을 준비하여 Cart 상단 양쪽에 Ice Bucket with Ice Tongs Setting한다. Cart 내 최상단 Drawer에 Nuts와 Cocktail Napkin, Refreshing Towel을 Setting하고, Wine 서비스용 리넨은 Linen 냅킨을 4절로 접어 와인 옆에 준비한다. Wine Bottle에 Wine Server를 꽂아 준비하고, Lemon Slice는 Cocktail Napkin을 꽂아 Plastic Cup에 담아 Cart 상단에 Muddler와 함께 준비하도록 한다.

맥주, White Wine, Cold Beverage는 충분히 Chilling하고, 모든 음료는 Label이 고객에게 잘 보일 수 있도록 Setting하고, 기종별로 정해진 서비스 Flow에 따라 서비스한다.

Nuts와 Cocktail Napkin을 먼저 제공하고, 원하는 음료를 주문받아 서비스한다.

맥주는 Open하지 않고 Plastic Cup과 함께 드린다. 맥주 제공 시 Cup은 고객의 오른편에 놓고 그 왼편에 Can을 놓으며 Cup 위에 빈 잔을 꽂아 제공하지 않는다.

Miniature Type 증류주는 뚜껑을 완전히 열어 제거한 후 잔과 함께 제공하며, 주스류, Mineral Water 등은 충분히 Chilling되지 않은 경우에만 얼음을 넣어 제공한다. Soft Drink는 Ice를 담은 Plastic Cup과 Can째 서비스한다.

4.2 와인의 문화

1) 와인의 개요

맥주와 함께 양조주의 대표적인 술인 와인은 라틴어의 '비넘(vinum)'으로 '포도나무'로부터 만든 술이라는 의미로서, 나라마다 이탈리아의 비노(Vino), 독일의 바인(Wein), 프랑스의 뱅(Vin), 미국과 영국의 와인(Wine) 등으로 불리고 있다.

넓은 의미에서의 와인은 과실을 발효시켜 만든 알코올 함유 음료를 말하지만 일반적으로 신선한 천연 과일인 순수한 포도만을 원료로 발효시켜 만든 포도주를 의미하며 우리나라 주세법에서도 역시 과실주의 일종으로 정의하고 있다.

또한 와인은 다른 술과는 달리 제조과정에서 물이 전혀 첨가되지 않으면서도 알코올 함량이 적고, 유기산, 무기질 등이 파괴되지 않은 포도 성분이 그대로 살아 있는 술이다. 실제로 와인의 성분을 분석하면 수분 85%, 알코올 9~13% 정도이고, 나머지는 당분, 비타민, 유기산, 각종 미네랄, 폴리페놀(동맥경화에 효능이 있는 카테킨) 등으로 나뉜다. 그러므로 와인의 맛은 그 와인의 원료인 포도가 자란 지역의 토질, 기온, 강수량, 일조시간 등 자연적인 조건과 인위적인 조건인 포도 재배방법 그리고 양조법에 따라 달라진다. 따라서 나라마다, 지방마다 와인의 맛과 향이 다른 것이다. 와인은 이와 같은 자연성, 순수성 때문에 기원전부터 인류에게 사랑받아 왔으며, 현대에 이르러서도 일상적인 식생활에서 음료로서 맛과 분위기를 돋우고 더 나아가 서구 문명의 중요한 부분을 차지하고 있다.

2) 와인의 역사

와인은 기원전 4천 년 이전부터 양조되어 온 것으로 추정되며 그루지아에서는 기원전 7천 년경의 것으로 추정되는 양조용 포도 씨앗이 발견되었다. 또한 기원전 2500년경 고대 이집트의 포도 재배에 관한 벽화 등이 발견되는 것으로 보아 와인 양조가 이 지역에서 행해졌음을 알 수 있다. 와인을 '신의 축복'이라 말하는 그리스는 기원전 600년경 페니키아인들에 의해 포도와 와인을 전해받은 유럽 최초의 와인 생산국이며 로마에 와인을 전해주었다.

성경에서 와인은 '예수의 피'로 비유되고 있으며 크리스트교의 예배의식에 미사주로써 와인이 사용된다. 이러한 이유 때문에 식민지 개척, 크리스드교의 전파와 함께 포도 재배와 와인 양조는 전 세계로 펴져 나가게 되었다.

프랑스에 포도 재배와 와인양조가 들어온 것은 로마시대에 로마가 갈리아(프랑스 땅)를 정복하면서부터이다. 이때 프랑스 남부 프로방스 지방에 포도나무가 식재되기 시작한 것이 프랑스에서 와인의 시초라고 알려져 있다.

로마는 유럽을 점령한 후 프랑스, 독일 등 식민지 국가들에게 포도 재배와 와인 양조를 중요한 농업의 하나로 만들었다. 그리고 유럽을 점령하면서 부대 주둔지 주위에 적군이 숨어 있지 못하도록 부대 인근 지역의 나무를 베어내고 포도나무를 심기도 하였으며, 또한 이들 점령지역의 좋지 못한 식수를 마시고 배탈이 나는 것을 방지하기 위하여 레드와인을 마시기도 했는데, 이 와인을 본국에서 수송해 오는 것이 어려웠기 때문에 부대 인근에 포도나무를 심어 여기서 생산되는 와인으로 수요를 충당했다. 때문에 유럽의 여러 지역으로 포도의 재배가 확산되어 나갔다.

중세시대에 와서는 교회의 미사나 성찬용으로 또는 의약용으로 그 중요성이 강조되면서 포도 재배나 와인양조기술이 엄청나게 발전하게 되었다. 게다가 대형 와인공장이 생기고 교회에서 필요한 양보다 많은 양을 생산하여 주된 수입원이 되기도 하였다.

영국에서도 와인소비가 급증하였는데 이는 1152년에 영국왕인 플랑따즈네 헨리 2세(HenryⅡ Plantagenet)가 프랑스 다끼텐 지방의 알리에노루 다끼텐(Alienor d'Aquitaine) 공주와 결혼하면서 결혼 지참금으로 가져간 기옌(Guyenne) 지방(가론 강과 도르도뉴 강 유역의 주요부이며 그 중심도시는 보르도이다)이 영국령이 되어 와인이 세관 통관 없이 수출되었기 때문이다. 그러나 이때의 와인은 배고픔과 통증을 잊게 해주는 하나의 수단인 동시에 물대신 마시는 음료로 사용되었다.

근대에 들어서는 생활의 향상과 명문 와인의 등장, 병에 넣어 보관하는 방법, 편리한 운반 등으로 인해 와인의 보급은 물론 소비량 역시 크게 늘었다. 또한 1679년 프랑스 '돔 페리뇽'에 의해 샴페인 제조법이 개발되었고, 와인 병의 마개로 코르크의 사용이 일반화되었다. 이때부터 품질에 따라 등급이 매겨졌으며, 유럽 전 지역뿐만 아니라 신대륙에서도 와인의 수요가 급증하여 주요한 무역상품이 되었다.

포도 재배와 압축기, 여과기 등 양조기술의 발달로 훌륭한 와인이 많이 생산되었는데 1935년 프랑스에서는 와인에 대한 규정인 AOC법(프랑스어로는 아오세)을 제정하여 와인의 철저한 품질관리를 통해 세계적 명성을 유지하고 있다. 이에 잇따라 이탈리아, 독일, 미국, 호주, 스페인 등이 비슷한 와인 법을 시행해 와인의 품질을 유지, 발전시켜 나가고 있다. 또 교통의 발달로 와인의 생산과 교역이 활발해졌고 아시아 개발도상국의 경제가 발전됨에 따라 이들 지역에도 와인이 확산되고 있다. 오늘날 와인은 프랑스, 스페인, 이탈리아, 독일 등 유럽 전통 와인 생산국들과 미국, 칠레, 남아공, 아르헨티나 등 약 50여 개국에서 연간 250억 병이 생산되고 있다.

3) 와인의 종류

(1) 와인의 색에 따른 분류

① 레드와인

일반적으로 적포도로 만드는 Red Wine은 White Wine과 달리 적포도의 씨와 껍질을 그대로 함께 넣어 발효함으로써 붉은 색소뿐만 아니라 씨와 껍질에 있는 타닌(Tannin)성분까지 함께 추출되므로 White Wine과는 달리 떫은맛이 나며, 껍질에서 나오는 붉은 색소로 인하여 붉은 색깔이 난다. Red Wine의 맛은 이 타닌의 조화로움에 크게 좌우되며, 포도껍질과 씨를 얼마 동안 발효시키느냐에 따라서 또는 포도품종에 따라서, 타닌성분은 와인이 차가울 때 훨씬 더 쓴맛이 난다.

② 화이트와인

White Wine은 먼저 잘 익은 백포도(적포도가 아닌 것은 전부 백포도임 : 노랑, 금빛, 청포도 등)를 압착해서 만들고, 적포도를 이용하여 적포도의 껍질과 씨를 제거하고 만드는데 포도를 으깬 뒤 바로 압착하여 나온 주스를 발효시킨다. 이렇게 만들어진 White Wine은 타닌성분이 적어서 맛이 순하고, 포도 알맹이에 있는 산(Acid)으로 인해서 상큼하며, 포도 알맹이에서 우러나오는 색깔로 인해서 노란색을 띤다. White Wine 중에 정말 하얀 색깔이 나는 와인은 없고, 대체로 연한 밀짚색이다. White Wine의 일반적인 알코올 농도는 10~13% 정도이며 보통 와인 쿨러에 차게(약 섭씨 8도) 해서 마셔야 제맛이 나나, 지나치게 차게 하면 White Wine에 포함되어 있는 산과 향(Aroma)성분이 얼어서 제맛이 안 난다.

③ 로제와인

대체로 붉은 포도로 만드는 로제와인의 색깔은 Pink색을 띠고 있고, 로제와인의 제조과정은 레드와인과 비슷하다. 레드와인과 같이 포도껍질을 같이 넣고 발효시키다가 (레드와인의 경우 며칠 또는 몇 주 ; 로제와인은 몇 시간 정도) 어느 정도 시간이 지나서 색이 우러나오면 껍질을 제거한 채 과즙만을 가지고 와인을 만들거나, 또는 레드와인과 화이트와인을 섞어서도 만든다. 로제와인은 보존 기간이 짧기 때문에 오래 숙성하지 않고 마시는 게 좋고 색깔로는 화이트와인과 레드와인의 중간인 Pink빛이라 보기에 아름답고 맛으로 보면 오히려 화이트와인에 가까우며 차갑게 해서 마시는 게 좋다.

〈그림 4-4〉 와인의 색에 따른 분류

(2) 와인의 맛에 따른 분류

① 스위트와인

주로 화이트와인에 해당되며, 와인을 발효시킬 때 포도 속의 천연 포도당을 완전히 발효시키지 않고 일부 당분이 남아 있는 상태에서 발효를 중지시켜 만든 와인과 가당(加糖, 설탕을 첨가함)을 한 와인 등이 있다.

② 드라이와인

포도 속의 천연 포도당을 거의 완전히 발효시켜서 당분(단맛)이 거의 남아 있지 않은 상태의 와인이다.

③ 미디엄 드라이와인

드라이한 맛과 스위트한 맛의 중간 정도의 맛을 느낄 수 있는 와인을 말한다.

(3) 와인의 알코올 첨가 유무에 따른 분류

① 포트파이드 와인

주정 강화와인 또는 알코올 강화와인이라고 한다. 과즙을 발효시키는 중이거나, 발효가 끝난 상태에서 브랜디(brandy)나 과일주스 등을 첨가한 것으로서 알코올도수를 높이거나 단맛을 나게 하여 보존성을 높인 와인이다. 프랑스의 뱅 드 리퀘르(Vin doux liquoreux), 스페인의 셰리와인(Sherry wine), 포르투갈의 포트와인(Port wine)이나 뒤보네(Dobonnet) 등이 대표적인 강화와인이다.

② 언포디파이드 와인

보통 일반적인 와인(still wine)을 말하는 것이며, 다른 증류주를 첨가하지 않고 순수한 포도만을 발효시켜서 만든 보통 와인을 말한다. 알코올 도수는 8~14% 정도이다.

(4) 와인의 탄산가스 유무에 따른 분류

① 스파클링 와인

일명 발포성 와인이라 부르는 스파클링 와인은 발효가 끝나 탄산가스가 없는 일반 와인에 당분과 효모를 첨가해 병 속에서 2차 발효를 일으켜 와인이 발포성을 갖도록 한 것이다. 프랑스 샹파뉴 지방에서만 만들어진 스파클링 와인을 샴페인 방식(method Champanois) 또는 크레망(Cremant)이라 표기하고 있는데, 이것은 신흥 와인생산국 등에서 스파클링 와인에 샴페인이라고 표기하여 판매한 데 따른 샹파뉴 지방 사람들의 반발 때문이다. 스파클링 와인을 프랑스에서는 뱅 무소(Vin Mousseux), 독일에서는 젝트(Sekt), 이탈리아에서는 스푸만테(Spumante)라고 부르는데, 이것은 병속의 압력이 20℃에서 3기압 이상을 가진 와인을 말한다. 1~3.5기압의 약 발포성 와인을 프랑스에서는 뱅 페티앙(Vin Petillant), 독일에서는 페를바인(Perlwein)이라고 한다. 샴페인은 화이트와인보다 더 차게 한 4~6℃가 적절하며 병이 두꺼우므로 마시기 20~30분 전쯤 물과 얼음을 넣은 Bucket에 넣었다가 마시는 것이 좋다.

② 일반 와인

일반 와인은 일명 비발포성 와인이라고도 부르는데, 이것은 포도당이 분해되어 와인이 되는 과정 중에 발생되는 탄산가스를 완전히 제거한 와인으로 대부분의 와인이 여기에 속한다. 그 색깔은 레드, 화이트, 로제와인이 있으며 알코올 도수는 대체로 8~14%이다.

(5) 와인의 식사 시 용도에 따른 분류

① Aperitif 와인

본격적인 식사를 하기 전에 식욕을 돋우기 위해서 마시는 것이 Aperitif 와인이다. 주로 한

두 잔 정도 가볍게 마실 수 있게 강화주나 산뜻하면서 향취가 강한 맛이 나는 와인을 선택한다. 스파클링 와인을 주로 마시지만 달지 않은 드라이셰리(dry Sherry), 버무스(Vermouth) 등을 마셔도 좋다.

② Table 와인

전채요리(appetizer)가 끝나고 식사와 곁들여서 마시는 와인으로 테이블 와인은 그냥 마시는 것보다는 음식과 함께 마실 때, 음식들의 맛을 잘 볼 수 있게 해주고 와인 맛도 좋게 해준다. 음식물에 따라 대체적으로 화이트와인은 생선류, 레드와인은 육류에 잘 어울린다.

③ Dessert 와인

디저트 와인은 식사 후에 입안을 개운하게 하려고 마시는 와인이다. 즉, 어린이들이 식사 후에 아이스크림을 먹는 것처럼 어른들도 식사 후에 약간 달콤하고 알코올 도수가 약간 높은 디저트 와인을 한 잔 마심으로써 입안을 개운하게 마무리짓는다. 포트와인(port wine)이나 크림셰리(cream sherry), 소테른느와 바작(Sauternes, Barsac) 지방의 스위트 화이트와인 등이 대표적인 디저트 와인에 속한다.

〈그림 4-5〉 식사 시 용도에 따른 와인의 분류

(6) 와인의 저장기간에 따른 분류

① Young 와인

발효과정이 끝나면 별도로 숙성기간을 거치지 않고 바로 병에 담겨져 판매되거나 장기간 보관되지 않는 것으로 품질이 낮은 와인이며 주로 자국 내에서 소비하는 저가의 와인이다.

② Aged 와인

발효가 끝난 후 지하 창고에서 몇 년 이상의 숙성기간을 거친 것으로 품질이 우수한 와인이다.

③ Great 와인

〈그림 4-6〉 와인의 분류

15년 이상을 숙성시킨 와인으로 오래 묵혀서 좋은 와인이다. 모든 와인이 오래 묵힌다고 좋은 것이 아니라 포도 품종에 따라, 재배 작황에 따라서 전문가에 의해 오래 저장될 것인지, 아닌지가 결정된다.

4) 와인 제조과정

포도로부터 생성된 즙과 천연조건이 와인을 만들게 한다. 포도열매 속에 꼭 필요한 두 가지 성분 즉, 이스트(Yeast)와 당분(Sugar)이 있기 때문이다. 그러나 와인제조에 있어 천연 조건만 중요한 요소는 아니다. 언제 수확할 것인가를 결정하는 것에서부터 시작하여, 여러 섬세한 단계들을 거치며 하나하나 세심한 배려와 선택을 통해 비로소 가지가지의 와인이 만들어진다.

(1) 레드와인의 제조과정

레드와인은 적포도로 만든다. 화이트와인과는 달리 레드와인은 붉은색 및 타닌성분이 중요하므로 포도껍질 및 씨에 있는 붉은 색소와 타닌성분을 많이 추출해서 와인을 만들어야 하므로 화이트와인과는 달리 제조공정이 조금 더 복잡하다.

① 포도수확(포도원)

② 공장으로 이동

③ 제경 파쇄 : 양조장에 도착하면 일단 분쇄기에 넣고 줄기를 골라내고 포도껍질, 씨, 알맹이를 같이 으깨고, 아황산염 첨가 시작

④ 전발효 또는 알코올 발효(1차 발효) 침용(Maceration ; 마세라시옹) : 분쇄시킨 포도알을 발효통에 넣고 1차 발효를 시킨다. 알코올 발효는 20일 전 후에 걸쳐서 진행된다. 이 기간 동안 온도와 밀도를 세밀하게 관찰해야 한다. 포도의 찌꺼기가 표면 위로 올라와 포도즙 맨 위쪽에 덮개를 형성한다. 침용은 와인의 성격에 따라 다소 길어질 수 있다. 타닌성분이 적은 햇 포도주라면 침용은 며칠이면 충분하고 장기 보관용 와인은 2~3주 혹은 그 이상 걸린다. 색소와 타닌이 즙 안에 잘 퍼지도록 하려면 주조통 아래쪽의 즙을 위로 뽑아 올려 포도즙 덮개에 계속 뿌려주어야 주조통 안의 포도주의 질이 비슷해진다.

⑤ 압착 : 침용단계가 끝나면 포도주를 유출시킨다. 여기에서 유출된 포도주를 제외한 찌꺼기를 다시 압착한다. 압착하여 얻어진 포도주를 뱅 드 프레스(Vin de press)라고 하며 대개 타닌성분과 색상이 풍부하다.

⑥ 후발효 또는 유산발효(2차 발효) : 압착된 포도즙과 자연 유출된 포도즙을 합쳐 오크통이나 스테인리스 스틸통에서 2차 발효를 시작한다. 젖산 혹은 유산 발효로 불리는 2차 발효는 레드와인의 경우 사과산을 젖산으로 변화시키는 필수적인 과정으로 와인의 맛을 좀 더 부드럽게 한다.

⑦ 앙금분리(걸러내기) : 후발효가 끝난 와인은 앙금을 분리하여 숙성에 들어간다. 이때 찌꺼기를 최대한 분리하기 위해 청징제를 첨가한다. 청징제로는 계란 흰자, 젤라틴, 소피를 사용하기도 한다.

⑧ 숙성 : 약 18~24개월

⑨ 여과

⑩ 병입

⑪ 코르크 마개

⑫ 병 숙성 : 약 3~24개월

⑬ 출하 및 판매

와인의 제조과정

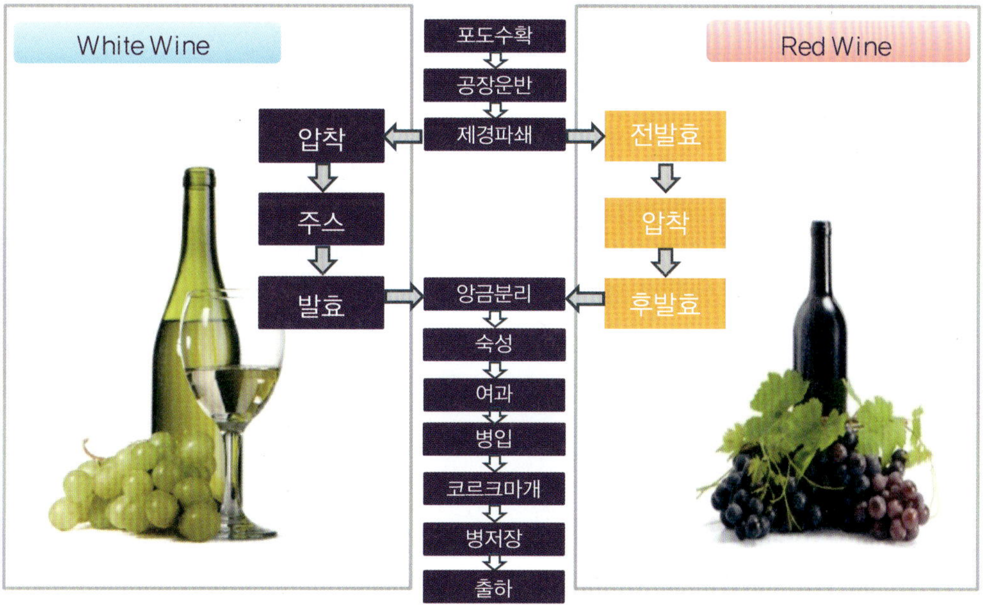

〈그림 4-7〉 와인의 제조과정

(2) 화이트와인의 제조과정

화이트와인은 잘 익은 백포도(청포도, 노란 포도 등)나 적포도의 껍질과 씨를 제거한 후 만든다.

① 포도수확(포도밭) ② 공장 ③ 제경파쇄(줄기를 골라내고 포도를 으깸) ④ 압착 ⑤ 포도주스 ⑥ 발효 ⑦ 앙금분리(걸러내기) ⑧ 숙성 ⑨ 여과 ⑩ 병입 ⑪ 코르크 마개 ⑫ 병 저장 ⑬ 출하 및 판매

(3) 샴페인의 제조과정

포도수확	9월 말이나 10월 초에 이루어짐
1차발효	껍질에서 색소가 우러나오지 않게 하여 과즙을 짜내 1차 발효
혼합	회사 고유의 샴페인의 맛을 내기 위해 다른 와인과 혼합하는 과정
1차병입	1차 발효액을 각각의 병에 담고 가스 발생을 유도 소량의 당과 효모를 투입하여 뚜껑을 막아 1차 병입
숙성	온도가 낮은 곳에서(10도 이하) 병을 숙성시킴 이때 와인은 이스트의 찌꺼기와 접촉하면서 샴페인 고유의 향을 얻게 됨
앙금빼기	병을 옆으로 뉘어 숙성시킨 와인을 거꾸로 세워 병을 회전하면 찌꺼기가 병 입구로 모이게 되는데 약 6~8주가 지난 후 병 입구를 순간 냉동시킨 다음 가스의 유출을 적게 하여 찌꺼기를 제거
밀봉	코르크로 막고 와이어로 고정시켜 병입 이때는 펀트가 있는 병을 사용함

*펀트란? 샴페인은 내부 기압이 6기압이나 되므로 압력을 분산시키기 위해 병 밑에 펀트를 만들고 병 자체도 압력에 견디기 위해 두껍게 제조된다. 또한 코르크의 모양도 일반 와인과는 다르다.

5) 와인 품질 결정 요소

와인 만들기는 포도를 수확하는 일부터가 아니라 포도나무를 심는 일에서부터 시작된다. 그만큼 토양과 포도나무의 재배가 중요하다는 것으로, 이것이 좋은 와인을 생산하는 전체 조건의 70% 이상을 차지한다. 와인양조에서 가장 중요한 요인의 순서는 ① 지리학적 위치 ② 토양 ③ 날씨 ④ 포도나무 ⑤ 양조과정이다. 세계 최고의 레드와인이 생산되는 프랑스의 보르도 지방을 예로 들어보면 남서쪽 대서양 연안, 지롱드 강가에 위치해 있다는 지리학적

위치와 석회암 위에 자갈, 진흙 또는 모래로 구성된 척박한 땅에 배수가 잘 되는 토양, 그리고 북극과 적도 사이의 중간 위도(북위 45° 부근)에 위치해 온화하고 습도가 높으면서 포도가 무르익는 여름에 햇볕을 많이 받을 수 있는 날씨, 좋은 열매를 맺는 우수한 포도 품종과 더불어 수백 년 전통을 자랑하는 섬세한 양조과정들이 모두 조화를 이루어 최상급 프리미어 와인을 빚어내는 것이다.

(1) 환경요소

토양(Soil)은 포도의 질과 양을 결정짓는 중요한 요소이다. 뿌리를 지탱하며 포도나무의 뿌리가 살고 있는 환경 전체이고 물과 영양분을 공급하는 보고이다. 포도 품종에 따라 가장 이상적인 토양이 있는데 이는 그 품종에 제 성질을 가장 잘 드러나게 해주기 때문이다. 예를 들어 가메 누아르 아 쥐 블랑(Gamay Noir a Jus Blanc) 품종은 보졸레의 화강암 토양에서는 섬세하고 육감적인 포도주를 만들고, 진흙 석회질 토양에서는 훨씬 부드럽고 가벼운 포도주가 된다. 이처럼 토양에서 오는 영양공급은 와인의 아로마(Aroma)를 형성하므로 대단히 중요하다. 토양에는 토질의 화학적 성분, 지층에 의한 물리적 요소, 배수 상태, 비옥한 정도, 흙의 방향, 낮과 밤의 기온, 강수량의 분포, 일조시간, 토양의 pH, 금속 원소의 함유량과 각각의 밸런스, 토양의 깊이, 물의 침투성, 경사, 배수 등의 여러 가지 요소를 종합한 토양 환경이 존재한다. 이 중 포도(와인) 등 작물이 자라고 재배하는 데 좋은 영향을 주는 요소는 암석 등이 풍화한 무기물, 동식물이나 미생물이 분해된 유기물이 혼성된 곳, 포도나무를 식수할 때의 깊이, 지질 구성도가 좋은 곳, 마른 지역, 표층 가까운 부분과 깊은 부분 양쪽 모두가 뿌리의 생육에 도움을 주는 지역, 예를 들어 축열성이 높은 곳(포도밭 표면에 돌이 많은 토지가 선호되는 것은 이 때문으로 돌은 낮에 열을 보관했다가 밤에 방열하는 기능이 있기 때문) 등이다. 가장 유명한 프랑스 보르도 지방의 그랑끄뤼 와인 생산지역은 작은 돌이 많이 섞인 야윈 토지이다. 이들의 토양 성분은 석회질이 많

아 미네랄 성분이나 복합적인 맛을 제공하고, 자갈 등으로 배수가 잘 되며, 자갈로 인한 축열성도 좋은 것이 그 대표적인 사례라고 할 수 있다.

또한 샤블리 지역의 경우 백악기의 플랑크톤이나 조개 등의 유해가 지층으로 이루어져 좋은 와인용 포도를 만들어내고 있으며 샤르도네가 많이 심어지는 지역은 석회암이 많은 것을 보면 샤르도네 품종이 석회암 성분을 만나면 특히 좋은 맛을 가지게 되는 것으로 여겨진다.

그랑끄뤼 와인인 오브리옹이 생산되는 지역은 그라브인데, 그라브는 자갈이라는 뜻이니 자갈의 의미가 새삼 돋보인다. 모래가 많은 토지의 와인은 맛이 가벼워진다.

또한 토양이 점토질인 경우에는 와인이 단단한 구조를 가지게 된다. 그래서인지 카베르네 소비뇽 품종이 많이 심어진 지역은 토양에 점토질성분이 포함되어 있다.

포도 재배에 적합하지 않은 토양의 예로는, 알갱이가 세세한 점토, 표층의 두께가 별로 없는 토양, 모래 토양, 비옥한 퇴적 토양 등이 있다.

(2) 기후

포도나무는 다양한 기후적 배경에 적응할 수 있다. 그러나 포도는 대개 결빙, 서리에 약하며 태양빛을 잘 받아야 포도가 잘 익을 수 있으므로 일반적으로 온화한 기후대에서 좋은 결과를 얻게 된다. 기후에는 기온, 일조량, 위도, 강수량, 바람, 서리의 정도 등이 있는데, 와인용 포도가 완숙되어 무사히 수확될 수 있으려면, 아무리 문제가 있어도 아래의 3개 조건은 꼭 갖추어져야 한다.

그 조건은 '생육기간 중의 일조량 조건', '성장을 좌우하는 강우량 조건', 그리고 '병의 만연에 영향을 주는 습도 조건'이다. 적당한 태양은 포도알의 생육을 재촉하고, 적당한 비는 포도알을 부풀리며, 알맞은 습도는 해충이나 병으로부터 포도를 보호한다.

① 일조 조건 : 포도 과실의 1년간의 생육기간은 약 100일간이다. 개화로부터 수확까지의 100일간의 일조시간이 1250~1500시간이 되면 포도알이 완숙된다. 빛의 양은 광합성의 성공 여부를 결정하며, 포도알의 색소나 당도, 산, 타닌에 영향을 준다.

② 강우 조건 : 연간 강수량은 500~800밀리가 적당하다. 비가 너무 많이 오면, 불필요하게 가지가 성장해 버리며, 포도알의 과즙성분이 희석되고, 곰팡이 등이 발생하기 쉬워진다. 특히 수확기의 강우는 포도 껍질의 색 변화나 산도의 감소를 가져와, 당도를 상승하게 만든다.

유럽은 수확 직전인 가을에 비가 많이 오는 경우가 많다. 이 때문에 포도알이 완전히 성숙되기 전에 어쩔 수 없이 수확하는 경우도 종종 있다. 문제는 완숙되지 않은 포도는 섬세하고 복잡해서 타닌이 지나치게 많은 와인이 되며, 제대로 완숙된 포도로 만든 와인은 매우 프루티한 와인이 된다.

③ 습도 조건: 포도의 생육조건으로서의 연평균 기온은 10~16℃ 정도가 이상적으로 여겨져 비교적 서늘한 기후로 자란다. 일반적으로 냉랭한 기후에서는 포도가 천천히 성숙하므로 과즙의 산도도 높아져, 향미 성분이 풍부하고 섬세해서 복잡한 맛의 레드와인이 되기 쉽다. 습도에 따라 포도에 곰팡이가 생길 수 있는데 모든 곰팡이가 나쁜 것은 아니다. 귀부균은 좋은 스위트 와인을 위한 필수요소이기도 하지만, 나쁜 곰팡이는 생육 중의 포도알에 흰 가루 같은 것이 부착되어 표피의 성장을 방해하거나, 심한 경우 포도나무를 5년 내에 말려 죽이기도 한다.

④ 바람: 통풍은 포도를 건조시켜, 곰팡이의 발생을 감소시킨다. 또 추운 지방에서는 하늘에서 내려오는 서리를 감소시켜 준다. 그러나 불행히 바닷바람에 닿는 경우에는 낭패를 보게 된다.

⑤ 서리: 서리는 겨울의 서리와 봄의 늦서리로 나누어진다. 겨울의 서리에는 보통 포도가 견딜 수 있으나, 이른 봄에 따뜻해진 싹이 불고 나서 생긴 늦서리는 싹을 얼게 할 수도 있다.

(3) 지형지세

포도나무는 심어지는 토지의 경사나 표고, 밭의 위도, 경도, 경사 정도에 의한 배수의 차이, 포도밭이 위치한 방향(동서남북 방향)에 따라 영향을 받는다. 토지는 임의로 이동이 불가능하기 때문에 포도 성장에 그대로 반영되는 요인이 되며 따라서 토지의 고유한 환경으로 존재하게 된다.

방향별 특성을 보면 우선 남향인 경사면은 햇볕의 혜택을 최대한으로 받고, 동쪽 방향의 경사면은 서리에 강하고, 서향의 경사면은 비교적 강한 햇볕을 받는다.

부르고뉴 포도원은 동향인데 그 이유는 아침 해를 받아 토양이 서서히 달궈지고 서쪽으로부터 부는 바람과 비를 피할 수 있기 때문이다.

배수의 역할 역시 단지 물만을 옮기는 것이 아니라, 땅 속의 영양소도 함께 옮긴다. 따라서 경사면의 최하단부에는 영양소가 쉽게 모이게 되므로, 최하단부에 있는 포도나무가뿌리를 내리지 않고 중도에 뿌리내리기를 끝내 버리는 바람에 지층 깊이 있는 미네랄 성분을 포도알이 흡수하는 함유량이 적어지게 된다.

토지 주변에 강이 있다면 강물의 움직임만으로도 포도에 영향을 주는 일이 있다.

강물의 흐름이 공기의 흐름을 만들어, 늦서리의 해를 줄일 수 있다. 일조량이 부족한 독일 라인가우 지역의 포도밭은 근처의 라인가우 강으로부터 햇볕의 반사를 받아내어 일조량 부족을 해결한다.

(4) 인적 요인

마지막으로 포도밭을 관리하는 사람은 와인의 질을 중시하는지, 양을 중시할지 판단해야 한다. 유기농법만을 채택하는 와이너리도 있고, 품종의 선택, 일드(단위면적당 포도나무를 심는 식수 밀도)의 결정, 수작업 정도, 기계화 정도, 수확된 포도를 모두 사용할 것인지 좋은 포도알만 사용할 것인지, 포도나무 줄기도 와인제조에 사용할 것인지 등등은 경영방침에 따라 달라진다.

6) 와인의 품종

(1) 레드와인 품종

품종		특 징
가메 느와르 아 쥐 블랑 (Gamay noir a jus blacs)		보졸레(Beaujolais) 지방에서는 유일하게 이 나무만을 재배하며, 앙주, 뚜렌느, 싸브와 오베르뉴 지방 등에서도 재배한다. 생산 후 곧 마실 수 있는 순하고 과일 향미를 지닌 포도주를 생산한다.
카베르네 소비뇽 (Cabernet Sauvigon)		레드와인을 만드는 데 최고의 품종으로 메독, 캘리포니아 등 전 세계에 걸쳐 재배된다. 허브향, 후추향, 올리브향 같은 냄새를 지니고 있다.
카베르네 프랑 (Cabernet Franc)		메독, 그라브, 생떼밀리옹, 뽀므롤에서 주로 재배하며 타닌성분이 많아 덜 숙성되었을 때는 거칠다.
멜로 (Merlot)		위대한 와인을 만드는 데 사용하며 메독(뽀므롤, 생떼밀리옹)에 재배된다. Cabernet Sauvignon과 같은 허브향이 있으나 tannin성분이 적다.

말벡 (Malbec)		보르도에서 재배되는 전통적인 품종으로 색깔과 타닌의 조화를 위해 블렌드용으로 쓰인다.
피노 누아 (Pinot Noir)		버건디에서 위대한 와인을 만드는 데 사용. 박하향, 포도향이 있고 타닌성분이 적다.
가메 (Gamay)		가볍고 향기로운 와인용으로 보졸레, 르와르, 스위스, 캘리포니아에서 재배되며 Pinot Noir와 유사한 품종이다.
시라 (Syrah)		남부 꼬뜨 드 론의 유일한 검은 포도 품종. 차츰 보끌뤼즈(Vaucluse), 프로방스, 랑그독 루씨용 지방 등세서도 재배된다. 이 품종에서 생산되는 제비꽃향과 진한 색의 힘찬 포도주는 숙성을 거치면 후추향과 야생고기향을 띤다.
그르나슈 (Grenache)		강하고 엷은 색깔의 와인과 로제와인을 만드는 데 사용하며 프랑스, 스페인, 캘리포니아에서 재배된다.
네비올로 (Nebbiolo)		이탈리아 최상의 포도품종으로 진하고 강건한 wine을 만든다.
바르베라 (Barbera)		신선한 과일향이 나며 산도가 높고 감칠맛 나는 품종으로 이탈리아와 캘리포니아에서 생산
진판델 (Zinfandel)		캘리포니아 지역에서만 쓰이는 적포도로 딸기향이 있다.
까리냥 (Carignan)		프랑스에서 가장 넓은 재배면적을 가졌으며 지중해 연안의 미디(Midi : 남불) 지방 전역에서 재배된다. 단위면적당 수확량은 적으나 생산되는 포도주는 타닌함량이 많고, 섬세한 다른 품종(그르나슈, 쌩쏘, 시라, 무르베드르)의 포도주와 조합(같은 해 같은 지방에서 생산된 포도주만을 섞는 것)하여 사용된다.

(2) 화이트와인 품종

품종		특 징
소비뇽 블랑 (Sauvignon Blanc)		향기가 강하며 보르도, 남서부 지방, 르와르 강 계곡이 주된 재배지이다. 쌍쎄르(Sancerre), 뿌이퓌메(Pouilly Fume), 깽씨(Quincy) 등의 백포도주의 유일한 구성 품종이다. 쏘떼른(Sauternes), 몽바지악(Monbazillac) 지방 등에서는 쎄미용 품종과 조합되어 감미의 리꿰르 백포도주를 생산한다.
샤르도네 (Chardonnay)		버건디 지역 최고의 백포도 품종으로 사과향이 나며 샴페인, 샤블리 등에도 사용. 캘리포니아 외
뮈스까데 (Muscadet)		프랑스 북부지역에서 재배, 라이트하고 드라이한 와인용 말벡(Malbec) 보르도에서 재배되는 전통적인 품종으로 색깔과 타닌의 조화를 위해 블렌드용으로 쓰인다.
쉬냉블랑 (Chenin Blanc)		르와르 지역의 주요 품종으로 과일향이 난다. 캘리포니아
게뷔르츠트라미너 (Gewurztraminer)		알자스, 독일, 오스트리아, 캘리포니아에서 재배하는 향이 강한 스파이시한 품종
리슬링 (Riesling)		독일 최상급 포도품종으로 스위트하며 살구향에 가까운 과일향이 있다.
쎄미용 (Semillon)		부드럽고 드라이한 와인용, 소비뇽 블랑의 향기와 비슷하나 톤이 약하다.
트레비아노 (Trebbiano)		이탈리아의 주요 품종이므로 끼안티를 만드는 데 사용된다.

실바네르 (Sylvaner)		신선하고 과일향을 띤 가벼운 포도주를 생산하는 알자스 품종. 단독으로 사용되기도 하고, 조합용으로는 알자스 고유의 백포도품종들의 조합인 에델쯔빅께르(Edelzwicker)를 만드는 데 사용된다.
삐노 블랑 (Pinot Blanc)		예전에는 또깨 달자스(Tokay d'alsace)라고 불리운 푸른 빛이 도는 회색 포도로 알자스 지방 포도 재배량의 5%를 차지한다. 삐노 그리로 생산된 백포도주는 진한 향을 지녔고 힘차며 때로는 단맛을 지니기도 한다. 싸브와, 르와르 강 계곡에서도 재배되며 부르고뉴에서도 약간 재배된다.

7) 와인 용어

(1) 알코올 농도

와인의 알코올 농도는 그 종류마다 다르고 순수한 와인(Natural Wine)의 경우에는 14% 이하가 보통이다. 와인의 당 농도는 순수 와인 중에서는 귀부 와인이 가장 높고, 화이트와인에는 발효말기에 발효를 정지시켜서 당분을 높게 만든 것도 있다.

에틸알코올(Ethyl Alcohol) 이외에 0.8% 정도의 글리세롤(Glycerol)이 함유되고 고급알코올 등도 있으며 이들은 향미성분의 일부가 된다.

유기산으로는 주석산, 사과산, 구연산 등 과즙에서 유래되는 산 이외에 발효 중에 생성되는 호박산, 젖산, 초산 등 여러 가지 산이 함유되어 있다.

과즙 중의 아미노산은 효모에 의해 대사되어 균체성분이 되므로 와인 중의 아미노산은 발효 말기 효모의 자기소화에 의한 것이 많을 것이다. 또한 발효 중에 아미노산으로부터 생성되는 고급알코올(Fusel Oil)은 에스테르로 존재하기도 하고 와인의 향기성분이 된다.

포도의 방향물질로 미량의 알코올류, 카르보닐류, 아세틸류, 에스테르류, 휘발성 지방산류, 페놀류 등이 알려져 있고 이들 아로마(Aroma)의 발효에 의해서 생성되는 향이 합쳐져서 향기성분의 패턴이 변화한다. 또 숙성 중의 산화, 환원, 에스테르화 등으로 부케(Bouquet)가 생성된다. 이들 세 가지 향이 잘 조화되어 비로소 향이 좋은 포도주로 평가된다.

- 수 분 : 80~90 % 수준
- 당 분 : 포도당, 과당
- 알코올 : 에틸알코올, 글리세롤, 고급알코올

- 산 류 : 유기산(주석산, 사과산, 구연산), 발효 중 생성되는 산(호박산, 젖산, 초산), 기타
- 무기성분 : 칼륨, 칼슘, 마그네슘, 망간, 철분 등
- 쓴 맛 : 페노릭

(2) 빈티지

빈티지란 포도가 수확된 해를 가리킨다. 다른 농산물과 같이 포도도 기후의 영향을 크게 받는데, 즉 강우량, 일조시간, 기온의 변화가 수확물의 질과 성격에 영향을 준다. 예를 들어, 덥고 건조했던 여름의 수박이 달고 맛있듯이 포도에 있어서도 1년 동안의 기후의 변화가 과실 안에 농축되어, 와인의 품질을 결정한다. 따라서 우리들은 와인 상표에 적혀 있는 수확연도를 봄으로써 어느 정도 그 와인의 성격을 예측할 수 있다. 그렇다고는 하나 우리들이 일상생활에서 접하는 대부분의 와인들은 빈티지와 무관한 경우가 많은데 그런 와인의 대부분은 품질을 일정하게 하기 위해 다른 지역, 때론 다른 해의 와인을 블렌딩해서 제조하기 때문이다. 이것은 매년 일정한 품질의 와인을 적절한 가격으로 공급하고자 하는 와인 공급업자의 노력의 산물이다.

그렇지만 보르도(Bordeaux)나 버건디(Burgundy)의 샤토(Chateau)나 도메인(Domain)들처럼 그 생산자의 개성을 특출하게 나타내는 와인들의 경우에는, 수확연도에 따라 품질의 차이가 남으로써, 마시는 사람에게 매우 깊은 흥미의 대상이 되기도 한다. 이런 와인들은 마시기 적당해질 때까지 10년 이상 걸리는 경우가 적지 않으므로, 빈티지표시는 절대 빼놓을 수 없다. 이러한 경우에 빈티지는 질적인 차이뿐만 아니라 스타일도 결정한다.

빈티지가 있는 와인이 좋은 와인이라는 잘못된 선입견 때문에 굳이 빈티지가 필요 없는 와인까지 빈티지표시를 하는 경우가 많은데 이것은 그다지 큰 의미가 없다고 하겠다. 저온의 해에 산도가 높은 깊이가 없는 와인이나, 고온의 해에 깊이는 있지만 산도가 낮은 와인을 그대로 제품화하는 것보다는 둘의 장점을 살려 만드는 편이 훨씬 더 효율적이라 할 수 있기 때문이다.

(3) 타닌

포도의 껍질, 씨와 줄기 그리고 오크통에서 우러나는 성분으로, 주로 떫은 감에 많이 들어 있고, 적당한 떫은맛과 텁텁한 감촉을 결정짓는 중요한 물질이다.

타닌은 주로 식물의 잎이나 줄기, 뿌리, 열매 등에 널리 분포되어 있으며, 특히 감, 밤, 녹차 그리고 덜 익은 과일류에 많이 함유되어 있다. 타닌 중 떫은맛을 내는 것은 수용성 타닌이

고 떫지 않은 타닌은 불용성이다. 수용성인 타닌은 완숙하지 않은 열매에 많이 있으나 완숙되면서 불용성 타닌으로 변하며 이 경우에 타닌의 양은 같다.

그런데 타닌과 같이 함유되어 있는 폴리페놀은 혈관에 쌓여 있는 콜레스테롤 지방산이나 노폐물 등을 녹여주는 작용을 하여 뇌졸중, 관상동맥 혈전증, 협심증, 심근경색과 같은 혈관계 질환의 예방과 치료를 하는 작용을 하고 있다. 그러기 때문에 고지방 섭취로 인한 콜레스테롤을 제거하기 위해서는 타닌이 함께 함유되어 있는 폴리페놀을 섭취할 목적으로 감, 밤, 포도, 녹차, 우롱차 등을 섭취하면 좋다.

또한 담배를 많이 피우고 탁한 대기오염 지역에서 살며 고지방 섭취를 하는 경우에는 콜레스트롤을 제거하는 목적 이외에도 지방질의 과잉 축적으로 인한 비만을 방지하고 치료하기 위해서 타닌 내의 폴리페놀을 많이 섭취하는 것이 좋다. 폴리페놀은 또한 산소 중의 유해산소를 소거하는 SOD, 즉 항산화제로 작용하기도 한다.

(4) 주석산염

레드와인에는 간혹 주홍색의 결정체가 가라앉아 있는 경우가 있다. 이것은 와인 속에 들어 있는 주석산염의 결정체로, 와인의 유기산 중 주석산은 와인의 맛을 강하게 할 뿐 아니라 식욕을 돋우어주는 역할을 한다. 병에 담긴 지 얼마 안 된 와인에서는 그렇지 않지만 5℃ 이하에서 장기간 보존하거나 이 온도에서 충격 또는 진동을 받으면 와인 속의 주석산염이 과포화되어 서서히 결정체가 생기게 된다. 이와 같이 형성된 주석산염은 와인성분의 일부가 결정이 된 것이므로 걱정할 필요는 없다. 오히려 유럽인들은 이를 "와인 속의 다이아몬드"라고 부르기도 한다.

(5) 아황산염

아황산염은 항균제로서 포도에 부착되어 있는 야생효모의 생육을 저해해서 포도주가 식초로 변하는 것을 막아주고 각종 부패균의 생육을 저해하고 포도즙을 환원상태로 유지시켜 줄 뿐만 아니라 페놀류의 산화를 방지시켜 준다. 또한 과즙 중의 산화효소의 활성화를 없애 과즙의 산화를 방지하고 포도 세포를 죽여 과피로부터의 적색 색소 용출을 도움으로써 과즙을 맑게 하는 것을 돕는다. 그렇지만 아황산염은 인위적인 첨가물이기 때문에 최대한 적게 넣기를 원하고, 특히 천식이 있는 환자에 있어서는 거의 미소하지만 민감한 반응을 보이고 있다. 각 나라마다 아황산염의 첨가를 제한하기도 한다. 일본에서의 허용치는 최대 350ppm이고 미국에서도 최대 허용치가 350ppm이며 와인 생성과정 중에서도 자연적으로 소량이 생성된다.

(6) 아로마와 부케

아로마라 하면 포도의 원산지에 따라 맡을 수 있는 와인의 첫 번째 냄새 또는 향기를 말한다. 이 아로마는 원료 자체에서 우러나오는 향기이며 포도의 품종에 따라서, 같은 품종이라 하여도 포도가 자란 환경 즉, 토양의 성분, 기후, 재배조건 등에서 여러 가지 차이가 날 수 있다. 부케라는 것은 주로 와인의 발효과정이나 숙성과정 중에 형성되는 여러 가지 복잡 다양한 향기를 말한다. 각 성분들끼리의 어울림, 오크통 속에서의 화학적인 변화, 병숙성 과정 중의 완숙한 교류 등을 통하여 우아하고 변화무쌍한 자기만의 독특한 향을 가지게 된다. 와인의 향을 맡아보고 품종이 무엇인지 알 수 있는 것은 아로마로 알 수 있고, 숙성이 잘되었다고 할 수 있는 것은 부케로써 알 수 있다.

(7) 코르크 마개

16세기에 유리병이 사용되고, 17세기에 들어 코르크(Cork)가 사용된 것은 와인의 발달에 지대한 영향을 끼쳤다. 코르크로 밀봉된 와인은, 병에 담글 때 들어간 소량의 공기 중의 산소가 와인과 반응하여 더 이상 공기와의 접촉이 차단된 채 병 숙성이 이루어지면서 와인 중의 유기산, Tannin, 당분이 적절히 균형을 이루게 된다. 숙성이 잘된 와인의 경우 현재까지 밝혀진 미량 성분은 400~500가지나 된다.

코르크 마개는 코르크 참나무의 외피로 만든 것으로 내화성, 포장기능, 보호기능이 있는 스펀지로 구성되어 있어 신축성이 뛰어나 오래전부터 병마개로 사랑받아 왔다. 코르크 마개가 와인을 밀봉하기에 이상적인 이유는 가볍고 깨끗하며, 밀폐성이 있고, 재질이 부드러워 병구에 고정이 잘 되며, 온도변화에 거의 변하지 않아 쉽게 부패하지 않는다는 점이다. 특히 신축성이 뛰어나 압축해서 병구에 넣기 쉽고 병구에 들어간 후에 곧바로 팽창해서 병구와 밀착하므로 이상적인 와인 병마개라 할 수 있다. 코르크 마개의 수명은 대략 20~50년 정도이며, 와인을 오랜 기간 보관해야 하는 경우는 매 7년마다 전문가에게 의뢰하여 코르크를 교체하기도 한다.

품질이 좋고 긴 코르크는 고급용으로 제조 시에 생긴 부스러기로 만든 압착 코르크는 저급용으로 쓰이며, 샴페인용 코르크는 3개 층을 붙여 만든다. 보통 일반용은 직경 24mm인 코르크를 직경 18mm 병구에 많이 사용하며, 샴페인용은 직경 32mm 코르크를 직경 17.5mm 병구에 사용하는데 병구 바깥부분이 버섯 모양이 되게 한다.

(8) 저장 및 숙성

발효가 끝난 와인은 효모의 향미, 산, 탄산가스의 자극이 있고 주(酒)질이 거칠지만 긴 숙성기간을 통해서 주질이 완숙해진다.

숙성에는 떡갈나무나 졸참나무의 통이 사용되고 그 재질은 주질에 크게 영향을 미치게 되며, 특히 북미의 American White Oak나 프랑스의 Limousin Oak(리무진오크)가 유명하다.

보통 180~400ℓ의 통이 사용되고 용량이 적은 통일수록 Wine의 숙성은 빠르다. 저장 중의 숙성은 나무 결을 통한 공기의 소통에 의한 완만한 산화작용에 의한 것이며 또 통나무로부터의 용출성분이 향미의 부여에 도움이 되고 산화작용에도 관여되는 것으로 생각되고 있다. 새 통은 묽은 알칼리와 묽은 산으로 씻은 다음 물로 잘 씻어내고 사용한다. Wine을 넣기 전에 유황을 훈증하여 살균한다.

저장 중에는 포도주를 항상 가득 채워두어야 하며 증발, 침전 제거 등으로 감소된 양은 같은 질의 술로써 채운다. 매년 1~2회 앙금질을 하여 저장 중에 생긴 앙금을 제거하는 동시에 공기가 흡수되도록 한다. 그러나 급격한 산화를 방지하기 위해서 아황산을 첨가하여 아황산 농도가 50ppm 이하로 되지 않도록 주의한다. 최근에는 비용의 감소 및 저장, 숙성 온도의 조절이 쉬운 Stainless나 콘크리이트 Tank를 많이 사용하나 숙성이 늦고 향 및 맛에 있어서 차이가 있다.

표준 저장 온도는 Red Wine이 13~15도, 저장기간은 보통 2~3년, White Wine은 10~13도, 1~2년 정도이다. 연중 기온의 차가 적고 비교적 건조한 장소로서 습도는 약 70~80%가 좋다. 습도가 높으면 표면에 곰팡이가 번식하고 너무 건조하면 코르크 마개가 건조해져 공기 유입이 많아져서 와인이 빨리 산화하고 Wine의 감량이 많아진다. 그렇지만 보존상태를 잘 유지하여 움직이지 않고 놓아둔다고 해서 몇 년이라도 좋은 것은 아니다. 시판되고 있는 와인은 공장에서 병 숙성을 마친 후 출하되는 것이므로 구입 후 오래 보관하기보다는 바로 마시는 것이 좋다.

2~3개월의 저장으로 Wine은 투명하게 되는 것이 보통이지만 혼탁이 없어지지 않는 Wine은 젤라틴(Gelatin), 타닌(Tannin), 계란 흰자(Egg White), 벤토나이트(Bentonite, 화산재의 풍화로 된 점토의 일종) 등을 첨가하여 여과한다. 여과조제로는 셀라이트(Celite)가 적당하며 석면 여과한다.

오크통에서의 저장, 숙성이 끝난 Wine은 여과하여 병에 담고 코르크로 마개를 한다. 이때 아황산량을 측정하여 50~100ppm이 함유되도록 부족량을 보충해 준다. 병 저장 기간은 길수록 좋으나 향미가 담백한 와인은 오히려 짧은 편이 좋고 보통 3년 정도 한다.

코르크 마개를 한 와인은 장기간 보관 시 눕혀서 보관해야 한다. 이는 코르크 마개를 적신 상태로 두기 위해서다. 그래야 코르크가 마르지 않고 촉촉히 젖어 외부의 공기가 병 속에 들어오는 것을 막을 수 있다. 세워두어서 코르크가 건조해지면, 그 미세한 구멍으로 공기가 자꾸 출입하게 되고, 공기에 닿은 와인은 점점 산화하여 품질이 떨어진다.

숙성 중에 중요한 변화는 완만한 산화작용이다. 또한 숙성 중에 현저하게 증가하는 성분은 알데히드이며 이것은 와인 중에 각종 성분과 반응해서 향미가 좋아지며 색도 변화한다. 이외에 와인 중의 각종 알코올, 산으로부터 에스테르가 생성된다. 주석산, 사과산, 호박산, 젖산, 초산 등의 산류와 여러 가지 알코올류에 의한 에스테르가 포도주의 방향의 일부가 된다. 병 저장 기간 중에는 알데히드가 레드와인에서는 감소하고, 화이트와인 중에서는 증가하지 않지만 에스테르는 계속 증가하며 특유의 병 숙성에 의한 향기가 생성된다.

또한 숙성 중에는 총산이 감소하여 주질이 부드러워지는데 이것은 주석의 침전에 의한 감산과 미생물에 의한 사과산의 젖산으로의 변화로 인한 감산의 두 현상에 의한 것이다. 정상적인 담금, 발효를 거친 와인은 저장에 의해 맑아진다. 이것은 주석이 미세한 결정으로 침전하고 타닌과 단백질이 결합하여 침전하며 콜로이드물질도 응고하여 입자가 커져서 침전되기 때문이다.

(9) 와인 테이스팅(Tasting)

일반적으로 와인 테이스팅이라고 하면 블라인드 테이스팅(와인의 겉에 있는 레이블을 감추고 맛을 감별)을 하면서 멋지게 그 와인의 산지나 와인 이름을 맞히는 것을 연상한다. 그러나 이것은 와인 테이스팅의 극히 한정된 한 분야에 불과하다. 와인 테이스팅의 본래 목적은 와인이 어떤 성질을 가지고 있으며, 어느

정도의 가치가 있고, 따라서 언제, 어떻게 마시는 게 가장 좋은지를 판단하는 것이다.

① 색상

와인 글라스를 넘어뜨려 색을 먼저 본다.

시각 체크 포인트에는 3개의 포인트가 있다. 즉, 디스크, 전체의 색조, 다리(눈물)이다. 스파클링 와인의 외관 체크 포인트는 생성되는 기포가 얼마나 섬세한지, 거품이 언제까지 지속하는지 정도이다.

디스크란 와인 표면의 가장자리 부분이다. 이 부분은 표면장력의 관계로 다른 곳과 색조가 다르다. 화이트와인의 경우 투명하게 될 것이고, 레드와인 중 영(young)한 와인에서는 선명한 빨간 보라색이 되고, 숙성한 와인에서는 벽돌과 같은 색이 나온다. 또 디스크의 두께는 와인의 점도를 나타낸다. 글리세린(점성분)이 많이 포함된 와인은, 와인 아래의 와인잔을 둘러싼 디스크 부분의 두께가 더 두껍다.

전체의 색조를 판단할 때 색상 자체와 색의 진함의 2가지가 중요한 기준이다. 이 2개의 포인트로부터, 와인의 성격이나 성장 정도, 품질 정도를 추측한다.

와인의 다리(와인의 눈물)는 와인을 글라스 속에서 여러 번 회전시키고, 그 벽면에 와인을 남기면 와인이 글라스의 측면을 따라서 천천히 아래에 흘러 떨어진다. 이것을 "다리" 또는 "눈물"이라고 한다. 이것은 와인의 알코올분과 글리세린분(점성분)을 중심으로 한 엑기스분에 의해 발생된다.

알코올이 13도 이상 있는 그랑끄뤼 와인이나, 독일의 귀부와인과 같이 엑기스분이 많은 와인에서는, 이러한 와인의 눈물이 분명히 나타난다. 그러나 이것이 나오는 것이 좋은 와인의 척도는 아니다.

화이트와인의 색이 진해지는 원인은 기후와 빈티지적 요인, 양조법적 요인, 수령적 요인, 숙성도, 포도 품종 등을 꼽을 수 있다. 기가 따뜻해져, 과실의 성숙이 좋으면 색조는 진해지고, 우량한 토양은 많은 성분이 포함되어 있어, 일반적으로 색조가 진해진다. 빈티지의 경우 과실의 성숙도가 좋고, 색조가 진해진다. 양조법적 요인으로 준숙성시켰을 경우는 색이 진해진다.

포도나무의 수령이 높아지면, 1개의 나무에 열리는 포도 알의 수가 적게 되어 양분을 응축하게 되고, 색이 진해진다. 또한 6월 무렵에 제대로 성장한 포도나무의 양분이 응축되고, 색이 진해진다. 그리고 포도 품종에 의해서 그 본래가 가지는 색조가 약간 바뀐다. 단맛의 귀부 와인 등은 영(young)해도 진한 색을 하고 있다. 가장 일반적인 요인으로 숙성이 진행

됨에 따라 색이 진해진다. 특히, 귀부 와인 등은 숙성에 의해서 보다 색이 진해져서 홍차와 같이 진하게 되기도 한다.

투명에 가까운 색 : 영한 와인의 경우가 많다.

밝은 황색 : 대부분의 드라이한 화이트와인이 이 범주에 들어간다.

로제와인의 색상은 포도 품종에 의한 차이가 색상 차이의 가장 큰 원인으로 핑크, 옅은 오렌지색, 연보라색 등이 있다.

레드와인의 경우 덥고, 태양의 빛을 많이 받는 지역에서 와인의 색은 진하게 된다. 그 결과 색조는 진해지지만 너무 더우면 와인의 복합적인 맛이 떨어지고 단순한 맛이 되기 쉽다. 우량한 토양은 많은 양분을 포함하기 때문에 일반적으로 색조가 진해진다. 돌이 많은 토양도 태양의 빛을 반사시켜, 포도 껍질의 색을 진하게 하며, 여름이 덥고, 태양의 빛을 많이 받은 좋은 빈티지의 것은, 와인의 복잡한 성분의 기본으로 되는 과피가 두꺼워져, 와인은 색이 진하고 복잡한 향기를 가지는 오래 보관할 수 있는 와인이 된다. 포도나무의 수령이 높아지면, 1개의 나무에 열리는 포도 알의 수가 적게 되어 양분을 응축하게 되고, 색이 진해진다. 또한 6월 무렵에 제대로 성장한 포도나무는 양분이 응축되고, 색이 진해진다. 포도의 품종은, 그 색상 차이의 큰 이유 중 하나로서 부르고뉴의 피노누아는 보르도의 카베르네 소비뇽보다 엷은 색이며, 보졸레의 가메이 품종은 선명한 빨간 보라색을 하고 있다.

레드와인은 숙성이 진행되면 화이트와인과는 반대로 색이 진하게 되지 않고 오렌지 계통의 벽돌색으로 변한다. 색이 진하게 되지 않는 이유는 숙성에 의해서 와인의 색소를 구성하고 있는 타닌이 적어지고 굳어져 침전물로 되어버리기 때문이다. 타닌이 침전물이 되면, 맛

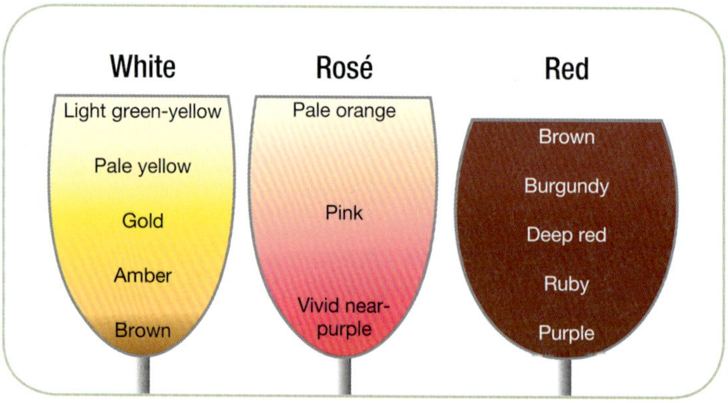

〈그림 4-8〉 와인색의 비교

은 순하게 되고 이때 새로운 향기가 생성된다. 이 침전물은 무해한 물질로서 침전물이 있는 와인은, 숙성하고 있는 양질인 와인의 증거가 된다.

② 향

한편 향에 관한 테이스팅이야말로, 와인의 테이스팅이 다른 주류와 비교해서 가장 깊이 있는 것임을 나타내고 있다. 와인은 공기에 접함으로써 서서히 향기가 변화하며 이에 따라 향기의 "제1향기", "제2향기" 그리고 "제3향기"로 나누어진다.

〈제1향기〉

글라스를, 코에 접근해서 글라스 속의 와인이 움직이지 않게 해야 한다. 이때의 향기가 제1향기로 불리는 것이다. 이 향기는, 생포도를 먹었을 때 느껴지는 향기에 가장 가까운 것으로, 그 포도 본래의 성격이 느껴지는 것이다. 우선, 향기의 힘의 정도와 과실향기의 종류(감귤계 향인지, 자두계 향인지 등)를 감지한다.

〈제2향기〉

글라스 안의 와인을 돌리면 향기는 전보다 몇 배나 강해진다. 그러나 와인이 너무 영(young)한 경우에는, 잠재능력이 있어도, 나타나는 향기가 별로 강하지 않은 경우가 매우 자주 있다. 이것을 "향이 아직 닫혔다"라고 말한다. 여기에서는 단순한 과일향기 이상의 것을 감지한다. 우선 꽃의 향기의 종류(흰색의 꽃인지, 붉은색의 꽃인지 등) 또는 풀의 향기가 있는지, 나무 향기가 있는지, 흙의 향기가 있는지, 스파이시한 향기가 있는지, 가죽이나 동물계의 향기가 있는지, 또 그 복잡함의 정도는 어느 정도인지를 판단한다. 필요시 관련된 분류표를 찾아보면 더욱 자세한 용어를 확인할 수 있다.

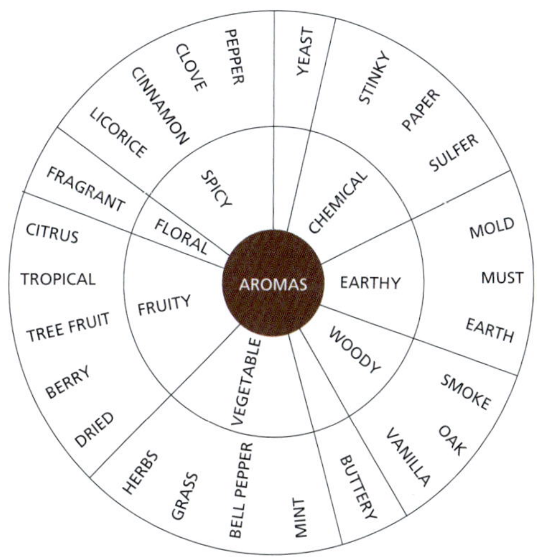

〈그림 4-9〉 와인의 Aroma Wheel

출처 : Aroma Wheel(http://www.danzantewines.com/aroma-wheel.html)

〈제3향기〉

보통의 테이스팅이 끝나고 30분 이상 글라스를 방치한 뒤에 나타나는 향이다. 이것은 영한 와인의 경우보다는 숙성된 와인의 경우 새로운 향기가 나온다. 숙성 타입의 향은 캐러멜향 등이 있다.

③ 맛

맛의 체크 포인트는 첫맛, 구강향기, 맛, 뒷맛의 여운 등의 4단계로 분류된다.

첫맛에서 느껴지는 다양한 맛과 특징은 다음과 같다.

	느껴지는 맛	특 징
첫맛	단단하다	숙성해야 할 와인인데 아직 너무 영할 때
	쓰다	과도하게 쓴맛
	질척하다	엑기스분이 과다
	부드럽다	숙성된 맛
	가볍다	섬세하지만 조금 약하다
	혀를 찌른다	산화하여 식초와 같이 되었을 때
	강하다	질감의 느낌이 크다
	유연하다	부드러운 맛
	실키(비단)같다	와인의 결이 섬세하고 기품으로 가득 차 있고 강력하다

구강향기는 와인을 입에 넣고, 입을 움츠리고 공기를 들이마셔, 구강으로 와인과 공기를 혼합하며 후루룩하며 들이마시면서 느낄 수 있는 향기이다. 와인의 향기를 포함한 공기가 구강에 모여, 입의 안쪽을 지나 코쪽 비강의 뒷부분에 도달하면, 냄새를 느낄 수 있다. 보통 최대 5번까지 들이마신다.

맛은 혀의 모든 부분이, 모든 미각을 감지하는 것은 아니다. 단맛은 앞쪽, 짠맛은 약간 뒤, 산미는 양쪽 사이드, 쓴맛은 안쪽의 부분이다. 화이트와인과 로제와인의 경우는, 산미와 단맛이 중심이 되고 있다. 레드와인에서는 산미, 단맛, 스파이시한 맛 등의 삼각형 구조로 되어 있다.

모든 와인을 통틀어 가장 중요한 것은, 밸런스가 좋은 와인인지를 확인하는 일이다.

그리고 훌륭한 와인이 되기 위해서는, 맛을 구성하는 요소가 풍부할 것, 복잡할 것, 향기와의 밸런스가 훌륭할 것 등을 갖추어야 한다.

예를 들어, 그랑끄뤼 와인인 샤토 라투르의 경우 산미의 성분이나 타닌의 양은, 보통 와인과 비교해서 많은 편이다. 그러나 일반 와인과 비교해서, 시큼히단 생긱은 별로 들시 않는다. 그것은 여러 가지 복합적인 구성분이 맛을 매우 풍부하게 하기 때문이다.

마지막으로 뒷맛의 여운은 좋은 와인의 중요한 요소 중 하나이며, 위에서 느낀 맛의 지속력이 계속되어야 하는 점이다. 와인을 마신 후에 여전히 입속에 남는 맛과 향기는, 그 와인이 아주 훌륭하다면 계속 길어진다. 이 시간의 단위에 대해 프랑스에서는 "꼬달리"라는 말을 사용한다. 1꼬달리는 1초이다. 아주 훌륭한 와인은 꼬달리가 12에서 20까지 가기도 한다.

(10) 와인의 보관

와인은 보관상의 단순한 규정이나 상태를 준수한다면 쉽게 오랫동안 보관할 수 있다. 지하 저장고가 있다면 훨씬 매력적이고 실용적일 것이다. 호텔 등 고급 프랑스 식당에서는 와인 냉장고나 와인 저장실을 이용, 보관하고 있으나 일반 가정에서는 찬장이나 벽장 등을 이용하여 만들어 사용하면 실용적이다.

온도는 약 12℃ 정도의 일정한 온도가 이상적이다. 8~15℃ 사이의 일정치 않은 온도도 그 변화가 느리고 고정된 것이라면 괜찮다.

진동은 와인 속의 찌꺼기가 떠오르는 것을 막고 코르크가 풀어지는 것을 방지하기 위해 최소화해야 한다. 특히, 레드와인이나 샴페인 등을 손으로 운반 시나 테이블 서비스 시에 흔들리지 않게 조심스럽게 다루어야 한다.

햇볕에 노출을 연장시키면 병의 온도가 올라갈 것이다. 이것이 저장을 위한 상태로서 대개 어둠이 권장되어지는 이유이다. 그러나 전등의 불빛은 와인에 영향을 주지 않는다.

찬바람은 습기 찬 바람이다. 그러므로 저장소의 온도가 낮다면 습도는 적당할 것이다. 일반적으로 습도의 상태가 기분이 좋을 정도면 와인에도 적당하다. 65~80% 정도의 습도는 병마개를 건조시키지 않으며 캡슐이나 라벨을 손상시키지 않는다.

매일 마시는 레드와인은 실내온도(22~25℃)로 선반(Rack)에 보관하고 화이트와인은 와인 냉장고에 보관한다. 와인을 보관할 때 코르크가 와인과 접촉되게 옆으로 눕혀 놓는다. 이렇게 함으로써 코르크가 마르고 수축하는 것을 막을 수 있다. 꼭 맞는 코르크는 와인에 공기가 들어가지 않게 하고 너무 빨리 익지 않게 한다.

Temp F	Temp C	Notes
100°	39°	Warm Bath
66°	19°	Vintage Port
64°	18°	Bordeaux, Shiraz
63°	17°	Red Burgundy, Cabernet
61°	16°	Rioja, Pinot Noir
59°	15°	Chianti, Zinfandel
57°	14°	Tawny/NV Port, Madeira
55°	13°	Ideal storage for all wines
54°	12°	Beaujolais, rose
52°	11°	Viognier, Sauternes
48°	9°	Chardonnay
47°	8°	Riesling
45°	7°	Champagne
43°	6°	Ice Wines
41°	5°	Asti Spumanti
35°	2°	Fridge Temperature
32°	0°	Water freezes
0°	−18°	Freezer Temperature

〈그림 4-10〉 와인 Temperature Chart

출처 : www.wineintro.com

(11) 와인 Opening

① 와인을 주문한 손님에게 와인의 상표를 확인시키기 위하여 상표가 손님을 향하게 하여 고객의 좌측에서 보여 드린다.

② Cork Screw에 있는 Knife를 이용하여 병목의 Capsule 윗부분을 제거한 후, Service Cloth로 병마개 주위를 잘 닦는다.

③ Cork Screw 끝을 Cork의 중앙에 대고 천천히 돌려 넣는다. 이때 Cork를 완전히 통과하여 Cork조각이 술병 안으로 떨어져서는 안 된다.

④ Cork의 냄새를 맡아 이상 유무를 확인하고, 손님에게 확인하도록 Cork를 보여 드린다.

⑤ 나사를 천천히 돌려 Cork마개가 1cm가량 남은 위치까지 뽑은 후, Service Cloth를 받쳐 손가락으로 Cork를 잡고 천천히 돌려서 마개를 뽑는다.

⑥ 서브하기 전에 Service Napkin으로 병목 주위를 깨끗이 닦는다.

⑦ 주문한 손님에게 Tasting시켜 드린다.

⑧ Wine을 따른 후 병목을 Service Napkin으로 닦아, 술 방울이 테이블에 떨어지지 않도록 한다.

〈그림 4-11〉 와인 오프닝 방법

8) 와인 서비스

포도주를 고르고 성심껏 보관할 줄 아는 것으로 충분치는 않다. 포도주가 줄 수 있는 모든 즐거움을 느끼기 위해서는 그것을 섬세하게 다루고 숙성도를 잘 살필 줄 알아야 한다. 너무 낮은 온도는 혀의 돌기를 마비시키고 포도주의 향을 느끼지 못하게 하며 타닌을 거칠게 만들며 너무 높은 온도는 불균형의 느낌을 주어 포도주에 알코올 도수가 너무 높게 느껴지게 하고 무겁고 걸쭉한 느낌을 주게 된다. 와인을 올바르게 마실 줄 안다는 것은 현명하고 절제된 식습관의 표현이다.

(1) 와인 서비스 소품

〈그림 4-12〉 와인 서비스 소품

① 와인 오프너

와인 캡슐을 커팅하고 와인병 안의 코르크를 빼내어 와인을 오픈하는 데 사용한다.

여러 가지 모양이 있으며, 사용법도 각각 다르다.

기내에서 사용하는 오프너는 캡슐 커팅과 와인 오픈을 동시에 할 수 있도록 고안되어 있다.

와인 오프너는 일반적으로 일반석 기물 박스에 탑재된다.

② 와인 서버

와인 서비스 시 와인이 흐르는 것을 방지하기 위하여 사용하는 것으로 모양이 다양하다.

국내 항공사에서는 플라스틱 재질의 서버를 사용하고 있으며, 일등석을 제외한 클래스에서 사용 중이다.

사용 전 청결상태를 확인하고, 냅킨이나 리넨을 이용하여 사용한다.

사용 후, 다시 청결하게 보관한다.

③ 와인 리넨

와인 서비스 시, 와인이 흐를 경우 와인 병 입구를 살짝 닦는 데 사용하며, 또한 와인 서비스 시 일종의 매너이다.

일반석에 탑재되는 Cotton Napkin을 6절로 접어 사용한다.

서비스 시 와인을 들고 있는 반대편 팔에 걸치고 서비스한다.

④ 와인 글라스

와인은 각각의 종류에 따라 마시는 잔이 조금씩 다르다.

크게 Light Wine 글라스와 Sparkling Wine 글라스로 구분되며, Sparkling Wine 잔은 폭이 좁고 길이가 길다.

와인 잔의 구성은 잔의 Rim, Body, Stem, Bottom으로 구성되어 있다.

국내 항공사 일반석에서 서비스되는 잔은 서비스의 용이성을 더하기 위하여 Stem 없이 Rim, Body, Bottom이 하나로 되어 있는 일체형을 사용하고 있다.

모든 잔은 미리 Meal Tray에 준비되어 탑재된다.

서비스 시 청결상태를 확인하고, 와인은 잔의 2/3가량을 따라 드린다.

Sparkling Wine은 기포의 모양과 상태만 보고도 등급을 판단할 수 있을 만큼 기포가 매우 중요하다. 기포가 중요한 만큼 와인을 마시는 고객이 좀 더 오랫동안 기포를 즐길 수 있도록 기포가 올라오는 컵의 길이를 길게 만들고, 기포가 공기 중으로 사라지는 것을 늦추기 위해 컵 입구를 좁게 만들었다.

〈그림 4-13〉 다양한 와인 글라스

(2) 서비스 온도

각 포도주에는 포도주가 가장 잘 표현되는 이상적인 서빙 온도가 있다.

- 무감미 백포도주 : 8~10도
- 감미 백포도주(리퀴르) : 6~8도
- 로제 포도주 : 10~12도
- 영 와인 스타일의 적포도주 : 12~14도
- 오래 묵은 적포도주 : 15~18도
- 거품이 있는 포도주 : 6~8도

(3) 기내 와인 서비스

기내 와인 서비스는 크게 서비스 준비, 와인 서비스, 남은 와인 보관 등의 세 부분으로 나누어볼 수 있다.

① 서비스 준비

와인은 와인의 품질 및 상태도 중요하지만, 어떻게 준비하느냐에 따라 그 상태가 매우 달라질 수 있으므로, 와인에 맞도록 적절히 준비하는 것이 매우 중요하다.

기내에서의 서비스 준비로는 Chilling, Breathing 등이 있다.

- Chilling : Cooling이라고도 하며, White wine이나 Sparkling wine 서비스 전 얼음에 넣어 시원하게 준비하는 것을 말한다. White wine은 산미가 있어 시원하게 먹을 때 더 신선하고 향이 좋으므로 서비스할 때 반드시 Chilling하여 준비해야 한다.
- 와인 서비스 준비(서비스) 온도
  - White wine : 6~12℃ / Red wine : 15~20℃
- Breathing : 와인 제조과정 중 병 속에 남아 있는 거친 맛을 없애기 위해 와인병을 미리 열어 와인을 숨쉬게 해주는 것을 말한다.
- 와인 Breathing 시간
  - White wine : 10~30분 전 Open하여 Breathing
  - Red wine : 30분~2시간 전 Open하여 Breathing
- 준비 시 주의사항 : Red Wine은 온도가 너무 높거나 낮으면 향이 둔해지므로 적정 온도를 유지할 수 있노록 지상에서 Chilling된 Cart 내에 있으면 다른 곳으로 옮겨 보관한다.

- White wine은 실내온도로 인해 쉽게 온도가 높아지므로 Chilling 시 제공 온도보다 더 차갑게 Chilling한다.
- Label이 젖지 않도록 Wrap이나 비닐 봉투를 이용하여 Chilling한다.
- Chilling 시 와인이 Dry Ice에 직접 닿지 않도록 주의한다.

- 와인 Open : 서비스 전 와인을 오픈함. Red wine은 Breathing을 위해 이미 오픈해 놓은 상태이므로 White wine을 오픈한다.
- Open 단계별 방법
  - 와인 병을 깨끗이 닦는다.
  - 병목에 돌출된 부분에 칼집을 넣어 캡을 제거한다.
  - 코르크 상단 부분의 상태를 확인하고, 더럽거나 곰팡이가 있으면 닦아낸다.
  - 오프너의 금속 부분이 병에 닿지 않도록 중앙에 넣고 돌리며, 코르크 가루가 떨어지지 않도록 너무 깊숙하게 넣지 않는다. 코르크를 빼낸 후, 코르크 상태를 확인한다.
- 와인 Open 후, 코르크 상태를 확인하는 이유는 와인 코르크 상태를 보면 와인의 상태를 짐작할 수 있기 때문이다. 코르크가 많이 젖어 있거나, 곰팡이가 생겼을 경우, 이는 와인 보관 및 운반 중 산소가 유입되어 와인 상태가 변했을 수도 있음을 의미한다. 그러므로 항상 와인 Open 후에는 코르크를 통해 와인 상태를 확인하고, 이상이 있을 경우 맛을 보아 상태를 최종 점검해야 한다.

② 와인 서비스

1. Order Taking 2. Label Showing
3. Pouring 4. Label Showing

〈그림 4-14〉 와인 서비스 순서

- 와인 소개 및 Order Taking : 고객에게 당일 서비스되는 와인을 소개한다.
- Label Showing 및 Pouring : 고객이 주문하신 와인을 Label이 앞쪽으로 오도록 들고 Label을 보여드리며 와인을 다시 한 번 소개하며 따라 드린다.

• 와인 서비스 시 유의사항

- 와인 서비스 전 반드시 와인명, 산지, 포도품종 등을 숙지하고 고객에게 정확히 안내할 수 있도록 한다.
- 와인이 흐르지 않도록 천천히 서비스한다.
- 비행기가 흔들릴 수 있으므로 와인은 컵의 7부만 서비스한다. 와인을 따라 드릴 때에는 와인 병의 마지막 방울까지 서비스하지 않도록 주의하고, 약간의 잔량을 남기는 것이 좋다. (와인의 침전물이 와인 병 밑에 남아 있을 수 있기 때문이다)
- 와인은 처음 서비스 못지않게 Refill 서비스가 매우 중요하므로 지속적으로 Refill한다.
- 고객이 와인을 마셔본 후 다른 와인을 원하실 경우 반드시 와인 잔을 새것으로 제공한 후 서비스한다.

③ 와인 서비스 후 와인 보관

와인은 병입 후, 그리고 Open 후에도 변화가 계속되는 살아 있는 생명체와 같다. 따라서 서비스 후, 보관 방법에도 각별히 주의를 기울여야 한다.

일단 Open한 와인은 빨리 서비스하는 것이 가장 좋지만, 서비스 후 잔량이 생길 경우 다음 서비스를 위해 Open 전보다 더욱 주의를 기울여 보관해야 한다.

우선 향이 더 이상 날아가지 않도록 마개를 닫고, 서비스 준비 시와 동일하게 White wine은 얼음에 Chilling하고 Red wine은 상온에 보관한다.

• 와인별 보관 방법

- White wine or Rose wine : White wine은 차갑게 마시는 것이 좋으므로, 서비스 중 또는 후, Oven 주변이나 Galley 선반에 방치되지 않도록 한다. 서비스가 모두 끝난 후에는 와인 향이 날아가지 않도록 마개를 닫아, 반드시 다시 Ice Draw에 시원하게 보관한다.
- Red wine : Red wine 또한 차갑지는 않지만, 시원한 상태가 마시기 좋으므로 서비스 중 또는 후, Oven 주변에 방치되지 않도록 한다. 서비스가 모두 끝난 후에는 와인향이 날아가지 않도록 마개를 닫아, 서늘한 장소에 보관한다.

④ Wine Tasting(와인 시음)

일반적으로 와인 서비스 시 고객이 주문한 와인에 대해 Tasting을 권유하는 것이 서비스 매너이나, 일반석에서는 많은 고객을 일정 시간 내에 서비스해야 함을 감안하여 Tasting을 생략하고 서비스한다. 그러나 서비스 시간이 여유롭거나, 고객이 두 종류의 와인 중 선택을 망설이실 경우, 자연스럽게 시음을 권유하는 것이 좋다. 상위클래스에서는 서비스 시 반드시 Tasting을 권유한다.

- 와인 시음 권유 요령
  - 와인 레이블을 보여드린다.
  - Glass의 1/3까지 따라 시음을 유도한다.
  - 만족 여부를 확인하고 Glass의 2/3까지 따라 드린다.
- 기내에서 서비스 전 Wine Tasting의 중요성 : 지금과 같은 방법으로 서비스 전 반드시 와인 상태를 점검하여 상한 Wine이 고객에게 제공되지 않도록 승무원이 먼저 Wine Tasting을 해야 한다. 이때 와인의 상태는 물론 서비스 준비상태(Chilling, Breathing) 또한 확인해야 한다.
- 고객에게 서비스 시 Wine Tasting의 중요성
  - 고객들이 와인을 천천히 Tasting해 보며, 와인이 내게 맞는지를 판단하실 수 있는 시간이 필요하다.
  - 와인 서비스 시에는 반드시 Tasting을 권유하고, Tasting 시에는 Label을 보여드리며, 고객 요청 시 간단히 와인에 대한 안내를 하여 고객이 충분히 와인에 대해 느끼실 수 있도록 해야 한다.
  - 귀빈을 환대하는 마음으로 정성스럽게 서비스하는 것이 가장 중요하다.

⑤ 와인과 음식의 조화

음식과 와인 매칭은 매우 주관적인 것으로써 고객의 와인 서비스 요구 시 고객이 원하는 맛의 와인을 찾기 위해서는 우선 와인에 대한 기본 지식과 원칙을 토대로 이에 맞는 와인을 추천해야 한다. 추천한 와인이 입맛에 맞지 않을 경우, 일반적인 원칙이 정답이 아님을 항상 기억하여, 고객이 원하는 맛의 와인을 결정할 때까지 도움을 주는 Food coordinator로서의 역할을 수행하도록 한다.

Main Menu별 어울리는 와인

- 비빔밥 : 일반적으로 서비스되는 네 종류의 와인이 모두 어울리나 매운맛이 제일 강하

므로 달콤한 향이 있는 Robert Mondavi Merlot이나 Kendall Jackson Sauvignon Blanc 등의 미국 와인을 매칭시킬 수 있다.

- 스테이크 : 육류이므로 일반적으로 타닌이 있는 Red Wine이 잘 어울리나, 소스 없이 살짝 익혀서 드실 경우에는 재료 고유의 맛을 느낄 수 있도록 Light한 White Wine도 잘 어울릴 수 있다.
- 생선, 해산물 요리 : White Wine이 주로 잘 어울리나, 요리된 소스가 맵거나 진할 경우 타닌이 약한 부드러운 Red Wine도 잘 어울릴 수 있다.
  - Dessert : 일반적으로 디저트는 단맛이 강하므로 달콤한 와인을 서비스하는 것이 좋다. 국내 항공사 상위클래스에서 서비스되는 달콤한 와인은 캐나다 노선의 아이스 와인과 유럽 노선의 Mambourg Gewurztraminer, 그리고 전 노선에서 서비스되는 Port Wine이 있다.

9) 와인 라벨 읽는 법

와인 라벨은 국가별로 표기 방식이 모두 다르다. 프랑스 와인은 대체로 다음과 같은 형태로 라벨이 구성되므로 알아두면 와인의 판별에 도움이 될 수 있다.

① Bottling Location : 미 장 부테이유 오 샤토(Mis en bouteille au Chateau)라고 써져 있는데 영어로 번역하면 Bottled in Chateau, 즉 샤토에서 병입했다는 뜻이다.
② CHATEAU/Estate : 와인의 이름, 샤토 마고(Chateau Margaux)
③ Type of Wine : 와인의 타입, 그랑뱅, 좋은 와인이라는 뜻
④ Logo : 샤토의 이미지 로고
⑤ Vintage : 빈티지, 포도 수확연도의 표시이다. 1996년에 수확한 포도로 만든 와인
⑥ Classification : 등급표시, 그랑크뤼급 와인이다.
⑦ Region : 생산지역, 보르도 지방 메독 지구의 마고 마을에서 생산된 와인
⑧ Appellation : AOC표기, 아펠라씨옹(Appellation)은 명칭이라는 뜻이고 꽁트롤레(controlee)는 통제 혹은 법률에 의한 규제를 의미함
A와 C 사이에 생산지역명인 마고가 들어가 있음을 알 수 있다.
⑨ Alcoholic Content : 알코올 도수, 12.5도짜리 와인임
⑩ Producer : 생산자주소(프랑스>마고)
⑪ Volume/ Bottle Size : 용량, 75cl=750ml(750cc), 와인의 표준 용량임

〈그림 4-15〉 프랑스 와인 라벨 읽는 법

10) 프랑스 와인 지역

프랑스 와인의 명칭은 지역 이름을 따른다. 따라서 대표적인 프랑스 와인의 종류를 들라고 하면 보르도, 알자스, 론, 버건디, 샴페인(샹파뉴) 등이 되는 것이다. 물론 지역마다 나름대로 자랑 삼아 내세우는 포도 품종이 있으므로 대개는 그 포도의 종류에 따라 와인이 만들어진다. 예를 들어 보르도는 적포도의 주산지이므로 대부분 레드와인이 생산되며, 버건디는 아무래도 샤르도네를 중심으로 한 화이트와인이 전문이 되는 것이다. 그러나 반드시 그런 것이 아닌 경우도 있다. 대개는 와이너리별로 여러 가지 포도를 섞어 와인을 제조한다.

① 보르도(Bordeaux)

여러 프랑스 와인 지역 중에서 역시 대표적인 곳은 보르도이다. 프랑스 남서부 지역에 대서양을 끼고 있는 보르도 지역은 Gironde 강을 비롯한 3개의 강이 흐르고 있으며 토질이나 지형 측면에서 포도를 재배하는 데 유리한 조건을 갖추고 있다. 그러나 보르도가 유명해지게 된 배경에는 질 좋은 포도와 와인, 그리고 엄격한 품질관리 이외에도 훌륭한 마케팅의 효과라는 측면이 강하다. 이는 마치 아르마냑이 꼬냑 못지않은 품질을 가지고 있으면서도 세계적인 명성에 있어서는 꼬냑을 따라가지 못하는 것과 비슷하다. 또한 대서양으로 흐르는 Gironde 강을 통해 일찍부터 와인을 영국 등에 수출할 수 있었던 점도 보르도 와인의 명성을 세계적인 것으로 만드는 데 적지 않은 기여를 했다.

보르도 와인은 전통적으로 곡선이 거의 없는 중후한 디자인의 병을 사용한다. 보르도에서도 일부 질이 뛰어난 화이트와인(주로 달콤한 디저트와인)을 생산하고 있지만 양적으로는 얼마 되지 않으며, 대부분 레드와인을 생산한다. 그중에서도 가장 많이 재배되는 포도는 멜로와 카베르네 소비뇽으로 이들 품종은 사실상 보르도가 원산지처럼 알려져 있다. 대부분의 보르도 와인은 한 가지 포도로만 담그는 경우는 거의 없으며 멜로와 카베르네 소비뇽을 배합하여 양조하며 그 비율과 양조 방법은 소 지역별로 엄격한 기준을 정해 관리하고 있다.

보르도에서도 가장 넓은 지역으로 서쪽의 대서양을 면한 지역을 통칭한다. 흔히 말하는 Medoc 지역에는 실은 2개의 appellation(와인 관리 구역)이 존재하는데 그것들은 위쪽 동네인 Medoc(이름이 지역 이름과 같아서 좀 헷갈리기는 하지만)과 아래쪽 동네인 Haut-Medoc이다. 유명한 샤토들은 대개 아래쪽인 Haut-Medoc 쪽에 몰려 있다. 그중에서 가장 유명한 4개의 마을이 Margaux, St.-Julien, Pauillac, 그리고 St.-Estephe이다. 메독 지역은 거의 레드와인만 생산하며 그중 70% 정도가 카베르네 소비뇽이고 나머지를 멜로가 차지하고 있다.

② 그레이브(Graves)

대부분의 지형이 자갈로 덮여 있는 땅이어서 그레이브라는 이름이 붙었다. 원래 좋은 포도는 배수가 잘 되는 자갈밭에서 자란다고 한다. 메독 지역의 남쪽에 위치하고 있다. 이 지역은 보르도에서는 특이하게 레드와인과 화이트와인을 함께 생산한다. 그러나 최고급으로 인정되는 샤토는 오브리옹(Haut Brion) 정도이다.

③ 생떼밀리옹(St.–Emilion)

뽀메롤과 생떼밀리옹의 2개 지역은 Gironde 강을 사이에 두고 메독과 그레이브의 반대쪽에 위치하고 있다. 동네나 샤토의 크기 또한 메독 지역에 비하면 훨씬 적다. 그만큼 와인에 대해서도 까다로우며 특성은 뽀메롤과 비슷하다. 100% 레드와인만을 그것도 소량 생산한다.

④ 뽀메롤(Pomerol)

보르도 와인 지역 중에서 가장 작은 곳이다. Gironde 강 동쪽의 높은 지역에 위치하고 있어서 메독 지역과는 달리 보르도 중에서도 바깥 세계에 오랫동안 알려지지 않았다. 100% 레드와인만을 생산하며 이 중에서 거의 모두를 멜로가 차지하며, 극히 소량의 카베르네 소비뇽이 배합된다.

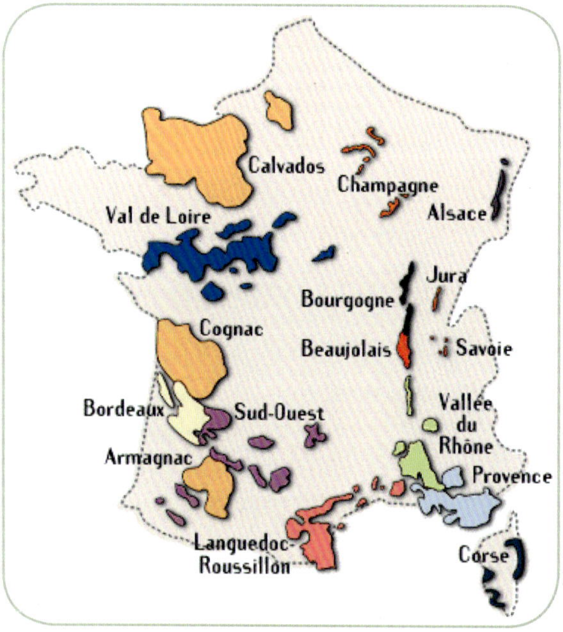

〈그림 4-16〉 프랑스 와인 생산지

뽀메롤의 명성은 세계 최고의 보르도로 인정받는 샤토 페트러스(Ch. Petrus)가 자리 잡고 있다는 점에서 기인하는 바 크다. 1년에 3,000상자 정도밖에 생산되지 않는 Petrus 와인 중에서 약 500상자 정도만 미국에 공급된다. 소수의 단골 수입업체를 통해 공급된 이 와인들이 마치 점조직 같은 폐쇄적인 유통망을 통해 고급 와인 숍이나 레스토랑에 소량씩 배분되므로 엄청난 가격에도 불구하고 일반인들이 구하기는 대단히 어렵다.

4.3 맥주(Beer)

맥주도 포도주와 같은 발효법으로 만들지만 단발효주가 아니라 복발효주(復醱酵酒)라고 한다. 알코올을 발효 생산하는 효모와 세균은 전분을 분해하는 효소를 갖고 있지 않다. 이는 포도주와 같이 과일을 원료로 하지 않고 전분을 원료로 술을 빚을 때는 먼저 전분을 발효 미생물이 이용할 수 있는 당류로 분해해야 한다는 말이다.

맥주의 원료로 쓰이는 보리는 설탕, 밀, 쌀, 옥수수, 감자 다음으로 많이 생산되는 작물이지만 그중에서 96퍼센트가 맥주를 만드는 데 이용된다. 맥주의 양조과정은 싹이 조금 튼 보리 알갱이, 즉 맥아(麥芽)에서 시작된다. 맥아에는 '아밀라아제'라는 효소가 있는데 이것은 탄수화물을 당분으로 바꾸는 성질을 갖고 있다. 식사 때 밥을 오래 씹으면 밥맛이 달게 느껴지는 것도 침 속에 아밀라아제가 들어 있기 때문이다. 식혜의 경우는 밥알과 함께 엿기름을 넣어 끓이는데 엿기름이 바로 싹튼 보리를 말린 맥아이다. 식혜가 단맛이 나는 것도 바로 이 맥아의 효소 성분이 밥알의 탄수화물을 당분으로 분해하기 때문이다.

이렇게 분해된 당분은 효모의 주요 표적으로, 효모가 당분을 알코올로 바꾼 것이 맥주이다. 맥주효모균의 학명 사카로미세스 세레비시아(Saccharomyces cerevisiae)의 세레비시아는 로마 시대에 맥주를 '세레비시아(Cerevisia)'라고 부른 데서 유래한다.

이집트나 메소포타미아에서는 맥주가 왕국의 대표적인 술이었다. 맥주와 빵은 곧 식사라는 의미로 '빵-맥주'를 식사라는 단어로 간주했다.

1963년 메소포타미아에서 발견된 기원전 4000년경의 유물에서 건조된 보리로 만든 빵에다 물을 부어 자연발효 맥주를 만들었다는 기록이 있다. 또한 바빌론의 함무라비 왕조(기원전 1728~1696년) 시대에 만들어진 법전에는 다음과 같은 기록이 있다

"맥주집 주인이 맥주 값으로 곡식을 받지 않고 은전을 요구하거나 곡물 분량에 비해 맥주를 적게 주면 벌을 받을 것이며 물속에 던져진다."

"맥주 집에서 보통 맥주 60실라(30리터)를 외상으로 주면 추수 때 곡식 50실라를 받으라."

이는 당시 맥주가 얼마나 보편화되었는가를 짐작하게 해준다. 그러나 이집트인들은 맥주를 음료나 제사뿐만 아니라 맥주에다 미나리, 운향초 등 여러 향료를 섞어 치료에도 사용했다.

처음에는 맥주 맛이 지금과는 전혀 달랐을 것으로 추측된다. 오늘날의 씁쓸한 맛이 나는 맥주는 나중에 등장한 홉이라는 식물을 원료로 한 것이다. 중동지방의 고대 벽화를 보면 맥주 찌꺼기가 빨려나오지 않도록 대롱으로 맥주를 마시는 장면이 나온다. 이로 미루어보건대 초기의 맥주 맛은 아마 오늘날의 막걸리나 동동주에 물을 많이 탄 맛과 비슷했을 것이다.

1) 맥주의 기원

자연계에 존재하는 과실즙, 꿀 등과 같은, 당분을 함유한 물질은 그들에 부착하거나 또는 공기 중에서 효모가 혼입해서, 발효를 일으키고, 알코올 함유물을 만들고 있다. 그러나 곡류를 원료로 한 알코올 함유물은, 인간이 어떤 지방에 정착하여 곡류를 재배하고 다시 그 곡류에 소화성(消化性)을 높여서, 여러 가지 가공을 행할 수 있기 때문에 일어난다.

맥분(麥紛)에 물을 가해 잘 섞어서, 빵을 만드는데, 이때 효모를 가하고, 그 발효에 의해서 빵을 만들게 되는데, 빵과 맥주의 제조법은 지극히 유사하다. 이와 같은 또는 유사한 경로를 더듬어서, 맥주의 양조도, 아주 옛날에 여러 민족에 의해서, 여러 곳에서 창시(創始)되었다. 그러나 현재의 맥주(Beer)는 고대 바빌로니아(Babylonia; 현재 이라크)와 이집트(Egypt) 등에서 발달해서, 문화의 교류와 함께 여러 지역으로 전파된 것으로 사료되는데, 고고학자들의 연구에 의하면 BC 4000~BC 5000년 전부터 맥주에 관한 유적이 나타나고 있고, 맥류(麥類)의 발상지는 지중해 농경문화권 내의 티그리스(Tigris), 유프라테스(Euphrates) 두 강의 연안지방으로 기술하고 있다. 따라서 고대 바빌로니아(Babylonia)는 곡물재배 및 맥주제조 발상지로서, 또한 인류문화 요람지로 알려져 오고 있다.

2) 고대 이집트의 맥주 양조법

〈그림 4-17〉 **고대 이집트의 맥주제조 과정**

출처 : www.bartender.or.kr

고대 이집트의 맥주 제조법은 거의 완전하게 회화에 남겨져 있기 때문에 옛날부터 상세하게 알려져 있는데, 한 연구 자료에 따르면 BC 2300년경에 제작된 고대 이집트의 벽화는 그 시대의 맥주 제조과정을 잘 보여주는데, 당시의 맥주제조 방법은 다음과 같다.

① 방아를 찧고 ② 분쇄한 다음 ③ 반죽해서 ④ 빵모양으로 만들어 ⑤ 고인돌형의 불돌에 얹어 구워 ⑥ 물에 불려 풀고 ⑦ 체로 걸러 발효시킨 다음 ⑧ 다시 항아리에 담아 ⑨ 뾰족한 뚜껑을 닫고 ⑩ 넘어지지 않도록 구멍 뚫린 평판 위에 세워 ⑪ 저장했다.

3) 맥주의 종류

① 하면 맥주

발효도중 밑으로 가라앉게 되는 성질을 가진 효모를 사용하여 저온(5~10℃)에서 발효시킨 맥주로써 아래와 같은 종류가 있다.

- 필젠(Pilsen)맥주 : 맥아 향기가 약하고(연수사용) 쓴맛이 강한 담색맥주. 체코의 프라하(3~4%)
- 뮌헨(Munchen)맥주 : 맥아 향기가 짙고, 감미로운 맛이 나는 농색맥주이다.(4%)
- 도르트문트(Dortmund)맥주 : 향미가 산뜻하며 쓴맛이 적은 담색맥주이다.(3~4%)
- 복(Bock)맥주 : 짙은 색의 맥주로 향미가 짙고 단맛을 띤 강한 흑맥주

② 상면 맥주

발효도중 위로 떠오르는 성질을 가진 상면효모를 사용하여 실(고)온에서 발효시킨 맥주이다. 상면 맥주의 종류는 다음과 같다.

- 에일 맥주(Ale Beer) : 약간 검은색이고 거품이 적으며 쓴맛이 강하다.(4~5%)
- 포터 맥주(Porter Beer) : 검은색으로 Ale보다 단맛이 나는 맥주로 약간 쓴맛이 난다.(5%)
- 스타우트 맥주(Stout Beer) : 매우 검은색의 맥주로 맥아향과 쓴맛이 매우 강하며 다소 탄 냄새가 난다.(5~6%)

〈그림 4-18〉 하면맥주(상)와 상면맥주(하)

4) 맥주의 제조과정

발효주인 맥주는 크게 당화와 발효의 단계를 거친다. 당화는 보리가 효모에 의해서 발효되기 좋은 단당류 상태로 만드는 과정이고, 발효는 효모에 의해 단당류가 분해되어서 알코올과 이산화탄소가 만들어지는 과정이다.

① 보리에서 전분을 추출하기 위해서 침맥조에 36~48시간 정도 담가서 수분을 흡수시킨 후 따뜻한 곳에서 일주일가량 싹을 틔운다. 이때 발아된 보리는 파란색을 띠기 때문에 녹맥아라고 부르며 막 발아한 녹맥아 상태가 아밀라아제 효소가 가장 많기 때문에 보리의 싹이 더 이상 자라지 않도록 화로에 열을 가해 성장을 중지시킨다. 이 과정을 몰팅(malting)이라고 하며 이 과정을 거치면 딱딱한 보리가 과자처럼 바삭하고 달콤한 맛을 지닌 몰트(malt)로 바뀐다.

② 맥아의 성분이 물에 용해되기 쉽도록 분쇄(milling)하는 과정을 거친다. 이 과정을 거치면 맥아는 거칠고 바삭바삭한 가루형태로 바뀐다.

③ 분쇄한 맥아를 통(laute tun)에 넣어 따뜻한 물(35~55도)에서 죽처럼 만드는 것을 당금(당화)이라고 한다. 당금과정을 거치면 맥아효소의 작용으로 맥아 속의 전분이 발효성 당으로 변한다.

④ 여과기를 이용하여 뜨거운 물에 녹은 당질을 걸러내어 맥아즙을 모은다. 여과과정을 거치면 맥아즙(wort)과 맥주찌꺼기(grain)가 분리된다. 맥아즙은 맥주의 주원료로 되기 때문에 독일어로는 뿌리를 뜻하는 워트(wort)라고 불린다.

⑤ 여과된 맥아즙을 커다란 솥(kettle)에 넣고 끓이면서 홉(hop)을 첨가한다. 이 과정에서 홉의 두 가지 중요한 성분인 수지와 기름이 나오는데 홉의 수지는 맥주의 쓴맛, 홉의 기름은 맥주에 향을 준다. 보통 홉을 첨가하고 9분 정도 끓인다. 맥주즙을 끓일 때 초기에 홉을 넣으면 쓴맛이 강해지고, 늦게 넣을수록 더 많은 향이 나온다. 2~3회 홉을 나누어서 넣을 수도 있고, 서로 다른 홉을 사용할 수도 있다.

⑥ 끓인 맥아즙에서 홉찌꺼기(trub)를 분리시킨 후 냉각기로 맥아즙을 냉각시킨다.

⑦ 효모(yeast)를 투입시켜서 발효시킨다. 이를 '1차 발효'라고 한다. 냉각된 맥아즙을 발효탱크에 넣고 효모를 투입하며, 효모가 번식하면서 맥아즙을 분해하여 알코올과 이산화탄

〈그림 4-19〉 맥주의 제조과정

소를 만들어낸다. 발효가 끝나면 효모가 발효탱크 밑에 가라앉고 발효된 맥주와 분리된다. 상면발효맥주는 16~21도의 온도에서 3~6일 정도 발효시키고, 하면발효맥주는 4~10도의 저온에서 6~10일간 발효시킨다. 1차 발효가 끝난 맥주를 미숙성 맥주라고 한다.

⑧ 1차 발효가 끝나면 저장탱크에 옮겨서 숙성시킨다. 작은 규모의 브루펍(brewpub)은 숙성과정을 거치지 않고 바로 맥주탱크에 넣어서 생맥주로 판매하기도 한다.

⑨ 맥주의 숙성이 끝나면 맥주를 여러 가지 형태로 판매한다. 숙성된 맥주를 여과나 가열처리를 거치지 않고 제품화한 것이 통맥주이다. 통맥주는 전통적인 맥주로서 나무통에 넣어서 판매한다. 또 다른 형태는 여과과정만 거쳐서 스테인리스 통으로 판매된다.

5) 홉과 효모

맥주가 세계적인 술로 발전하게 된 것은 홉(hop) 때문이라고 해도 과언이 아닌데, 맥주의 특징이라고 할 수 있는 쓴맛과 향을 만들기 위해서는 빠뜨릴 수 없는 것이 홉이기 때문이다. '기어오르다'라는 어원에서도 알 수 있듯이 6mm 정도 크기의 뽕나무과 넝쿨풀인 홉은 자웅이 서로 다르며 맥주 제조에는 암컷인 솔방울 모양의 열매를 8월경 수확해서 사용한다. 홉의 생산지는 위도 35~55도 사이의 차고 서늘한 지역이다. 홉은 적당히 건조한 기후와 토양조건하에서 계속적인 주의를 기울여야 한다.

6) 기내 맥주 서비스

국내 항공사의 일반석에서는 Cass, Hite, Max, Budwiser, Exfeel-S 등의 맥주가 탑재되며 일본, 중국 등 노선에 따라 취항지 국가의 대표맥주가 서비스된다(예 : 일본-Asahi 맥주, 중국-Tsingtao 맥주).

맥주 서비스 방법

- 항상 차게 제공하며 Nuts와 함께 드실지를 여쭙는다.
- Cup은 고객의 오른편에 놓고, 그 왼편에 Can을 놓는다.
- Can 위에 빈 잔을 꽂아 제공하지 않는다.

〈그림 4-20〉 각 항공사에서 제공하는 다양한 맥주

4.4 위스키(Whisky)

위스키(Whisky)의 어원은 켈트어의 생명의 물을 뜻하는 Uisgebeatha가 Usquebaugh로, 다시 Uisky로 변화되었다. 이 위스키는 동방의 증류기술이 중세 십자군 전쟁을 통해 서양에 전래되어 후에 아일랜드를 거쳐 스코틀랜드에 전파되었다. 중세기 초 많은 연금술사들의 노력에 의해 금은 만들지 못하였으나 생명의 물을 발견하기에 이른다. 그 후 18세기에 이르러 재증류법을 시도하게 되었고, 드디어 1826년에 영국의 로버트 스타인(Robert Stein)에 의해 연속식 증류기가 발명되었으나 실용화되지 못했다. 1831년에는 아일랜드의 이니아스 커피(Aeneas Coffey) 씨가 보다 진보된 연속식 증류기를 발명하여 특허를 내서 Patent-still로 불리게 되었다.

위스키는 보리(Barley), 옥수수(Corn), 호밀(Rye), 밀(Wheat) 등의 곡물에 싹을 내거나 갈아서 발효한 후 증류 숙성시킨 술이다. 대표적인 것은 영국 스코틀랜드의 Scotch Whisky, 미국의 American Whisky, 캐나다의 Canadian Whisky, 아일랜드의 Irish Whisky가 유명하다.

〈그림 4-21〉 대표적인 위스키

1) 대표적인 위스키(Whisky)

(1) Scotch Whisky

스코틀랜드에서 생산되는 위스키를 총칭한다.

국내 항공사에서는 Glenlivet, Grants, Chivas Regal 12년산 등이 서비스된다.

제조법에 따라 Malt Whisky와 Blended Whisky로 나누어진다.

- Malt Whisky : 가장 순수한 Whisky로 맥아를 사용하며, 맥아 건조 시 사용하는 피트(Peat)로 인하여 강한 연기냄새가 나는 것이 특징이다. 예) Glenlivet

- Blended Whisky : Malt Whisky와 Grain Whisky를 혼합하여 만들고, 우리가 마시는 Scotch Whisky의 대부분이 이에 포함된다. 예) Grants, Chivas Regal

(2) American Whisky

America에서 생산되는 위스키를 총칭한다.

국내 항공사에서는 Jack Daniels Black을 서비스한다.

Bourbon Whisky가 가장 유명하다.

- Bourbon Whisky : 켄터키 주 버번(Bourbon) 지방에서 옥수수를 원료로 만든 위스키를 총칭하며, 최저 3년간 오크통 속에서 숙성하여 위스키 특유의 향미가 있다.

(3) Canadian Whisky

캐나다에서 생산되는 위스키이다.

호밀로 만든 향미가 강한 위스키와 옥수수로 만든 깨끗한 맛의 위스키를 섞은 부드럽고 경쾌한 위스키이다.

예) Canadian Club, Black Velvet Canadian

(4) 기타

① Irish Whisky

- 아일랜드에서 생산되는 위스키이다.
- 보리를 주원료로 사용하며 향기가 진하고 맛이 중후하다.

② Grain Whisky

- Malt Whisky와 혼합하여 Blended Whisky를 만드는 데 사용한다.
- 일반 곡물을 원료로 사용한다.
- 단독으로 판매하는 경우는 희박하다.

③ Tennessee Whisky

- 미국 테네시 주에서 제조된다.
- 원료 면에서 Bourbon Whisky와 동일하나 테네시에서 생산되는 목탄으로 여과하는 특수한 공정을 거친다.

  예) Jack Daniel's, George Dickel

2) 위스키(Whisky) 마시는 방법

식성도 개인에 따라서 많은 차이가 있듯이, 술을 마시는 방법도 개인의 취향이나 체질에 따라서 많은 차이가 있을 수 있다. 일반적으로 위스키를 마시는 방법으로 Straight나 얼음을 넣어 마시는 On the rocks를 쉽게 떠올리지만, 그 외에도 다양하게 위스키를 즐기는 방법이 있다.

어떤 방법이든지 위스키는 색깔, 향, 맛 등을 제대로 즐길 수 있는 방법으로 마시는 것이 좋다.

(1) Straight

가장 일반적으로 위스키를 마시는 방법이다.

술을 차게 하거나 물이나 얼음을 넣으면, 향이나 맛이 감소하므로 상온의 술을 그대로 마신다. 특히, 숙성 연수가 오래된 위스키나, 싱글몰트 위스키 등의 경우에는 Straight가 가장 이상적이다. 작은 크기의 잔을 사용하기보다는 브랜디 잔이나, 텀블러 잔을 사용하면, 위스키의 색깔, 향 등을 더 잘 감상할 수 있으며, 입으로 느끼는 맛도 더 잘 느낄 수 있다.

(2) On the Rocks

스탠다드급의 위스키나 비교적 숙성 연수가 짧은 위스키를 얼음 위에 부어서 마신다.

이 방법은 첫째는 위스키의 거친 향을 억누르기 위함이며, 여름날의 더운 상온에서 보관된 위스키의 온도를 낮추어 마시기 위함이다.

숙성이 오래된 위스키와 같이 장기간 오크통 속에서 숙성되면서 흡수한 깊은 향기를 얼음으로 혼합시키기에는 적절하지 않다.

잔은 스니프터 또는 테이스팅 잔보다는 텀블러 잔(On the Rocks잔)을 사용한다.

그 이유는 Snifter는 잔의 줄기가 있어, 얼음을 넣고 술을 따를 경우, 무게중심이 위에 있어서 잔이 넘어질 위험이 있으며, 또한 Snifter잔의 두께가 얇으므로 얼음에 의해 잔이 깨질 수도 있기 때문이다.

(3) Cocktail

숙성 연수가 짧은 위스키는 맛도 다소 거칠고, 향기와 색깔도 진하지 않다.

따라서 이런 위스키는 다른 술이나 음료수와 칵테일로 만들어서 마시면, 훨씬 풍미가 있는 색다른 맛을 즐길 수 있다.

(4) Whisky and Water(일본의 水割 : みずゎり 미즈와리)

위스키에 물을 섞어서 마시는 방법이다. 위스키를 천천히 오랫동안 마실 때 사용하는 방법이며(Long Drink), 스트레이트로 마시는 것보다는 쉽게 마실 수 있기 때문에, 위스키를 처음으로 마실 때 적절하다.

일본식 미즈와리에는 술보다 물을 더 많이 넣는다(약 2배).

일본에서는 일반 온도의 물을 섞는 미즈와리와 구별하여, 따뜻한 물을 섞는 湯割(ゆゎり 유와리)방법도 있다.

(5) Whisky and Chaser

Chaser(체이서)란 한 잔의 커피, 술, 담배 등을 마시거나 피운 뒤에 마시는 물을 말한다.

위스키가 자신의 입맛에 다소 독하다고 느끼실 때에는 위의 물을 탄 위스키를 마시는 것보다는 소량의 위스키를 마시고, 물을 한 모금 마시는 것이 더 좋은 방법이 될 수 있다.

(6) Whisky and Tea

중국에서부터 유래된 방법으로, 위스키에 홍차 또는 녹차를 섞어서 마시기도 하며, Chaser로써 물 대신 녹차로 대신하기도 한다.

(7) 여러 종류의 위스키를 한자리에서 마실 때

여러 종류의 위스키를 한자리에서 마신다면 알코올 농도가 낮은 위스키를 먼저 마신다. 쌉쌀하거나 향기가 약한 위스키, 등급이나 숙성 연수가 짧은 위스키를 먼저 마신다.

이때 다른 위스키를 마시기 전에 냉수로 입안을 충분히 헹군다.

알코올 농도가 높은 위스키를 먼저 마시면, 낮은 농도의 위스키의 맛을 제대로 느낄 수 없기 때문이다. 단맛이 나는 위스키를 먼저 마시면, 쌉쌀한 위스키는 아주 쓴맛으로 느끼게 된다.

또한 향기가 강한 위스키를 먼저 마시면, 향기가 약한 위스키의 향기를 제대로 맡을 수 없다. 등급이 높은 위스키를 먼저 마시면, 등급이 낮은 위스키에는 거부감이 생기게 된다.

4.5 브랜디(Brandy)

포도 또는 기타 과실을 발효하여 증류한 술을 브랜디라고 하는데, 일반적으로는 포도주를 증류한 것을 브랜디라고 하고, 기타 원료를 사용한 것은 Brandy 앞에 과실 이름을 붙인다.

1) 브랜디의 어원

브랜디는 13세기경 독일, 프랑스, 스페인 등의 연금술사가 증류해 낸 Aqua Vitae(생명의 물)에 기원한다. 지금으로부터 약 700여 년 전 프랑스의 어느 연금술사는 비금속을 황금으로 바꾸려는 일에 몰두, 실패를 거듭하게 된다. 낙담 끝에 평소 즐기던 와인에 만취되어 분풀이로 연금술 도가니에 남은 와인을 부어버리게 된다. 그러자 고온의 도가니 속에서 열을 받아 기화한 와인이 나선관을 통해 응축된 액체로 변모되었다. 연금술사는 이 액체의 냄새를 맡아보고 마셔본 다음 'AQUAVIATE(생명의 물)'라고 외치게 된다. 하지만 처음에 이 '생명의 물'은 술이라기보다는 각성제로 쓰였으며 오늘날 Brandy의 용도로 마시기까지는 한참을 기다려야 했다. 프랑스 아르마냑 지방에서 발견된 문헌에 따르면 1411년 이 지방에서 "생명의 물"을 증류했다는 기록이 있다. 이후 17세기에 이르러 프랑스 꼬냑 지방에서는 "Eau-de-Vie"로 불리어졌다.

- Eau-de-Vie(Vin Brule) : 불어, Aqua Vitae : Latin어
- Brande-Wijn : Holland어
- Brande : 영어

2) 브랜디 생산지

브랜디는 와인이 생산되는 곳이면 어디서나 만들 수 있다. 와인으로 유명한 프랑스와 이탈리아 그리고 스페인 등에서 브랜디를 만들기 시작했지만 프랑스의 명성에 가려 나머지 지역은 세계 시장에 진출하는 경우가 극히 드물다. 와인과 마찬가지로 브랜디도 프랑스의 명주이다.

(1) 꼬냑

- 프랑스의 꼬냑 지방에서 생산되는 브랜디를 꼬냑이라고 한다.

(2) 아르마냑

- 꼬냑 지방에서 80마일 떨어진 보르도의 남 피레네산맥에 가까운 가스코뉴 지역에서 생산된 와인을 증류한 브랜디를 말한다.

(3) 기타 브랜디

- 마르 : 포도로 와인을 만들고 난 찌꺼기를 재발효한 후 증류하여 만든 브랜디
- 그라파 : 포도주를 만든 후 생기는 찌꺼기를 증류하여 만드는 것. 35~50% 알코올을 함유한 오드비이다.
- 칼바도스 : 사과주를 증류하여 만든 오드비, 프랑스 노르망디 지방의 특산주이다.
- 오드비 : 포도 이외의 다른 과실류를 주원료로 사용하여 만든 증류주를 보통 오드비라고 부른다.

〈그림 4-22〉 **노르망디 지방 상점에 전시된 칼바도스**

3) 브랜디를 즐기는 방법

- 식사가 완전히 끝난 후 식후주로 많이 애용되며 이때에는 브랜드 특유의 향을 즐길 수 있도록 입구가 좁고 배가 부른 Tulip 모양의 잔에 담아 1oz 정도 마신다.

- Coffee에 넣어서 마시기도 하고 특히 요리에 많이 쓰인다.
- Cocktail용으로는 많이 쓰이지 않는 편이다.

(1) 브랜디의 어원

브랜디는 네덜란드어 Brndewijin(Burned Wine : 태운 와인 즉 증류한 Wine)이란 뜻에서 유래되었다. 즉 Brandywine이 Brandy로 변화한 것이다.

(2) 브랜디의 제조

브랜디를 만들기 위해서는 먼저 Wine을 만든다. 그리고 발효가 끝난 Wine을 증류하여 50~70% 정도의 알코올을 가진 액체를 만든다.

증류가 끝난 Wine을 Oak통에 넣어 숙성시키는 과정으로 나무통에서 타닌 등의 성분이 나와 색깔이 진해지고 브랜디 고유의 향을 얻게 된다.

숙성이 끝난 후 전문가가 자기회사 고유의 독특한 맛을 지속시키기 위해 브랜디액끼리 서로 blending하고 알코올 농도에 맞추어 제품으로 내놓게 된다.

〈그림 4-23〉 프랑스에 위치한 Remy Martin(Cognac) 저장고
출처 : www.remymartin.com

(3) 브랜디의 라벨

Label에 숙성기간을 표시한다.

생산지별, 제조회사별 숙성기간의 표기에 차이가 있다.

브랜디의 저장연수가 오래된 것에 붙이는 표시기호로 나폴레옹이 사용된다. 프랑스 황제 나폴레옹 1세의 아들이 태어난 1811년은 포도의 풍년이어서 우량한 와인, 브랜디를 얻을 수 있었기 때문에 그 이름이 고급브랜디에 붙여졌다고 한다. 현재 꼬냑 품질표시에 이 명칭이 쓰이며, 법률적으로는 5년 이상의 저장이 의무화되어 있으나 상관습(商慣習)으로는 숙성(熟成)과 품질의 기준으로서 30~40년간 저장된 브랜디를 일부 혼합한다.

Cognac의 라벨에 표시된 용어

★★★ : 숙성기간 3년 이상
V.O(Very Old) : 숙성기간 5년 이상
V.S : 숙성기간 4년 6개월
V.S.O.P(Very Superior Old Pale) : 숙성기간 10년 이상
X.O(Extra Old) : 숙성기간 25년 이상
Extra : 숙성기간 50년 이상
Napoleon : 특산품의 의미함

Cognac Label

〈그림 4-24〉 숙성연도에 따른 Cognac Label

4.6 진(Gin), 보드카(Vodka), 럼(Rum), 캄파리(Campari)

1) 진(Gin)

진(Gin)은 1660년경 네덜란드의 프란시스쿠스 실비우스에 의해 처음 만들어졌으며 원래는 이뇨, 해열 등의 치료에 쓰이던 약용 술이었으나 값이 싸고 냄새가 좋아 주로 '하층민의 술'로서 사랑을 받았었다.

이뇨제로 약효가 있는 주니퍼베리(Juniper Berry)를 Spirits에 넣었다가 재증류하여 쥐니에브르(Genievre)로 부르게 되었다. 이후 널리 퍼지면서 네덜란드 선원들에 의해 제네바(Genever)로 불렸으며 17세기 말 영국에 전파되어 Gin으로 이름도 바뀌었다. 대체적으로 저장, 숙성하지 않지만 일부 숙성하는 제품도 있는데 이것은 순하고 부드럽다.

진(Gin)은 탄생과 성장배경에 따라 여러 가지 type이 있으나 그중에서 London Dry Gin이 가장 유명하다.

진(Gin)은 증류주인 동시에 혼성주이다. 호밀, 대맥, 옥수수 등을 원료로 하여 발효한 후, 증류시키며, 증류하는 단계에서 알코올의 도수에 따라 Duch Gin과 Dry Gin으로 나누어진다. 그리고 주니퍼베리를 넣고 재증류하면 진이 만들어지며, 진(Gin)은 Straight로 마시기도 하지만 Cocktail의 부재료로 쓰이기 시작하면서 폭발적인 인기를 얻게 되었다.

Holland Gin은 향미가 강해 Straight로 마시며 Dry Gin은 Cocktail의 재료로 쓰이기 시작하면서 애용되기 시작했다. 유명한 Dry Martini를 비롯하여 Tom Collins, Gin Fizz 등 각종 Cocktail의 Base로 쓰인다.

(1) 진의 분류

① Holland Gin(Genever Gin)

맥아를 발효하여 2번 증류하여 주니퍼 등을 가향하고 단식 증류기에서 재증류한다.
낮은 알코올 도수로 증류하므로 맥아향이 짙고 향취가 강하다.

② London Dry Gin

영국의 증류기술로 매우 깨끗하고 부드러운 진으로 바뀌게 되었는데 네덜란드 진과 구분하기 위하여 Dry Gin으로 불린다.

③ American Extra Dry Gin

영국에서 미국으로 건너온 진은 더욱 순하고 부드럽게 만들어져 칵테일용으로 각광받게 되었다.

④ Old Tom Gin

2% 정도의 설탕이 첨가된 Gin이다.

⑤ Flavored Gin

다른 향료를 첨가한 Gin으로 Lemon Gin, Orange Gin, Mint Gin 등이 있다.

진(Gin)의 종류

〈그림 4-25〉 진(Gin)의 종류

2) 보드카(Vodka)

보드카(Vodka)는 러시아와 폴란드에서 발달된 술로서 귀족들이 즐겨 마셨으며 Caviar, Salmon 등과 함께 Aperitif로 즐겨 마셨다.

감자를 포함하여 여러 가지 곡류를 사용하여 만들며 숙성과정을 거치지 않기 때문에 생산비가 저렴하다.

보드카(Vodka)는 무색투명하고 냄새도 없는 특성 때문에 Cocktail의 재료로도 널리 상용된다.

12세기경 러시아에서 제조를 시작하였으며 Vodka는 러시아어로 '물'이라는 뜻의 Voda에서 유래(생명의 물)했다고 한다. 1780년 활성탄을 이용한 여과법 개발로 인해 품질을 향상시켰으며 1917년 러시아혁명 이후 러시아인이 프랑스로 망명하여 세계에 전파하였다고 한다. 1933년 미국의 금주법 폐지로 보드카를 미국에서도 제조하였으며 1940년경부터 미국에서 Cocktail을 만드는 데 기본 Base로 급격한 발전을 하였다.

국내에서 인기가 좋으며 국내 항공사 국제선에서 서비스되고 있는 보드카의 브랜드인 Absolut는 '보드카=러시아 술'이라는 인식으로 인해 대개 원산지를 러시아라고 생각하고 있으나 사실은 스웨덴 술이다. 스펠링은 ABSOLUT VODKA. 광고가 예술적인 것으로 유명하다. 뒷맛이 연해서 스트레이트로 즐기기 좋은 편이며 병이 예뻐서 수집하는 사람들도 있다. 무향으로 나오는 기본 말고도 앱솔루트 시트론, 앱솔루트 바닐라, 앱솔루트 피치 등등 다양한 향이 들어 있는 제품 들이 출시되어 있다.

3) 럼(Rum)

럼(Rum)은 사탕수수를 주원료로 하여 발효, 증류시켜 만든 증류주이다.

사탕수수의 원산지는 인도이며 이것이 동쪽으로는 인도네시아를 거쳐 오세아니아, 필리핀

〈그림 4-26〉 영화 '캐리비안의 해적' 중 해안에서 럼을 즐기는 모습

등지로 전래되었고 서쪽으로는 페르시아를 거쳐 지중해 여러 나라로 전래되었다.

만화영화 '보물섬'에서 애꾸눈 선장과 그의 부하들이 함께 호탕하게 마시고 춤을 추고 노래 부르는 장면에서 등장하는 술이 바로 럼(Rum)이다. 일명 '해적의 술, 태양의 술'이라고도 하는 럼(Rum)은 적도 부근의 열대지방인 서인도제도에서 풍부하게 생산되는 사탕수수에서 설탕의 결정을 분리해 낸 찌꺼기, 즉 당밀을 가지고 만드는 술이다. 럼주가 해적의 술이라고 불린 이유는 신대륙이 개척된 후 신대륙과 유럽을 잇는 교통수단과 물자수송 수단인 선박이 카리브해를 중심으로 서인도제도, 바하마제도, 쿠바, 멕시코 등지에서 주로 오고 갔기 때문이다. 여기에 해상무역에서 약탈을 일삼는 해적들이 가세했고, 럼주가 이 지역에서 많이 생산되다 보니 선원과 해적들은 럼주를 즐겨 마시는 것처럼 인식된 것이다.

한편 럼의 기원에 대해서는 두 가지 설이 있다. 하나는 16세기에 서인도제도 푸에르토리코에 건너간 스페인의 '포세이레몬'탐험대 대원 중 증류기술을 가진 자가 사탕수수로 증류주를 만든 것이 최초라는 설이고, 두 번째는 17세기 찰스 2세 시대 카리브해의 알바도스섬에 이주한 증류기술을 가진 영국인이 최초로 만들기 시작했다는 설이 있다. 영국 식민지였던 바베이도스 섬에 관한 기록 중에 사탕수수로부터 증류한 술을 만들어 마신 섬의 원주민들이 이것을 소동이나 흥분의 뜻인 Rumbullion이라고 불렀다고 한다. 이 단어의 첫 부분을 따서 럼(Rum)이라는 술 이름이 탄생되었다고 한다. 영어로는 Rum, 프랑스어로는 Rhum, 스페인어로는 Ron이라 부르고 있다.

1805년 Nelson 제독이 전사하여 Rum을 담은 큰 통 속에 넣어 본국으로 운송하였던 일로 Nelson Blood라는 별명을 얻게 되었으며 1862년 Spain에서 Cuba로 이주한 Bacardi에 의해 투명한 Light Rum을 생산하게 되었다.

Cuba, Puerto Rico, Mexico, Jamaica 등이며 세계적으로 사탕수수가 재배되는 곳은 럼을 생산하고 있다.

사탕수수공화국이라 불리는 쿠바를 대표하는 럼주는 '아바나클럽'이다. 500여 년의 쿠바 역사와 함께 비밀스런 주조법을 자랑하며 세계적 품질로 자리 잡은 아바나클럽은 사탕수수로 주스를 만들어 먹던 아프리카 노예들에 의해 탄생됐다는 비화가 있다. 이 아바나클럽의 병에는 정부가 인증한다는 인증서가 붙어 있을 정도로 쿠바정부가 공인하는 아바나클럽은 지금도 아바나 시내에서 해안 길을 따라 50여km 떨어진 산타크루즈 마을에서 주조된다.

아바나클럽과 함께 19세기 럼의 대표 브랜드로 자리매김하고 있는 브랜드는 바로 '바카디(Bacardi)'이다. 쿠바의 산티아고로 이주한 돈 파쿤도 바카디 마소(Don Facundo Bacardi

Masso)에 의해 세계 최초의 라이트 럼이 만들어진 게 바카디의 기원인데, 바카디는 산티아고 사람들이 즐겨 마시는 독한 럼주를 좀 더 쉽게 마실 수 있는 방법을 연구하던 중에 목탄 필터로 술을 한번 여과시키면 목에서 걸리는 불순물과 오염물질을 제거할 수 있다는 사실을 알아냈고 이 방법으로 만들어낸 것이 바로 럼의 대명사 '바카디'이다. 특유의 박쥐 로고를 사용하며 그 명성을 높이고 있는 바카디는 140여 년의 역사를 통해 변함없는 명성을 지켜오고 있다.

다양한 종류의 Rum

〈그림 4-27〉 다양한 종류의 Rum

4) 캄파리(Campari)

캄파리(Campari)는 창시자의 이름을 딴 이탈리아산 붉은색으로 매우 쓴맛의 리큐르(Liqueur)로써 주로 식전주(Aperitif)로 사용된다. 소다수(Soda water)나 오렌지주스와 잘 배합된다. 가스파레 캄파리가 밀라노에 정착한 후에 1862년 자신의 레스토랑 캄파리노에서 각종 향신료들을 배합하여 만들어 손님들에게 판매하였는데 당시 쓴맛을 지니고 있던 이 술은 많은 각광을 받았고 캄파리를 마시는 것을 세련된 취미로 여겼다고 한다. 밀라노에서 파생되어 지금은 전 세계적으로 사랑받고 있다. 캄파리의 재료로는 허브, 향신료, 식물의 뿌리, 물, 알코올 등 무려 약 60여 가지 이상의 재료로 만들어낸다고 하는데 그 비법은 'DAVID CAMPARI 회사를 제외하고는 아무

도 모른다고 한다. 도수는 25도로 높은 편이며 강렬한 붉은색이 특징이다.

이러한 색상은 선인장의 진홍색 수액을 먹고 사는 연재벌레를 말려서 얻는다고 알려져 있다.

쓴맛과 향기로 인하여 식전주로 많이 마시며 Campari & Soda는 캄파리를 Base로 하는 Cocktail 중 가장 유명하다.

4.7 리큐르(Liqueur)

리큐르(Luqueur)의 발명자는 고대 그리스의 성인 히포크라테스라는 설이 있다. 히포크라테스는 쇠약한 병자에게 힘을 주기 위해 약초를 Wine에 녹여서 물약을 만들었다. 이것이 Liqueur의 기원이라고 전해지고 있는 것이다. 또한 중세에는 알코올에 식물의 뿌리나 열매, 그리고 껍질 등을 넣어 만든 음료가 유행했고 의사들은 약용효과가 있는 식물의 성분을 추출하기 위해 알코올에 용해시켰다. 당시에는 Liqueur는 술이 아니라 약이었다. 19세기부터는 여러 가지 Liqueur가 나오게 되고 의학이 발달하게 됨에 따라 좀 더 미약적인 가치를 추구하는 아름다운 색깔과 향을 지닌 음료로 발전하게 되었다.

1) 리큐르(Liqueur)의 특성

Liqueur은 혼성주의 일종으로 증류주를 서로 섞거나 재증류하고 여러 가지 약초, 식물의 뿌리, 꽃, 씨앗 등을 용해하여 향미가 나도록 한 것이다.

원래는 중세 유럽에서 만병통치의 의약용으로 발명된 특이한 역사를 가지고 있다. 다른 증류주와는 달리 단맛을 가지고 있는 것이 특징이며 Cordial이라고 부르기도 한다.

대표적인 특징은 다음과 같다.

✲ Liqueur의 특징

- 주류(Spirit)에 향, 색, 감미를 첨가한 술이다.
- 프랑스는 알코올 15% 이상, 당분 20% 이상, 향신료가 첨가된 술을 Liqueur라고 한다.
- 미국에서는 Spirit에 당분 2.5% 이상을 함유하여, 천연향(과실, 약초, 즙 등)을 첨가한 술을 Liqueur 라고 하며, Liqueur를 Cordial이라고 부르기도 한다.
- 화려한 색채와 더불어 특이한 향을 지닌 이 술은 일명 '액체의 보석'이라고 일컬어지고 있다.
- 중세기 연금술사들은 증류주에 약초, 향초를 넣어서 만든 생병회복의 영약을 만들려고 노력하였던 결과 비법의 술을 만들게 되었는데 이 기법이 리큐르의 시초이다.
- 이 술은 식물의 유효성분이 녹아들어 있는데 라틴어의 Liquefacere(리케파세르 : 녹는다, 녹아 있다)가 변하여 불어의 Liqueur로 부르게 되었다.
- 이 기법은 연금술사에게서 수도원의 승려에 전수되어 특이한 리큐르가 많이 생산되게 되었다.
- 근세에 이르러 대항해 시대를 맞으며, 원료는 다양해져 갔다.
- 18세기에는 과일의 향미를 주체로 한 단맛의 리큐르가 많이 생산되었다.
- 19세기 후반에 연속식 증류기의 개발로 고농도 알코올성의 더욱 세련된 고품질의 리큐르가 생산되었다.

〈그림 4-28〉 다양한 리큐르(Liqueur)의 종류

2) 리큐르(Liqueur)의 제조방법

제조방법에 따라 침출법, 향유혼합법(에센스법), 증류법으로 구분한다.

(1) 침출법(Infusion)

증류하면 과일이나 약초, 향료 등에 증류주를 가해 향미성분을 용해시키는 방법이다. 증류주에 담가서 향취·향미가 술에 배어들면 여과한 것이다.

(2) 증류법(Distillation)

증류주에 원료를 섞어 단식증류법으로 만드는 방법으로 증류과정에서 없어진 맛과 향을 보충하여 준다. 만들어진 리큐르에 설탕 또는 시럽을 첨가하여 증류한다.

(3) 향유혼합법(Essence 에센스법)

독일에서 많이 사용하는 방법으로 일명 에센스법이라고도 하는데 방향유를 증류주(알코올)에 혼합하는 방법이다.

3) 리큐르(Liqueur)의 종류

리큐르(Liqueur)를 원료에 의하여 분류하면 과실계, 종자계, 약초·향초계, 특수계로 나눌 수 있다.

(1) 과실계

과실류의 리큐르는 디저트와 함께 제공되는 술로서 식후주(After Dinner Drinks)이다.

- 퀴라소(Curacao)
- 꼬엥뜨로(Cointreau)
- 트리플 섹(Triple Sec)
- 그랑 마니에(Grand Marnier)
- 만다린(Mandarine)
- 아메 피곤(Amer Picon)
- 체리 브랜디(Cherry Brandy)
- 피터 헤링(Peter Heering)
- 체리 마니에(Cherry Marnier)
- 리꾀르 드 스리즈(Liqueur de Cerises)
- 마라스키노(Maraschion)
- 귀뇰레(Guignolet au Kirsch D'ALsace)
- 블랙베리 리큐르(Blackberry Liqueur or Brandy)
- 크렘 드 카시스(Creme de Cassis)
- 프레즈(Fraise)
- 프람브아즈(Framboise)

- 에프리코트 브랜디(Apricot Brandy)
- 포아르 윌리엄(Liqueur de Poire William)
- 슬로우 진(Sloe Gin)
- 서던 컴포트(Southern Comfort)
- 멜론 리큐르(Melon Liqueur)

(2) 종자계

종자류의 리큐르는 과일의 씨에 함유되어 있는 방향성분이나 커피, 카카오, 바닐라, 콩 등의 성분을 추출하여 향미와 감미를 첨가한 식후주로서 이용되고 있다.

- 아마렛또(Amaretto)
- 바닐라(Vanille)
- 칼루아(Kahlua)
- 티아 마리아(Tia Maria)
- 카모라(Kamora)
- 크림 드 카페(Creme de Cafe)
- 아이리쉬 벨벳(Irish Velvet)
- 초콜릿(Chocolate)
- 노체로(Nocelle)
- 아샨티 골드(Ashanti gold)
- 크렘 드 망뜨(Creme de Menthe)
- 애니(Anisette)
- 빼르노(Pernod)
- 리까르(Ricard)
- 베네딕틴(Benedictine)

국내 항공사에서 서비스하고 있는 리큐르(Liqueur)는 베네딕틴(Benedictine), 꼬엥뜨로(Cointreau), 그랑 마니에르(Grand Marnier), 드람뷔(Drambuie), 크렘 드 망뜨(Creme de Menthe), 크렘 드 카시스(Creme de Cassis)가 주로 쓰이고 있다.

① 베네딕틴(Benedictine) : 브랜디(Brandy)에 나무뿌리, 약초, 설탕을 첨가하여 만든다. 프랑스의 대표적인 Liqueur로서 Benedictine수도원에서 만들어져 유명하다. Label에 있는 D.O.M(Deo Optimo Maximo)는 '최대 최선의 신에게 바친다'라는 뜻으로

Benedictine은 수도사들에게 하루의 피로를 푸는 훌륭한 강장제의 용도로 쓰였다고 한다.

② 꼬엥뜨로(Cointreau) : 엄선된 Orange로부터 Essence를 뽑아 고급 Brandy와 섞어 만든다. 처음에는 Cointreau Triple Sec이라고 불렀다가 Cointreau가 되었다.

③ 그랑 마니에르(Grand Marnier) : Cognac에 Orange 과피, 여러 가지 약초를 혼합해 만든다. 4년 숙성된 Cognac에 하이티산 Orange 껍질을 배합하여 Oak통 속에서 숙성시킨다.

④ 드람뷔(Drambuie) : Scotch Whisky에 벌꿀, 약초 등을 첨가해 만든다. Drambuie는 고대 그리스어로 '사람을 만족시키는 음료'라는 뜻이라고 한다.

⑤ 크렘 드 망뜨(Creme de Menthe) : 증류주에 박하를 주원료로 하여 여러 가지 약초류를 혼합하여 만든다. 'Creme de'는 '최상의'라는 뜻이다. 많은 Liqueur의 이름에 자주 쓰이는 표현이다.

⑥ 크렘 드 카시스(Creme de Cassis) : 까치밥나무 열매로 만든 Liqueur로서 약간 신맛이 난다. KIR, KIR Royal 등의 Cocktail의 Base로 많이 쓰인다.

⑦ 베일리즈(Baileys) : Irish Whiskey와 Cream de Cacao를 혼합해 만든다. 알코올 농도가 17%로서 Straight 또는 On the Rocks로 마시며 Baileys Parfait, Baileys Shake, Baileys Coffee 등의 부드러운 맛으로 특히 여성들에게 인기 있는 Liqueur이기도 하다.

4.8 칵테일(Cocktail)

1) 칵테일의 정의

술을 제조된 그대로 마시는 것을 Straight Drink라고 하며, 섞어서 마시는 것을 Mixed Drink라고 한다. 따라서 Cocktail은 Mixed Drink에 속한다.

Cocktail은 여러 가지 양주류와 부재류로서 Syrup, Fruit Juice, Milk, Egg, Carbonated Water 등을 적당량 혼합하여 Color, Flavor, Taste를 조화 있게 만드는 것으로써, 서로 다

른 주정분을 혼합하여 만드는 방법과 주정분에 기타 부재료를 섞어 만드는 방법 등이 있다. 이들 재료가 Shake나 Stir 등의 방법에 의해 혼합되고 냉각되어 맛의 Harmony가 이루어지는 것이다.

술의 권위자인 미국의 David A. Embury는 『The Fine Art of Mixing Drinks』라는 저서에서 Cocktail을 다음과 같이 정의하고 있다.

Cocktail의 정의

- Cocktail은 식욕과 동시에 마음도 자극하고 Mood를 만들어내는 것이 아니면 의미가 없다.
- 즉, Cocktail은 가격을 마시는 것이 아니라 분위기와 예술적 가치를 마시는 것이다.
- Cocktail은 아주 맛이 있지 않으면 가치가 없다. 그러기 위해서는 혀의 맛, 감각을 자극할 만한 Sharp함이 있어야 한다.
- 너무 달거나, 시거나, 쓰거나, 향이 너무 강한 것은 실격이다.
- Cocktail은 얼음에 잘 냉각되어 있어야만 가치가 있다. 손에서 체온이 전해지는 것조차 두려워 일부러 Stem이 달린 Cocktail Glass를 이용하고 있다.

2) Cocktail의 역사

술을 마실 때 여러 가지 재료를 섞어서 마신다고 하는 생각은 아주 오래전부터 있어왔다. 기원전부터 이집트에서는 맥주에 꿀이나 대추, 야자열매를 넣어 마시는 습관이 있었고, 고대 로마시대에는 포도주에 해수(海水)나 수지(樹脂)를 섞어 마시기도 하였다.

AD 640년경 중국의 당나라에서는 포도주에 마유(馬乳)를 혼합한 유산균 음료를 즐겨 마셨다고 전해지고 있으며, 1180년대에는 이슬람교도들 사이에 꽃과 식물을 물과 약한 알코올에 섞어 마시는 음료를 제조하였다.

1658년 인도 주재 영국 사람이 Punch를 고안해 냈는데 이 Punch는 인도어로 다섯을 의미하며, 재료로는 술, 설탕, Lime(과일), Spice(Juice), 물 등 5가지를 사용하였으며 이렇게 혼합한 음료를 Cocktail이라고 부르게 된 것은 18세기 중엽으로, 1748년 영국에서 발행한 『The Squire Recipes' Cocktail』이 만들어지기 시작하였다. 전 세계의 애주가들로부터 Cocktail의 걸작이라는 찬사를 받게 된 Martini나 Manhattan도 이 시대에 만들어진 Cocktail이며, 그 후 제1차 세계대전 때 미군부대에 의해 유럽에 전파되었다. 미국의 금주법 시대에 열악한 재료를 가지고 무언가 마실 만한 음료를 만들어보려는 노력에서 Cocktail이 발전되었다고 한다. 무엇보다도 오늘의 Cocktail이 있게 된 것은 미국인의 파격적인 기질 덕분이다. 1933년 미국에 금주법이 해제되자 Cocktail의 전성기를 맞이하게 되었으며, 제2차 세계대전을 계기로 세계적인 음료가 되었다. 다른 재료들끼리의 혼합으로 빚어지는 맛과 색의 조화로움은 곧 선풍적인 인기를 몰고 와 전 세계적인 사랑을 받는 대중적인 음료로서의 확고부동한 위치를 차지하기에 이르렀다.

3) Cocktail의 어원

Cocktail에 관한 어원(語源)은 전 세계에 걸쳐 수많은 설(說)이 있다.

미국 독립전쟁 당시 버지니아 기병대의 '패트릭 후라니간'이라는 한 아일랜드인이 기병대에 입대하였다. 그러나 그 사람은 입대한 지 얼마 되지 않아 뜻밖에 전사를 하고 말았다. 신혼의 '베티'라는 여인은 남편을 잊지 못하고 죽은 남편의 부대에 종군할 것을 희망하였다. 부대에서는 하는 수 없이 그녀에게 부대의 주보(酒甫)를 운영하게 하였다. 그녀는 특히 브레이서(Bracer)라고 부르는 혼합주를 만드는 데 소질이 있어 군인들의 호평을 받았다. 그러던 어느 날 그녀는 반미(反美) 영국인 지주의 정원에 들어가 아름다운 꼬리를 지닌 수탉을 훔쳐와서 장교들을 위로하였는데 장교들은 닭의 꼬리로 장식된 혼합주를 밤새 마시며 춤을 추고 즐겼다고 한다. 그런데 만취한 어느 장교가 병에 꽂힌 Cook's tail을 보고 "야! 그 Cook' s tail 멋있군!" 하고 말하자 "응, 정말 멋있는 술이야"라고 응수하였다. 그 후부터 이 혼합주 Bracer를 Cocktail이라고 부르게 되었다.

또 다른 설은 IBA(International Bartender Association)의 Official Text Book에 소개되어 있는 설(設)로서 옛날 멕시코 유카탄(Yucatan) 반도의 캄페체란 항구에 영국 상선이 입항했을 때의 일이다.

상륙한 선원들이 어느 술집에 들어갔는데 카운터 안에서 소년이 깨끗이 벗긴 예쁜 나뭇가지 껍질을 사용하여 맛있어 보이는 드락스(Drace)라고 하는 원주민의 혼합음료를 만들고 있었다. 당시 영국 사람들은 Straight로만 마셨기 때문에 이 광경이 신기하게 보였다. 한 선원이 "그게 뭐지?" 하고 물었다. 선원은 술을 물었는데 소년은 나뭇가지가 닭 꼬리처럼 생겼으므로 "꼴라 데 가죠(Cola de Gallo)"라고 대답하였다. 이 말은 스페인어로 수탉꼬리를 의미한다. 이것을 영어로 바꿔서 Cocktail의 어원에 대한 유래는 여러 가지가 있으나 Cocktail이라는 말이 18C 중엽부터 사용되었다는 것은 당시의 소문이나 소설을 통해서 알 수 있다.

4) Cocktail의 기본요소

(1) Base

Cocktail의 기본이 되는 Liquor를 말한다.

(2) Mixer

Cocktail의 Base와 섞이는 음료로서 Soda Water, Gingerale, Tonic Water 등을 주로 사용한다.

(3) Garnish

Cocktail의 맛을 더하거나 돋보이게 하기 위해 장식하는 것으로 Lemon, Orange, Olive, Cherry, Pineapple 등을 사용한다.

5) Cocktail의 분류

(1) 용량에 따른 분류

① 롱 드링크(Long Drink) : 용량이 많은 180ml(6oz) 이상인 것

② 숏 드링크(Short Drink) : 용량이 적은 150ml(5oz) 미만인 것

(2) 맛에 따른 분류

① Sweet Cocktail : 단맛이 강한 칵테일

② Sour Cocktail : 신맛이 강한 칵테일

③ Dry Cocktail : 담백한 맛이 강한 칵테일

(3) 용도에 따른 분류

① Aperitif : 식욕증진을 위한 식전 칵테일

② Before Dinner : 정찬 전 약간의 시간이 있을 때 마시는 칵테일로 Dry하다.

③ After Dinner(Dessert) Cocktail : 식후주로 단맛을 지닌 칵테일이다.

(4) 형태에 따른 분류

① 하이볼(High Ball) : 증류주를 Base로 하이볼 글라스에 얼음을 넣고 청량음료를 넣어 혼합한 것(스카치소다, 버번콕)

② 피즈(Fizz) : 피즈라는 이름이 붙게 된 이유는 탄산음료를 개봉할 때 또는 따를 때 픽~

하는 소리가 난 데서 비롯된다.

③ 사워(Sour) : 증류주에 레몬주스를 넣은 시큼한 맛의 칵테일로 얼음을 제외하고 레몬 체리를 장식한다(위스키사워, 진사워).

④ 슬링(Sling) : 피즈와 비슷하나 약간 용량이 많고 리큐르를 첨가하여 과일을 장식한다(싱가폴슬링).

⑤ 코블러(Cobbler) : "구두 수선공"이란 뜻으로 여름철 더위를 식히는 음료이다. 알코올 도수가 낮고 Fruity한 과일주를 Base로 한다(와인코블러, 커피코블러).

⑥ 쿨러(Cooler) : 술, 설탕, 레몬(또는 라임)주스를 넣고 소다수를 채운다.

⑦ 펀치(Punch) : 펀치볼(큰 그릇)에 과일, 주스, 술, 설탕, 물을 혼합하여 큰 얼음을 띄워 여러 사람이 떠서 먹는 음료이다.

⑧ 프라페(Frappe) : 프랑스어로 잘 냉각된 뜻이다. 가루 얼음을 샴페인 글라스에 가득 채우고 술을 붓고 빨대를 꽂는다.

⑨ 타디(Toddy) : 뜨거운 물(또는 차가운 물)에 설탕, 술을 넣은 것이다.

⑩ 에그녹(Egg Nog) : 미국 남부지방의 전설에서 유래된 연말(크리스마스) 칵테일이다. 달걀과 우유를 사용한다.

⑪ 플립(Flip) : 대개 와인을 사용하며 달걀, 설탕을 넣은 것으로 에그녹과 비슷하다.

⑫ 플로트(Float) : 술의 중량을 이용하여 섞이지 않게 띄운 것이다.

⑬ 스노 스타일(Snow Style) : 눈송이 같은 분위기를 연출하며 경우에 따라 설탕 또는 소금을 사용한다.

⑭ 미스트(Mist) : 프라페와 비슷하고 Crushed Ice를 사용하며 용량이 약간 많다.

⑮ 데이지(Daisy) : 증류주에 레몬, 라임주스, 그레나딘시럽(또는 리큐) 등을 혼합한 뒤 소다로 채운다.

⑯ 칼린스(Collins) : 칼린스 가족에 의해 만들어졌기 때문에 이렇게 이름이 붙여졌다. 술에 레몬이나 라임즙과 설탕을 넣고 소다수로 채운다.

⑰ 크러스타(Crusta) : 술에 레몬주스, 약간의 리큐르(또는 버터)를 넣은 것으로 레몬 껍질이나 오렌지 껍질을 넣은 칵테일이다.

⑱ 줄립(Julep) : 민트 줄기를 넣은 칵테일이다.

⑲ 릭키(Rickey) : 라임을 짜서 즙도 넣고 그 자체를 글라스에 넣고 소다수 또는 물로 채운 것으로 달지 않은 칵테일이다.

⑳ 생거리(Sangaree) : 와인 또는 증류주에 설탕, 레몬주스를 넣고 물로 채운다.

㉑ 스매쉬(Smash) : 쥴립과 비슷하나 Shaved Ice를 사용하며 설탕, 물을 넣고 민트 줄기로 장식한다.

㉒ 트로피칼 칵테일(Tropical Cocktail) : 열대성 칵테일을 의미하며 과일주스, 시럽 등을 이용하여 달고 시원하며 과일을 장식한 양이 많은 칵테일이다.

(5) 기타

① 스쿼시(Squash) : 과일즙을 짜낸 다음 설탕, 소다수를 넣은 것

② 에이드(Ade) : 과일즙에 설탕, 물을 넣은 것

③ 스트레이트 업(Straight Up) : 술에 아무것도 넣지 않은 상태로 마시는 것

④ 온더락스(On the Rocks) : 얼음만 넣고 그 위에 술을 넣은 상태로 마시는 것

6) Cocktail의 기법

Cocktail을 만드는 기본적인 기법은 크게 5가지로 대별할 수 있다.

(1) 직접 넣기(Build)

Build는 Shaking이나 Stirring을 하지 않고 Glass에 직접 얼음과 재료를 넣어 Bar Spoon으로 휘저어서 만드는 방법이다. 주로 High Ball류가 이 방법에 의해 조주된다. 예를 들면 Whisky Soda, Screw Driver, Old Fashioned 등은 이러한 기법으로 만든 Cocktail에 속한다.

(2) 휘젓기(Stir)

Stir는 Mixing Glass에 얼음과 술을 넣고 Bar Spoon으로 잘 저어서 잔에 따르는 방법으로 원래의 맛과 향을 유지하며 가볍게 섞거나 차게 할 때 이용하는 방법이다.

예를 들면 Manhattan, Martini, Gibson 등은 이러한 기법으로 만든 Cocktail에 속한다.

(3) 흔들기(Shake)

Shake는 Shaker에 얼음과 재료를 넣고 흔들어서 만드는 방법으로 점성이 있는 Liqueur류나 Egg, Milk, Cream, 각종 Fruit Juice 등 비교적 비중이 큰 재료를 사용한 Cocktail을 만들 때 쓰인다. Shaker에 재료를 넣는 순서는 Bartender의 재량이나 기호에 따라 약간씩 다를 수 있으나 보통은 얼음을 맨 처음에 넣고 다음에 기본이 되는 술 그리고 Juice이나 Egg, Cream Milk 등의 부재료를 나중에 넣는다. 예를 들면 Whisky Sour, Brandy Alexander,

Pink Lady, Side Car 등은 이러한 기법을 만든 Cocktail에 속한다.

(4) 띄우기(Float)

Float는 술이나 재료의 비중을 이용하여 내용물을 위에 띄우거나 차례로 쌓이도록 하는 방법이다. Float하는 방법은 Bar Spoon을 뒤집어 Glass Rim 안쪽의 끝부분에서 약간 밑으로 대고 Glass 안의 다른 재료와 섞이지 않게 조심스럽게 따른다. 예를 들면 Pousse Cafe, Angel's Kiss 등은 이러한 기법으로 만든 Cocktail에 속한다.

(5) 블렌드(Blend)

Blend는 전기 Blender에 필요한 재료와 Crushed Ice를 함께 넣고 전동으로 돌려서 만드는 방법으로 Tropical Cocktail 종류를 주로 만들며 Frozen 종류의 일부도 이러한 방법으로 만든다. 예를 들면 Mai-Tai, Chi Chi, Frozen Magarita 등은 이러한 기법으로 만든 Cocktail에 속한다.

7) Base에 따른 종류

(1) 일반적 종류

Base	종류
Gin(9)	Pink Lady, Dry Martini, Gibson, Gimlet, Orange Blossom, Paradise, Tom Collins, Singapore Sling, Negroni
Liqueur(8)	June Bug, Jagermeister Cooler, Sloe Gin Fizz, Apricot, Grasshopper, Golden Cadillac, B-52, Angel's Kiss
Whiskey(7)	New York, Manhattan, Rob Roy, Rusty Nail, Old Fashioned, Irish Coffee, Sidecar
Brandy(6)	Stinger, Brandy Alexander, Olympic, Honeymoon, Brandy Sour, Brandy Eggnog
Rum(6)	Bacardi, Daiquiri, Cuba Libre, Mai-Tai, Pina Colada, Blue Hawaiian
Vodka(11)	Kiss of Fire, Cosmopolitan, Emerald Martini, Apple Martini, Seabreeze, Screwdriver, Moscow Mule, Bloody Mary, Harvey Wallbanger, Long Island Iced Tea, Black Russian
Tequila(2)	Tequila Sunrise, Margarita
Wine(1)	Kir

(2) 기내에서 서비스하고 있는 칵테일(Base에 따른 종류)

Whisky Base	Gin Base	Vodka Base
Scotch Soda Whisky Sour Bourbon Cock John Collins	Gin Tonic Gin Fizz Orange Blossom Tom Collins Martini	Vodka Tonic Bloody Mary Screw Driver Seoul Love

Wine Base	Champagne Base
Kir	Mimosa Kir Royal Buck Fizz Arise My Love

8) Cocktail과 관련된 용어

용어	설 명
Oz	Ounce의 의미이며 30ml이다.
Stir	젓는 것
Strain	액체만 따라 내는 것
Straight	얼음 없이 마시는 방법
On the Rocks	얼음과 함께 마시는 방법
Float	비중이 다른 두 가지 이상의 음료를 섞이지 않도록 층을 만들어 띄우는 방법
Chaser	술을 쫓아가듯이 마신다는 데서 생긴 말로 입가심 음료를 말한다. Straight로 마실 때 반드시 함께 마시며 Water, Soda, Gingerale 등을 주로 마신다.
Fizz	탄산가스가 액체에서 떨어져 나갈 때 나는 '피익' 하는 소리에서 비롯된 의성어로 주로 증류주에 Soda를 희석한 Cocktail에 많이 쓰이는 용어이다.
Sour	'신맛'의 의미로 증류주를 Base로 하여 신맛과 소량의 단맛을 가미한 후 과일로 장식하는 Cocktail에 주로 쓰이는 용어이다.

9) Cocktail 제조 시 유의사항

① Cocktail은 항상 차게(4~6도) 만든다.

② On the Rocks는 2oz 정도, Straight는 1oz 정도가 적당한 양이다.

③ Straight로 만들 때는 Chaser를 함께 준비한다.

④ Mixer가 발포성일 경우에 너무 많이 젓지 않는다.

⑤ Garnish는 마르지 않은 것을 써야 한다.

⑥ 얼음을 넣은 Cocktail은 Muddler를 같이 준비한다.

⑦ 사용되는 얼음은 깨끗하고 단단한 것을 사용해야 하며 녹은 얼음은 Cocktail은 묽게 하므로 쓰지 않도록 한다.

⑧ 가능한 Garnish를 이용하여 장식의 효과를 준다.

⑨ 설탕이 들어가는 Cocktail은 충분히 저어 녹인 후 얼음을 넣는다.

10) 기내에서 서비스하는 Cocktail 제조법

Name	Ice	Base	Mixer	Garnish	Mixing
Manhattan	O	Bourbon Whisky 1.5oz	Sweet Vermouth 0.7oz	Cherry	Straight로 주문 시는 Wine Glass에 Strain 한다.
Whisky Sour	X	Blended Whisky 1oz	Lemon/J 0.3oz	Lemon/S Cherry	Sugar 1 Tea Spoon을 넣고 잘 저은 후 얼음을 넣고 차게 하여 Wine Glass에 Strain 한다.
Gin Fizz	O	Gin 1oz	Lemon/J 0.3oz Soda Water	Lemon/J	Sugar 1 Tea Spoon을 넣고 잘 저은 후 얼음을 넣고 차게 하여 얼음 3~4개를 넣은 Glass에 Strain한 후 소다수를 채운다.
Gin Tonic	O	Gin 1oz	Tonic	Lemon/S	Stir
Martini	O	Gin 1.5oz	Dry Vermouth 0.7oz	Olive	Dry는 Gin분량을 늘리고 Straight는 Wine glass에 Strain한다.
Orange Blossom	O	Gin 1oz	Orange/J 1.5oz	–	Sugar 1/2Tea Spoon을 넣고 잘 저은 후 얼음을 넣고 차게 하여 Wine glass에 Strain한다.

Tom Collins	O	Gin 1oz	Lemon/J 0.3oz Soda Water	Lemon/S Cherry	Sugar 1 Tea Spoon을 넣고 잘 저은 후 얼음을 넣고 차게 하여 얼음 3~4개를 넣은 Glass에 Strain한 후 소다수를 채운다.
Bloody Mary	O	Vodka 1oz	Tomato/J	Lemon/S	Worcestershire Sauce와 Hot Sauce 2~3방울, Salt, Pepper를 첨가하여 Stir한다.
Seoul Love	O	Vodka 1oz	Guava/J 2oz Lime/J 1oz	Cheery Lemon/S	Stir
Screw Driver	O	Vodka 1oz	Orange/J	Orange/S	Stir
Kir Royal	X	Champagne 8T/s	Creme de Cassis 1 T/S	–	Creme de Cassis와 Champagne을 1 : 8의 비율로 채운다.
Buck Fizz	X	Champagne 2.5oz	Orange/J 2.5oz	Orange/S	Orange/J를 먼저 넣고 Champagne으로 채운다.
Campari Soda	O	Campari 1.5oz	Sada Water	–	Stir
Arise My love	X	Creme de Menthe 1 T/S	Champagne	Cherry	–
B & B	X	Benedictine Brandy 각각 0.5oz	–	–	Benedictine을 먼저 따르고 Brandy를 섞이지 않도록 조심스럽게 따른다.
Sky pass	X	Baileys 1oz	Cointreau 1oz	–	Bailys와 Cointreau를 따르고 잘 젓는다.
Angel's Smile	O	Baileys 1oz Cointreau 0.5oz	Orange/J	Orange & Cherry	Ice를 먼저 넣고 Baily와 Cointreau를 따른 다음 glass의 8부까지 O/J를 부어 잘 젓는다.
Creme de Menthe Frappe	O	Creme de Menthe	–	–	잘게 깬 얼음으로 잔을 채우고 Creme de Menthe를 Wine Glass의 2/3 정도 붓는다.
Kir	X	Creme de Cassis 1 T/S	Burgundy White Wine 8 T/S	–	Creme de Cassis와 White Burgundy를 1 : 8 비율로 채운다.

〈그림 4-29〉 다양한 종류의 칵테일

11) 칵테일 서비스의 중요성

칵테일은 기내에서 서비스하는 일반적인 식음료와 달리 고객의 요청에 맞추어 해당 고객만을 위해 제조되는 보다 의미 있는 음료라고 할 수 있다.

얼음 하나까지도 최선을 다해 준비할 때 좀 더 특별한 서비스로 완성될 수 있음을 기억해야 한다. 또한 주요 칵테일의 제조방법은 비행 전 반드시 숙지하여, 고객 요청이 있을 시 프로 승무원다운 모습으로 자연스럽게 서비스할 수 있도록 노력해야 한다.

Chapter 5

Non-Alcoholic Beverage

학습목표

1. Non-Alcoholic Beverage의 특성을 이해하고 설명할 수 있다.
2. Soft drink의 종류와 특성을 이해한다.
3. 영양음료의 정의와 특성을 이해한다.
4. 기호음료의 개념과 특성을 이해한다.

5.1 청량음료(Soft Drink)

청량음료(Soft Drink)는 크게 탄산성 음료와 비탄산성 음료 등으로 구분할 수 있다.

1) 탄산음료의 정의

탄산음료는 청량감을 주는 탄산가스가 함유된 음료로서, 이 탄산가스는 미생물의 발효를 저지하고 향기의 변화를 보호한다. 이러한 탄산음료는 여러 가지 방법으로 제조되고 있다. 첫째로는 탄산가스가 함유된 천연광천수로 만들어지고, 둘째로는 순수한 물에 탄산가스를 함유시키는 것이 있고, 셋째로는 음료수에 천연 또는 인공의 감미료를 함유시키는 것과, 천연과즙에 탄산가스를 함유시키는 것들이 있다.

2) 탄산음료의 종류

(1) 콜라(Cola)

콜라는 1886년 미국 조지아주 애틀랜타의 존스타인 펨버튼(Johnstein Pemberton : 약사) 박사에 의해 제조되었다. 서아프리카가 원산지이며, 열대지방에서 많이 재배하는 콜라나무 열매(Cola Nuts)에서 추출한 엑기스의 쓴맛과 떫은맛을 제거하고 가공 처리한 즙을 당분과 캐러멜 색소, 산미료, 향료 등을 혼합한 후 탄산수를 주입한 것이다. 콜라나무 종자에는 커피에 들어 있는 양의 2~3배에 달하는 카페인(Caffeine)과 콜라닌(Kolanin)이 들어 있어 아프리카 일부 지역의 원주민들은 피로를 푸는 데 효과가 있다며 이것을 많이 이용한다고 한다.

(2) 소다수(Soda Water)

천연광천수 가운데 이산화탄소를 함유한 것을 마시면 혀에 닿는 특유한 자극이 청량감을 주는 데서 인공적으로 이산화탄소를 함유하는 물을 고안해 낸 것이 소다수의 시초이다. 이때 이산화탄소를 만드는 데 소다를 쓰기 때문에 소다수라고 한다. 여기에 다시 제2차 가공을 가하여 설탕, 향료, 산(酸), 색소 등을 첨가한 것이 레몬에이드, 사이다, 시트론 등이다. 소다수의 성분은 수분과 이산화탄소만으로 이루어졌으므로 영양가는 없으나, 이산화탄소의 자극이 청량감을 주고, 동시에 위장을 자극하여 식욕을 돋우는 효과가 있다. 8~10℃ 정도로 냉각하는 것이 이산화탄소도 잘 용해되고 입에 가장 잘 어울리지만, 시럽이나 과즙 또는 칵테일 조주 시 주정을 혼합해서 마시기도 한다.

(3) 진저에일(Ginger Ale)

진저(Ginger)는 생강이란 뜻이고 에일(Ale)은 알코올을 뜻하며, 진저에일(Ginger ale)은 생강주를 의미한다. 그러나 우리나라의 진저에일(Ginger ale)은 알코올 성분이 전혀 없는 순수한 청량음료이다. 생강의 향(香)을 함유한 탄산음료로서 일종의 자극을 주는 풍미는 식욕증진의 효과가 있으며, 소화를 돕고 정신을 맑게 한다. 특히 일본 사람들이 좋아하는 탄산음료이다. 맥주(Beer)나 브랜디(Brandy)와 조주하여 마시기도 한다.

(4) 토닉 워터(Tonic Water)

영국에서 처음으로 개발한 무색투명한 음료(飮料)이다. 레몬(Lemon), 라임(Lime), 오렌지(Orange), 키니네(Quinine), 피(皮) 등으로 엑기스(Extract)를 만들어 당분을 배합한 것이다. 열대지방 사람들의 식욕증진과 원기(元氣)를 회복시키는 강장제 음료(飮料)이다.

(5) 칼린스 믹스(Collins Mix)

레몬과 설탕이 주원료이며, 첨가물로는 액상과당, 탄산가스, 구연산, 구연산삼나트륨, 향료 등이 들어 있다. 칼린스 믹스가 없을 경우에 Lemon Juice 1/2oz, Sugar Syrup 1tsp, Soda Water를 사용하여 만든다.

(6) 세븐 업(7–up)

구미(歐美)에서의 사이다는 사과를 발효해서 제조한 일종의 과실주로서 알코올분이 1~6% 정도 함유되어 있는 사과주를 말한다. 그러나 우리나라의 사이다는 주로 구연산, 주석산 그리고 레몬과 라임에서 추출한 과일 에센스를 혼합한 시럽을 만들어 병에 소량 넣어 위에서 증류수를 채우고 끝으로 액화탄산가스를 주입하여 만든다.

3) 비탄산음료

기내에서 서비스하는 생수는 일반적으로 1.5L, 330ml, Cup Type 등 세 가지가 있다. 1.5L의 경우 주로 음료 서비스 시에 사용한다. 330ml는 중/장거리 노선에서 지상에서 고객 좌석에 Pre-setting된다.

Cup type 생수는 주로 Meal 서비스 시 사용한다. 고객이 본인 소지의 1회용 물통에 물 Refill을 요청할 경우 양해를 구한 후 Cup에 물을 제공한다. 그러나 1회용 물통에 330ml (Mineral Water 병 포함)의 Refill은 지양해야 한다. 왜냐하면 병 개봉 후에는 세균의 번식률

〈그림 5-1〉 비탄산음료의 종류

이 높아져 식중독의 위험이 발생하므로 철저한 위생관리를 위해 사용한 1회용 물통에 물을 Refill하지 않도록 한다.

일반적으로 자연식수(H_2O)는 무색, 무미, 무취의 액체로서의 음료와 고체로서의 얼음(Ice)으로 제조된다. 물 이외에도 다음과 같은 비탄산음료가 있다.

(1) 광천수

광천수는 칼슘, 마그네슘, 칼륨 등의 광물질이 미량 함유되어 있는 물을 말한다.

(2) 비시수(Vichy Water)

프랑스의 광천도시 비시에서 나는 탄산 소다수이다.

(3) 에비앙수(Evian Water)

프랑스 남동부 론알프주(州) 오트사부아현(縣)에 있는 에비앙시(市)에서 나는 천연 광천수로 다량의 광물질을 함유하고 있으나 탄산가스가 없는 양질의 음료로 세계적으로 유명하다.

(4) 셀처수(Seltzer Water)

독일의 온천도시로 유명한 비스바덴(Wiesbaden)에서 생산되는 천연광천수이다.

5.2 영양음료(Nutritious)

영양음료란 인체에 필요한 여러 가지 영양분을 공급해 주는 천연과즙이나 유제품을 의미한다.

1) 영양음료의 종류

(1) 주스류

과실의 액즙을 짜서 만든 과즙에 과당을 첨가, 가공하여 만든 음료로 Cocktail에서 가장 많이 사용하는 Juice는 Lemon, Lime Juice인데 이들 Juice는 향미(香味)가 상큼하여 Cocktail에 상쾌한 풍미(風味)를 나타내기 때문이다. Cocktail 조주 시 많이 사용하는 주스류는 다음과 같다.

✽ Cocktail 제조 시 사용되는 주스류

- 레몬 주스(Lemon Juice)
- 오렌지 주스(Orange Juice)
- 그레프룻 주스(Grapefruit Juice)
- V-8 야채 주스(V-8 Vegetable Juice)
- 애플 주스(Apple Juice)
- 체리 주스(Cherry Juice)
- 라임 주스(Lime Juice)
- 파인애플 주스(Pineapple Juice)
- 토마토 주스(Tomato Juice)
- 크랜베리 주스(Cranberry Juice)
- 그레이프 주스(Grape Juice)

기내에서 서비스되는 주스는 오렌지주스, 파인애플주스, 토마토주스, 구아바주스 등을 서비스하며 상위클래스에서는 추가적으로 애플주스, 천연오렌지 주스를 서비스한다. 안의 내용물이 잘 섞일 수 있도록 서비스 전 기내 주방인 Galley에서 잘 흔들어서 서비스한다.

〈그림 5-2〉 기내에서 서비스하는 주스류

(2) Milk류

우유는 유백색의 불투명한 액체이다. 이는 우유의 여러 성분 중 특히 카세인(casein) 입자와 지방구가 분산되어 있기 때문이다. 우유는 물(water) 87.1%, 지방(fat) 3.9%, 단백질(protein) 3.3%, 락토스(lactose) 5.0%, 기타 0.7%로 구성되어 있다.

① 원유(raw milk)

② 살균유(pasteurized milk)

③ 멸균유(sterilized milk) : 원유를 약 150℃에서 2.5~3초 동안 가열 처리하여 무균상태로 만든 우유이다. 장기간 저장할 수 있어 산간벽지, 여행, 전쟁 시 편리하게 이용할 수 있다.

우유를 기내에서 서비스할 때는 Pack째 서비스하지 않고 잔에 따라서 서비스하도록 한다. 또한 따뜻하게 데울 경우 끓이지 않고, Pack째 뜨거운 물에 데워서 서비스한다.

우유는 높은 온도에서 끓이게 되면 영양소가 파괴되고, 겉 표면에 우유 단백질이 서로 엉겨붙어 응고되기 쉽다. 그러므로 뜨거운 물을 이용하여 팩째 중탕하여 서비스한다.

5.3 기호음료(Fancy Taste)

기호음료는 Caffeine을 함유한 음료로서 영양가보다는 그 깊은 맛으로 인하여 생활의 멋과 삶의 여유를 갖게 하는 현대인의 음료이다.

1) 커피

커피는 커피나무에 열리는 커피 열매(cherry/Berry/Drupe)의 씨 부분으로써 이 씨를 원두(Coffee Bean)라 부르며, 원두는 다시 생두(Green Bean)와 볶은 원두(Roasted Bean)로 구분한다. 다시 말해 이 두 가지를 통틀어 커피 원두라 한다.

(1) 커피의 개요

커피라는 말이 어디에서 온 것인지는 분명하지 않지만 보통 아랍어에 뿌리를 두었다고 하며 커피의 원산지로 통하는 에티오피아의 지명에서 나왔다고도 한다. 에티오피아에는 야생으로 자라는 커피나무가 많이 있는데 그곳의 지명이 '카파(Kaffa)'인 것에서 유래되었다고 보는 설이 있다. 이처럼 어원이 분명하지 않은 만큼 전래된 내력도 분명하지 않다. 커피의 유래에 대해 가장 널리 알려진 전설은 아비시니아(Abyssinia : 에티오피아의 옛 이름)의 목동 칼디(Kaldi)의 전설이다. 그 내용은 염소를 치는 칼디가 하루는 염소를 불러 모아 들어갈 시간이 되었는데 평소 그의 신호를 들으면 모여들던 염소들이 그날따라 몇 마리가 나타나지 않는 것

이었다. 염소들을 찾아 언덕을 올라가 높은 평지에 이르자 이상하게 흥분한 듯 뛰어노는 염소들의 모습을 볼 수 있었다. 그리고 언덕의 한쪽에는 가지가 많고 키가 작은 관목이 있었는데 그 나무에는 빨간 열매가 달려 있는 것을 볼 수 있었다. 겨우 염소를 몰아 우리에 가두었는데 몇 마리의 염소들이 밤늦게까지 잠을 안 자고 뛰어다니며 이상한 행동을 한다는 것을 알게 되었다. 다음날 칼디는 염소들을 관찰한 후, 가지가 많은 관목의 빨간 열매를 따먹은 염소들이 흥분하여 뛰어논다는 것을 알게 되었다. 며칠 관찰한 결과 빨간 열매를 먹고 흥분했던 염소들이 아침에는 다시 멀쩡해지곤 하는 것을 확인하고 자신도 한 번 먹어보았다. 그리고 그것을 먹자 칼디 역시 곧 정신이 맑아지고 힘이 솟는 듯한 기분을 느껴 염소들과 같이 춤추며 뛰어놀게 되었다. 그는 근처 수도원 원장에게 이 사실을 고백하기로 결심하고 빨간 열매가 달린 나뭇가지를 가지고 가서 수도원 원장에게 그의 체험을 알렸다. 원장은 "그것은 필시 악마의 장난이다!" 하며 나무와 열매를 태울 것을 명하였다. 태우기 시작한 지 얼마 지나지 않아 나무와 열매로부터 향긋한 커피 냄새가 퍼져 그 냄새에 반한 수도원 원장이 불에 태우는 것을 중지시키고 불에 탄 열매를 모아 두었다가 남모르게 직접 먹어본 후 스스로도 엄청난 커피의 위력을 발견하게 되었다고 한다.

초기에 유럽시장에 공급된 대부분의 커피는 알렉산드리아와 스미르나항구에서 선적되었으며 전 세계에 소비가 확산되면서 커피의 식물학적인 특성에 대해서도 보다 많은 관심을 갖게 되었다. 또한 커피수요가 증가하면서 수출항에 부과되는 세금도 증가하게 되어 이러한 이유로 서방의 상인과 과학자들은 이식을 위해 동방으로부터 커피 식물을 몰래 들여오게 된다. 이렇게 해서 독일은 바타비아와 자바와 같은 그들의 식민지에서 커피를 재배하게 되며 프랑스는 1723년 마티니끄에서 커피를 가져와 또한 그들의 식민지에서 커피를 재배하게끔 한다. 결국 영국, 스페인 그리고 포르투갈 등 유럽 국가들에 의해 아시아와 중남미의 적도 부근에서 재배하게 되는 것이다.

우리나라에 커피가 처음으로 들어온 시기는 대략 1890년 전후로 추정된다. 커피가 우리나라에 들어오게 된 유래에 대해서는 여러 가지 설이 있으나, 1895년에 을미사변이 일어나 고종황제가 러시아 공사관으로 피신했던, 러시아 공사 베베르가 고종과 담소하기 위한 방편으로 커피를 권했다는 것이다. 이렇게 하여 러시아 공사관에서 커피 맛을 들인 고종은 환궁 후에도 덕수궁 정관헌이라는 서양식 집을 짓고 그곳에서 커피를 마시곤 했다. 이후 개화기 당시의 서울 시내 다방은 명동과 충무로, 소공동 일대를 중심으로 몰려 있었고, 그 수는 얼마 되지 않았다. 그러던 중 1950년 6·25전쟁은 커피의 대중화를 본격적으로 열어주었는데,

미군부대에서 흘러나온 불법 외제품으로 인해 시중의 커피는 암거래로 인해 막대한 외화가 유출되는 결과를 초래하였으며, 정부는 1960년대 말 연간 780만 달러 규모의 외화 손실방지 및 세수결함을 방지하기 위해 국내 커피메이커의 설립을 승인, 1970년 9월 동서식품이 국내 최초로 인스턴트커피를 생산하였다.

70년대 말까지 평범한 도시인들의 사업장이나 휴식공간으로 자리 잡았던 다방 중심의 커피문화는 1980년대에 들어서면서 새로운 모습으로 변모되었다. 80년대 중반부터 시작된 외식산업의 성장은 커피에 관한 소비자의 인식을 바꾸는 계기가 되었다. 이전까지의 인스턴트커피(Soluble coffee) 시장이 전부였던 커피시장에 원두커피(Regular Coffee)가 처음으로 시장에 론칭(launching)한 시기이도 하다.

90년도 후반부터 론칭한 스타벅스(Starbucks), 시애틀베스트커피(Seattlebest coffee), 커피빈(Coffeebean) 등 다국적 외국 브랜드의 국내 시장 진입과 성공은 우리나라 커피 시장의 가능성을 열어둔 계기가 되었다. 다국적 커피 기업의 성공은 소비자 라이프 스타일의 변화에 따른 욕구를 인지하고 전개된 것으로 스페셜러티 커피시장은 외식의 형태에서도 테이크아웃시장을 더욱 성장시켰다. 기존의 길거리 음식에 대한 문화적 보수주의를 타파한 독특한 시장을 개척한 것도 커피산업에서 비롯된 테이크 아웃 시장이었다. 이러한 커피산업의 양적인 성장은 커피를 전문적으로 추출하고 서비스하는 바리스타(Barista)라는 직업으로 나타나고 있으며, 산지별 커피빈에 대한 다양한 지식을 가진 전문가가 탄생하게 되었다.

(2) 커피의 재배

커피나무는 루비아체과에 속하며 약 200~2,000미터 높이의 열대지방 고산지대에서 자란다.

커피나무는 쌍으로 된 열매를 맺는 쌍자엽 식물이며 3~12미터까지 자라지만 재배 시에는 수확을 용이하게 하기 위하여 가지치기를 하여 그 크기를 제한한다. 일반적으로 유연한 가지와 좁은 뿌리를 가지며 큰 형태의 모습으로 자란다. 달걀모양의 잎은 녹색빛에 윤기가 있으며 약 최대 20cm까지 자란다.

재스민 향기를 지닌 덩어리진 모습으로 하얀 꽃을 피운 이후 열매를 맺으며 처음에는 녹색빛을 띠며 자라고 다 자란 열매는 밝은 빛의 빨간색으로 변화한다. 그 열매의 이름이 바로 체리(Cherries)이다. 체리에는 두 개의 씨, bean이 들어 있으며 두툼하게 쌓인 펄프(Pulp)와 얇은 층의 실버 피가 그것을 보호하고 있다. Bean의 안쪽 면은 가로줄의 패인 줄무늬를 띠고 있으며 바깥 면은 볼록한 형태를 하고 있다.

주로 커피를 재배하고 있는 적도를 낀 남북의 양회귀선(북위 25도, 남위 25도) 안에 있는 열대와 아열대 지역은 커피를 재배하기에 매우 적합한 기후와 토양을 가지고 있기 때문에 '커피벨트(일명 커피존)'라고 부른다. 커피는 주로 이 지대의 약 60여 개국에서 생산되고 있는데, 생산지별로는 남미, 중미 및 서인도제도, 아시아, 아프리카, 아라비아, 남태평양, 오세아니아 등으로 크게 분포되어 있다. 생산량은 브라질이 전체 생산량의 약 30%로 1위이고, 2위는 콜롬비아로 10%인데, 중남미에서 전 세계 생산량의 약 60%를 차지하고 있다. 그 다음으로 아프리카와 아라비아가 약 30%이고, 나머지 약 10%를 아시아의 여러 나라가 점유하고 있다. 커피재배 조건으로는 연 강우량이 1,500~2,000㎜이고, 평균기온은 20℃ 전후이면서 온난기후여야 하는 등 품질이 우수한 커피콩을 재배하는 데는 여러 가지 조건이 필요하다. 커피의 나무는 꼭두서니과(Rubiaceae)의 커피속(Coffee)에 속하는 열대산 상록관목으로 그 가운데는 200종 이상의 품종이 있는데, 그중에 '3대 원종'이라 불리는 것은 아라비카종, 로부스타종, 리베리카종이다.

아라비카종의 원산지는 아프리카이며 수세기 동안 경작되어 온 가장 잘 알려진 품종이다. 사실상 가장 많은 지역에서 재배되고 있으며 타원형, 녹빛의 Bean으로 그 맛과 질에서 높은 평가를 받고 있다. 이 종은 미네랄이 풍부한 토양에서 잘 자라며 1년 내내 약 20℃의 온도와 고도는 약 600m의 고산지대를 필요로 한다.

로부스타종의 원산지는 콩고이며 아라비카종에 적합하지 않은 아프리카나 아시아 지역에 폭넓게 분포되어 있는 저항력이 강한 커피이다. 또한 열악한 환경 속에서도 잘 자라기 때문에 재배하기 쉬우며 병충해에도 강하여 풍부한 열매를 맺는다. Bean은 작고 둥그스름한 모양을 하고 있으며 황색빛을 띠고 있다.

종류	아라비카종	로부스타종	리베리카종
원산지	에티오피아	콩고	라이베리아
생산 비율	세계 총 생산량의 70%	세계 총 생산량의 20~30%	매우 소량
재배 온도	기온 15~24도	기온 24~30도	기온 15~30도
생두의 형태	납작한 타원형	길이가 짧은 타원형	양끝이 뾰족한 곡물모양
생산국	브라질, 콜롬비아, 페루 자메이카, 베네수엘라 코스타리카, 엘살바도르 인도네시아, 에티오피아 케냐, 인도 등	콩고, 우간다, 카메룬, 베트남 마다가스카르, 인도, 타이, 코트디부아르 등	수리남, 라이베리아 코트디부아르 등

(3) 커피의 가공과 배합

커피의 열매 중 원두(커피콩)만을 음용하므로 수확한 열매에서 불필요한 부분은 제거되어야 한다.

이 불필요한 커피열매의 과육을 제거하는 방법은 크게 두 가지 방법, 습식법(wet processing)과 건식법(dry processing)이 있다. 일부 예외가 있기는 하지만 습식법으로 처리된 원두는 마일드, 건식법으로 처리된 원두는 로부스타와 브라질이다.

건식법은 아주 오랜 옛날부터 사용되던 방식으로 지금도 많은 물을 사용하기 힘든 지역이나 소규모 농원에서 주로 사용되는 방법인데 인공건조와 자연건조로 나누어볼 수 있다.

자연건조의 경우 햇빛을 이용하기 때문에 별도의 설비에 대한 투자가 필요하지 않다.

수확한 체리 중 덜 익었거나 너무 익은 것, 손상된 것을 제거하는 분리과정을 거친 후 주로 시멘트나 콘크리트로 만들어진 건조장이나 맨땅에서 건조하는 방식으로 약 2주 정도의 건조기간이 필요하다. 건조기간 중에는 윗부분과 아랫부분을 자주 고루 섞어주어야 하며, 밤에는 이슬을 피하기 위해 한곳에 모아 덮개를 씌워주어야 한다.

건조가 잘 되었을 경우 커피 열매를 흔들면 커피원두와 외과피가 부딪히는 소리가 나는데 이때의 수분함량은 약 20% 정도이다.

이렇게 건조된 체리의 과육을 제거하면 커피 원두를 얻게 되는데 이를 다시 건조하여 수분이 12~13% 정도가 되도록 한다.

그 후 크기에 따라 등급을 분류하고, 이물질을 제거하게 되는데 자동화된 설비를 이용하기도 하고 인건비가 싼 나라는 수작업에 의존하기도 한다.

이후 마대에 담는 과정을 거치면 우리가 접하는 원두가 된다. 이때 건조하는 온도가 품질에 미치는 영향은 매우 크다. 보통 50℃의 열풍으로 3일 정도 건조하며, 건조가 끝나면 자연건조된 커피와 동일한 과정을 거쳐 원두가 된다.

습식법은 현대적인 방법으로 건식법에 비해 비용은 많이 들지만 보다 좋은 품질의 커피를 얻을 수 있어 대부분의 아라비카 생산국에서 사용되고 있다.

좋은 품질은 높은 수입을 보장하기 때문이다. 수확된 커피 열매는 수조에서 물에 뜨는 것들을 제거한 후 과육을 제거하는 설비(pulper)에서 외피와 과육이 제거된다.

그리고 다시 한 번 수조에서 물에 뜨는 것들을 제거한 후 발효과정을 거치게 되는데 발효는 끈적끈적한 점액질(pectin)을 제거하는 과정으로 커피 자체가 가지고 있는 효소와 미생물에 의해서 이루어진다. 하루 내지 이틀간의 발효 후 물로 지저분한 것들을 씻어내고 건조과정을 거치면 내과피(parchment)로 둘러싸인 원두를 얻게 된다.

일반적으로 이 내과피에 둘러싸인 상태에서 품질이 가장 잘 보존되므로 출하 직전까지 이 상태로 보관한다.

출하 시에는 내과피를 기계(huller)로 제거한 후 원두 크기에 따라 분류하고 이물질 및 결점수를 제거한다. 최종적으로 마대에 담으면 상품화가 끝난다.

각각이 장단점을 가지고 있는 건식법과 습식법 중 어느 방법을 택할 것인지는 산지의 사정에 의해 결정된다.

배합(Blending)이라고 하여 원두는 품종에 따라 각각 지니고 있는 맛과 향의 특성이 다르기 때문에 어떤 종류의 원두에 부족한 점을 다른 원두로 보강시켜 줌으로써 더욱 조화로운 맛과 향을 얻을 수 있다.

배합 시 원두의 선택은 유통이나 가격에 무리가 없고 품질이 안정된 종류의 원두를 선택하여야 하며, 저품질의 재료를 사용해 가격을 조정하려고 할 경우에는 양질의 커피를 만들어낼 수 없다. 또한 배합비율은 정확한 계량을 통해 결정하여야 한다. 보통 두 종류에서 다섯 종류의 원두를 혼합하는데 너무 많은 종류의 배합은 특징이 없는 커피가 되므로 가급적 피하여야 한다.

배합할 때는 사용하고자 하는 원두의 장단점을 잘 파악하고 결점을 보충할 수 있는 원두를 선택하여야 하며, 각각의 원두를 사용해서 얻을 수 있는 효과의 정도를 명확히 알고 있어야 제대로 된 커피를 만들어낼 수 있다. 또한 배합의 기본이 되는 원두는 특히 품질이 안정된 것(브라질, 콜롬비아 등)을 사용하여야 한다. 그리고 개성 있는 원두를 주축으로 하고 그 위에 보충의 원두를 배합한다. 대표적인 2종 배합은 모카자바로 에티오피아의 모카커피와 인도네시아의 자바커피를 반씩 혼합한 것인데 가장 널리 알려져 있다.

원두를 이용해서 우리가 마시는 음료를 만들기 위해서는 세 가지 공정 즉, 배전(roasting), 분쇄(grinding), 추출(brewing)을 꼭 거쳐야만 한다.

이 중 배전은 커피의 고유한 향미가 생성되는 유일한 공정으로 매우 중요하며, 배전에 의해 600개 이상의 화학물질이 생성된다. 배전은 열전달현상에 의한 것으로 결국은 전도(conduction), 대류(convection), 복사(radiation)에 의해 공급된 열이 커피 원두를 가열하여 일어나는 것이다.

이는 시간과 온도에 의존하는 공정(time-temperature-dependent process)으로 배전에 의해 커피 원두는 물리적, 화학적 변화를 겪게 되고 구조 또한 변형된다. 수분이 증발되고, 이

산화탄소가 생성되어 방출되며, 여러 휘발성 향기성분 등이 생성됨과 동시에 일부 손실도 일어난다. 또한 부피가 약 2배까지 증가하고 밀도는 반 이하로 감소하며 조직이 다공성으로 바뀐다.

배전방식은 배전에 걸리는 시간에 따라 다음과 같이 세 가지로 구분하기도 한다.

배전의 정도에 따라 원두의 빛깔은 녹색에서 황색, 갈색을 거쳐 검정색을 띠게 되는데 정도가 심하면 심할수록 카페올(caffeol)과 커피오일이 원두의 표면으로 더 많이 배어나오게 된다. 이러한 현상은 sweating이라고 말하는데 이는 원두가 땀을 흘리는 것 같아 보이기 때문에 붙여진 이름이다. 배전과정 동안 원두의 내부에서 생성되는 이산화탄소는 원두의 산화를 막아주는 역할을 한다. 이는 이산화탄소가 서서히 배출되면서 산소의 침투를 막기 때문이다.

배전이 끝난 이후 시간이 경과함에 따라 원두 내부의 이산화탄소 함량은 감소하게 되는데 이는 산소의 침투를 용이하게 하여 향미를 갖고 있는 오일성분의 산화를 재촉한다.

커피를 분쇄하면 이산화탄소의 방출은 더욱 가속화되고 산소에 노출되는 표면적도 넓어져 산화의 속도는 더욱 빨리 진행되고 커피의 향미는 점점 나빠지게 된다.

(4) 근대커피의 역사

유목민족이 철마다 이동할 때 필요한 음식을 만드는 재료 중의 하나였던 커피는 어떤 약효나 맛에 대한 지식 없이, 가까운 곳에 있는 나무열매를 따서 수프(soup)를 만들거나 즙을 짜내어 먹기도 하고 생과일처럼 씹어 먹었던 것이다. 칼디의 전설에서처럼 우연히 약효가 발견되어, 이슬람교도 사이에서 종교적인 수행과 연결된 음료로 발전하였고, 뒤이어 아라비아 전역으로 번져 나갔다. 커피나무는 에티오피아에서 발견되자 곧 아라비아 땅에 심겨진다. 다른 지역도 아니고 홍해가 가로놓여 있는 아라비아에 건너가게 된 이유는 당시 지배세력이 아라비아 지역에 있었기 때문이다.

지금의 에티오피아는 아프리카 대륙에 위치하며, 남으로는 케냐, 우간다, 소말리아, 수단과 이웃하고, 북동쪽으로 홍해와 면해 있는 나라이다.

하지만 '빨간 열매'가 처음 발견될 당시 에티오피아는 이슬람교를 신봉하는 왕조로서, 사라센 제국의 영향권 내에 있던 나라였다.

사라센 제국은 한때 아라비아 반도를 중심으로 하여 남으로는 에티오피아, 이집트, 시리아, 그리고 인도 서부, 북으로는 터키와 유럽의 이베리아 반도에 이르는 지역을 무대로 흥망성쇠를 거듭한 이슬람 왕조였다. 따라서 처음 에티오피아에서 발견된 '빨간 열매'가 사라센 민족을 중심으로 하여 아라비아, 터키, 인도로 전해졌다는 사실은 쉽게 짐작할 수 있는 일이다.

처음 에티오피아에서 발견된 '빨간 열매'는 이슬람교(회교) 승들 사이에서 약효가 있음이 인정되어 약으로 이용되었다. 커피는 원기회복제로서 사람에게 활기를 주고, 오랜 시간 기도하는 사람의 졸음을 쫓아주는 신비한 열매였다.

이와 같이 발견 초기만 하더라도 커피는 '졸음을 쫓고 영혼을 맑게 하며, 신비로운 영감을 느끼게 하는 성스러운 것', '신이 내린 소중한 약'으로 여겨져 극히 제한된 지역에서 이슬람교 사원이 관리하며 포교의 수단으로 이용하였다.

당시에는 이 빨간 열매를 생으로 먹었다. 하지만 이슬람교 세력이 커짐에 따라 한정된 지역의 야생상태의 빨간 열매도 점차 재배되기 시작한다.

당시 사람들이 에티오피아에서 커피나무를 가져와 아라비아 땅에 심게 되는데 그 첫 이식 지역은 예멘으로 알려지고 있다.

이곳에 전파된 커피열매는 이슬람교 통치자들의 보호를 받으며 소중히 재배되었다.

그런데 오랜 시간이 걸리는 먼 지역에까지 운반하다 보니 문제점이 발생하였다. 무거워서 한 번에 많이 나를 수 없었을 뿐만 아니라, 가는 동안 열매가 썩는 일이 잦았던 것이다.

이러한 어려움을 해결하기 위해 사라센인들은 열매를 햇볕에 말리거나 불을 사용하여 오래 보존할 수 있는 가공방법을 개발하였다.

이렇게 커피가공법은 커피 종자를 다른 나라로 나가지 못하게 하려는 의도 때문에 발달된 것이다.

당시 예멘의 통치자들은 이 신비의 씨앗이 나라 밖으로 나가지 못하도록 적극 통제하였으며, 그럼에도 불구하고 점차 밖으로 유출되는 일이 잦아지자, 종자가 다시는 발아하지 못하도록 불로써 볶기 시작한 것이다.

천연의 맑은 햇볕에 말린 열매는 썩지 않고 가벼워져서 먼 곳까지 나르기에는 안성맞춤이지만, 열매의 과육이 물렁해지기 때문에 먹기는 불편했다.

그래서 약으로서의 효용을 기대한다면 이것을 볶아서 삶아낸 즙을 마셔도 되지 않을까 하는 생각을 누군가가 해냈을 것이다.

이렇게 해서 열매는 물론 잎까지 말려서 볶아 그 즙을 마시게 되는데, 이것이 지금까지 전해지는 '설타너 커피'의 시초라고 할 수 있다.

그런데 어느 때부터인가, 오랜 세월 동안 약용으로만 쓰여 오던 커피 열매는 혁명이라 일컬어질 만큼의 커다란 변혁의 물결을 타게 된다.

그것은 빨간 열매의 종자를 가열하면 은은한 향이 발생한다는 사실을 알아내면서부터이다.

사람들은 차츰 볶은 종자를 끓였을 때 우러나오는 향긋한 커피의 향에 매료되기 시작했다.

사실 이러한 가공법의 발달은 묘목은 물론이고 커피 종자가 다른 나라로 퍼져 나가길 원치 않았던 사라센제국의 이기심 덕분이라고 할 수 있다.

11세기경 사라센제국은 분열하기 시작했고, 이에 따라 이슬람교 사원의 체제 자체가 흔들리기 시작하였다. 재정적인 어려움에 봉착한 사원은 커피를 일반 대중에게 풀어주는 대가로 재원을 확보할 수밖에 없었다. 이를 계기로 기득권층의 향유품에서 해방된 커피는 급속히 그리고 순식간에 퍼져 나갔다.

특히 14세기에는 오스만투르크제국(지금의 터키를 중심으로)이 번성하였는데, 이때 커피가 한창 유행하게 되었다. 근대 유럽에서 개발된 커피 추출방법은 바로 당시 터키에서 사용하던 추출원리를 응용한 것이다.

터키에서 유럽대륙으로 퍼져 나간 커피는 여기서 비약적인 발전을 이룬다.

즉, 아라비아 지역에서만 생산되던 커피나무가 세계 각지에 이식되면서 커피 원두의 품종이 다양화되었고, 추출방법도 개선되어 더욱 맛있는 커피를 즐길 수 있게 된 것이다.

처음에는 이슬람 세계에서 전래된 것이라 하여 이교도의 음료로 배척했던 유럽의 기독교인들은 차츰 받아들이게 되었고, 결국 커피는 종교의 벽을 뚫고 점차 유럽 전역에 퍼지게 되었다.

아랍의 약으로 알려진 커피가 마침내 유럽에 소개되었을 때 커피는 온갖 병을 치유하는 만병통치약으로 소개되었다. 유럽인들은 나중에야 아랍인들이 약효 때문에 커피를 마신 것이 아니라 커피의 향을 즐긴다는 것을 알게 되었다.

그 후로 유럽인들은 커피를 마시기 좋은 형태로 발전시켰는데 그때 아랍은 이미 원두무역에 대한 독점권을 확보하고 있었다. 아랍인들은 그들의 커피를 지키기 위해 싹이 터서 발아할 수 있는 종자의 반출을 막고, 열매를 끓이거나 볶아서 유럽행 배에 선적했다.

외국인들은 커피 농장 방문이 금지되었으며 원두나 묘목을 몰래 숨겨 달아나지 못하도록 감시당했다. 그러나 메카로 가는 순례자들은 원두를 가지고 나오기도 했다.

아랍에서는 곧 커피하우스가 등장하였는데 남자들은 이곳에 모여 커피를 마시며 다양한 주제에 대해 토론을 벌이곤 했다.

유럽 여행가들은 아랍에는 커피를 추출하고 마시는 것에 관련된 예절과 법도가 있다고 기록하고 있다. 그들은 커피를 마시기 전에 절을 하고 상대를 존경한다는 표현을 많이 했다.

커피는 친절함과 환대의 표시로 손님에게 제공되었고 주인과 함께 커피를 마시지 않으면 결례로 생각되었다. 카페에서는 서로 커피를 사겠다며 겨루는 광경이 예사였는데, 오늘날에도 터키의 작은 마을에 있는 카페에서는 모르는 옆 자리의 사람이 보낸 커피 한 잔을 마실 수 있다고 한다.

1616년 마침내 네덜란드의 한 상인이 인도 순례자로부터 원두를 입수해 그것을 유럽으로 밀반출했다. 이후 70년 동안 네덜란드는 인도네시아의 플랜테이션에서 커피를 재배했고 커피는 네덜란드의 가장 인기 있는 음료가 되었다.

커피가 유럽에 전래되었을 때 단지 음료로서가 아니라 그 문화까지 함께 수입되었다. 17세기 런던과 파리에는 수많은 커피하우스가 세워졌다.

1689년 파리에 세워진 카페 프로코페는 오늘날에도 조그만 컵에 담긴 커피를 팔고 있다. 카페 곳곳에 장식된 거울, 대리석, 벨벳 등은 과거의 사치스러운 커피문화를 짐작케 한다.

1700년경 런던에는 3천 개에 가까운 커피하우스가 있었다고 전해지는데 당시의 인구가 60만이었고 여성의 출입이 금지되었음을 고려한다면 1백 명당 커피하우스는 하나 있었다는 계산이 나온다. 다소 과장된 이야기라 하더라도 당시 커피하우스가 얼마나 성행했는가를 알 수 있다.

프랑스에 커피나무가 전래된 것은 1714년 암스테르담 시장이 루이 14세에게 커피나무를 선물한 때였다고 전해진다. 그러나 프랑스가 본격적으로 커피를 재배할 수 있었던 것은 노르망디 출신의 젊은 군인 끌리외(Gabriel de Clieu)의 애국적 정열 덕이었다.

루이 14세의 정원에서 커피 묘목 몇 그루를 구한 그는 자신이 근무하던 아메리카 식민지의 한 곳인 마르티니크 섬으로 향했다. 항해 중 자신에게 할당받은 식수까지 커피나무에 주며 그는 한 그루의 나무를 마르티니크 섬에 옮겨 심는 데 성공했다.

이곳에서 무성하게 자란 커피는 프랑스령 기아나로 옮겨져 번성했다.

브라질에 커피가 전해진 사연은 한결 로맨틱하다. 프랑스령 기아나의 총독부인이 화려한

꽃다발 속에 커피묘목을 숨겨 잘생긴 스페인 연대장에게 선물함으로써 그 묘목은 콜롬비아에 뿌리 내리게 되었고, 이어 브라질로 퍼져 나갔다.

그렇게 브라질과 콜롬비아로 보내진 커피는 최상의 재배조건 위에서 잘 자라 두 나라를 세계 최대의 커피 생산국으로 만들었다.

예전에는 노동자들이 맥주 한 컵을 마시며 시작했던 데 반해 지금은 정신을 맑게 하는 커피로 하루를 시작한다. 커피를 널리 마시게 되자 노동자들의 작업능률이 향상되었고, 값이 싼 커피는 경제적으로도 이득을 주었다. 선술집들은 문을 닫고 커피하우스로 재단장하였는데 거기에서 사업가들은 맑은 정신으로 일하며 사교할 수 있었다.

커피하우스는 비즈니스의 장으로 자리 잡았으며 특히 영국은 사업체로까지 연결되어 로이드 커피하우스의 경우 세계에서 가장 큰 보험회사의 하나인 로이드 오브 런던으로 차츰 발전했다.

커피하우스들은 런던항구 가까이에 자리 잡았기 때문에 선주, 선장, 상인, 보험 브로커들이 모여들었다. 어떤 사업가들은 커피하우스의 부스 하나를 세내어 사무실처럼 쓰기도 했다. 커피하우스는 뉴스와 정보의 중심지였다.

그러나 남자들이 너무 많은 시간을 커피하우스에서 보냈기 때문에 런던의 부인들과 찰스 2세는 커피를 금지하려는 시도를 했다.

또한 영국은 프랑스나 네덜란드처럼 커피가 재배되는 식민지가 없었던 반면 동인도회사를 통해 차는 싼 값으로 수입할 수 있다는 경제적인 이유로 인해 커피하우스는 점차 줄어들었다.

집에서 주부들이 커피를 직접 끓였으며 커피는 가정의 안락함을 상징했다. 프랑스의 커피하우스는 모든 계급의 남녀가 모이는 존경받는 회합장소였다.

독일에서는 커피가 인기 있었지만 프리드리히 대왕은 커피를 금지했다. 독일 역시 커피가 생산되는 식민지가 없었고 많은 중간상인들을 거쳐 턱없이 비싼 가격으로 커피를 사야 했기 때문이다.

프리드리히 대왕은 커피금지정책을 추진하기 위해 시가지에 커피냄새를 맡고 돌아다니는 사람을 파견했다. 이 사람들은 커피 볶는 냄새를 맡기 위해 코를 킁킁거리면서 돌아다녔으며, 발각된 위반자들은 감옥에 갇히기도 했다.

독일 사람들은 커피 대신 치커리를 마시기 시작했으며 부자들만이 진짜 커피를 마실 수 있었다.

미국에서는 1767년 차에 세금을 부과한 타운젠트법안이 통과되면서 커피를 마시기 시작했다.

현재 미국은 하루 4천5백만 잔의 커피를 마셔 대는 대량소비국이 되었고 인스턴트커피 등 여러 가지 커피를 개발해 내었다. 미국인들은 집과 회사에서 커피를 마시는 일이 일반적이다.

(5) 커피의 종류

종류	설명
에스프레소 (espresso)	베리에이션의 기초라 할 수 있는 에스프레소는 영어의 'express'와 같은 의미다. 한마디로 '초고속'으로 빠르게 뽑아낸다 하여 붙여진 이름. 요즘 대부분의 커피전문점에서는 에스프레소를 베이스로 한 다양한 베리에이션 제품들을 판매하고 있다.
도삐오 (doppio)	'2배(double)'라는 의미. 말 그대로 에스프레소나 카푸치노 등의 커피를 진하게 마시고 싶을 때 "doppio"라고 말하면 된다.
룽고(Lungo)	에스프레소를 길게(long) 추출해 내는 것으로, 과다추출된 맛을 느낄 수 있다.
리스뜨레또 (restretto)	에스프레소를 보다 진하게 추출해 내는 것을 말한다. 에스프레소는 20초 미만일 때 가장 진한 맛을 보이고, 이후 차차 옅은 맛을 보인다. 리스뜨레또는 가장 진한 시점으로 제한(restrict)해서 뽑는다. 때문이 양이 적으므로, 보통 도삐오로 주문한다.
카페라떼 (cafe latte)	카페오레와 똑같이 커피에 우유를 첨가하지만, 다른 점은 에스프레소가 베이스라는 것. 에스프레소와 우유의 비율이 1대 4라 부드럽다.
카푸치노 (cappuccino)	에스프레소에 우유거품을 얹은 것. 카페라떼보다 우유가 덜 들어가 커피맛이 진하다. 기호에 따라 시나몬가루를 뿌리기도 한다.
콘 파냐 (con panna)	데미타스잔의 에스프레소에 휘핑크림을 얹은 것. 손바닥 위에 올려놓을 정도로 작은 데미타스잔에 휘핑크림을 올려놓기란 쉽지 않다.
마끼아또 (macchiato)	데미스타잔의 에스프레소에 우유거품을 얹은 것
카페 모카 (cafe mocha)	카페라떼에 초콜릿 시럽을 더한 것
모카치노 (mochaccino)	카푸치노에 초콜릿 시럽을 더한 것
카페비엔나 (caffe vienna)	비엔나 커피와 마찬가지로 비엔나에는 없는 메뉴. 에스프레소에 뜨거운 물과 크림이 가미됐다.
에스프레소 레귤러 (espresso regular)	에스프레소에 뜨거운 물을 부어 일반 커피 정도로 만든 것
카페 아메리카노 (cafe americano)	레귤러보다 더 연하게 뜨거운 물을 첨가한 에스프레소. 잔에 뜨거운 물을 먼저 채운 뒤 에스프레소를 얹기에 크레마는 살아 있다.

(6) 커피의 맛과 향

커피 커핑이라고도 부르는 커피 테이스팅 작업을 통해 커피 전문가들은 특정 커피 브랜드의 성격을 파악하거나 특정 커피 원두의 원산지를 추정한다. 커피 테이스터는 우선 커피의 향을 맡은 다음 후루룩거리며 마시면서 느껴지는 커피의 외형, 향, 중량감 및 풍미를 바탕으로 커피 특성을 판정한다. 또한 다양한 온도 상태에서 커피의 맛을 보며 온도에 따른 맛과 향, 기타 성질의 변화를 파악해 보기도 한다.

좋고 맑은 커피 향이야말로 좋은 커피를 판가름하는 기준이 된다.

향과 풍미는 서로 구분하기 힘든 대상이다. 우리는 대부분 후각을 통해 향을 인지하며 커피 테이스터는 향을 바탕으로 다양한 커피의 풍미를 구분해 낸다. 테이스터가 어떤 풍미가 균형이 잡혀 있다고 표현한다면 그것은 그 커피에 만족스러운 수준의 향과 풍미가 동시에 존재하고 이 둘의 영향이 서로 엇비슷해 특별히 서로의 가치를 해치지 않는다는 뜻이다.

흔히 말하는 커피 향의 특성으로는 다음과 같은 것들이 있으며, 미국 SCAA(Specialty Coffee Association of America)는 커피의 맛과 향을 감별하기 위해 맛과 향을 세분화한 Coffee Tasting Flavor Wheel을 제작하였다.

커피 향의 특성

- 강렬하다(모든 향의 전체적인 강도를 말함).
- 커피답다.
- 깨끗하다(풀 냄새, 고무 냄새, 곰팡이 냄새가 없음. 또한 커피의 질을 크게 떨어뜨리는 기타 불량한 맛이 없음).
- 볶은 냄새가 난다.
- 흙냄새가 난다(지면과 지나치게 오래 접촉해 있던 커피를 표현할 때).
- 곡물 냄새가 난다.
- 탄내가 난다(오븐에 지나치게 오래 두어 눌었거나 탄 경우).
- 우유 같다.
- 캐러멜 같다(졸인 설탕에 의한 영향).
- 견과류 향이 난다.

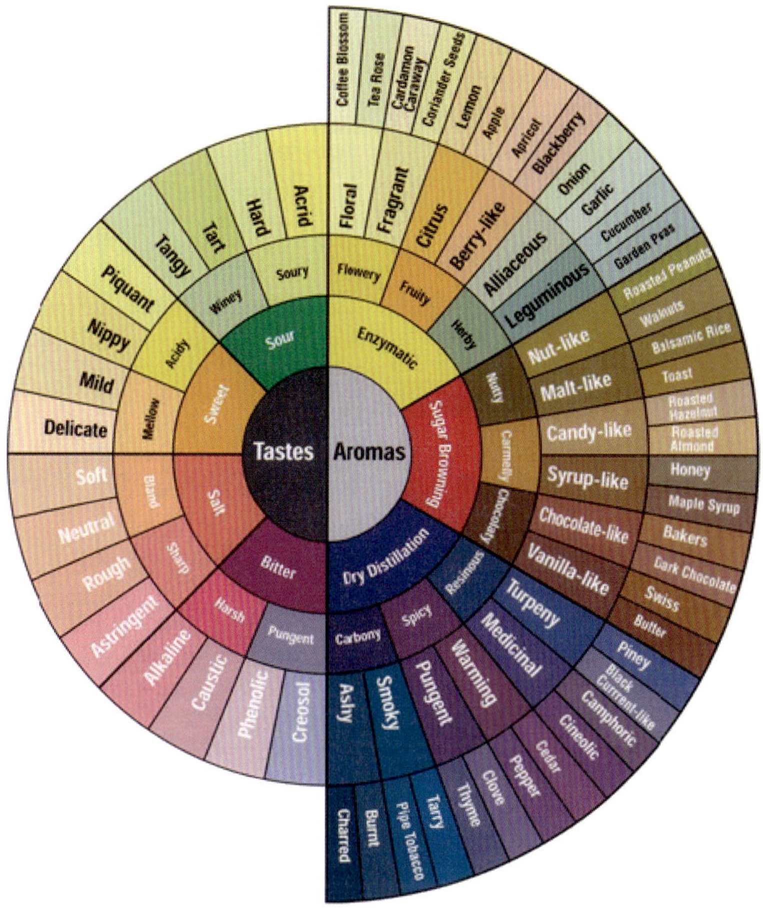

〈그림 5-3〉 커피 Tasting Flavor Wheel
출처 : SCAA(Specialty Coffee Association of America)

(7) 기내 커피 서비스

기내에서 커피 서비스를 할 때는 특히 커피의 온도와 맛에 신경을 써야 한다. 일반석에서 서비스되는 커피는 내린 지 20~30분이 지나면 그 향이 날아가 버리기 때문에 식사 서비스의 시점을 보며 커피를 내릴 적절한 타이밍을 찾는 것도 중요하다.

기내에서 커피를 서비스할 때 유의점은 다음과 같다.

① 아침식사 제공 시 : Aperitif로 Coffee, Tea를 제공한다.

② 반드시 뜨겁게 제공해야 하며, 신선한 향을 유지하기 위해 서비스 직전에 Brew한다.

〈그림 5-4〉 기내 커피 서비스 Menu
출처 : 대한항공 상위클래스 커피 서비스

③ Brew 후 20분 경과한 Coffee는 버리고 새로 Fresh한 Coffee를 만들어 제공한다.
④ Coffee Pot은 사용 전 내부를 깨끗이 닦아 청결하게 서비스한다.
⑤ 최소 1회 이상 Refill해야 한다.
⑥ 설탕, 크림을 주문받아 서비스한다.
⑦ 설탕, 크림 제공 시 반드시 Muddler를 함께 제공한다.
⑧ Decaffeinated Coffee는 Pack째 뜨거운 물과 함께 제공하되, Galley에서 준비 시에는 Pack을 뜯어 Powder를 담고 뜨거운 물을 부어 서비스한다.
⑨ 뜨거운 음료를 어린이에게 서비스할 때는 안전을 위해 5~6부만 서비스한다.

장거리 비행에서는 장시간 동안 한자리에 앉아 있는 것이 조금은 지루해진 고객들이 갤리로 찾아와 마실 것 등을 문의하는 경우도 많다. 이럴 때 커피를 새로 내려 고객이 잠시 서서 간단히 몸을 풀 수 있는 시간을 제공하고, 또 신선하게 갓 내린 커피의 향을 즐길 수 있도록 한다. 기내에는 커피를 좋아하지만 카페인에 민감한 체질이어서 커피를 마시기 어려운 고객들을 위해 디카페인 커피가 준비돼 있다. 또 에스프레소 커피 머신이 장착된 일부 기종에서는 상위클래스 전용으로 특별한 기내 커피 서비스를 하기도 한다.

일등석에서는 식사 후 따로 준비된 커피 안내지를 제공하고 있는데, 고객들은 취향에 따라 따뜻한 우유를 듬뿍 넣어 만든 라테나, 초코시럽을 이용한 카페 모카, 진한 에스프레소까지 다양한 커피를 즐길 수 있다.

2) 차(Tea)

차는 차나무에서 딴 잎으로 만들어 뜨거운 물에 우린 것이다. 차나무는 동백과에 속하는 사철 푸른 나무이다. 우리나라에서는 경상남도, 전라남도, 제주도 등 따뜻한 곳에서 자라며 안개가 많고 습도가 높은 곳을 좋아한다.

(1) 차의 유래

차는 고대 중국 설화 중 농사의 신인 신농씨로부터 시작된다. 신농씨가 모든 식물의 맛을 보다 독초에 중독되었는데, 어느 날 문득 차 잎을 먹고 난 다음 독이 제거된 것을 확인하고 이를 인간에게 널리 마시게 한 데서부터 시작되었다.

(2) 차의 역사

차 마시기는 전한 시대인 BC 59년에 만들어진 노예매매 계약서인 동약에 남자종의 할 일 중 차를 사오고 대접하는 일이 포함되어 있는 것으로 보아 이때를 기원으로 보고 있다.

(3) 차나무 잎의 종류

① 불발효차(不醱酵茶 ; 綠茶)

녹차는 4월 20일 곡우 때부터 차의 여린 잎을 따서 무쇠나 돌솥에 덖거나 쩌서 산화효소 활동을 중지시킨 것을 말한다. 덖음차는 부차(釜茶)라 하고 찐차를 증제차(蒸製茶)라 한다. 덖음차는 숭늉처럼 구수한 맛을 내고 차색은 녹황색이 되며 차잎은 둥글게 말려져 있다. 증제차는 차잎을 100℃ 정도의 수증기로 30~40초 정도 쩌내기 때문에 푸른 녹색을 그대로 지니고 있으며 차잎의 모양은 침상형으로 되어 있다. 우리나라에서 생산되는 차는 녹차가 주종을 이룬다.

② 반발효차(半醱酵茶)

중국차의 대명사라 할 수 있는 오룡(烏龍), 철관음(鐵觀音), 청차(靑茶), 재스민차 등은 10~70% 발효시킨 것이다. 달여진 차색은 황록색과 적황색이 된다. 차향을 돋우기 위해 마른 꽃잎을 섞은 향편차가 있는데 그 대표적인 예가 중국 음식 집에서 흔히 맛볼 수 있는 재스민이다.

③ 발효차(醱酵茶 ; 紅茶)

홍차(紅茶)는 차 잎을 85% 이상 발효시킨 것이다. 홍차는 차 소비량의 75%를 차지한다. 인도, 스리랑카, 중국, 케냐, 인도네시아가 주 생산국이며 영국인들이 즐겨 마신다. 인도 히말라야산맥 고지대인 다즐링 지역에서 생산되는 다즐링(dazzelong), 중국 안휘성(安徽省)의 기문(祈門)에서 생산되는 기문, 스리랑카의 중부 산악지대인 우바에서 생산되는 우바(uva) 홍차가 세계 3대 명차로 꼽히고 있다.

차색은 잎차의 크기에 따라 붉은 오렌지색을 띠기도 하고 흑색을 띤 홍갈색도 난다.

④ 후발효차(後醱酵茶)

몽골이나 티베트 같은 고산지대에서는 차에 우유를 타서 주식으로 마신다. 흑차(黑茶), 보이차(普耳茶), 육보차(育普茶) 등이 대표적이다. 중국의 운남성, 사천성, 광서성 등지에서 생산되는데 차를 만들어 완전히 건조되기 전에 곰팡이가 일어나도록 만든 차이다. 잎차로 보관하는 것보다 덩어리로 만든 고형차는 저장기간이 오래될수록 고급차로 쳐준다. 보이차는 기름기 제거에 특이한 효과가 있고 위병이 났을 때 마시면 속이 편해진다. 차색은 등황색과 흑갈색을 띤다.

〈그림 5-5〉 차의 종류

P a r t

3

Food의 이해

Chapter 6 서양식 코스요리의 이해

Chapter 6

서양식 코스요리의 이해

학습목표

1. 서양식 코스요리의 특성을 이해한다.
2. 서양식 코스요리의 메뉴구성을 이해하고 그 특징을 설명할 수 있다.
3. 식사 흐름에 따라 제공되는 요리의 흐름과 조화를 이해한다.

6.1 서양식 코스요리의 특성

1) 서양식 코스요리의 특성

서양요리의 Course별 구성은 한 상 차림인 우리나라 식문화와는 매우 대조적인 특성이라 할 수 있다.

서양식은 신선하고 우수한 품질의 재료를 바탕으로 각 Course마다 개성 있는 Menu로 구성되어 있으며 각 Course별 Menu는 맛과 풍미에 있어서 나름대로 질서와 미를 추구하고 있다.

식사의 양은 Light-Heavy-Light로 구성되어 있으며, 식사의 맛은 식욕을 촉진시킬 수 있는 단맛이 적은 Dry한 맛에서 소화에 용이한 Sweet한 맛으로 구성되어 있다.

기내에서 제공될 때는 각 Course별 Menu가 시간대별로 짜여 식사의 흐름에 따라 타이밍에 맞추어 제공되어진다.

2) 세계 3대 요리

전통적으로 세계 3대 요리라고 하면, 이탈리아, 프랑스, 중국 요리를 꼽는다. 중국 요리는 예로부터 불로장생을 목적으로 한 희귀 재료의 음식들이 많아 세계 요리로 꼽고 있으며, 이탈리아 요리는 해산물이 풍부한 밀라노 중심의 남부요리, 로마 중심의 중부요리 그리고 북부요리로 나누어진다. 수 년 전에는 프랑스 요리보다 이탈리아 요리가 더 유명하고, 번영을 이루었으나 점점 프랑스 요리가 정통 서양식의 대명사로 불리게 되었다.

(1) 프랑스 요리의 발달 배경

먼저 프랑스는 풍부한 천혜자원 및 요리에 대한 국민들의 관심과 애정으로 지속적인 요리 발전을 이루었다. 백년전쟁으로 인해 영국의 영향을 받는 등, 역사적으로 외세의 잦은 침략을 받음으로써 다른 국가의 음식문화가 자연스럽게 다양한 프랑스 음식으로 변화하게 되었으며 무엇보다 결정적으로 고객 및 먹는 사람의 취향과 특성을 헤아릴 줄 아는 고품위 서비스를 접목시킴으로써 오늘날의 각광받는 프랑스 음식으로 자리 잡게 되었다.

(2) 프랑스 요리의 역사

16C 중엽 프랑스보다 더 음식문화의 부흥을 이루고 있던 이탈리아의 메디치 가문의 딸이 프랑스의 귀족에게 시집을 오면서 이탈리아의 음식문화가 처음 들어왔다.

이와 함께 유명한 많은 이태리 조리장과 제빵 전문가들이 프랑스로 함께 오게 되었다.

이후, 프랑스인들은 이태리 조리사들로부터 조리를 배워 요리를 기술적으로 발전시켰다.

17세기 프랑스 요리의 기초가 형성되었고, 르네상스 시대를 맞이하여 정치, 경제, 문화의 부흥을 이루면서 자연히 음식문화도 같이 발달하였다. 각국의 주요 회의도 파리에서 개최하는 등 파리가 유럽의 사교장이 되었다. 이때 고급스러운 식자재 및 그릇을 사용하기 시작하였다.

18세기 조리인은 영주 및 국왕에게 극진한 대우를 받게 되었고, 요리의 기초를 완성하는 시기가 되었다. 요리의 아버지라 불리는 '캬렘'이 등장하였다.

19세기 나폴레옹 시대를 맞이하여 많은 식민지를 거느리게 되었으며, 자연히 진귀한 식자재를 이용한 다양한 요리가 발달하게 되었다. Auguste Escoffier라는 프랑스의 요리사가 지금의 정통 프랑스 요리의 코스를 창안하였다.

이 요리사 덕택으로 프랑스의 음식문화는 전성기를 이루었으며 관광산업으로까지 발전하게 되어 프랑스 정부로부터 훈장을 수여받았다.

국제화 시대에 걸맞게 여러 나라의 요리들이 부각되고 있으나 서양요리에 있어서 프랑스 요리가 세계적으로 가장 유명하고 그 진가를 인정받고 있다.

일찍부터 풍부한 천혜자원 및 국민들의 요리에 대한 관심과 애정을 바탕으로 요리에 대한 역사적인 깊이와 이론적 체계를 확립하여 프랑스 요리의 정통성을 유지해 오고 있다.

맛, 향, 모양의 삼박자가 정선된 요리법을 소유하여 예술성의 차원까지 요리의 깊이를 더하고 있다.

요리분야의 '고품위 Service'에 대한 개념을 처음으로 접목시켜 오늘날 국가 간의 귀빈이나 중요한 고객을 환대할 경우 공식 접대요리로 그 정평을 얻고 있다.

6.2 서양식 코스 Menu 구성

서양식은 따블 도뜨(Table D'hote)와 알라 까르뜨(A La Carte), 그리고 Special Menu로 나누어볼 수 있다.

Menu List의 유래를 살펴보면 고품위 서비스와 직결되는 것으로 1541년 불란서의 귀족 작가가 있었는데 이 작가는 꾀가 많고 창의력이 좋은 사람이었다. 이 작가는 자주 친구들을 집에 초대해서 자신이 준비한 음식에 대해 써놓고 설명해 놓았는데 이것을 보고 친구들이 굉장히 좋아하는 것을 발견하였다. 이것이 바로 오늘날의 Menu List가 생겨나게 된 배경이다.

〈그림 6-1〉 서양식 Dinner의 흐름

1) 따블 도뜨(Table D'hôte)

Full Course Menu로서 한 끼분으로 구성되어 있으며 일정한 순서대로 미리 짜여 있는 식단을 의미한다.

일반 Restaurant에서는 정식 메뉴를 살펴보면 음식이 나오는 순서가 정해져 있어 모든 코스는 본인이 원하는 바와 무관하게 제공된다. 이러한 정식 메뉴는 미리 짜여 있기 때문에 고객으로 하여금 선택의 기회가 없는 반면 그 차림표와 가격을 용이하게 이해할 수 있는 이점도 있다. 대체적으로 값도 비싸고 질도 우수한 Menu들이 제공되어진다.

TABLE D'HOTE MENU

3Courses £18.95

Inc VAT at current rate

STARTERS

Melon Fan & fruit coulis
Homemade beef lasagne
Chicken &duck liver pâté with toast
Egg mayonnaise & smoked Salmon garnish
Deep fried mushrooms with a garlic mayonnaise dip
Smoked mackerel & salad garnish
Freshly made Vegetable soup
Prawn cocktail with Marie Rose sauce £2.95 extra
Fresh asparagus with a cracked pepper and olive oil dressing £2.95 extra
Tempura prawns with a Mexican dip £2.95 extra

MAIN COURSES

Homemade steak & kidney pie
Lamb Shank, minted mash & rosemary sauce
Crispy chicken breast with a tangy lemon sauce
Homemade battered Hake, fatty chips & Tartare sauce
Cheese tortellini served in a white wine & cream sauce
Grilled rump steak, tomato & fried onions
Poached salmon white wine & parsley sauce
Grilled Sea Bass fillets plain or in garlic £4.75 extra
Sirloin Au Poivre £4.75 extra
Half duck a l' orange £4.75 extra

All served with seasonal vegetables and diced fried potatoes

SWEETS

Selection of sweets

Tea, filter coffee, cappuccino, espresso £1.95 extra
Floater coffee in a glass no liqueur £2.95 extra
Liqueur coffee of your choice £4.95 extra
All served with chocolate mints

Private parties or parties over 10 will need to pre-order or have reduced choices
Prices and choices are subject to change without prior notice

〈그림 6-2〉 따블 도뜨(Table D'hôte) Menu

2) 알라 까르뜨(A La Carte)

각 Course별 다양한 Menu 중에서 식성대로 한 가지씩 자유로이 선택하여 먹을 수 있는 차림표를 의미한다.

일품요리 메뉴는 조리사가 특별한 기술로 만들어 품목별로 가격을 정해 놓은 것으로 고객이 먹고 싶은 것을 Course별로 특별히 주문하는 것을 말한다.

일품요리는 종류에 따라 가격의 차이가 있으며, 값이 비싼 특별 요리도 많다.

Rumours
A La Carte Menu

STARTERS

Warm Bread And Oils - Platter Of Warm Bread, Olive Oil, And Balsamic Vinegar £3.95

Garlic Ciabatta (V) - Traditional Italian Ciabatta Lightly Baked With Garlic Butter £2.90
With Cheese £3.30 With Cheese And Prawns £3.75

Flat Bread - A Light Pizza Dough Base Topped With Garlic Butter Sun Blush Tomatoes And Mozzarella £4.95

Pate - Homemade Pate Served With Salad Garnish, Warm Bread And Chutney £4.95

Mixed Italian Meats - Slices Of Prosciutto Ham, Salami, And Coppa Pork Served With Black Italian Olives, Salad Garnish And Warm Ciabatta £6.75

King Prawns - Cooked In Oil, Chilli, Garlic And Parsley Served With Warm Ciabatta £6.95

Large Field Mushroom - Filled With Goats Cheese And Pancetta Served With Salad £6.95

PLEASE NOTE SALADS ARE AVAILABLE AS STARTERS ON REQUEST

SALADS

Olives, Sun Blush Tomatoes And Mozzarella - Served On A Bed Of Mixed Salad Leaves £7.95

Mixed Seafood - Please Choose 3 Items From The Following, Smoked Salmon, Trout, Mackerel, Cocktail Prawns Or Fresh Anchovies Served On A Bed Of Mixed Salad £8.95

Chicken Caesar Salad - Chicken Fillet Served On A Bed Of Cos Lettuce Topped With Croutons And Fresh Anchovies, Finished With Homemade Caesar Dressing £8.95

Pancetta and Blue Cheese Salad - Crumbled Blue Cheese And Crispy Pancetta Blended Into A Bed Of Mixed Salad £8.95

PASTA

Salmon Fillet - Diced Scottish Salmon Fillet And Broccoli Mixed Into A Bed Of Penne Pasta With A Light Cream And Herb Sauce With A Hint Of Lemon £10.95

Chorizo And Chicken - Diced Chorizo And Chicken Fillet In A Fresh Tomato Sauce Mixed Into A Bed Of Pasta £9.95

MAIN COURSES

Fillet/Sirloin Steak - Scottish Fillet and Sirloin Steak (8oz) Sirloin £13.50 or Fillet £19.95
Served with Fresh Vegetables and a Choice of Potatoes.
Sauces; Brandy and Peppercorn, or Blue Cheese £1.50
Surf and Turf £2.50

Grilled Rump Of Lamb Served On A Bed Of Potatoes With Salad Or Vegetables £13.95

Chicken Fillet In A Fresh Tomato, Olive And Rosemary Sauce Served With New Potatoes, Salad Or Vegetables £11.95

Chicken Fillet With A Creamy Pea And Pancetta Sauce Served With New Potatoes, Salad Or Vegetables £11.95

Sea Bass - Pan Fried Sea Bass, Served On A Bed Of Rustic Bacon Mash And Vegetables £13.95

Salmon – Salmon Fillet Wrapped In Parma Ham Served With New Potatoes, Salad Or Vegetables £10.95

Spicy Chicken Risotto – Pan Fried Chicken Fillet With Garlic, Chilli And Cherry Tomatoes Mixed Into A Bed Of Risotto Rice £9.95

Goat's Cheese Risotto – Cherry Tomatoes And Goats Cheese Gently Folded Into A Bed Of Creamy Risotto Rice Finished With Parmesan £8.95

PIZZAS

Margarita - Mozzarella And Tomato (V)
Italiana - King Prawns, Parma Ham And Spinach
Fuoco - Chorizo, Pepperoni, Chilli Chicken And Garlic
Vegetale Mediterraneo – Field Mushrooms, Olives And Sun-blush Tomatoes (V)
Quattro Formaggi – 4 Cheeses, Blue Cheese, Mozzarella, Cheddar And Parmesan (V)
Calzone - Folded Pizza Filled With, Meatballs, Chorizo And Pancetta
Additional Toppings Available

DESSERTS and SPECIALS – PLEASE SEE BOARDS

All our food is prepared freshly on the premises using locally sourced produce such as fish from Bradleys at Burseldon, meat from Hadlows in Titchfield and Salad and Vegetables from A&T Cooper at Park Gate. We are allergy aware and can cater for your individual requirements.

A 10% Service Charge is added for tables of 6 or more

Takeaway Service for Meals that Travel Well

Chef is happy to cook your old favourites or special requirements if we have the ingredients

〈그림 6-3〉 알라 까르뜨(A La Carte) Menu

3) Special Menu

특별 요리메뉴는 고기 요리를 중심으로 미리 짜여진 Menu로서 Daily Menu라고도 한다. 매일매일 주방장이 준비하여 추천하는 Menu로 고객의 기호에 맞추어 양질의 재료, 저렴한 가격, 때와 장소, 계절에 맞게 고객에게 매일 변화 있는 메뉴를 제공하는 것이다.

가격이 합리적이고 메뉴구성도 알찬 편이어서 인기가 있는 Menu이다.

〈그림 6-4〉 Special Menu의 예

6.3 서양식 Dinner 메뉴의 이해

1) Hors D'oeuvre

영어로 Appetizer라고 하며 우리말로는 전채요리라고 한다. Hors D'oeuvre의 기원을 살펴보면, 14세기경 탐험가인 마르코 폴로가 중국을 탐험하던 중 중국인들이 즐기는 냉채요리를 모국인 이탈리아로 들여와 모방하여 만들어진 요리라는 설과 러시아에서 식당 옆의 찬장(자쿠스키)에 있는 소량의 음식과 술을 마시는 풍습이 유럽에 전래되어 Hors D'oeuvre로 발전되었다는 설이 있다. 이러한 Hors D'oeuvre는 주요리 전에 식욕을 돋우기 위해 먹는 가벼운 요리로서 색채도 아름답고 장식이 화려한 모양이 특징이다.

(1) Hors D'oeuvre의 특성

코스요리의 시작을 알리는 의미이며 식사 전에 제공되는 식욕을 돋우기 위한 적은 양의 음식을 말하며 Aperitif를 곁들이기도 한다.

Hot 또는 Cold 두 가지가 있고 경우에 따라 두 가지 모두 코스에 적용하기도 한다.

또한 Appetizer 전에 Starter라고 하여 Chef의 취향이나 고객의 성향에 따라 Welcome Dish를 추가하기도 한다.

- 양이 많지 않고 먹기 쉬운 크기의 재료를 이용하여 양보다는 질을 중요시한다.
- 재료가 주요리와 중복되지 않도록 하여 주요리와 균형이 잡히도록 고려해야 한다.
- 짠맛, 신맛이 가미되어 그 자극으로 타액의 분비를 촉진시켜 식욕을 돋우어주어야 한다.

(2) Hors D'oeuvre의 종류

✻ Hors D'oeuvre에 주로 쓰이는 식재료

육류	쇠고기와 각종 햄(팔마햄이나 살라미를 주로 이용)
해산물	캐비어, 관자, 새우, 홍합, 훈제연어 등
가금류	푸아그라, 메추리 등
야채류	트러플 등의 버섯류, 각종 허브, 야채의 순 등

① 캐비어(Caviar)

Caviar는 철갑상어의 알로서 Hors D'oeuvre의 메뉴 중에서 가장 대표적이며 최고급 음식으로 꼽힌다.

카스피해 연안을 중심으로 한 이란산과 러시아산이 유명하다.

단백질, 비타민 등 몸에 좋은 영양소를 많이 함유하고 있으며 소화도 잘되고 콜레스테롤을 전혀 만들어내지 않는 100% 완전 흡수 식품으로도 유명하다.

주로 계란과 Onion, Lemon을 곁들여서 먹거나 혹은 얇은 토스트 위에 버터만 발라 Caviar를 얹어서 먹는 등 다양한 방법으로 즐길 수 있다.

제조 시 소량의 소금만을 사용하여 신선미를 살렸으므로 항상 섭씨 0~2도 정도로 냉장 보관해야 하며 7도 이상이 되면 쉽게 상하므로 유의해야 한다.

✻ 벨루가(Beluga) 상어

성어는 2~9m, 200kg~1.5톤, 알의 크기는 지름 3~4mm이고 세 종류 중 가장 비싸다.

✻ 오세트라(Osetra) 상어

성어는 1.5~5.5m, 50~200kg, 알의 크기는 지름 3mm 정도이고, 갈색이며, 너트류의 맛을 지닌다.

✻ 세브루가(Sevruga) 상어

성어는 1.5~2m, 25~80kg, 알의 크기는 2.5mm 정도이고, 검은색이다.

Caviar의 분류는 다음과 같다.

Caviar는 항상 차갑게 보관되어야 한다. 1~2℃를 유지해야 하며, 온도가 7℃ 이상 올라가면 산화되기 때문에 온도에 유의한다. 기내에서는 상위클래스에 제공되며 서비스 시 온도에 유의하여 항상 최상의 상태로 서비스될 수 있도록 각별히 주의해야 한다.

Caviar를 맛있게 먹기 위해서 단순히 그 자체를 즐기기도 하지만, 토스트, 크래커, 블리니(러시아식 팬케이크) 등에 얹어 즐기기도 한다. 기내에서는 감자와 Sour 크림, 양파와 계란 흰자와 노른자를 얹은 Timbale과 함께 서비스하고 있다.

얼음으로 Freezing한 보드카와 차갑게 Chilling한 샴페인과 함께 즐길 수 있으며, 기내에서 Caviar 서비스 시에는 잊지 않고 샴페인과 보드카를 드실지의 여부를 여쭈어보도록 한다.

은수저의 은제품은 Caviar의 맛을 변질시키므로 사용하지 않지만, Caviar에 직접 닿지 않는 기물에는 은제품을 사용한다. 은제품은 얼음을 더욱 차갑게 만드는 성질을 갖고 있으므로 이러한 성질 때문에 기내 상위클래스에서 Caviar서비스 시, Silver Caviar Stand 및 Crushed Ice와 함께 서비스하고 있다.

② Foie Gras(푸아그라)

거위를 잡기 약 2주 전부터 옥수수 사료를 강제로 먹여 어두운 곳에서 잠만 자게 하여 비대해지게 만든 다음 간장을 채취한다.

채취한 간장에 소량의 술, 향신료 등을 혼합한 다음 형틀에 넣어 오븐에 오랜 시간 약한 불로 구워 Pate로 만든다. 최고 품질일수록 염분 이외의 첨가물은 넣지 않으며 스테인리스 캔에 넣거나 그냥 구이하여 병에 넣는다.

- 거위나 오리의 간을 살짝 익힌 요리로 Caviar와 함께 Hors D'oeuvre 중 최고급 요리

에 속한다.

- 희귀하고 값비싸기로 유명한 식용버섯인 Truffle과 매우 잘 어울리며 주로 차게 해서 먹는다.
- 맛이 부드럽고 풍미가 강하여 고단백 영양식품으로 유명하다.
- 'Pate의 왕자'로 불릴 만큼 유명한 Pate요리 중 하나이다.

③ Smoked Salmon

- 훈제된 연어로서 맛이 부드럽고 풍미도 좋다.
- 주로 Lemon, Onion, Caper 등과 함께 먹거나 얇은 Toast와 함께 먹는다.

④ Smoked Ham

- 훈제된 햄으로 풍미가 좋다.
- 주로 Melon Ball과 함께 먹는다.

⑤ Canape

- 얇고 작게 자른 빵 조각 위에 여러 가지 재료를 얹어서 만든 요리이다.
- 손으로 먹어도 무방하여 식전주와 매우 잘 어울리는 전채요리로 유명하다.

⑥ 기타 Seafood류

- Lobster Medallion : 메달 모양으로 만든 바닷가재 요리이다.
- Sole Mousse : 참가자미를 곱게 갈아 크림을 넣고 부드럽게 만든 요리이다.

Hors D'oeuvre의 종류

〈그림 6-5〉 다양한 Hors D'oeuvre

(3) Dips

Hors D'oeuvre를 찍어 먹는 Sauce를 말한다.

① Dips의 종류별 특성

- Maryrose Sauce : Mayonnaise, Tomato Ketchup, Cognac으로 만들며 진한 살색을 띤다. Lobster, Poached Trout와 잘 어울린다.
- Ravigote Sauce : Mayonnaise, Tarragon(쑥의 일종), Vinegar, Lemon Juice로 만들며 연한 살색을 띤다. Bay Shrimp, Crab Meat와 잘 어울린다.
- Cocktail Sauce : Tomoto Ketchup, Horseradish, Chilli Sauce, Worscestershire Sauce, Tabasco Sauce, Herbs, Green Pepper로 만들며 색상은 빨간색을 띤다. Shrimp, Crab Claw와 잘 어울린다.
- Cumberland Sauce : 딸기잼, Red Wine, 양파, 오렌지 또는 레몬 껍질로 만들며 색상은 빨간색이다. Chicken Pate, Game Pate, Ducking Pate와 잘 어울린다.

2) Soup & Bread

Soup는 불어로는 Potage(포타주)라고 한다. 서양식에서 유일하게 국물이 있는 요리로 Soup는 육류, 조류, 어패류 또는 야채 등을 고아낸 국물로 만든다. 일반적으로 Soup는 Dinner에 뜨겁게 제공되는 경우가 많으며 주로 Soup와 빵이 함께 나온다.

수프의 기원을 거슬러 올라가 보면, 처음에는 콩소메 형태의 맑은 국물이었다. 중세 로마와 그리스인들이 추운 겨울에 배를 채우기 위해 빵을 먹으려고 보니 날씨 때문에 딱딱해진 빵을 먹는 일이 여간 어렵지 않았다. 그래서 생각해 낸 것이 양파를 볶아 몇 시간을 끓여낸 국물에 그 빵을 찍어 먹는 것이었다. 뜨거운 양파수프에 딱딱한 빵을 찍어 먹으니 빵이 촉촉하고 부드러워져 먹기가 훨씬 수월해졌다. 그러다가 빵부스러기가 담긴 수프의 맛이 부드럽고 걸쭉해진 것을 발견하고는 인위적으로 부드럽게 변형해 만들기 시작한 것이 포타주, 즉 우리가 흔히 말하는 수프가 탄생하게 된 배경이다. 여기에 밀가루와 버터를 1 : 1의 비율로 볶아 만든 루(roux)를 넣어 한층 부드러운 텍스처를 만들어냈다.

대부분의 수프는 육수(stock)를 기초로 하여 만들고 과일을 이용하여 만드는 경우도 있으며 온도에 따라 Hot Soup(뜨거운 수프)와 Cold Soup(차가운 수프)로 분류하고, 다시 이를 세분화하여 Clear Soup(맑은 수프), Thick Soup(걸쭉한 수프), Cold Soup(차가운 수프), Special Soup(특별한 수프), National Soup(국적을 가진 수프) 등으로 분류한다.

(1) Soup의 분류

① Clear Soup(맑은 수프)

맑은 수프(Clear Soup)의 종류는 콩소메(Consomme), 부용(Bouillon), 야채(Vegetable), 보르시치(Borsch)가 있다. 이 중 대표적이라 할 수 있는 수프는 콩소메(Consomme)를 들 수 있고, 콩소메는 육수(Stock)나 부용(Bouillon)에 육류 또는 생선 등의 내용물과 향신료를 넣고 정제한 것으로 특징은 맑고 진한 갈색을 나타낸다.

- Consomme Soup(콩소메 수프) : 비프 콩소메(Beef Consomme), 치킨 콩소메(Chicken Consomme), 피시 콩소메(Fish Consomme), 엽조류 콩소메(Game Consomme)
- Broth or Bouillon Soup(브로스 또는 부용 수프) : 비프 브로스(Beef Broth), 치킨 브로스(Chicken Broth), 엽조류 브로스(Game Broth)

② Thick Soup(걸쭉한 수프)

리에종(Liaison)을 사용한 걸쭉한 상태의 수프를 의미하며 대중적으로 잘 알려진 크림수프(Cream Soup)를 비롯하여 퓌레(Puree), 차우더(Chowder), 비스크(Bisque) 등의 종류를 들 수 있다.

- Cream Soup(크림수프) : 크림수프(Cream Soup)는 육수(Stock)에 화이트 루(White Roux)를 넣어 농도를 조절하고 야채 또는 내용물과 크림을 첨가하여 맛을 낸 부드러운 수프이다.
- Puree Soup(퓌레 수프) : 주로 전분 함량이 많은 야채인 감자(Potato)나 콜리플라워

(Cauliflower) 등을 이용하여 만든다. 농밀도를 높이기 위해 크림을 사용하기도 한다.

- Chowder Soup(차우더 수프) : 생선과 야채를 주재료로 하여 만든 크림형태의 수프이며, 차우더 수프에는 주로 감자가 사용된다.
- 대표적인 수프로는 대합조개를 이용한 조개 차우더 수프(Clam Chower Soup)를 들 수 있다.
- Bisque Soup(비스크 수프) : 전통적으로 비스크 수프는 바닷가재(Lobster), 새우(Shrimp) 등 갑각류(Shellfish)의 풍미를 살린 진한 어패류 수프이고 쌀이 전통적인 농축제로 쓰이는 것이 특징이며, 토마토 페이스트를 사용하므로 붉은색을 띤다.

③ Cold Soup(차가운 수프)

여름철에 많이 이용하며 야채 또는 과일 주스 등의 액체를 넣어 농도를 맞춘 수프이다. 수프의 종류로는 비시스와즈(Vichyssoise), 가스파초(Gazpacho), 콜드 콩소메(Cold Consomme), 스패니시 수프(Spanish Soup), 멜론 수프(Melon Soup) 등이 있다.

④ Special Soup(특별한 수프)

스페셜 수프는 특이한 재료를 사용하여 만들거나 독특한 조리법으로 만든 수프를 말한다. 특별한 수프(Special Soup)에는 다음과 같은 종류가 있다.

- Beef Tea Soup(비프 티 수프)
- Crustacean Soup(갑각류가 들어간 해산물 수프)
- Real Turtle Soup(자라 수프)

⑤ National Soup(국적을 가진 수프)

나라별, 지역별로 선통적으로 전해 내려오는 수프이며 이들 수프를 조리하는 방법은 다양하고 독특하며, 수프의 명칭을 메뉴에 기재할 때에는 그 기원이 되는 국가에서 불리는 명칭대로 표기하여야 한다. 국적을 가진 수프(National Soup)의 예는 다음과 같다.

- 헝가리 : Hungarian Goulash Soup
- 프랑스 : Petit Marmite Soup
- 독일 : Leberknoedelsuppe
- 이탈리아 : Italian Minestrone Soup

(2) Soup Garnish

① Clear Soup에 잘 쓰이는 Garnish

- 쥘리엔느(Julienne) : 가늘게 채 썬 야채를 말한다.
- 버미첼리(Vermicelli) : 이태리의 가는 국수이다.
- 셀레스틴(Celestine) : 계란과 밀가루를 반죽하여 밀전병으로 만들어 가늘게 채 썬 것이다.
- 로얄(Royal) : 달걀 노른자, 크림을 반죽하여 지단으로 만들어 주사위 모양이나 다이아몬드 모양으로 자른 것이다.

② Thick Soup에 잘 쓰이는 Garnish

- 크루통(Crouton) : 수프 옆에는 항상 빠지지 않고 곁들여 나오는 단짝으로 딱딱한 빵 껍질이라는 뜻이다. 수프 위에 고명처럼 올리기도 하고, 사이드 메뉴처럼 따로 나오기도 한다. 크루통을 만드는 방법은 빵을 주사위 모양으로 썰어 기름을 두르지 않은 팬에 구우면 된다. 주로 수프 위에 고명으로 올리기 때문에 기름을 사용하면 수프 본연의 맛을 잃게 만든다. 요즘에는 크루통의 개념이 넓어지고 다양해 수프 위에 곁들이는 모든 재료를 통틀어 크루통이라고 한다. 채소 등을 잘게 썰어 수프에 넣고 함께 끓이기도 하고, 과일 또는 땅콩과 같은 견과류를 곁들이기도 한다.
- Chopped Bacon : 잘게 다진 베이컨을 말한다.
- Diced Sausage : 주사위 모양으로 자른 Sausage이다.
- Cracker(크래커)

3) Bread

Dinner에서 Bread는 주로 Soup Course에 이어 제공되거나 함께 제공되며 배를 채우는 개념이 아니다.

Bread는 약알칼리성으로 각 Course별로 제공되는 음식 고유의 맛을 즐길 수 있도록 혀에 남은 맛을 씻어주는 역할을 하므로 Course 사이에 조금씩 먹도록 해야 한다.

따라서 Bread는 통상 Dessert Course까지 Refill된다.

(1) 빵의 유래

빵의 주재료는 밀이다. 밀의 원산지는 트랜스코카서스, 터키를 비롯한 그 인근 국가였다.

처음 이 지역에서 생산되던 밀은 서남아시아의 고원을 거쳐 이집트로 전달된다.

이집트로 건너온 밀은 발효의 과정을 거치면서 지금의 모습에 가까운 빵이 되었으며, 기원전 800년경 로마로 전파되었다. 로마에서도 제빵 기술은 크게 인기를 얻었는데, 이후 로마가 멸망하고 기독교가 유럽 전역으로 전파되면서부터 제빵 기술 또한 유럽 각지로 퍼졌다. 이후 로마사람들의 자치 단체인 '길드'를 통해 제빵업이 크게 번성하게 되며, 국가의 엄격한 품질 관리를 통해 양질의 빵을 생산해 낼 수 있었다. 로마시대에 들어서면서 밀가루는 가축을 이용한 회전식 제분법을 통해 생산되었으며, 특히 말을 이용하여 원통형의 통에 재료를 넣어 혼합하는 기계식 반죽법도 사용하기 시작하였다. 하지만 당시만 하더라도 제빵 기술은 상당히 고급 기술로, 빵은 귀족이나 상류층들만 먹을 수 있는 귀한 음식이었다. 르네상스 시대에 접어들면서부터 비로소 빵은 유럽인들의 삶 속으로 들어왔다. 17세기 후반에 빵을 부풀리는 효모균이 발견되었고, 19세기에 이르러서야 프랑스의 파스퇴르(L. Pasteur)가 효모의 작용을 설명하고 효모를 쉽게 배양할 수 있는 이스트를 만들어냄으로써 빵은 비로소 대중들도 쉽게 접할 수 있는 음식이 된다.

(2) 빵의 종류

재료에 따라 밀가루빵·보리빵·옥수수빵·호밀빵·혼합빵 등이 있고, 빛깔에 따라 흰 빵·흑빵으로 나눈다. 밀기울이 혼합된 빵과 전립분(全粒粉)만으로 된 그레이엄(graham)빵이 있다.

재료 배합에 따라 밀가루·이스트·식염만으로 만든 프랑스식 빵과 설탕·우유·유지 등을 배합한 미국식 빵이 있다. 겉쪽을 두껍게 구운 유럽식 빵과 겉을 얇고 부드럽게 구운 미국식 빵이 있다.

용도별로 식빵·테이블빵·과자빵 등이 있고, 과자빵은 빵반죽에 유지를 층 모양으로 속까지 깊이 넣은 파이 모양의 페이스트리로 만든다. 식빵은 빵의 뒷부분을 산 모양으로 부풀린 영국식과 눌러서 판판하게 구운 미국식이 있는데, 이 미국식을 샌드위치형이라고도 한다. 테이블빵에는 겉을 바삭하게 구운 것과 부드럽게 구운 롤형의 것이 있는데, 어느 것이나 식사 코스에 곁들이도록 작은 모양으로 만든다.

그 밖에 특징 있는 빵으로 프랑스의 대표적 빵인 막대 모양의 바게트, 독일의 아침식사용 빵인 둥근 브뢰첸, 스틱과 같이 긴 이탈리아의 그리시니, 달걀과 버터를 넣어 컵 모양으로 구운 브리오시, 간간한 소금맛이 있는 둥근 햄버거빵, 호밀 흑빵인 픈파니켈, 호밀가루에 신맛이 있는 야성(野性) 이스트를 사용한 사워 라이 브레드(Sour Rye Bread) 등이 있다.

(3) 프랑스빵의 특징

본래 프랑스빵은 당도나 유지가 전혀 들어가지 않는 것이 특징이다. 밀가루와 물, 소금과 르뱅(천연이스트)만 넣던 것을 요즘은 인공이스트를 사용한다. 또한 빵을 선호하는 소비자들의 패턴이 고배합 빵에서 점차적으로 담백하면서 밀가루 특유의 깊은 맛이 있는 쪽으로 변화하는 추세이다. 특히 이러한 빵들을 대표하는 것이 프랑스빵이다. 빵의 생지를 오븐에 넣고 직접 굽는 하드브레드의 대표적인 프랑스빵은 굽고 난 뒤의 색깔이 황금 갈색을 띠며 구수한 향기와 딱딱한 크러스트, 불균일한 기공, 부드러운 맛의 크림이 특징으로 틀을 이용해 부드럽게 구워내는 식빵과는 전혀 다른 맛을 가지고 있다.

얼마 전까지만 해도 판매되는 빵 중에서 프랑스빵이 차지하는 비율이 그다지 높지 않았으나 점점 프랑스빵의 소비량이 늘고 있다. 프랑스빵은 단순한 배합으로 만들어지며 밀가루, 소금, 물 이외에 비타민 C나 몰트 등을 넣고 만든다. 이 재료만으로 밀가루가 가지고 있는 특유의 풍미를 연출해 낸다는 의미는 그만큼 뛰어난 기술력을 필요로 하며 재료의 질이 얼마만큼 제품에 영양을 미치는지 미루어 짐작할 수 있다.

그러나 이와 같은 단순한 배합으로 만들어진 빵은 다른 빵에 비해 노화가 빨리 오는 단점이 있기도 하다. 프랑스빵은 오븐에서 꺼내자마자 프랑스빵 특유의 갈라지는 소리를 내는데, 프랑스 사람들은 이것을 보고 프랑스빵이 노래를 부른다고 표현한다.

열이 식으면 노화가 시작되는 빵은 4시간 정도까지가 가장 맛있게 먹을 수 있는 시간으로 알려져 있다. 이 이상 시간이 지나면 원래가 수분이 적은 빵이기 때문에 주위의 수분을 빨아들여 빵이 점점 눅눅해지면서 쭈글쭈글해진다. 여기에서 시간이 더 경과하면 가지고 있던 수분을 방출하기 시작하여 나중에는 돌덩이처럼 딱딱해진다.

프랑스빵의 보존온도는 20~25℃, 습도 55~60℃ 정도가 적당하며 장기간 보존하기 위해서는 슬라이스해서 바로 냉동시키는 것도 좋은 방법 중의 하나이다. 대부분의 프랑스 가게에서는 하루에 빵을 오전, 오후 두 번 굽는데 혹시 남은 빵이 있으면 바로 급랭시켜 두었다가 샌드위치를 만들거나 물건이 부족할 때 꺼내어 오븐에 2~3분 정도 데운 후 판매하기도 한다.

(4) Dinner Roll과 Breakfast Rolls

Dinner Roll로는 Soft Roll, Hard Roll, French Baguette, Garlic Bread가 제공된다.

Breakfast Roll로는 Soft하고 Sweet한 빵이 많이 제공되며 다음과 같은 종류가 있다.

Danish Pasty : 잼을 속에 넣고 모양을 네모지게 만들어 설탕조림을 위에 얹어 만든 빵

Muffin : Milk나 Butter를 사용하여 원주형 틀에 넣어 구운 빵

Brioche : 계란과 효모균을 넣어 부드럽게 만든 빵으로 빵 위에 작은 꼭지빵이 올려진 것 같은 모양이다. 이러한 빵은 Jam, Marmalade와 함께 서비스한다.

〈그림 6-6〉 Breakfast Rolls

4) Entree

프랑스에서 Entree(앙뜨레)란 말은 'Enter(들어가다)'에서 파생한 말로 Entree란 원래 본격적으로 시작되는 요리로 전채요리의 의미로도 쓰인다.

그러나 보편적으로 Entree란 요리에 있어서 가장 High Light가 되는 Main Dish로서 생선요리, 고기요리, 구이요리를 통틀어 일컫는 개념으로 사용하고 있다.

정통 레스토랑에서는 식사의 High Light답게 뜨거운 접시 위에 뚜껑을 덮어 뜨겁게 제공하고 있다.

제공되는 Main Dish 특히, Beef Steak의 경우 왼쪽부터 작게 잘라서 먹는 것이 원칙이다. 그러면 오른쪽 상단에 있는 고기는 먹는 동안에 식어버릴 염려가 있기 때문에 이를 방지하

기 위하여 따뜻한 소스로 보온시키는 의미가 있다.

Entree는 보통 Starch와 Vegetable이 함께 곁들여지며, Entree의 소스는 오른쪽에 끼얹는 것이 정석이다.

(1) Main Dish의 구성(Entree, Starch, Vegetable)

① Entree : Meat류, Poultry류, Seafood류

② Meat류 : Beef, Veal, Pork, Lamb

③ Poultry류 : 닭, 오리, 칠면조, 꿩 등의 Game류

④ Seafood류 : 생선류와 조개, 갑각류 요리

⑤ Starch : 곡물, 감자 등 탄수화물을 함유하고 있는 것으로, 감자, 쌀, 파스타 등이 있다. 기내에서 서비스 시, Starch의 종류가 무엇인지 반드시 확인하여 정확하게 안내해야 한다.

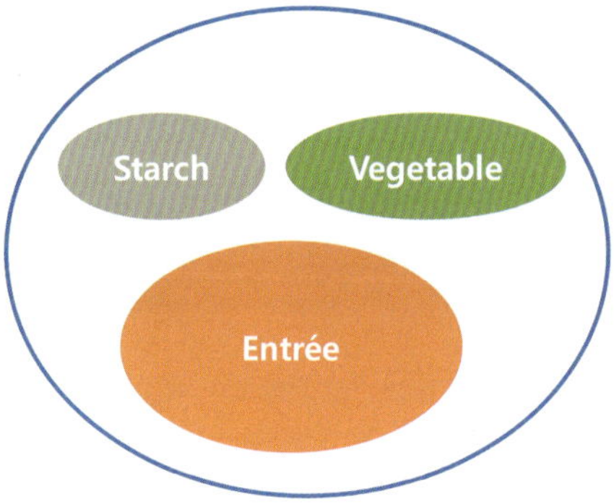

〈그림 6-7〉 Main Dish의 구성

⑥ Vegetable : 곁들이는 더운 야채를 의미하며 조리 시 풍미나 향이 훼손되지 않아야 한다. 청경채, 호박, 브로콜리, 아스파라거스 등이 있다.

(2) Entree의 종류별 특성

① Beef 요리

Beef 요리는 부위에 따라 질의 차이가 많이 나며 또한 요리의 이름도 이러한 부위의 명칭과 그 부위를 어떻게 조리하였는지에 따라 결정된다.

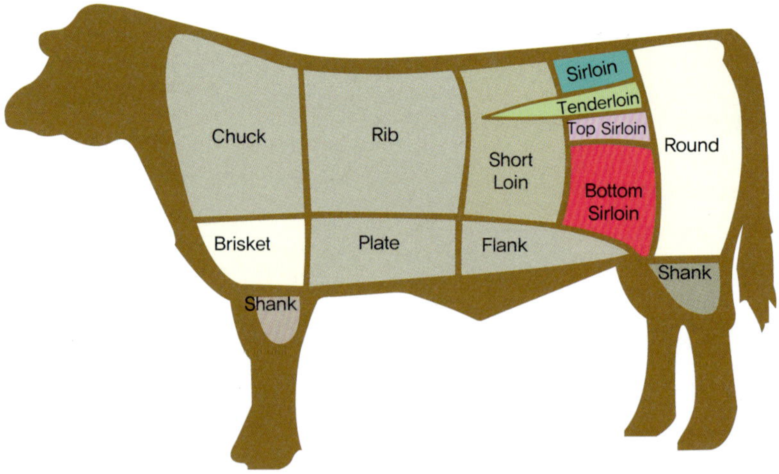

〈그림 6-8〉 Beef의 부위별 명칭

① Beef Steak ② Chateaubriand(샤토브리앙) ③ Fillet Steak
④ Tournedos(뚜른느도) ⑤ Fillet Mignon(필레미뇽)

〈그림 6-9〉 Tenderloin(안심)의 부위별 명칭

✲ Tenderloin(안심)의 부위별 특징

· **샤토브리앙(Chateaubriand)**
- Chateaubriand은 19세기 프랑스의 귀족이며 작가인 Chateaubriand 남작 집의 요리사인 몽미레이유(Montmireil)가 개발한 안심스테이크이다.
- 연한 부분을 적당한 크기로 잘라 소금과 후춧가루를 뿌려 구운 서양요리로서, 그릴에 구운 안심스테이크이다.
- Chateaubriand sauce 또는 베어네이즈 소스(bearnaise sauce)와 함께 제공된다.
- 소 1마리에 4인분 정도밖에 나오지 않는 소의 머리 바로 아래인 안심 윗부분에서부터 중간까지의 연한 부분을 크게 썰어낸 것을 말한다.

· **Fillet Steak**
- 프랑스 조리용어로 고기나 생선의 뼈 없는 조각을 말한다.
- 뼈를 제거하고 살코기만을 저민 조각으로 쇠고기는 등심 바로 아래 부위이다.

· **Tournedos**
- Tenderloin에서 잘라낸 쇠고기 스테이크용 고기
- 가장 좋은 부분이며, 작고 둥근 살코기 스테이크용 부위로 운동량이 적어 조직이 연하다.
- 지방함량이 매우 적기 때문에 굽기 전 돼지기름이나 베이컨 등으로 감아서 조리에 이용한다.

· **Fillet Mignon**
- 갈비싼 뼈가 없는 쇠고기 부위로 안심이나 등심 부위를 나타내는 프랑스 조리용어이다.
- 오븐 또는 석쇠에 살짝 굽거나 소량의 기름을 사용하여 프라이팬에 굽기도 한다.

- Beef의 대표적 요리방법
  - Steak : Fillet, Sirloin, Rib 등의 부위를 일정한 크기(1인분 단위)로 잘라 Saute하거나 Grill하는 요리방법을 말한다. Saute는 팬에 기름을 두르고 고기를 강한 불로 빠르

게 지지는 요리방법이며 Grill은 굵은 석쇠를 이용해 불에 직접 굽는 요리방법이다.

- 기내에서 Steak Heating 시 주의사항은 다음과 같다.

> - 충분히 예열된 오븐인지 등의 오븐상태를 미리 확인한다.
> - 해외 Station에서 탑재되는 스테이크는 간혹 지나치게 얇게 탑재되거나 기 Heating되어 탑재되는 경우가 있으니 사전에 반드시 확인하여 Heating시간을 조절해야 한다.
> - Medium Heating이라고 해서 한번에 10~15분을 Heating하지 말고 적정시간 Heating 후 중간에 고기의 상태를 확인하도록 한다.
> - Heating이 종료된 스테이크는 오븐에서 방치되지 않고 즉시 서비스할 수 있도록 한다.
> - Steak 서비스 후에는 익힘상태가 고객의 입맛에 맞는지 재차 확인하고, 고객의 요청이 있을 시 Galley에서 다시 준비하여 제공한다.

구이방법에 따라 아래와 같이 구분하여 서비스한다.

> · **Rare**
> - (Pre-heating : 15 minutes) Heating Time : 5~7 minutes
> - 눌러보았을 때, 가운데가 차갑고 단면이 전체적으로 붉은색을 보임. Rare steak의 내부온도는 60℃
>
> · **Medium Rare**
> - (Pre-heating : 15 minutes) Heating Time : 10 minutes
> - 가운데가 따뜻한 느낌이며 단면이 전체적으로 붉은색을 보임. Medium rare steak의 내부온도는 63℃
>
> · **Medium**
> - (Pre-heating : 15 minutes) Heating Time : 15 minutes
> - 촉감이 따뜻하며 가운데 붉은빛이 도는 Pink색이 남. Medium steak의 내부온도는 71℃
>
> · **Medium Well**
> - (Pre-heating : 15 Minutes) Heating Time : 18 minutes
> - 촉감이 뜨거우며 단면을 보면 가운데 부분만 분홍빛을 띠고 있음
> - Medium well steak의 내부온도는 74℃
>
> · **Well Done**
> - (Pre-heating : 15 minutes) Heating Time : 22 minutes
> - 촉감이 뜨겁고 전체적으로 모두 익어서 고기의 단면에 Brown빛이 돔(약간의 분홍빛이 살아 있음)
> - Well done steak의 내부온도는 77℃
>
> · **Very Well Done**
> - (Pre-heating : 15 minutes) Heating Time : 25~30 minutes
> - 촉감이 매우 뜨겁고 딱딱하고 스테이크 단면이 전체적으로 Brown색이 돌 정도로 다 익은 상태
> - Well done steak의 내부온도는 80℃

Roast : Fillet, Sirloin, Rib 등의 부위를 큰 고깃덩어리(Lump)째로 모양이 변하지 않도록 실에 감아 Oven에 굽는 방법이다. 불에 구워지면서 고기의 외부에 딱딱한 껍질(Crust)이 형성되어 육즙이 보존되고 고유의 맛이 높아진다.

② Veal 요리

송아지고기를 말하며 지방분이 적고 부드러우며 독특한 향이 있다.

Veal의 주요 부위는 Sweet Bread(흉두육), Leg(다리부위 살)이며, 대표적 요리방법은 Roast, Fry(팬에 기름을 두르고 굽는 요리방법), Braise(Fry한 고기를 물이나 육수에 넣고 오래 끓이는 찜 요리방법)가 있다.

③ Pork 요리

돼지고기 요리는 속살까지 익혀 고기색이 Pink빛이 없는 Gray-White빛이 될 정도로 요리되어야 한다. Pork의 주요 부위는 Loin(허리부위 살), Shoulder(어깨부위 살), Round(엉덩이살)로 구분한다.

대표적인 요리방법에는 Roast(Loin과 Shoulder 부위 이용), Ham(Round 부위 이용), Bacon(배, 목 부위 이용)이 있다.

④ Lamb 요리

Lamb은 1년 미만의 어린 양고기를 말하며 육질이 부드럽고 지방과 수분 함량이 적기 때문에 조금만 익혀야 한다. 주로 Mint Sauce와 잘 어울린다.

⑤ Fish 요리

생선요리는 생선의 종류와 요리방법에 따라 요리 이름이 결정되며 또한 그에 따라 각기 개성 있는 맛과 풍미가 결정되어진다.

생선의 대표적인 요리방법은 다음과 같다.

- Boil : 생선을 육수에 넣어 끓이는 요리방법
- Braise : 생선에 소량의 육수를 넣고 끓여서 졸이는 요리방법
- Steam, Poach : 다량의 끓는 물 또는 끓기 직전의 물을 사용하는 요리방법
- Fry : 생선을 밀가루 반죽에 버무려 기름에 튀기는 요리방법
- Grill : 생선을 숯불에 구운 뒤 프라이팬으로 익히는 요리방법

- Meuniere(뫼니에르) : 생선에 소금과 후추를 뿌리고 밀가루를 묻혀 버터구이를 하는 요리방법

〈그림 6-10〉 Fish의 종류

⑥ Shellfish 요리

조개와 갑각류 요리이다.

대표적인 Shellfish로는 Crab(게), Lobster(바닷가재), Cray Fish(가재), Prawn(큰 새우), Shrimp(작은 새우), Oyster(굴), Clam(대합), Scallop(가리비조개), Abalone(전복)이 있다.

요리방법은 Grill과 Steam방법을 활용한다.

⑦ Chicken 요리

닭고기 요리는 크게 Cock(수탉), Hen(암탉), Chicken(어린 닭)으로 구분할 수 있다.

주요 부위는 Breast(가슴 부위), Wing(날개 부위), Drumstick(다리 부위)으로 나눌 수 있으며 Fry하거나 Braise하여 요리한다.

⑧ Duck 요리

오리고기의 독특한 냄새와 Orange향이 잘 어울리기 때문에 오리고기 요리에는 주로 Orange Sauce가 곁들여 나온다.

주요 부위는 Breast(가슴 부위)이며 Roast하여 요리한다.

⑨ Turkey 요리

매년 크리스마스 즈음에 칠면조류 고기의 기름기가 적당히 많아지므로 그때가 고기 맛이 가장 좋다.

주로 Roast로 요리되나 훈제품으로 가공되어 Sandwich에도 많이 애용된다.

⑩ Game류

사냥해서 잡은 야생동물을 일컫는 말이며 집에서 사육한 것과는 풍미가 달라 미식가들에게 인기가 있다. 같은 종류라도 사냥한 시간이나 장소에 따라 맛이 크게 달라진다.

특히 야생조류는 겨울철에 가장 맛이 좋으며 그 외의 철에 잡은 것은 살이 없고 맛도 없다.

Quail(메추리), Pheasant(꿩) 등이 여기에 속한다.

(3) Entree Sauce

Sauce는 요리의 풍미를 더해주고 요리의 맛과 외형, 그리고 수분을 보완해 주어 요리를 한층 돋보이게 하는 중요한 역할을 한다.

① Sauce의 특성

Sauce는 일반적으로 뜨겁게 나오며 요리에 끼얹어 내는 것으로 부드러운 감촉과 맛 그리고 농밀성이 느껴지도록 하는 것이 중요하다. Sauce는 만드는 재료와 방법이 매우 다양하며 그것에 따라 맛이나 질감, 외관 등이 각기 개성을 지니고 있다.

Sauce에서 요리 자체의 맛을 압도하는 향신료 냄새가 나서는 안 되며 농도가 너무 묽어지면 원래의 요리 맛을 떨어뜨릴 수 있으므로 유의하여 만든다.

Sauce는 주로 오랜 경험을 쌓은 요리사들에 의해 만들어지며 실제로 Sauce의 맛에 따라 훌륭한 요리사로 평가되기도 한다.

② Sauce와 Entree 요리와의 조화

- 단순한 요리에는 영양이 풍부한 Sauce가 어울린다.

- 색상이 안 좋은 요리에는 화려한 색상의 Sauce로 보완한다.
- 갈색의 Sauce는 Red Meat류, 흰색 또는 노란색의 Sauce는 White meat, 생선, 야채 요리와 잘 어울린다.
- 싱거운 요리에는 맛이 강한 Sauce가 어울린다.
- 수분이 적은 팍팍한 요리에는 수분이 많아 부드럽고 묽은 Sauce가 어울린다.
- 통적으로 이어져 오는 소스로 Pineapple Sauce(Pork), Mint Jelly Sauce(Lamb), Orange Sauce(Duck)가 있다.

③ Special Sauce

- Au Jus Sauce(오-쥐 소스) : 고기를 Roast할 때 자연적으로 흘러내리는 맑은 육즙의 Sauce이다.
- Tartar Sauce(타르타르 소스) : 마요네즈에 계란 노른자, 양파, 골파, 파슬리 등을 넣어 만든 Sauce이며 주로 갑각류에 함께 나오는 Cold Sauce이다.

④ Table Sauce의 종류

Instant 용도로 차가운 Sauce이며 일반적으로 뜨거운 음식 위에 직접 끼얹지 않고 한쪽에 놓고 찍어 먹는다.

Sauce의 종류	Color	요리와의 조화
Horseradish Sauce	White	Roast Beef와 잘 어울림
Worcestershire Sauce	Brown	Beef Steak와 잘 어울림
A1 Sauce	Brown	Beef Steak와 잘 어울림
Mustard Sauce	Blond	Veal, Sausage 등에 잘 어울림
Hot Sauce	Red	생선, 야채 요리에 잘 어울림

5) Salad

Salad는 신선한 야채의 고운 색깔로 인해 요리의 다채로움과 풍성함을 더해준다.

요리의 중심점이 되는 Entree와의 조화는 물론 건강과 미용을 부여하는 원천이기도 하다.

Salad는 유럽권에서는 통상 Entree와 함께 나오거나 Entree 이후에 제공되며 그 외 나라에서는 Entree 전에 제공되기도 한다. 또한 Salad는 알칼리성 식품으로 육식을 중화시켜 주는 역할을 한다.

(1) Salad의 특징

Salad는 아래와 같은 특징을 갖는다.

① 재료나 조리방법 및 곁들이는 드레싱에 따라 다르기 때문에 종류가 다양하다.

② 고대 이집트인들이 오이, 양파, 상추, 무, 파슬리, 양배추 등을 생식하는 것으로부터 시작되었다.

③ 이집트인들은 생야채를 appetizer나 main요리와 함께 먹었는데 생것 그대로 먹거나 sour cream을 섞어서 먹었다.

④ 사람들이 샐러드를 좋아하는 이유는 단순하면서도 모든 사람에게 즐거움과 산뜻함을 주는 음식이기 때문이다.

⑤ 생야채를 먹는 여러 가지 이유 : 생야채의 crispness는 주식의 soft한 음식과 반대의 질감, 신선한 맛은 식사의 highlight, 쌉쌀한 맛과 자극적인 맛은 식욕을 증가, 색채의 아름다움은 시각적인 만족과 풍성한 맛을 더하기 때문이다.

⑥ 세계 각국의 대부분의 사람들이 생야채를 좋아하고 특히 비타민의 발견 이후 생야채, 과실 등에 관심이 높아져 "Eat a salad everyday"라는 문구가 생겼다.

⑦ Salad 드레싱은 대부분 많은 지방을 함유하여 녹황색야채의 지용성 비타민 흡수를 보다 더 유리하게 하는 역할도 한다.

(2) Salad의 분류

샐러드는 서빙하는 온도, 서빙하는 방법, 재료의 종류 등에 의해 분류한다.

① 온도에 의한 분류

- chilled : 채소나 과실 등을 차게 하여 준비하는 것
- frozen : 얼린 채 서빙하는 것
  - 치즈, 마요네즈, 크림, 과일, 너트 등을 같이 섞어 얼려서 썰어서 담는다. 하룻밤 정도 지나야 완전히 언다.
  - 대부분 과일을 많이 이용하는 것으로 summer luncheon이나 buffet supper 등에 이용되며 완전히 얼지 않으면 형태를 오래 유지할 수 없다.
- hot salad : 따뜻하게 데워 준비하는 것
  - 뜨겁게 서빙하는 것으로 감자를 많이 이용한다.
  - 독일인이나 미국에 이주한 독일인들의 후예 등이 즐긴다.

- 감자 이외에 콜리플라워, 셀러리, 양배추, 베이컨, 햄 등을 함께 섞는다.
- 마카로니 샐러드, 빈스 샐러드, 시금치, 무, 당근 등을 이용하기도 한다.

② 서빙하는 방법에 의한 분류

- bowl salad : 볼에 담아서 내는 샐러드
- vegetable salad bowl : 테이블에서 섞거나 부엌에서 간단히 섞어서 낸다.
  - 재료로는 양상추, 로메인, 엔다이브, 에스캐롤, 무, 오이, 풋고추, 셀러리, 시금치, 토마토 등이며 몇 가지를 선택하여 바삭하게 준비한 뒤 볼에 담는다. 이때 사용되는 드레싱은 French dressing으로 테이블에서 직접 드레싱을 만들어 섞는다.
- fruit salad bowl : 껍질을 벗기고 적당한 크기(bite size)로 썰어서 볼 밑에 상추를 깔고 그 위에 담으며, 꽃 모양으로 자른 과일 등으로 장식한다.
- decorative salad : 식탁 장식이 될 수 있도록 여러 색의 모양으로 배합한 것
  - 특별한 날 샐러드에 중점을 둘 때 준비하는 것으로 장식을 많이 한다.
- flatter salad : 큰 접시 또는 쟁반에 정돈하여 담는 법
  - 큰 쟁반 또는 접시에 여러 가지 채소나 과일, 기타 식품을 배열해 놓는다.
- individual salad : 개인별로 담는 법. 채소나 과일 등을 2~3가지 혼합하여 만든다.
- Shredded salad : 채소를 얇게 채 썰어 미리 드레싱과 섞어 놓는 것

③ 재료의 종류에 의한 분류

- molded salad or gelatin salad : 과일과 채소 주스 등에 젤라틴을 넣어 굳힌 것
  ex) aspic sunshine salad
- whole meal salad(hearty salad) : 육류, 조류, 난류, 생선류, 어패류, 과실류, 채소류 등을 함께 섞어 재료가 골고루 포함된 것
  ex) fruit salad, vegetable salad
- vegetable finger salad : 채소를 막대기 모양으로 길게 혹은 둥글게 썰어 적당히 담아 놓는 것
  ex) meat, fish, poultry, egg salad
- green salad : 연한 녹색에서 암녹색에 이르기까지 여러 종류의 샐러드용 채소를 이용한 것

(3) Salad의 기본 구성

① Base : Green Lettuce가 대부분으로 접시를 채움과 동시에 본체와 색상대비를 시켜준다.

② Body : 색상이 진하고 고운 야채로 Base와 색상을 대비시켜 화려함을 더해준다.

③ Dressing : 야채에 끼얹어서 더욱 부드럽고 신선한 맛을 돋우는 Sauce이다. '옷을 입는다'의 Dress에서 나온 단어이며 샐러드에 옷을 입히는 작업이므로 보기 좋게 담도록 한다.

④ Garnish : 색상, 향미를 돋우는 재료가 많으며 Base와 Body의 야채류와 맛의 조화 대비가 잘되어야 한다.

(4) 샐러드의 4C

① Clean : 깨끗하고 신선한 재료를 이용해야 한다.

② Cool : 차게 보관해야 한다.

③ Crispy : 냉각한 것처럼 바삭거려야 한다.

④ Colorful : 다채롭고 풍성하게 색상을 배열해야 한다.

기내에서 서비스 시 4C를 고려하여 서비스해야 하며, 상위클래스에서는 Base, Body를 고려하여 보기 좋게 Dish-up하도록 해야 한다.

특히 항상 신선한 상태의 샐러드를 서비스하도록 각별히 주의해야 한다.

〈그림 6-11〉 Salad의 구성

(5) Salad의 준비

① 먹기에 알맞은 정도로 썬다.

② 드레싱은 절대 미리 섞지 않고 먹기 직전에 섞도록 한다.

③ 과실은 껍질을 벗기고 썰어 담은 뒤 내도록 하며, 미리 준비해 둘 경우 레몬즙을 뿌려 둔 뒤 낸다.

④ 채소류 또한 미리 썰어놓지 않고 차게 한 것을 직접 썰어서 담아낸다.

⑤ 육류와 생선류는 뼈, 기름을 제거하고, cube, strip으로 썰어서 익힌 후에 낸다.

(6) Salad의 Serving

① Formal dinner일 경우 메인코스 다음에 서빙하고 가벼운 재료를 택한다. (crisp greens 또는 grapefruit 등)

② Dessert와 겸할 때는 fruit salad, frozen salad 등을 크래커나 치즈 등과 같이 서빙한다.

③ Informal일 경우 Appetizer가 따로 없으면 식사 처음에 서빙하거나 메인코스와 같이 낸다.

④ Whole meal salad는 메인코스로 수프나 Appetizer가 끝난 후 후식 전에 낸다.

⑤ 샐러드용 포크는 따로 준비하는 것이 좋고, 필요하면 나이프를 사용하도록 한다.

(7) Salad 조리 시 주의할 점

① 색채의 배열이 다양하고, 씹을 때 감촉이 파삭파삭해야 하며, 영양소가 파괴되지 않은 신선한 것이어야 한다.

② 배열은 대체로 단순하고 간결하게 하는 것이 좋다.

③ 샐러드용 채소는 건조해지기 쉬우므로 사용할 때까지 신선함을 유지하도록 냉장보관하고, 사용되는 기구도 차게 보관하는 것이 좋다.

④ 샐러드에 사용되는 드레싱은 산이 함유되어 있으므로 유리그릇이나 나무그릇을 쓰고, 금속제품은 피하는 것이 좋다.

⑤ 샐러드에 사용되는 재료는 미리 준비해 두었다가 식사 직전에 소스에 버무려 내는 것이 좋다.

6) Dessert : Cheese

(1) 치즈의 유래

고대 그리스의 상인들은 사막을 왕래할 때 갈증을 해소할 방법으로 우유를 소 위에 만든 주머니에 넣고 다녔다고 한다. 어느 날 주머니를 열어보니 우유는 응고되어 덩어리로 변해 있었다. 호기심에 먹어보니 새콤하고 감칠맛이 나서 이후로 계속 먹게 되었으며 이것이 Cheese의 유래로 전해지고 있다. 이러한 Cheese는 영양이 풍부하고 독특한 풍미로 우리나라 식탁의 김치처럼 서양의 식탁에 있어서도 빠지지 않을 만큼 애호식품이다.

치즈의 형성과정은 각 치즈의 숙성방법과 기후, 만드는 지역에 따라 다르며, 맛과 향이 차이를 보이면서 발전해 왔다. 18세기 이후에는 산업혁명과 더불어 가정에서 직접 만들던 수공품들이 점차 상품화되었다. 또한 보관방법의 개발, 철도의 연장 등으로 치즈의 대량생산과 확대보급으로 이어지게 된다.

치즈는 지금까지 알려진 종류가 2천 가지에 달하고 세계적으로 만들어지고 있는 것만도 5백 가지에 육박한다.

아시아에서 유럽으로 전파된 치즈는 그리스와 로마시대를 거치면서 제조법이 완성되었다. 고대 그리스인들은 치즈의 좋은 맛을 하늘이 내린 것으로 생각하였지만, BC 900년경의 작품인 호메로스의 '오디세이아'에 이미 치즈의 제조와 관련된 묘사가 나온다. 로마시대에 이르러 치즈 만드는 기술이 세련되어졌다.

치즈는 황제와 귀족의 연회에 오르는 단골 메뉴였다. 특히 경질치즈는 레기온(legion : 로마의 보병군단)의 필수 휴대품이었는데, 이는 경질치즈 제조법이 각지로 전파되는 것을 도왔다. 로마제국이 쇠락하고 주변민족의 침입과 페스트 등 전염병이 퍼지면서 유럽이 암흑기에 접어든 뒤로 치즈의 제조기술도 점차 쇠퇴했다. 이 시기에 중세 각지의 수도원들은 치즈의 제조기술을 보전·발전시키고, 이를 농민들에게 전수하였다. 오늘날 유명한 치즈 중에 이름이나 기원이 수도원이나 수도사와 관련된 것이 많은 것은 이 때문이다. 르네상스 시대 이후 생유(生乳)의 위생문제에 대해 불안을 느낀 사람들이 치즈 먹기를 꺼렸지만, 19세기 파스퇴르의 저온살균법과 냉장고가 등장하면서 치즈는 다시 인기 높은 식품이 되었다.

(2) Cheese의 종류

치즈는 생치즈, 연질치즈, 반경질치즈, 경질치즈로 나뉜다. 또한 치즈를 어떤 방식으로 제조했는가에 따라 다시 pressed cheese와 unpressed cheese로 나눈다.

① 생치즈 : Fetta, Goat cheese, Rondele cheeses, Pyramide chevre blanches, Boursin garlic & Herbs

② 연질치즈 : 연질치즈에는 White rind와 Washed rind로 나뉜다. 흰 곰팡이치즈는 대표적으로 Camembert, Brie, Coulommier, Coutance, Saint Marcellin, Chaource, Neufchatel 외 여러 종류가 있다. Washed rind는 Munster, Livarot, Pont l'Eveque, Mont d'Or, Epoissese 등이 있다.

③ 염소젖치즈 : 염소젖으로 만든 이 cheese는 가격이 고가이며 향이 강하다. 종류로는 Saint Maure Soinon, Crottin de Chavignol, Crottin Chevretine, Feta cheese 등의 다양한 종류가 있다.

④ 블루치즈 : 현재 국내에 들어온 Bleu cheese는 단지 Bleu d'Avergne Valmont, Bresse de Bleu. Stilton, Bleu des Causse들뿐이다. Societe에서 생산하는 Roqueforts cheese는 검역상 어려워 국내수입이 어렵다. Stilton은 영국치즈이며, Gorgonzola는 이태리 치즈이다.

⑤ 반경질치즈 : 1~2개월을 숙성시킨 이들 반경질치즈는 유럽의 여러 나라에서 생산되고 있다. Saint Nectaire, Tomme de Savoie, Saint Paulin, Reblochon, Edam, Gouda, Pecorino 등 여러 가지 반경질치즈가 생산되고 있다.

⑥ 경질치즈 : 6개월 내지 1년 이상을 숙성시킨 경질치즈는 많은 이들의 요리에 사용되고 있다. Parmigiano Reggiano, Grana Padano, Emmental Bloc, Gruyere, Comte 등 여러 가지 치즈가 있다.

⑦ 가공치즈 : 살균된 우유로 만든 가공치즈는 여러 종류의 치즈를 섞어 특유의 맛과 향을 첨가하여 만든다. Saint Julien, Chalie with Crème, Fromage Fondu, Toast cheese, Sandwich cheese, Hamburger cheese 등이 있다.

(3) 세계 각국을 대표하는 치즈의 종류

각국의 대표적인 치즈는 아래와 같다.

- **France** : Camembert, Brie, Comte, Roquefort, Munster
- **Italy** : Mozzarella, Gorgonzola, Parmesan cheese, Ricotta, Pecorino, Scarmoza
- **Swiss** : Emmental, Gruyere, Raclette, Tete de Moine
- **Hollands** : Edam, Gouda, Masdam
- **U.S.A.** : Motery Jack, Cream cheese

✲ 카망베르(Camembert)

- **원산지 :** 프랑스, Normandy
- **원료유 :** 젖소유
- **모양 :** 지름 11cm, 높이 3cm, 무게 250g의 작은 원반형
- **지방함유율 :** 45%
- **숙성기간 :** 1~2개월
- **어울리는 와인 :** Saint-Émillion(R), Beaujolais(R), Bourgogne(R)
- **용도 :** 테이블 치즈

유명한 프랑스산 치즈이다. 18세기 노르망디 지방의 카망베르란 마을에서 만들어진 데서 이름이 유래되었으며, 전통적인 카망베르 치즈는 노르망디 지방의 젖소가 생산하는 신선한 생우유로 만들어진다. 표면이 솜털처럼 흰데 이것은 페니실리움 카멤베르티(Penicillium Camemberti) 곰팡이로 커드를 처리하여 생긴 것이다. 이 치즈는 전통적으로 작은 나무상자에 담겨 판매된다.

생김새 브리와 비슷하게 생겼다. 외피는 붉은 갈색톤으로 흰 곰팡이로 덮여 있다. 그러나 공장에서 대량으로 만들어 판매되는 카망베르 치즈의 외피는 얇고 하얗다. 안은 크림 같은 상아색을 띠며 온도가 상승할수록 부드러워지면서 흘러내린다.

맛과 향 외피도 안과 함께 먹는다. 숙성 정도에 따라 강한 맛부터 부드러운 맛까지 다양하다. 브리와 비슷한 버섯향이 있지만 브리보다 한 톤 정도 가라앉은 맛이다.

✲ 브리(Brie)

- **원산지 :** 프랑스 Meaux, Melun
- **원료유 :** 젖소유
- **모양 :** 지름 30~37cm, 두께 3~3.5cm, 무게 2.5~3kg의 원반형
- **지방함유율 :** 45%
- **숙성기간 :** 4~8주
- **어울리는 와인 :** Hermitage(R), Vosne Romanee(R), Bourgogne(R)
- **용도 :** 테이블 치즈

프랑스 파리에서 북동쪽으로 50km 떨어진 브리 지방이 원산지로 그 지방명에서 치즈의

이름이 유래되었다. 현재도 파리 부근의 모(Meaux), 멀랭(Melun), 쿨로미에(Coulommiers) 등이 유명한 브리의 생산지이다. 치즈를 둘러싼 하얀 껍질이 특징으로 이것은 치즈에 들어가는 흰 곰팡이가 발효되면서 생기는 것인데 치즈에 독특한 풍미를 더해준다. 브리를 만드는 과정을 살펴보면, 우선 브리의 부드러운 커드를 둥근 팬케이크 모양의 편평한 틀에 넣어 굳히고, 커드가 굳으면 페니실리움 칸디둠(Penicillium candidum)의 포자를 뿌린다. 이것이 바로 솜털 같은 얇은 하얀 껍질을 형성하는 곰팡이이다. 보통 브리 치즈의 숙성기간은 4~8주인데, 숙성이 덜 된 상태의 치즈 속은 가운데가 흰색인 상아 빛깔의 반연질이었다가 점차 숙성되면서 크림 빛깔의 연질이 된다.

생김새 브리의 외피는 부드럽고 얇은 흰색막이 형성되어 있다. 이 외피는 먹는 부분이며 시간이 지나면 일부분은 솜이 부풀듯 부풀어오른다. 안은 노란색이거나 아이보리색으로 되어 있으며 진한 크림 같은 느낌이다. 상온에 오래 두면 크림처럼 녹아 내린다.

맛과 향 숙성 정도에 따라 다르긴 하나 약간의 신맛과 쏘는 맛이 나며, 부드러운 나무향이 난다. 이 흰색 외피는 치즈에 독특한 향미를 더해준다. 숙성 정도에 따라 부드러운 맛부터 자극적인 맛까지 다양하다.

콩테(Comte)

- **원산지** : 프랑스 Franche-Comte
- **원료유** : 젖소유
- **모양** : 지름 40~70cm, 높이 9~13cm, 무게 35~55kg의 원반형
- **지방함유율** : 45%
- **숙성기간** : 5~12개월
- **어울리는 와인** : Vin Jaune(W), 샴페인
- **용도** : 테이블 치즈, 스낵, 카나페, 퐁뒤, 그라탱

프랑스에서는 두 종류의 그뤼에르(Gruyère)를 만드는데 그중 하나가 보포르이며 또 하나가 바로 콩테이다. 프랑스에서 가장 오래된 치즈 중 하나이며 프랑스인들에게 가장 사랑받는 치즈이다.

생김새 황금노랑색 또는 갈색의 단단하고 두꺼운 껍질을 가지고 있고 노란색의 내부는 탄력성이 있으며 촉촉하다. 잘 숙성시킨 콩테의 내부에는 잣알 크기부터 크게는 앵두만한 구멍이 생긴다.

맛과 향 입에 넣으면 녹으면서 단맛과 고소한 맛이 남는다. 염도가 높은 편이나 짠맛이 치즈의 다른 맛과 잘 어울려 그다지 짜게 느껴지지 않으며, 은은한 호두 향과 꽃향기를 풍긴다. 샐러드나 샌드위치에 넣어 먹거나 과일과 함께 먹어도 맛이 좋고 퐁뒤용으로도 좋다.

묑스터(Munster)

- **원산지 :** 프랑스, Alsace
- **원료유 :** 젖소유
- **모양 :** 지름 13~19cm, 높이 2.4~8cm, 무게 450g의 원반형
- **지방함유율 :** 45~50%
- **숙성기간 :** 3주~3개월
- **어울리는 와인 :** Alsace Gewürztraminer(W), Pinot Gris d'Alsace(W)
- **용도 :** 테이블 치즈, 스낵, 그릴

프랑스 알자스에서는 세계적으로 유명한 와인 외에도 매우 독특한 치즈를 생산하고 있는데, 그것이 바로 묑스터이다. 묑스터는 알자스의 오염되지 않은 목초를 먹고 자란 고단백질의 젖소유로 만든 매우 맛있고 향이 좋은 치즈이다. 8세기경 프랑스 묑스터 계곡의 수도사들이 처음 만든 데서 이름이 유래되었다. 보통 판매되고 있는 묑스터는 2~3개월 정도 숙성시킨 것이 많다.

생김새 오렌지 노랑부터 적갈색의 끈적끈적한 외피를 가지고 있고, 아이보리색의 내부는 상온에 두면 흘러내릴 정도로 부드럽고 작은 구멍들이 흩어져 있다.

맛과 향 묑스터의 특징은 바로 톡 쏘는 짙은 향과 부드러운 질감. 숙성기간 동안 2~3일에 한번씩 계속해서 소금물로 외피를 닦아주어 외피의 색이 짙으며 향도 깊어지는데 향이 너무 독해서 처음에는 고개가 돌려질 정도이다. 외피는 레몬향이 풍기는 톡 쏘는 진한 향을 내는데 이 향이 치즈 안으로 스며들어 치즈의 향이 풍부해진다. 약간의 짠맛과 우유의 진한 맛이 느껴진다. 식사 후에 디저트처럼 과일과 함께 곁들여 내며, 전통적으로 삶은 감자와 큐민, 알자스의 와인과 함께 즐긴다. 알자스에서는 반드시 캐러웨이나 큐민 씨를 같이 내어 치즈에 뿌려 먹는다고 한다.

에담(Edam)

- **원산지 :** 네덜란드, Edam
- **원료유 :** 젖소유
- **모양 :** 1.5kg의 둥근 공 모양
- **지방함유율 :** 30~40%
- **숙성기간 :** 6~8주
- **어울리는 와인 :** Syrah(R), Shiraz(R)
- **용도 :** 테이블 치즈, 샌드위치, 그릴

에담이라는 작은 항구의 이름에서 치즈이름이 생겨난 유명한 네덜란드의 치즈. 에담의 빨간색 왁스 코팅은 14세기에 시작하여 지금은 에담 치즈의 독특한 특징이 되었지만 이 빨간 왁스 코팅은 수출용에만 사용하는 것이다. 대부분의 에담은 탄력이 있고 향이 부드러우면서 호두 향이 나는 숙성기간이 짧은 에담이며, 검은색으로 왁스코팅된 것은 17주 이상 숙성시킨 것이다. 대부분의 에담이 탈지유나 부분 탈지유로 만들어져 지방함량이 비교적 낮은 편이다.

생김새 무게 1.5kg의 둥근 공 모양으로 붉은색 왁스에 코팅되어 있다. 내부는 노란색으로 치밀하고 매끄러운 조직을 가지고 있다.

맛과 향 부드러운 호두 향이 나는 진한 맛을 지니고 있다.

고다(Gouda)

- **생산지 :** 네덜란드, Gouda
- **원료유 :** 젖소유
- **모양 :** 5~10kg의 납작한 원통형
- **지방함유율 :** 48%
- **숙성기간 :** 1개월~2년
- **어울리는 와인 :** Syrah(R), Shiraz(R)
- **용도 :** 테이블 치즈, 스낵, 그릴

네덜란드의 Gouda라는 마을이 원산지로 마을 이름에서 유래되었다. 고다는 유럽에서 생산되는 가장 오래된 치즈 중 하나로 6세기경부터 만들기 시작하였고, 13세기부터는 다른 나

라에 수출하기 시작하여 지금은 전 세계인의 사랑을 받고 있다. 다른 치즈 생산국에서도 고다를 모방한 제품을 많이 만들었다. 고다는 네덜란드 치즈 생산의 60% 이상을 차지하고 있으며 오랜 역사를 지닌 치즈다.

생김새 외피는 노란색의 왁스 표면에 싸여 있으며 18개월 이상 숙성된 고다는 짙은 노란색의 치즈가 검은색 왁스 표면에 싸여 있다. 작은 크기의 베이비 고다는 주로 붉은색 왁스 코팅이 되어 있다. 숙성된 것은 내부가 황금색으로 조직이 단단하지만 보통은 상아색으로 조직이 연하고 부드럽다.

맛과 향 숙성된 것은 염도가 높고 조직이 단단하지만, 보통은 그 풍미가 부드럽고 온화하다. 식사에 곁들이기도 하지만 디저트용으로도 사용하며 과일이나 와인과도 잘 어울린다.

에멘탈(Emmental)

- **원산지 :** 스위스 Valle dell'Emme
- **원료유 :** 젖소유
- **모양 :** 지름 70~100㎝, 높이 14~25cm, 무게 75~120kg의 원반형
- **지방함유율 :** 45%
- **숙성기간 :** 4~16개월
- **어울리는 와인 :** Syrah(R), Shiraz(R)
- **용도 :** 테이블 치즈, 그릴, 퐁뒤

스위스 베른의 에메 강 유역이 원산지인 스위스의 대표적인 치즈. 스위스 치즈라고도 불린다. 레닛에 의해 형성된 커드를 잘라 저은 뒤 52℃ 정도에서 가열시킨 후 섬세한 체를 이용해서 훼이로부터 덩어리째 건어내어 특유의 원반형으로 압축한다. 큰 덩어리 형태로 제조된 에멘탈은 진한 소금물로 간을 하고 나서 건조되지 않게 얇은 피막을 입힌다. 치즈를 22~27℃ 되는 곳에 6~8주간 놓아두면 이산화탄소의 생성이 촉진되어 독특한 구멍(eyes)이 생긴다. 완전한 숙성을 위해서는 3~6개월이 더 걸리며 숙성기간이 길수록 치즈의 질은 더 좋아진다.

생김새 조직은 단단하고 탄력적이기 때문에 얇게 썰기가 쉽다. 내부는 아이보리색이거나 균일한 옅은 노란색을 띠며, 약 5~7㎝ 간격으로 직경 1.6㎝짜리 구멍이 뚫려 있는 것이 특징이다. 딱딱한 고무와 같은 질감을 가지고 있으며 씹으면 마치 고무지우개를 씹는 느낌이다.

맛과 향 달콤하고 자극적인 향기를 지닌 에멘탈은 숙성이 덜 되었을 때는 맛이 덜 짜지만, 완전히 숙성되면 톡 쏘는 맛을 지니게 된다. 에멘탈은 그뤼에르와 비슷하지만 더 매끄러우며 향이 좀 더 달고 와인향을 가지고 있다.

그뤼에르(Gruyère)

- **원산지 :** 스위스 Gruyère
- **원료유 :** 젖소유
- **모양 :** 지름 55~65cm, 높이 9.5~12cm, 무게 20~40kg의 원반형
- **지방함유율 :** 49~53%
- **숙성기간 :** 5~12개월
- **어울리는 와인 :** Vin Jaune(W), Beaujolais(R), Alsace Pinot Gris(W)
- **용도 :** 테이블 치즈, 그릴, 퐁듀

그뤼에르에 대한 최초의 문서는 스위스 그뤼에르 근처에 있는 한 수도원에서 발견된 책으로 이것은 1115년에 쓰여진 것이다. 스위스 그뤼에르는 저온살균하지 않은 원유로 만들며 가염을 강하게 하고 에멘탈보다 좀 더 낮은 온도와 높은 습도의 환경에서 숙성을 시킨다. 보통 하드치즈의 숙성이 내부에서 바깥쪽으로 이루어지는 반면 그뤼에르의 숙성환경은 숙성이 내부와 외피에서 동시에 진행되도록 하여 풍부한 맛을 형성한다.

생김새 갈색의 딱딱하고 기름기 있는 외피는 울퉁불퉁하여 마치 아몬드 껍질같이 생겼다. 내부는 치밀하나 에멘탈보다는 부드럽고 간혹 미세한 구멍이 있기도 하다. 그뤼에르는 에멘탈보다 어두운 노란색으로 조직이 치밀하고 단단하나 유연성이 있다.

맛과 향 그뤼에르는 녹이면 끈끈한 성질을 갖는데, 그라탱을 하거나 그릴, 수프에 사용하면 좋다. 호두향의 풍부한 향을 가지고 있으며, 무화과나 포도와 함께 먹어도 맛이 좋고 샌드위치에 넣어도 좋다. 또한 그뤼에르는 크림형태로 잘 녹기 때문에 요리에 많이 사용하는데, 대표적으로 스위스의 퐁뒤요리에 이용하는 치즈이다.

✻ 라클레테(Raclette)

- **생산지 :** 스위스 전역, 프랑스 Savoie
- **원료유 :** 젖소유
- **모양 :** 무게 8~11kg의 원반형
- **지방함유율 :** 45%
- **숙성기간 :** 3~4개월
- **어울리는 와인 :** Beaujolais(R)
- **용도 :** 테이블 치즈, 그릴

라클레테는 프랑스 Savoie 지방과 스위스에서 만들어지는 오래된 치즈이다. 라클레테라는 이름은 'scraper' 즉 '긁어낸다'는 뜻을 가지고 있어 이 치즈를 어떻게 먹는지 그 이름만으로도 짐작할 수 있다. 전통적으로 치즈를 먹는 방법은 치즈를 반으로 잘라 비스듬히 세워 자른 부분을 불에 쬔다. 거품이 나면서 치즈가 녹아 흐르기 시작하면 뜨거운 감자가 담긴 접시가 등장하고 그 위에 녹인 치즈를 긁어내려(이것이 바로 '라클레테'이다) 감자를 찍어 먹는다. 라클레테의 향은 감자와 완벽한 조화를 이루지만 감자 외에도 고기나 햄 등을 함께 먹기도 한다. 이렇게 녹인 치즈를 긁어내려 감자 등과 함께 먹는 음식을 라클레테라고도 한다.

생김새 라클레테는 그뤼에르의 반 정도만한 크기의 납작한 원통형으로 만들어지며 연한 베이지색에서 연한 갈색의 외피와 노란색에 가까운 진한 아이보리색의 내부로 이루어져 있다.

맛과 향 매우 부드러워서 입안에 넣으면 살살 녹으며 톡 쏘는 강한 향을 가지고 있다. 테이블 치즈나 그릴하는 요리에 적합하며, 특히 녹는 성질이 뛰어난데, 치즈 그 자체로도 좋은 향을 가지고 있지만 녹였을 때 풍부한 호두 향과 단맛, 과일 향이 최고조에 이른다.

✻ 테트 드 무안(Tête de Moine)

- **원산지 :** 스위스 Giura
- **원료유 :** 젖소유
- **모양 :** 지름 10~15cm, 무게 700g 정도의 작은 원통형
- **지방함유율 :** 50%
- **숙성기간 :** 3~4개월
- **어울리는 와인 :** 가벼운 레드와인
- **용도 :** 테이블 치즈, 샐러드

테트 드 무안은 '수도사의 머리'라는 뜻이다. 왜 이런 이름이 붙여졌는가는 치즈의 모습과 치즈에 붙어 있는 상표 그림을 비교해 보면 알 수 있다. 이 치즈의 모습이 우습게도 수도사의 머리 모양을 닮은 것이다. 이 치즈의 이름을 처음 붙인 사람은 아마도 유머감각이 뛰어난 사람이었을 것이다.

테트 드 무안은 스위스 Belleray에 있는 수도원에서 개발된 치즈이다. 풍부한 여름 우유로만 만들어지며 전통적으로 낙엽이 지기 시작하면 치즈를 먹기 시작했다고 한다. 이 치즈는 먹는 방법이 매우 재미있는데, 사진에서 보는 것처럼 치즈 전용칼을 꽂고 손잡이를 돌리면 치즈가 예쁜 레이스처럼 깎인다. 이것을 입안에 넣으면 부드럽게 녹으면서 한층 진한 향이 느껴진다. 이렇게 치즈를 긁어 먹는 방법은 미식가였던 한 수도사가 개발해 낸 것으로 이 수도사는 치즈의 윗면을 뚜껑처럼 잘라낸 후 칼로 긁어 먹고 잘라낸 윗면을 다시 닫아놓았다고 한다. 테트 드 무안은 이 독특한 방법으로 더 유명해졌고, 사실 이렇게 긁어 먹으면 치즈의 진한 맛을 한층 더 느낄 수 있다.

생김새 이 치즈는 700g 정도의 작은 원통형으로 아주 예쁘게 생겼는데 보통 은박지에 싸여 판매된다. 외피는 매끄러운 편으로 기름기가 있으며 밝은 갈색이다. 내부는 단단하며 아이보리색을 띠고 있다.

맛과 향 단맛과 가볍게 쏘는 맛이 나며 너트 향이 진한 독특한 맛을 지니고 있다.

몬테레이 잭(Monterey Jack)

- **생산지 :** 미국
- **원료유 :** 젖소유
- **모양 :** 보통 네모난 벽돌 모양으로 판매된다.
- **지방함유율 :** 45%
- **숙성기간 :** 3주~10개월
- **어울리는 와인 :** Californian Chardonnay(W)
- **용도 :** 테이블 치즈, 요리용

몬테레이 잭은 스코틀랜드인인 데이비드 잭(David Jack)에 의해 1880년대에 미국에서 만들어졌다. 하지만 그 기원은 스페인에서 온 수도사들이었는데, 그들은 풍부한 캘리포니아의 우유로 스페인의 치즈인 케소 블랑코(queso blanco)를 만들기 시작하였다. 데이비드 잭

은 여기서 힌트를 얻어 공장을 세우고 1880년 중반에는 직접 치즈를 생산하기 시작하였다. 이것을 다른 공장에서 생산되는 치즈와 구별하기 위해 'Jack's chesse'라고 부르다가 'Jack'이라고 불리게 되었다. 또한 대량으로 생산되는 다른 잭치즈와 구별하기 위해 다시 'Monterey Jack'으로 불리게 되었다.

생김새 흰색에 가까운 연한 아이보리색이며 부드러운 질감을 가지고 있다.

맛과 향 가볍게 쏘는 맛이 있으나 부드럽고 전체적으로 밋밋한 맛을 가지고 있다.

크림 치즈(Cream Cheese)

- **원료유** : 젖소유
- **모양** : 보통 작은 용기에 넣어 판매된다.
- **지방함유율** : 크림 치즈 45% 이상, 헤비 크림 치즈 65% 이상
- **어울리는 와인** : 가벼운 화이트와인
- **용도** : 스프레드용, 치즈 케이크

젖소유의 크림으로 만드는 소프트 프레시 치즈를 총칭하는 말로 새콤하고 부드러운 맛을 지닌 발라먹는 치즈. 크림 치즈 역시 커티지 치즈처럼 산성화시켜 얻는 커드 치즈의 일종이다. 그대로 먹거나 샌드위치, 카나페, 샐러드에 이용하며, 특히 치즈케이크를 만들 때 없어서는 안되는 재료이다. 자연치즈에 익숙지 않은 사람도 쉽게 먹을 수 있는 순한 맛을 지니고 있으며, 다양한 맛을 내기 위해 과일이나 야채를 혼합하기도 한다. 젖소유의 크림으로 만들기 때문에 지방함량이 매우 높아 다이어트를 하는 사람에게는 적합하지 않다. 이탈리아의 마스카르포네(Mascarpone)도 일종의 크림 치즈라고 할 수 있다.

(4) Cheese와 잘 어울리는 술

술과 어울리는 치즈는 제조과정에 따라 구분한다.

① Fresh cheeses : Boursin, Neufchatel, Cream cheese, Ricotta, Mozzarella, Marscarpone, Cottage cheese

- 어울리는 술 : Fruity wine, Champagne, Fune blanc, Sauvignon 등

② Soft rind cheeses : Camembert president, Brie president, Palet de chevre chevretine, Saint marcellin, Coulommier, Coutance

- 어울리는 술 : light rose wine, red wine(꼬뜨 뒤 론, 부르괴이으, 브루이이, 생떼밀리옹 등)

③ Washed rind cheeses : Livarot, Munster, Pont l'Eveque, Epoisses, Maroilles 등

- 어울리는 술 : 꼬뜨 드 뉘, 꼬뜨 뒤 론, 샤토 뇌프 뒤 빠쁘 등 타닌이 비교적 많은 것이 좋다.

④ Goat cheeses : Crottine chevretine, Fromage chevre soignon, Feta chevretine, Palet de chevretine 등

- 어울리는 술 : 썽세르, 마꽁, 꼬뜨 뒤 론, 쉬농 등

⑤ Blue cheeses : Bleu des causse, Bleu d'Avergne Valmont, Roquefort, Bless de bleu, Stilton, Gorgonzola 등

- 어울리는 술 : 그라브, 생떼밀리옹, 꼬뜨 뒤 론, 까오르, 꼬르비에르, 뮈스까데 드 리브 살뜨 등

⑥ Semi-hard cheeses : Cantel, Tomme de Savoie, Saint Paulin, Reblochon, Gouda, Edam 등

- 어울리는 술 : 피레네, 마디렁, 로블로숑은 과일 향 나는 샤브나 백포도주가, 깡딸, 쎙넥떼르는 부르고뉴가, 프로마쥬 데 자베는 보졸레나 가메와 잘 어울린다.

⑦ Hard cheeses : Grueyre, Emmental, Comte, Parmigiano reggiano, Granda padano, Beaufort 등

- 어울리는 술 : 산뜻한 백포도주, 드라이한 Red Wine이 잘 어울린다.

⑧ Processed cheeses : Saint Julien, Chalie with crème, Special toast cheese, Special sandwich cheese, Special Hamburger cheese, Mini baby bell 등

- 어울리는 술 : 가벼운 적포도주나 맥주와 잘 어울린다.

(5) 치즈의 제조과정

① 커드 만들기

- 치즈 제조의 첫 단계는 액체상태의 우유를 고체로 만드는 것
- 응고에 걸리는 시간은 치즈 종류에 따라 30분에서 36시간 사이로 차이가 많이 난다.

② 훼이(우유가 응고되고 걸러낸 뒤 남은 액체) 제거하기와 모양 만들기

③ 가염, 세척하기

- 모양을 만든 커드에 소금을 가하는 과정이다.
- 소금의 양에 따라 맛, 수분함량, 질감 등이 달라진다.

- 소금은 치즈제조에 있어 아주 중요한 역할을 하는데, 젖산의 형성을 돕고 미생물의 번식을 억제한다.
- 건조과정을 촉진시켜 치즈의 외피 형성에 도움을 준다.
- 특수한 숙성균의 성장을 도와 치즈의 맛과 향을 좋게 한다.
- 대부분의 치즈는 가염과정을 거친다.

④ 저장과 숙성

가염, 세척을 거친 커드는 적절한 온도와 습도가 유지되는 곳에서 숙성시킴으로써 치즈의 독특한 색과 질감, 맛, 향이 생긴다.

좋은 치즈를 만들기 위해서는 숙성실의 환경이 습하고 선선해야 하며 환기가 잘 되어야 한다.

숙성실의 온도는 보통 10℃ 내외이며 습도는 80~95%이며 숙성되는 동안 치즈에 있는 미생물이나 효소들이 작용하여 치즈 고유의 질감과 풍미를 얻는다.

숙성시키는 동안 치즈 외피를 소금물이나 와인, 맥주 등으로 닦아주면 특징적인 붉은색의 외피가 형성되며 특유의 향을 갖게 된다. 표면에 기름을 바르거나 붕대를 감는 경우도 있다.

(6) 기내에서 치즈 서비스 방법

① Cart 준비 방법

상단

- Cheese는 Cheese Board에 올리고 Cutting용 Knife를 적정량(Cheese종류의 배수) 준비한다.
- French Mini Baguette는 Heating하여 Food Tongs와 함께 준비하고, Cream Cracker는 비닐을 제거하지 않은 채로 Lemon Tongs와 함께 준비한다.
- 포도와 Salad Tongs를 함께 준비한다.
- Cheese 서비스용 6″Plate를 적정량 준비한다.
- Port Wine과 Liqueur Glass, Cocktail Napkin을 Setting한다. (노선에 따라, 서비스되는 Ice Wine도 Port Wine과 함께 Setting한다)
- Linen을 접어 Fork, Knife를 담아 준비한다.

중단

Wine 서비스용 Linen, Extra 6″Plate을 준비한다.

② 서비스 방법

- Cheese를 주문받아 Knife를 이용하여 6″Plate에 담는다.
- 고객 Table 오른쪽에 Knife의 칼날이 안쪽으로 가도록 준비하고, 왼쪽에 Fork를 Setting한 후 Cheese와 Cocktail Napkin을 서비스한다.
- Cheese를 주문한 고객에게는 Mini Baguette와 Cream Cracker를 주문받아 6″Plate에 담아 함께 서비스한다.
- Cheese 서비스 후 Cheese와 잘 어울리는 Port Wine을 권유하여 서비스한다.

③ Cheese 모양에 따른 Cutting방법

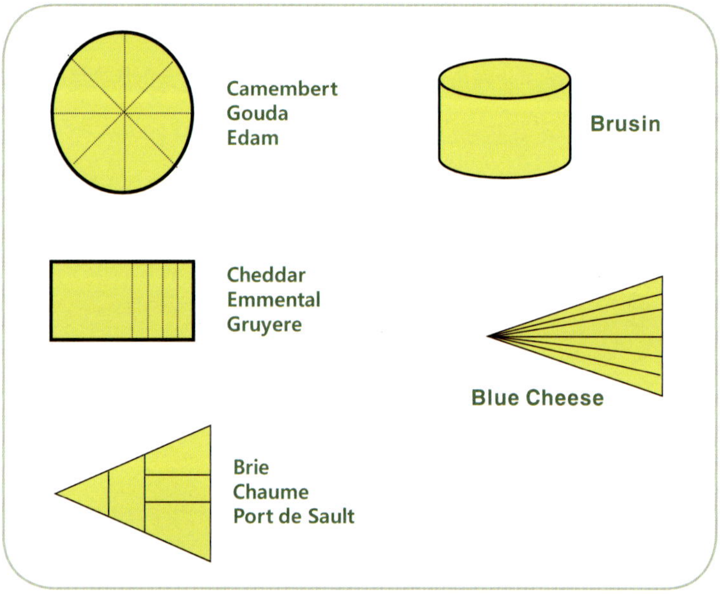

〈그림 6-12〉 Cheese Cutting 방법의 예

7) Dessert-Fruits

Dessert는 통상적으로 식사 마지막에 화려하게 등장하며, 주로 달콤한 재료로 만들어진다. 가끔 강한 향으로 만들어지는 것도 있으며, Ice Cream, Gateau, Pie, Jelly, Pudding, Mousse, Sherbet, Petits Fours 등이 대표적이다.

화려하고 아름다운 장식 때문에 '코스의 시'라고 불리며, 디저트 코스는 눈으로 먹는 코스로서 천천히 그날의 식사를 음미하며 즐기도록 한다.

식탁에 있어서 과일은 풍성함과 신선함을 가져다주며 화려함을 느끼게 해준다.

(1) 과일의 특성

과일이란 식물 중에서 씨를 가지고 있는 것으로 80~89%의 수분을 함유한 야채와 비슷한 성분을 가지고 있다.

대부분 단맛과 향을 가지고 있으므로 생으로 먹는 것이 보통이다.

싱싱한 과일은 Salad로도 쓰이고 Appetizer, Garnish, Sweet Dessert 등의 조리 재료로도 많이 쓰인다.

(2) 과일의 종류

과일명	영어	과일명	영어
배	Pear	말린 자두	Prune
감	Persimmon	살구	Apricot
자두	Plum	자몽	Grapefruit
복숭아	Peach	멜론	Honeydew
천도복숭아	Nectarine		Cantaloupe
탄제린	Tangerine		Musk Melon
귤	Mandarin		

(3) Melon의 종류

① Honeydew : 미국 California에서 생산되는 매끄럽고 크림색이 나는 Melon이다.

② Cantaloupe : 껍질에 거미줄같이 줄이 그려져 있는 Melon이다.

③ Musk Melon : 대표적인 미국산 Melon으로 겉은 Cantaloupe Melon과 비슷하고 속의 과육은 오렌지색이다.

〈그림 6-13〉 Melon의 종류

(4) 열대과일의 종류

- Watermelon, Carambola, Coconut, Durian, Guava, Jackfruit, Jujube, Pomelo, Rambutan, Sapodilla, Sweet Tamarind, Langsat, Lime, Longan, Lychee, Mango, Mangosteen, Papaya, Passionfruit, Orange

8) Dessert-Sweet dish

서양요리에 있어서 Dessert는 후식과 간식을 겸하며 그 종류만큼이나 맛과 향취 또한 다양하다. Dessert는 일반적으로 Cheese, Fruits, Sweet dish를 모두 포함하나 일반적으로 Sweet dish가 Dessert로 불리고 있다.

(1) Sweet dish의 특성

식사의 마지막 Course로 빠져서는 안 될 부분이며, 특히 식사를 화려하게 장식해 주는 역할을 한다.

시각적인 측면이 고려되어 색깔, 장식 등이 섬세하게 만들어진 요리이다.

요리의 재료나 양이 이전에 제공된 요리와 조화를 이루어야 한다.

(2) Sweet dish의 종류

- Ice Cream, Gateau(갸또), Pie(Tarte, Flan), Jelly, Pudding, Mousse, Sherbet, Petits Fours(쁘띠푸르)

9) Hot Beverage

(1) Beverage & Liqueur 서비스 방법

① Cart 준비 방법

상단

Hot Beverage, Cold Beverage, Liqueur(Brandy, Port Wine)류를 함께 준비한다.

[Hot Beverage]

- Coffee Cup, Tea Pot은 Warming한다.
- Coffee Cup은 Serving Tray Medium에 Linen을 깔고 Setting한다.
- Butter Bowl, Saucer, Muddler Box를 준비한다.
- Lemon(in Wine Glass), Lemon Tongs를 준비한다.

- Coffee : 외부 청결 여부를 점검하고 서비스 직전 맛을 보아 온도 및 농도를 확인한다.
- Tea 서비스용 Pot을 준비한다.
- Liquid Cream(in Bowl Small) : 냉기가 가시도록 서비스 전 실온에 미리 꺼내어 둔다.
- Fresh Milk(Milk Tea 서비스용) : Bowl Large 혹은 Pot을 이용하여 Pack째 미리 중탕한다.
- Cocktail Napkin, Coaster를 준비한다.

[Cold Beverage]

- Juice류, Soft Drink류, Mineral Water를 Chilling하여 준비한다.

[Liqueur류]

- Bottle 외부의 청결 여부를 점검하고, 뚜껑 안쪽에 이물질이 묻어 있을 경우, 깨끗이 닦아 준비한다.

중단

- Tumbler Glass를 Rack째 준비하고 Liqueur Glass, Brandy Snifter는 별도로 준비한다.
- Wine 서비스용 Linen을 Setting한다.

(2) 종류별 Hot Beverage 서비스 방법

① Coffee

- 설탕, 액상크림을 함께 주문받는다.
- Coffee Cup의 손잡이가 오른쪽으로 오도록 Saucer에 받쳐 든다.
- Cup의 7~8부까지 따른다.
- 설탕, 크림을 모두 원하는 경우 Tea Spoon은 Cup의 앞쪽에, 설탕은 Cup의 뒤쪽에 놓고, 액상크림은 Saucer의 왼편에 놓아 드린다.

② Milk Tea

- Coffee Cup 손잡이를 오른쪽으로 하여 Saucer에 받쳐 든다.
- Cup의 7~8부까지 뜨거운 물을 따르고, Tea Spoon은 Cup의 앞쪽에, 설탕은 Cup의 뒤쪽에 놓는다.
- Tea Bag은 Butter Bowl에 담아 Cup의 오른쪽 상단에 놓는다.
- Fresh Milk는 Liqueur Glass에 담아 Butter Bowl의 오른쪽에 놓는다.

③ Lemon Tea

- Coffee Cup 손잡이를 오른쪽으로 하여 Saucer에 받쳐 든다.
- Cup의 7~8부까지 뜨거운 물을 따르고, Tea Bag은 Saucer에, Tea Spoon은 Cup의 앞쪽에, Sugar는 Cup의 뒤쪽에 놓아 서비스한다.
- Lemon은 Tongs로 집어 Butter Bowl에 담아 Cup의 오른쪽 상단에 놓는다.
- 우유와 Lemon을 같이 넣을 경우 우유의 단백질과 Lemon의 산성이 엉키게 되므로 동시에 서비스하지 않는다.

④ Tea

- Coffee Cup 손잡이를 오른쪽으로 하여 Saucer에 받쳐 든다.
- Cup의 7~8부까지 뜨거운 물을 붓고, Tea Spoon은 Cup의 앞쪽에, 설탕은 Cup의 뒤쪽에 놓아 서비스한다.
- Tea Bag은 Butter Bowl에 담아 Cup의 오른쪽에 놓는다.

⑤ 녹차

- Coffee Cup 손잡이를 오른쪽으로 하여 Saucer에 받쳐 뜨거운 물을 Cup의 7~8부까지 따른다.
- Tea Bag은 Pack째 Butter Bowl에 담아 Cup의 오른쪽 상단에 놓는다.

⑥ 인삼차

- Pack을 뜯어 내용물을 Coffee Cup에 담는다.
- Coffee Cup을 Saucer에 받쳐 뜨거운 물을 Cup의 7~8부까지 따르고, Tea Spoon을 Cup의 앞쪽에 얹어 서비스한다.
- 꿀은 Butter Bowl에 담아 Cup의 오른쪽 상단에 놓는다.

⑦ Instant Coffee

- Pack을 뜯어 내용물을 Coffee Cup에 담는다.
- Coffee Cup 손잡이를 오른쪽으로 하여 Saucer에 받쳐 뜨거운 물을 Cup의 7~8부까지 따르고, Tea Spoon을 Cup의 앞쪽에 얹어 서비스한다. 설탕은 Cup의 뒤쪽에 놓아 서비스한다.

Part

4

기내식의 이해

Chapter 7

기내식의 구성

학습목표

1. 기내식의 특징, 구성, 종류, 서비스 기준을 이해한다.
2. 기내식으로서의 한식의 특징과 절차에 맞는 기내식 서비스를 올바르게 이해한다.
3. 발전해 나가는 기내식을 이해하고 좀 더 나은 기내식 서비스를 위한 아이디어를 생각해 볼 수 있다.

7.1 기내식의 이해

1) 기내식의 정의

기내식이란 비행 중 고객에게 제공되는 식사를 말하며 서양식을 근간으로 구성되어 있다. '기내식이 7성급 특급호텔 주방장의 손에서 다시 태어난다', '하늘 위에서 즐기는 만찬' 등 각종 인터넷 카페와 블로그 등에 게시된 기내식 경험 사진들과 글들처럼 기내식은 '기내 서비스의 꽃'이라고 불릴 정도로 고객의 기대치가 매우 높은 서비스이다. 해외여행을 떠나며 비행기 안에서 먹는 기내식은 단순한 음식이 아니고 그 자체로 여행의 일부라고 할 수 있으며 기내 서비스 중에 고객을 가장 감동시키는 부분이 바로 기내식으로, 항공사들의 확실한 서비스의 포인트가 된다. 그러므로 승무원은 고객에게 최상의 서비스를 제공할 수 있도록 기내식에 대한 기본 지식과 더불어 좀 더 세심하게 고객 한 분 한 분에게 정성을 다하여 노선별·시점별로 서비스를 해야 한다.

2) 기내식의 역사

〈그림 7-1〉 "Frozen meals take off",
기내에서 처음 데운 음식을 서비스하고 있는 승무원
출처 : www.aircanada.com

최초의 기내식은 1919년 파리-런던 정기 항공노선에서 음식 상자에 샌드위치, 초콜릿, 과일을 넣어준 것이 효시로 알려져 있으며 본격적인 기내식은 1930년대 미 대륙과 영국을 오가는 운항시간이 긴 항공사에서 처음으로 샌드위치와 샐러드가 나오면서 시작되어 기내주방이 만들어졌다. 1950년대에는 기내 오븐이 처음으로 장착되면서 획기적인 기내음식이 발전되기 시작하였다. 항공운수업 초기에는 비행기 안 시설 빈약으로 중간 기착지 공항식당에서 고객에게 식사를 제공하기도 하였다. 국내에서는 1969년 대한항공이 국제노선에 취항하며 처음 기내식 서비스를 시작했다.

기내식은 당일 생산-당일 소비를 원칙으로 하고 있으나 장거리 노선의 경우 급속냉동·진공포장한 후 탑재되어 승무원이 기내 Galley 내의 Chiller와 Dry ice를 이용하여 적정한 온도에서 보관한다. 신선한 재료와 신선도 유지, 그리고 맛은 기내식의 생명적 조건이다. 서울-LA 노선 좌석 수가 350개이고 저녁, 아침 2번 기내식을 제공해야 한다면 700개의 기내식이 탑재된다. 대한항공은 하루 4만 식, 2만여 종의 메뉴를 만들고 있으며 아시아나항공도 인천공항에서만 탑재하는 기내식이 하루에 2만 개가 넘는다.

승무원들도 이코노미 클래스에서 제공하는 기내식을 똑같이 식사한다. 그러나 조종사의 경우는 다소 상이하다. 조종사들이 먹는 기내식은 음식재료를 엄선해서 3단계의 위생검사를 거치며 부장과 부기장에게 서로 다른 기내식을 제공하는데 이유는 동시에 복통을 앓고 동시에 쓰러지는 일을 배제하기 위한 사전 예방책이다.

최근에 저비용항공사(LCC)가 생기면서 짧은 노선에는 기내식이 없어지거나 기내약식으로 규모를 줄이면서 컵라면을 팔기도 한다.

대한항공은 2011년 월드트래블 어워드에서 최고의 기내식 항공사로 선정되었다. 이는 대한항공 전 세계 노선에 비빔밥과 불고기덮밥을 선보여 큰 인기를 끌었는데 맛도 맛이지만 한국음식이 지구촌 웰빙(건강)음식으로 인정받고 있다는 실증적 증거이기도 하다.

아시아나항공도 국제기내식협회에서 주관하는 기내식평가 최우수 금상을 수상했는데 신라시대 한입 가득 복을 싸먹으며 풍년을 기원하던 맛과 건강을 동시에 충족시키는 쌈밥을 기내식으로 도입하자 큰 인기를 끌었고 농약을 쓰지 않은 친환경 자연농법의 커피를 제공하여 탑고객들을 만족시키고 있다.

3) 기내식의 특징

일반석(Economy) 클래스에서는 짧은 시간에 많은 수의 고객에게 식사를 제공해야 하는 특성상 서양식이 기본이기는 하나, Meal Tray에 Appetizer, Bread, Salad, Starch & Vegetable, Main dish, Dessert가 한 상 차림으로 서비스된 후 따뜻한 차와 커피 서비스가 제공되어 마무리되며, 상위클래스에서는 일련의 서비스가 서양식 정찬을 근간으로 하여 코스별로 단계적으로 서비스된다. 상위클래스는 3~4 Entree choice가 제공된다.

일반석에서는 Dinner 기준으로 첫 번째 식사를 서비스할 경우 Towel 서비스를 시작으로 Aperitif-Meal Tray-Hot Beverage-Meal Tray 회수-정리의 순으로 진행되며 Breakfast 기준으로 두 번째 식사를 서비스할 경우 취침 중이거나 휴식 중인 고객에게 따뜻한 타월을 서비스함으로써 새로운 식사를 위한 마음의 문을 연다고 볼 수 있다.

아침식사는 Hot Towel-Aperitif-Meal Tray-Hot Beverage-Meal Tray 회수-정리의 순으로 서비스한다.

한편 상위클래스에서는 Menu List를 고객에게 제공하는 것을 우선으로 하여 고객으로 하여금 당일 비행에서의 식사 메뉴를 충분히 참고하여 선택할 수 있도록 배려한다.

서양식은 코스마다 개성 있는 음식으로 짜여 있으며 식사는 가볍게 시작하여 무겁게, 그리고 다시 가볍게 구성하여 식사 전체의 조화를 이룬다. 또한 식사는 식욕을 촉진시킬 수 있는 Dry한 맛에서 소화가 용이한 Sweet한 맛으로 구성되어 있다.

또한 웰빙식단을 통해 친환경 곡물과 청정 식자재를 제공하는 한편, 캐비어, 푸아그라, 로브스터 등 고급스러운 식재료에 매운맛을 접목하거나 생선, 해산물, 야채 등을 오븐에 굽는 등 호텔레스토랑 수준 이상의 요리를 자랑한다.

그 밖에 국내 항공사들은 비빔국수, 영양쌈밥, 불갈비, 냉면, 수정과 등 다양한 한식을 제공함으로써 특화기내식 서비스를 제공하고 있다. 전 클래스의 기본 기내식 이외에도 취향에 따라 야채식, 과일식 등 글로벌시대에 다양한 세계인들의 입맛에 맞는 맞춤형 기내식을 제공한다. 건강, 종교, 연령 등의 이유로 음식에 제약을 받는 이들을 위한 특별 기내식을 서비스하는 곳도 있다. 이 중에서 건강식은 당뇨식, 저지방식, 저염식 등으로 세심하게 나뉘어 있어 주문할 수 있다.

기내는 지상보다 기압이 낮다. 따라서 소화과정에서 만들어지는 가스가 팽창하여 속이 더부룩해지기가 쉽다. 또한 기내의 좁은 좌석과 한정적인 움직임 때문에 기내식은 소화가 잘 되고 칼로리가 낮은 식품으로 식단을 구성한다. 소화에 어려움을 겪는 고객들을 위한 배려로 연어샐러드나 저칼로리 국수 등 열량을 고려한 식단 또한 기내식의 특징이다.

국내 항공사에서 제공하고 있는 비빔밥의 경우도 봄나물비빔밥, 노각비빔밥 등 계절별 특색을 고려한 식재료를 이용하는 서비스를 제공하며, 여름철에는 특별 메뉴인 삼계탕, 명절에는 떡국을 이용한 퓨전요리, 디저트로 송편 등을 제공하는 등 명절 특식을 제공하는 서비스도 있다. 이렇게 계절과 명절 등을 고려하여 시즌별로 다양한 메뉴를 재구성하여 서비스하는 것도 특징이다.

그러나 기내식이 아무리 맛이 좋고 훌륭하다고 해도 기내 밖으로 반출하는 것은 보세규정에 의거 금지되어 있다. 기내에 제공되는 모든 식음료는 보세물품으로 지정되어 있기 때문이다. 기내에서 서비스하는 용품은 모두 면세품으로 세관법상 기내가 아닌 곳에서는 유통, 판매할 수 없다. 보통 기내에서 음료를 주문하면 승무원들이 직접 뚜껑을 열어주는데 이 역시 기내식의 외부 유출을 막기 위한 것이기도 하다.

이러한 기내식의 주요 특징을 요약하면 다음과 같다.

① 서양식 정식(Table D'hote)을 근간으로 한다.

② 노선별, 서비스 시점별로 다양한 서비스를 한다.

③ 노선 특화 서비스를 제공한다.

④ 일반식과 특별기내식으로 구분하여 제공한다.

⑤ 일반석과 상위클래스별로 맞춤서비스를 제공한다.

⑥ 저칼로리식단을 제공한다.

⑦ 주기적으로 메뉴를 재구성한다.

⑧ 보세구역 내에서만 취급해야 한다.

4) 노선별 탑재기준

기내식은 비행시간과 노선을 고려하여 탑재된다. 기내식 종류는 음식상태에 따라 샌드위치 같은 '찬 음식(cold meal)'과 밥·국수 등의 '따뜻한 음식(hot meal)'으로 구분되는데 일반적으로 비행시간 2시간 이내 노선에선 찬 음식, 2시간 이상에선 따뜻한 음식이 제공된다. 왜냐하면 기내식을 준비하는 데 걸리는 시간이 다르기 때문이다. 냉동·진공 포장되어 탑재된 기내식을 승무원들이 기내 갤리(Galley, 기내 주방)에서 전기오븐으로 데워 서비스하는 데는 1시간 정도가 걸린다. 하지만 비행기는 이륙해 순항고도에 오르는 데 30분, 착륙 준비에 30분 정도가 걸린다. 이 시간에는 음식을 서비스할 수 없기 때문에 비행시간이 총 2시간은 돼야 따뜻한 음식을 고객들에게 낼 수 있다.

기내식 횟수도 비행시간에 따라 결정된다. 비행시간이 6~7시간 이내면 한 번, 6~7시간 이상이면 두 번 식사가 제공된다.

✻ 노선별 탑재 기준

비행시간	노선	비고
6~7시간 이상	장거리	미주/대양주/구주/중동
3~7시간 이상	중거리	3시간 이상 홍콩/중국/일본
3시간 이하	단거리	2시간 이상 Hot meal 2시간 이하 Cold meal

비행기의 기내식 메뉴는 항공사별로 기내식 메뉴를 결정하는 기능을 수행하는 '식음료 기획팀(food & beverage plan team)'에서 고객의 니즈(Needs)를 고려하여 기획한다.

메뉴를 신정할 때 기내식 제공 시간내, 총 비행시간, 주요 탑승객의 국적별 분포도 등 여러 가지 변수를 고려한다.

비행시간이 6시간 이내일 경우 1회, 6시간 이상~12시간 이내일 경우 2회, 12시간 이상일 경우 3회의 기내식이 제공(아침, 점심, 저녁)된다.

2회 이상 제공 시 처음엔 출발지 식사시간에 따르고, 두 번째부터는 도착지 식사시간에 맞추어 제공되는데 비행기 출발시간대에 따라 기내식 서비스 횟수는 조금씩 다를 수 있다.

고객들은 이러한 정보를 〈그림 7-2〉처럼 항공사가 제공하는 기내잡지의 서비스 information란을 참고하거나, 비행 전 항공사 홈페이지 내에서 노선별로 확인할 수 있다.

예를 들어 서울(인천공항)-LA구간을 비행하는 017편의 경우 이륙 후 바로 음료서비스를 제공하지만 이어서 식사 서비스가 제공되는 것은 아니다. 이 노선의 경우 비행 출발시간 이후 3시간이 경과해야 저녁식사를 첫 번째 식사로 제공하게 되며 현지 도착시간에 맞춰 두 번째로 아침식사를 서비스하게 된다. 따라서 비행기가 이륙하면 무조건 식사가 제공된다는 상식에서 벗어나 출발지 출발시간, 도착지의 현지시간을 고려하여 서비스된다는 것을 명심하고 브리핑 시 식사의 유형과 재료뿐 아니라 고객의 입장에서 바라본 서비스에 대한 안내에 대해 재확인해야 한다.

〈그림 7-2〉 국내 항공사의 기내 서비스 순서
출처 : www.morningcalm.koreanair.co.kr

✲ 시간대별 기내식 Type

기내식 Type	출발시간대
Breakfast	04 : 00~09 : 00
Brunch	09 : 00~11 : 00
Lunch	11 : 00~14 : 00
Light Meal	14 : 00~17 : 00
Dinner	17 : 00~22 : 00
Suffer	22 : 00~24 : 00
Refreshment	24 : 00~04 : 00

5) 비행거리에 따른 기내식

(1) 장거리 노선 일반석 기내식

기내식으로는 기내에서 제공하는 음식과 음료수가 있으며, 항공편의 비행시간과 거리에 따라 서비스가 다르다. 일부 항공사는 비행시간을 기준으로, 일부 항공사는 거리를 기준으로 노선별 기내식 Type을 선정한다.

일부 저비용항공사와 짧은 비행시간의 단거리 여행의 경우를 제외하고 일반적으로 3 Choice로 기내식을 제공하고 있으며 노선별로 다양한 Type이 서비스되고 있다. 보통 기내식은 두 종류 중에서만 선택할 수 있는 것으로 알고 있는데, 사실 다양한 기내식이 준비되어 있다. 자신의 상황에 맞는 음식을 미리 주문하거나 색다른 기내식을 맛볼 수 있는 선택도 가능하다.

✲ 국내 항공사 일반석 장거리 노선 기내식 제공의 예

- **1st 한식 Meal Tray**
  - Tray 상단 : 반찬, Dessert, Wine Cup, Coffee Cup
  - Tray 하단 : 나물, 밥, 국, 고추장, 참기름, Cutlery(Fork, 숟가락, Tea Spoon, Paper Napkin)
- **1st 양식 Meal Tray 구성**
  - Tray 상단 : Appetizer, Dessert, Wine Cup, Coffee Cup
  - Tray 하단 : Bread & Butter, Entree(Main Dish), Cutlery(Fork, Knife, Tea Spoon, Paper Napkin)
- **1st 저열량 웰빙 기내식**
  - Tray 상단 : Dessert(과일), Coffee Cup
  - Tray 하단 : Salad, 저열량 국수, Cutlery(Fork, Knife, Tea Spoon, Paper Napkin)
- **2nd 한식 Tray**
  - 과일, 빵, Coffee Cup, 죽(Entree), Cutlery
- **2nd 양식 Tray**
  - 과일, Yogurt, 빵, Coffee Cup, Entree, Cutlery
- **2nd 양식 Tray**
  - 과일, Cornflake, 우유, 빵, Coffee Cup, Cutlery

예를 들어 서울(인천공항)-LA를 취항하는 국내 항공사 노선의 경우, 저녁과 아침, 두 번 식사를 제공하며 처음 저녁식사의 메뉴로 한식, 양식, 저열량 웰빙 기내식이 구성된다. 한식의 경우 반찬도 함께 제공된다.

한편 중거리 노선에서도 장거리 노선과 마찬가지로, 3 Choice로 서비스하며 디저트로 아이스크림이 서비스되는 항공사도 있다.

(2) 단거리 노선 일반석 기내식

앞서 언급한 바와 같이 단거리 노선에서는 비행시간의 제약으로 인하여 한정된 기내식 서비스를 제공할 수밖에 없다.

단거리 노선의 경우 중·장거리 노선과 달리 한 종류의 식사가 서비스된다.

통상적으로 비행시간 2시간을 기준으로 2시간 미만일 경우 김밥이나 샌드위치 같은 Cold Meal이, 그 이상일 경우 〈그림 7-3〉과 같이 작은 Tray에 Hot Meal을 서비스한다.

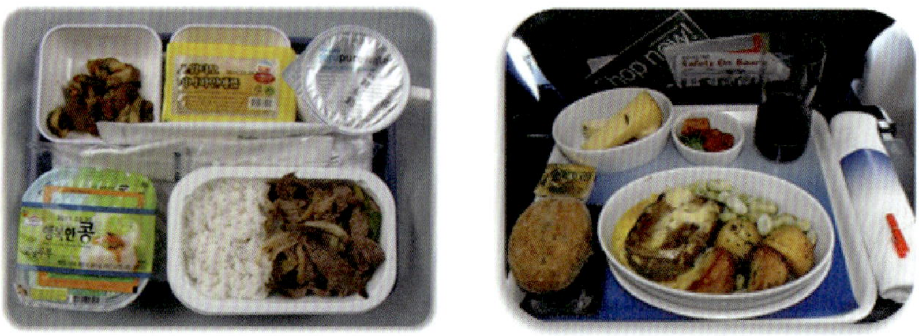

〈그림 7-3〉 단거리 서비스 기내식의 예 : 대한항공 단거리 기내식(좌), SAS항공 단거리 기내식(우)

(3) Snack으로서의 기내식

식사 서비스 이후라도 영화상영 시나 기내 판매 시점에도 식사 외 다양한 간식이 탑재된다. Snack의 종류로는 삼각김밥, 쌀빵, 냉동피자, 과자, 바나나, 마블케이크 등이 제공되며 이는 항공사별·노선별로 다양하게 탑재된다.

승무원은 Bread Basket이나 Drawer에 간식을 담아 음료와 함께 수시로 제공한다. 장거리의 경우 간단한 Snack을 Drawer에 담아 기내 Galley 주변 등 정해진 위치에 비치해 놓아 Self Service Corner를 운영하여 고객들이 자유롭게 취식할 수 있도록 서비스한다. 노선에 따라 컵라면도 제공한다.

일부 항공사는 비행거리에 따른 기준으로 250마일 이상의 단거리(최대 1.5시간)일 경우 무료 쿠키를 제공하거나 무료 무알코올 음료를 서비스한다. 600마일 이상(1.5시간 이상)일 경우 무료 간식과 음료 외에도 〈그림 7-4〉처럼 추가 간식을 유료로 구입할 수 있는 서비스를 제공하는 항공사도 있다.

일반적으로 국내 항공사는 기내에서 제공하는 간식과 기내식, 알코올음료를 포함한 모든 음료 등이 무료로 제공되는 데 반해, 일부 국외 항공사는 알코올음료 등을 제한하거나 간식을 보다 풍성하고 다채롭게 준비하여 유료화하는 경향이 있다.

〈그림 7-4〉 기내에서 구입 가능한 고품격 간식의 예
출처 : www.delta.com

7.2 기내식으로서의 한식

1) 한식의 특징

'몸에 있는 독을 빼준다'는 녹차, 북어, 수삼 등 재료는 한식의 특징인 건강성을 더욱 돋보이게 한다. "유럽에 이 정도 메뉴를 갖춘 한식 레스토랑이 문을 연다면 바로 '미슐랭 스타'(전 세계의 음식점을 대상으로 맛을 평가하여 등급을 매긴 가이드북에서 선정하는 공인음

식점)'로 뽑힐 것이다"는 프랑스 르 코르동 블루의 홍보책임자 캐서린 바퀘트의 인터뷰를 통해서 알 수 있듯이 한식은 많은 외국인들이 영양학적 우수성과 맛을 인정하고 있다.

이러한 한식의 특징을 살펴보면 주식과 부식이 뚜렷하게 구분됨을 알 수 있다. 한식은 주식인 밥과 채소, 해조, 어패, 수조육, 콩류로 만든 다양한 반찬과 국인 부식으로 이루어져 있다.

서양식처럼 코스별로 제공되는 것이 아니라 한 상에 모든 음식을 차리고 먹는 한 상 차림의 특징을 갖고 있다.

또한 밥을 제외하고 국과 반찬 모든 음식에 각각의 양념을 함으로써 음식의 재료가 가지고 있는 고유의 맛과 더불어 재료에 갖은 양념을 더해 새로운 맛을 즐긴다.

한 상 차림으로 모두가 공유하는 점도 한식의 특징이라고 할 수 있다.

2) 한식 상차림의 종류

한식에는 놓는 순서가 따로 없지만 국물요리는 오른쪽, 마른 요리는 왼쪽, 오른쪽 위는 국물 없는 더운 요리, 오른쪽 아래는 국물 있는 더운 요리, 간장 등은 중앙에 놓는 등을 고려하여 차리도록 한다.

한식 상차림은 일상식과 특별행사식으로 나눈다.

일상식은 차려지는 상의 주식에 따라 밥상, 죽상, 면상, 주안상, 다과상이 있으며 밥상은 밥과 반찬을 주로 하여 차리는 음식상을 말하며 죽상은 미음, 죽 등의 유동식을 주식으로 차린 음식상을 말한다.

온면, 냉면, 떡국 등을 주식으로 하는 면상, 주류를 대접하기 위한 주안상, 다과나 식사 후 후식으로 차리는 다과상 등이 대표적이다.

반상은 조선왕조시대 궁중이나 반가의 상차림이 그 모체로서 반찬 수에 따라 3첩, 5첩, 12첩이 있다. 첩이란 밥, 국, 김치, 조치, 종지(간장, 고추장, 초고추장 등을 담는 그릇)를 제외하고 접시에 담은 반찬의 수를 말한다.

반찬의 종류를 정할 때는 같은 식품재료가 중복되지 않도록 했고 같은 조리법이 겹치지 않고 빛깔과 영양을 고려해서 정했으므로 매우 과학적이다.

특별행사식으로 교자상은 명절이나 잔치 때 고급 재료를 사용하여 조화가 되도록 색채, 재료, 조리법, 영양 등을 고려하여 음식을 곁들인다.

3) 기내식으로서의 한식

(1) 국내 항공사의 한식 서비스

국내 항공사인 대한항공은 한국 기내식 최초로 1997년 비빔밥을 도입하여, 1998년 기내식 부문의 오스카상으로 불리는 국제기내식협회의 최고상인 머큐리상을 수상하였고, 이후 2006년 국제기내식협회에서 다시 한 번 머큐리상을 수상하였다. 장시간 동안 국수가 불지 않는 특수 숙성기법을 개발해, 오랜 시간 비행해도 불지 않는 비빔국수를 기내식으로 제공한다. 이에 멈추지 않고, 계속 한식메뉴 개발을 거듭한 끝에 불갈비, 불고기, 갈비찜, 인삼, 산적, 궁중칼국수, 온면, 전복죽, 단팥죽, 잣죽, 호박죽, 해장국, 설렁탕, 만두, 라면, 찹쌀떡, 김밥, 수정과, 고추장 등의 한식을 기내식으로 제공하고 있다.

아시아나항공 역시 기내식으로 한식 개발을 하여 2007년 국제기내식협회의 머큐리상을 수상하였다. 장거리 노선 고객의 70%가 찾을 정도로 인기메뉴인 영양쌈밥은 외국인의 입맛에 맞는 쌈장을 개발하고, 영양에도 신경을 써서 외국인 고객들의 호기심을 자극하고 입맛을 충족시키고 있다. 또한 승무원들이 적극적으로 고객에게 쌈밥에 대해 설명함으로써 먹는 재미와 듣는 재미를 함께 제공하며, 한국의 음식문화를 알리는 데 일조하고 있다는 평을 받고 있다.

〈그림 7-5〉 기내식으로서의 한식 : 대한항공 비빔밥(좌), 아시아나항공 영양쌈밥(우)

출처 : www.koreanair.co.kr/www.flyasiana.co.kr

(2) 음식의 특성을 고려한 기내식으로서의 한식

음식은 생활방식과 태도가 녹아 있는 살아 있는 문화이다.

국내 항공사들은 기내식으로서의 한식 서비스를 통하여 우리나라의 가치와 문화를 널리 전파하는 노력을 꾸준히 이어나가고 있다.

우리나라의 대표 브랜드 한식은 그 맛과 우수성을 인정받으며 외국인들로부터도 사랑받고 있다. 미국 대통령 버락 오바마는 점심 메뉴로 김치와 불고기를 즐기고 배우 기네스 펠트로는 출산 후 몸매 관리를 위해 비빔밥을 즐겨 먹는다고 밝힌 바 있다.

세계 속 음식으로 자리 잡기 위한 한식의 야심찬 도전은 기내에서도 이루어지고 있다.

5가지 색의 채소를 골고루 활용해 만든 잡채와 비빔밥은 이제 미국인들에게 친숙한 메뉴이다. 우리나라 전통의 맛 한식이 미국에서 통할 수 있었던 건 오방색이 있었기 때문이다. 한식의 오방색은 하루에 다섯 가지 채소와 과일을 다섯 번 이상 먹자는 파이브 어 데이(Five a Day) 미국의 건강캠페인과도 잘 어울리는 아이템이며, 캠페인 진행 후 미국의 암 발병률이 낮아졌다는 연구결과가 나오면서 미국인들 사이에서 컬러푸드는 관심의 대상이 되고 있다.

기내식은 제철 채소로 만들어 자연과 시간, 정성으로 맛을 내는 한식을 서비스하고 있다.

한식에서 음식의 오방색을 주제로 한 내용은 다음과 같다.

<table>
<tr><th>구 분</th><th>색</th><th>내 용</th></tr>
<tr><td rowspan="2">봄의 색</td><td rowspan="2">청</td><td>녹색 식물에 함유된 비타민과 미네랄은 공해물질을 해독하고 간의 피로를 풀어주는 역할을 하여 피로회복 및 감기 예방, 피부미용에 도움이 된다.
또한 식이섬유가 많아 혈중 콜레스테롤 수치를 낮추어주며 칼슘이 풍부해 골다공증 예방에도 효과적이다.</td></tr>
<tr><td>대표음식 : 아스파라거스, 브로컬리, 시금치, 배추, 청포도</td></tr>
<tr><td rowspan="2">여름의 색</td><td rowspan="2">적</td><td>붉은색을 띠는 채소나 과일은 피를 맑게 하고 활력증강에 좋으며 항산화효소가 있어 노화를 막고 암을 예방하는 효과가 있다.
특히 안토시아닌 성분은 눈을 맑게 하는 데 탁월하다.</td></tr>
<tr><td>대표음식 : 석류, 토마토, 사과, 오미자, 고추</td></tr>
<tr><td rowspan="2">가을의 색</td><td rowspan="2">백</td><td>흰색을 만드는 색소에는 플로보노이드와 안토크산틴 성분이 있어서 유해물질을 몸 밖으로 내보내는 역할을 하여 외부로부터 들어오는 각종 바이러스에 대한 저항력을 길러준다. 폐와 대장을 튼튼하게 해주며 특히 콜레스테롤을 제거하여 동맥경화, 고혈압, 노화방지에 탁월한 효과가 있다.</td></tr>
<tr><td>대표음식 : 송이버섯, 무, 도라지, 바나나, 고구마</td></tr>
<tr><td rowspan="2">겨울의 색</td><td rowspan="2">흑</td><td>검은 음식은 신장을 돕고 생식기 계통의 기능을 좋아지게 하며 항산화 능력을 길러주어 뇌 건강에 도움을 준다.</td></tr>
<tr><td>대표음식 : 가지, 블루베리, 검은콩, 흑미, 목이버섯</td></tr>
<tr><td rowspan="2">사계절에 고루 표현되는 색</td><td rowspan="2">황</td><td>황색 음식은 건위작용을 하는 대표적인 식품으로 베타카로틴 성분이 함유되어 있어 면역력 증진, 노화 방지에 탁월한 작용을 한다.</td></tr>
<tr><td>대표음식 : 단호박, 카레, 감귤, 레몬, 자몽</td></tr>
</table>

국내 항공사에서 오방색을 소재로 서비스하고 있는 예로 단호박 영양밥이나 마를 곁들인 닭 가슴살 요리를 들 수 있다.

① 단호박 영양밥과 버섯 맑은 국

② 마를 곁들인 닭 가슴살 요리

〈그림 7-6〉 오방색을 소재로 한 기내식 서비스의 예

출처 : http://blog.koreanair.com

7.3 진화하는 기내식 서비스

1) 기내식의 명품화

항공사는 대부분 일반석 고객들을 위해 2~3가지의 육류와 생선류를 기내식으로 제공하고 아침식사 땐 오믈렛이나 죽 등의 식사를 제공하기도 한다.

〈그림 7-7〉 기내에서 제공하는 다양한 음료와 디저트

출처 : www.airtravelinfo.kr

식사 외에도 맥주나 와인 등의 알코올음료와 다양한 주스류, 탄산음료 등 무알코올 음료와 아이스크림 등을 디저트로 제공한다.

그 외에도 유기농 토종 닭에 명품 한우, 그리고 최고급 샴페인까지 서비스한다.

국내 항공사 First Class에서는 승무원이 Main dish를 〈그림 7-8〉과 같이 직접 Dish-up 하여 바로 제공한다.

이렇게 '천상의 식사'라고 할 수 있는 기내식이 '최고급'을 넘어서 럭셔리 이상의 명품으로까지 올라서고 있다.

기내 음료에 있어서도 세계적 명품 와인인 '로랑 페리에(Laurent-Perrier)' 샴페인 서비스를 개시한 항공사도 있다. 프랑스 '로랑 페리에'사의 샴페인은 기내식 분야에서 '특급 중의 특급'으로 이 중 1등석에만 서비스되는 그랑 씨에끌은 시가 70~80만 원 수준이다. 한 병에서 10잔이 나온다면 한 잔에 7~8만 원 정도인 셈이다.

기내식의 명품화는 상위클래스 고객들을 위해 차별화된 서비스에서 시작했지만 점차 각 항공사의 차별화된 서비스로 업그레이드되고 있다. 특급 호텔 주방장이 전체 메뉴를 담당하는 것에서부터 직접 기내에서 서비스를 하는가 하면 와인마스터를 선정해 기내에서 제공되는 모든 와인을 채택하기도 한다.

① 제동한우 갈비구이
② 귤향을 첨가한 샬롯소스의 제동한우 안심구이
③ 레드와인 소스를 곁들인 제동한우 안심구이
④ 카베르네 소비뇽 소스를 곁들인 제동한우 등심구이
⑤ 마를 곁들인 제동 토종닭 닭다리살 구이와 파프리카 소스
⑥ 레드와인 소스를 곁들인 제동 토종닭 닭다리살 구이
⑦ 겨자소스와 굴소스를 곁들인 제동한우 안심구이
⑧ 포트와인 소스와 굴소스를 이용한 제동한우 안심구이
⑨ 페리구 소스(트러플버스를 이용한 소스)를 곁들인 제동한우 안심구이
⑩ 미니 단호박에 채운 제동 토종닭 영양닭찜
⑪ 제동 토종닭 닭가슴살 구이와 샬롯 비네그레트 소스

〈그림 7-8〉 기내식의 명품화 서비스
출처 : www.weekly.hankooki.com

〈그림 7-9〉 기내에서 서비스하는 고품격 와인 · 샴페인(우)과 Tableware(좌)
출처 : www.koreanair.co.kr

항공여행 초기, 박스형태의 Cold Meal을 서비스하던 때와 비교하면 차원이 달라진 것이 오늘날의 기내식이다.

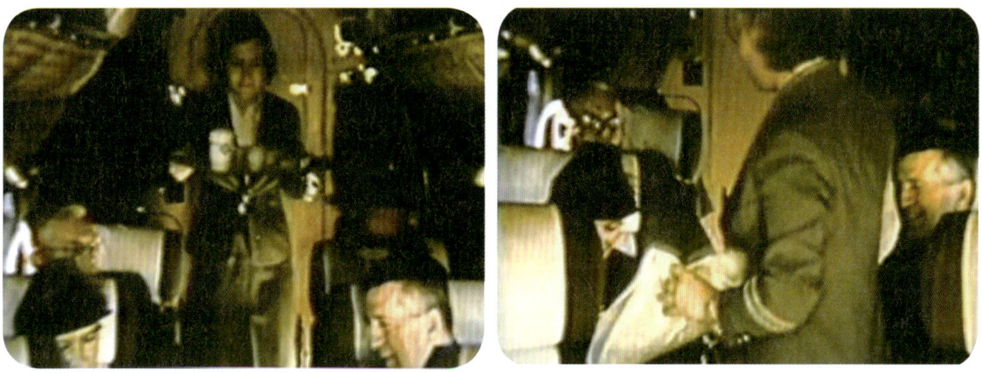

〈그림 7-10〉 1939년 Cold Meal & Coffee 제공 후 테이블 대신 베개를 드리는 모습
출처 : www.aircanada.com

2) 기내식의 차별화

(1) 기내식 명품서비스

최근 항공 스케줄, 항공권 검색 업체인 스카이스캐너가 유럽 항공 이용객 550명을 대상으로 유럽 항공사 중에 어느 항공사 기내식이 훌륭한지를 조사한 설문 결과를 발표했다.

저비용항공사 부문에서는 1위 Pegasus, 2위 Flybe, 3위 Monarch, 4위 EasyJet, 5위 Vueling

항공사가 차지했다.

단거리 노선에는 1위 SAS, 2위 Lufthansa, 3위 Turkish Airlines, 4위 British Airways, 5위 Aeroflot 항공사가 우수한 평가를 받았다.

장거리 노선에서는 1위 KLM, 2위 Aeroflot, 3위 SAS, 4위 Air France, 5위 British Airways가 뒤를 이었다.

기내식 분야에 있어서 러시아의 Aeroflot 항공사가 단거리, 장거리를 가리지 않고 좋은 평가를 받고 있으며, 특히 Seafood에 있어서 고객의 만족도가 높다.

실시간으로 항공사가 제공하는 각 부분의 서비스품질에 관해 고객의 Review를 공유하는 Skytrax사 홈페이지 내에서 Aeroflot의 Catering(기내식) 부분 고객평가를 보면 모두 우수하게 평가하는 것을 알 수 있다.

〈그림 7-11〉 Skytrax사의 Aeroflot항공사 고객 평가

출처 : www.airlinequality.com

한편 Turkish Airline의 기내식은 독특한 음식과 더불어 터키 전통음식을 즉석에서 바로 만들거나 Chef가 직접 기내식을 제공하는 등의 기내식 서비스를 차별화시켰다.

〈그림 7-12〉 Turkish Airline 기내식 제공모습 : Chef 기내식 서비스(좌), 즉석 전통음식 기내식 서비스(우)
출처 : www.gourmet.com

〈그림 7-13〉 Singapore Air NRT-SIN 구간에 제공되는 기내식

한편 Singapore Air는 일본 나리타~싱가포르 구간의 기내식에서 고객의 취향과 기호에 맞추어 Main dish 한 가지가 아니라 다양한 음식을 뷔페처럼 맛볼 수 있는 도시락 형태의 기내식을 선보이기도 하였다.

(2) 사전 주문 기내식(Pre-Order Meal)

그동안 기내식은 항공사에서 정한 메뉴 몇 가지 중에서 대량으로 탑재하여 고객에게 서비스하는 형태를 띠어 왔으며, 현재도 건강, 종교, 나이, 기념일 등 특별한 이유로 Special Menu를 주문하지 않는 이상은 2~3가지의 메뉴 중에서 선택하는 서비스를 하고 있다.

따라서 항공사는 지속적으로 다양한 국적이나 인종, 성별 등을 고려해 최적의 메뉴 분포를 찾고자 노력하고 있다.

하지만 항공여행의 특수성이 제한된 공간에서 제한된 자원으로 서비스하는 단점이 있기 때문에 고객이 Beef 메뉴를 먹고 싶었지만 다른 고객에게 먼저 배정된 상태에서 Beef를 고집할 수만은 없다.

이러한 고객들의 불편함을 해소하고자 선주문 기내식(Pre-Order Meal) 서비스를 시도하는 항공사가 있다.

바로 저비용항공사(Low Cost Carrier)인 Air Baltic(에어발틱)이다.

Air Baltic은 인터넷 홈페이지를 통해 고객이 원하는 메뉴를 주문해 먹을 수 있는 서비스를 제공하고 있다. 유료 판매를 기본으로 음식을 미리 주문해 원하는 사람에게만 판매하기 때문에 탑재했다가 기내식을 버리거나 항공기 무게를 쓸데없이 차지하는 일이 적다.

저렴한 기내식은 9유로부터 시작해 코셔밀(Kosher Meal : 유대교 기내식) 같은 특별 기내식도 29유로 가격대를 구성하고 있으며, 대개 15유로 내외로 일반적인 기내식을 주문할 수 있다.

〈그림 7-14〉 선주문 기내식 서비스

출처 : www.airbaltic.com

Air Baltic항공사는 선주문 기내식 서비스를 넘어서 한 걸음을 더 내디뎠다.

미리 정해져 있는 메뉴에서만 기내식을 주문할 수 있는 것이 아니고 자신만의 메뉴를 구성해 주문하는 서비스(Virtual Airline Tray)를 고안했다.

예를 들어 Beef와 Fish를 함께 넣어 기내식을 주문할 수도 있다.

항공사 홈페이지에서 가상(Virtual) 기내식 메뉴 트레이에다 원하는 아이템을 골라 기내식을 구성하면 "나만의 기내식"이 완성된다.

홈페이지 가상 트레이에 몇 가지 아이템을 올려놓으면(Pick & Mix) 자신만의 기내식이 완성된다. 미니 포도주, 세 종류 빵, 돼지고기, 소고기, 닭고기, 연어요리 등 총 20가지 옵션 중 원하는 것을 골라 메뉴를 구성할 수 있다.

〈그림 7-15〉 Virtual Tray를 이용한 선주문 맞춤 기내식
출처 : www.travelchatter.dailymail.co.uk

기내식의 명품 진화를 위한 항공사들의 노력은 이것으로 그치지 않을 것으로 본다.

그동안 꾸준히 고객맞춤 서비스를 경험했던 고객의 기대는 앞으로도 계속 진화할 예정이므로 항공사 또한 고객의 Needs를 충족시킬 수 있는 기내식 서비스를 지속적으로 창조해 나갈 것이다.

7.4 기내 Bar 서비스

1) 세계에서 가장 높은 Bar

세계에서 가장 낮은 곳에 있는 Bar는 해면보다 418미터 낮은 이스라엘 사해 Beach 앞에 위치한 Kalia Beach Bar이다.

그렇다면 세계에서 가장 높은 곳에 있는 Bar는 어느 곳일까?

그곳은 바로 항공기 안 프리미엄 휴식공간인 기내 Bar이다. Kalia Beach에게 멋진 사해 바다가 있다면 기내 Bar 안에는 무한대로 펼쳐진 세계 곳곳의 하늘이 있다.

〈그림 7-16〉 세계에서 가장 낮은 Bar(좌)와 가장 높은 Bar(우)
출처 : www.blog.koreanair.co.kr(가장 높은 Bar)

세련된 인테리어와 더불어 상큼하고 시원한 칵테일을 즐길 수 있는 공간이 기내 Bar이다.

기내 Bar는 신기종 도입과 더불어 새로 생긴 서비스는 아니다. 그동안은 Self Bar로서 상위클래스 뒤쪽, 혹은 앞쪽에 각종 음료와 샴페인 등을 즐길 수 있도록 세팅해 오던 것을 좀 더 업그레이드했다고 할 수 있다.

국내 항공사인 대한항공 A380기종의 2층에는 셀레스티얼 바(Celestial Bar)가 있다. 이 공간에는 특별교육을 받은 바텐더 승무원이 칵테일을 서비스하고 있다.

고객의 눈높이에 맞는 칵테일을 선정하여 화이트 초콜릿 마티니(White Chocolate Martini), 파인애플 블리스(Pineapple Bliss), 플라잉 샴페인 칵테일(Flying Champagne Cocktail) 등 신규 칵테일들을 제공한다.

그 외 First Class에도 Bar가 운영된다. 일등석 최전방에 위치하고 있으며 Business Class 전방의 Bar Lounge처럼 Recipe Card가 배치되어 고객들이 직접 칵테일을 만들어 드실 수 있는 공간이다.

Recipe Card가 배치되어 있지만 일등석 근무 승무원도 서비스하는 칵테일을 충분히 숙지하여 적절한 안내를 해야 한다. First Class에서는 Business Class와 달리 프리미엄급의 보드카를 베이스로 한 칵테일을 서비스하고 있다. 서비스하는 칵테일은 Absolut on the rocks, Absolut Elyx Vodkatini, Absolut Elyx Collins의 3종류이다.

① Absolut on the rocks : Absolut Elyx에 얼음을 넣은 칵테일

② Absolut Elyx Vodkatini : Absolut Elyx에 Dry Vermouth를 첨가한 칵테일

③ Absolut Elyx Collins : Absolut Elyx에 제조된 Collins Mix를 첨가하는 칵테일

각 항공사들은 회사의 품격과 이미지를 결정하는 가장 중요한 요소가 '항공서비스'라는 인식에 따라 차세대 항공기 신규서비스 등을 통해 고객들의 기대를 충족시키며 명품 항공사의 이미지 구축을 위해 노력하고 있다.

2) 기내 Bar 서비스 업무

기내에서 Bar를 안전하고 쾌적하게 운영하기 위해서 비행 단계별로 담당 승무원은 Procedure대로 서비스를 준비 및 제공해야 한다.

단순히 칵테일을 만들어 드리는 것뿐 아니라, 여유롭고 편안한 공간이 되도록 조명, 온도, 소음, Display 등에도 신경을 써야 하며, 특히 안전에 관해 오차가 없도록 유동물건 등의 고정과 Cover를 시점별 장·탈착하는 업무 또한 중요하다.

그리고 고객의 취식만족도 확인과 특이사항의 참고자료를 보고하는 것이 고객 서비스 만족도를 향상시키는 데 기여할 수 있으므로 메모해 두도록 한다.

(1) 이륙 전

① Bar 조명 조절

② Bar 내 유동물질 고정

(2) 이륙 후

① LCD 모니터 Display 설정

② Bar 세팅

기내 Bar Setting Item

① Vodka
② Cognac
③ Whisky
④ Cocktail mix
⑤ 오렌지 주스
⑥ 크랜베리주스
⑦ Dry Vermouth
⑧ Club Soda
⑨ 원형 얼음 & 일반 얼음
⑩ Serving Spoon
⑪ 바텐딩 도구
⑫ 칵테일 Garnish
⑬ Highball Glass, Lowball Glass, Shot Glass, Brandy Sniffer, Cocktail Glass
⑭ Snack
⑮ Cocktail Napkin & Coaster
⑯ Cocktail 안내지
⑰ Plate

(3) 비행 중(바텐더의 상시업무)

① 밝은 표정, 바른 자세와 태도 및 단정한 용모·복장 상시 점검

② 모든 단계의 서비스가 고객관점에서 제공되는지 확인

③ 고객의 서비스 만족도 확인

④ Snack Refill

⑤ 온도, 소음에 주의

⑥ 사용한 Glass 회수 및 쾌적성 유지

⑦ 음료별 제공횟수 기록

(4) 착륙준비

① 서비스 물품 회수 및 정리

② 착륙안내-Bar 이용 중인 고객에게 좌석 복귀안내

③ Bar 내 유동물건 고정

(5) 고객 하기 후

① 인계물품 점검

② Bar cover 장착

③ 서비스 결과 보고

④ 근무 중 특이사항 보고

3) 다양한 기내 Bar 서비스 사례

이러한 특화 서비스는 국내 항공사뿐 아니라, A380과 같이 신기종을 도입한 몇몇 항공사들이 점진적으로 프리미엄 서비스로 실행하고 있는 서비스이다.

(1) 아랍에미리트 기내 Bar

아랍에미리트항공은 A380를 5성급 호텔에 버금가는 최고급 서비스와 호화 편의시설을 갖춘 공간으로 꾸몄다. 단순히 목적지까지 안전하고 편안하게 도착하는 서비스에서 한 걸음 더 나아가 '힐링(healing), 재충전의 공간'으로 바뀌고 있다.

〈그림 7-17〉 아랍에미레이트항공의 기내 Bar

(2) 영국 버진아틀란틱항공사 기내 bar

무드 있는 카페를 연상시키는 하늘 위의 Bar가 버진항공의 Mood Class Bar이다.

버진항공사는 기내에 설치된 Mood Class Bar가 정적인 기내 내부에 또 다른 커뮤니티 스페이스를 창조하여, 장시간 비행으로 지친 고객들에게 최소한의 공간에서 펼칠 수 있는 최대한의 공간적 미학을 디자인했다고 설명한다.

〈그림 7-18〉 영국 버진아틀란틱항공사 기내 Bar

Chapter 8

Special Menu의 이해

학습목표

1. Special Menu의 정의와 종류를 이해한다.
2. Special Menu의 서비스 방법을 이해하고 설명할 수 있다.
3. 기내 Special Menu 미탑재 시 응대요령에 대해 이해하고 실습할 수 있다.
4. 고객 개인 휴대식품에 관해 적절한 안내를 할 수 있다.

8.1 Special Menu의 정의와 종류

1) Special Meal의 정의

Special Meal이란 건강, 종교 등의 사유 또는 축하를 위해 고객이 예약 시 특별히 주문하여 서비스되는 Meal로서 기내 고객 리스트상에 약어로 주문 내용이 명기된다.

항공사와 비행 구간에 따라 선택 가능 여부는 달라질 수 있지만 많은 항공사에서 Special Meal을 제공한다. 체질이나 신념 때문에 채식하는 사람을 위한 채식, 다이어트나 당뇨 등이 있는 사람을 위한 식사조절식, 종교상 이유로 먹지 않는 재료를 빼고 요리하는 종교식, 유아나 아동을 위한 유아식 및 아동식, 그 외에도 과일식 등 다양한 특별식이 제공된다.

이러한 특별식은 항공사에 따라 규정이 다르지만 출발 24시간 전에 신청하면 기내에서 제공받을 수 있다. 특별 기내식의 신청은 각 항공사의 서비스센터로 전화하면 가능하다. 단 비행시간 2시간 전후의 단거리 노선의 경우에는 선택할 수 있는 기내식의 종류가 제한된다.

2) Special Meal의 종류

(1) IATA 기준

국제항공운송협회 기준으로 각 항공사에서 제공해야 하는 Special Meal은 아래 26종류의 특별기내식이다.

구 분	종 류
영유아식, 아동식(3종)	영아식/유아식/아동식
야채식(6종)	서양채식/엄격한 서양채식/인도채식/엄격한 인도채식/동양채식/생야채식
종교식(3종)	힌두교식/회교도식/유대교식(Ready made 제품)
식사조절식(11종)	저지방식/당뇨식/저열량식/저단백식/고섬유소식/연식/글루텐 제한식/유동식/저염식/유당제한식/저퓨린식
기타 특별식(3종)	해산물식/과일식/기념케이크(생일, 허니문 Only)

* IATA(International Air Transport Association : 국제항공운송협회)는 항공사 간의 항공운송에 관한 국제적 기구

(2) 영유아식과 아동식

유아식의 경우 항공사에 따라 12개월 이하의 영아와 2살 이하의 유아로 구분하는 경우도 있지만, 항공사는 대부분 2살 이하를 모두 유아로 분류하여 식사를 제공한다. 유아식(Baby Meal)의 경우 보통 지정된 회사의 조제분유, 이유식, 떠먹는 요구르트 등이 포함된다. 혹시라도 특별히 먹이는 유아식이 있다면 개별적으로 준비해야 한다. 기내 액체류 반입 제한규정에 따라 액체류는 개별 100ml 이하로 1L까지만 허용되지만 유아를 위한 물, 요구르트, 유아식 등은 검색원에게 미리 알리면 가지고 탑승할 수 있다.

2세에서 12세까지는 아동식(Child Meal)을 신청할 수 있다. 아동식은 아이들이 좋아할 만한 메뉴로 차려지는데 한국에서 출발하는 항공편이라면 선택의 폭이 더 넓다. 보통 카레라이스, 햄버거, 돈가스, 피자, 샌드위치, 스파게티, 치킨너겟 등이 제공되는데 각 항공편과 시기에 따라 다양하다. 아이가 특별히 좋아하는 음식이 있다면 아동식을 통해 미리 준비해 주는 것이 좋다. 성인도 아동식을 먹어보고 싶은 사람이 있겠지만, 대부분의 항공사에서 성인은 유아식 및 아동식을 신청할 수 없다.

치킨 또는 소고기 버거를 기름에 살짝 튀긴 버섯, 감자튀김

해쉬브라운, 치킨소시지와 구운 체리토마토를 곁들인 구운 계란

치킨 또는 쇠고기 미트볼 중 하나를 선택할 수 있는 토마토 소스 스파게티

〈그림 8-1〉 기내에서 서비스되는 Child Meal의 예

출처 : www.singaporeair.com

① IFML(Infant Meal) : 영아식

12개월 미만의 유아식으로 주로 아기용 액상분유 및 주스가 제공된다.

② BBML(Baby Meal) : 유아식

12개월에서 24개월 사이의 유아식으로 아기용 주스 혹은 Puree상태로 제조된 이유식이 제공된다.

③ CHML(Child Meal) : 아동식

만 2세 이상 12세 미만의 소아 및 어린이용 식사이다.

(3) 종교식

힌두교나 회교도 등 특정 음식재료를 종교적 신념에 따라 먹지 못하는 사람들을 위해서 제공되는 것이 종교식으로, 회교도식, 힌두교식, 유대교식이 가장 대표적이다. 이러한 종교식은 해당 종교의 조리방법을 따라야 하기 때문에 특별히 별도로 주문되어 기내식 중에서 단가가 가장 높은 축에 속한다.

① HNML(Hindu Meal) : 힌두교식

비채식 인도식 식사. 쇠고기, 송아지 고기는 사용하지 않고, 양고기, 가금류, 해산물과 생선류를 사용한다.

② MOML(Moslem Meal) : 회교도식

돼지고기 부산물이 포함된 식품을 사용하지 않은 식사로써, 쇠고기, 양고기, 가금류 등은 회교율법에 따라 준비된 재료만 사용한다.

③ KSML(Kosher Meal) : 유대교식

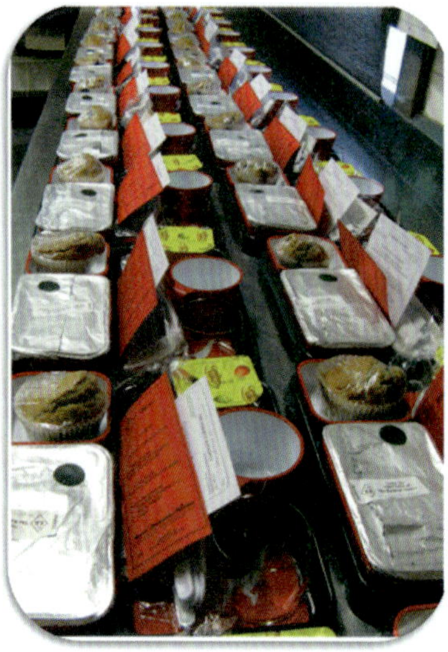

〈그림 8-2〉 Catering Center에서 제작 중인 Kosher Meal의 예
출처 : www.lewiskosher.com, "Making Kosher Food Great"

유대정교 신봉자의 식사로써 율법에 따라 조리하고, 돼지고기는 사용하지 않는다.

기도를 올린 쇠고기, 양고기를 주로 사용하며, 서비스 실시 전 고객에게 KSML Box Sealing 상태를 보여주며 Box 개봉에 대한 허가를 득해야 한다.

Box 개봉 후 Entree의 Sealing상태를 보여주며 Heating하여 서비스할 것임을 안내한다.

(4) 야채식

고기를 먹지 않거나 다이어트 혹은 신념 등의 이유로 육식을 하지 않는 경우 미리 채식을 주문한다. 채식이라고 단순히 야채만 제공되는 것은 아니다. 육류나 생선류는 사용하지 않지만 계란과 유제품 등은 들어가는 채식, 순수하게 야채만 제공되는 채식, 과일만을 사용한 과일식 등 그 종류가 다양하다. 채식은 항공사에 따라 메뉴명이 다르기 때문에 특별식을 요구할 때 고객은 자신의 스타일을 설명해서 그에 맞는 음식을 제공받는다. 채식은 꼭 채식주의자가 아니더라도 기내에서 소화가 잘 안 되는 사람들이 많이 선택하는 메뉴이다.

〈그림 8-3〉 Vegetarian Meal의 예

① VGML(Vegetarian Meal) : 엄격한 서양채식

계란 및 유제품을 포함하지 않는 엄격한 서양식 채식이다.

② VLML(Vegetarian Lacto-Ovo Meal) : 서양채식

계란 및 유제품은 포함되는 서양식 채식을 말한다.

③ AVML(Vegetarian Hindu Meal) : 인도채식

생선류, 가금류를 포함한 모든 육류와 계란을 사용하지 않고, 유제품은 포함하는 인도식 채식이다.

④ VJML(Vegetarian Jain Meal) : 엄격한 인도채식

모든 육류와 계란, 유제품을 포함하는 모든 동물성 식품 및 양파, 마늘, 생강 등의 뿌리식품을 사용하지 않는 엄격한 인도식 채식을 말한다.

⑤ VOML(Vegetarian Oriental Meal) : 동양채식

생선류, 가금류, 육류와 계란 등 유제품을 포함하는 모든 동물성 식품의 사용이 불가하나, 양파, 마늘, 생강 등의 뿌리식품은 사용 가능한 동양채식을 말한다.

⑥ RVML(Raw Vegetarian Meal) : 생야채식

생야채, 생과일, 생과일 및 생야채 주스를 포함하며 카페인 성분 음료로써, 방부제 함유 Item, 중독성 가공식품은 포함하지 않는 채식 메뉴를 말한다.

Special Meal	주재료	Meal, Fish, Poultry, Animal Fat, Gelatin	Eggs	Daily Products	Root Vegetables	Caffeine Foods	Bread
VGML	Vegetables Grains, Fruit	X	X	X	O	O	O
VLML	Vegetables Grains, Fruit	X	O	O	O	O	O
AVML	Vegetables Grains, Fruit	X	X	O	O	O	O
VJML	Vegetables Grains, Fruit	X	X	X	X	O	O
VOML	Vegetables Grains, Fruit	X	X	X	O	O	O
RVML	Fresh Vegetables, Fresh Fruit	X	X	O	O	X	O

〈그림 8-4〉 야채식별 금지식품과 허용식품

(5) 식사 조절식

식사 조절식에는 다이어트하는 사람을 위한 저지방식과 저열량식, 소화기 장애가 있는 사람을 위한 연식, 고혈압이나 신장병이 있는 사람을 위한 저염식, 당뇨병이 있는 사람을 위한 당뇨식, 유당 알레르기가 있는 사람을 위한 유당 제한식 등 다양한 형태로 제공된다. 하지만 땅콩의 경우 워낙 다양한 음식에 포함되기 때문에 땅콩 알레르기가 있는 사람을 위한 땅콩 제한식을 제공하는 항공사는 거의 없다. 혹시라도 땅콩 알레르기가 있다면 미리 항공사에 알리고 그에 맞는 조치를 받는 것이 좋다.

① LFML(Low Fat Meal) : 저지방식

1일 지방 섭취량을 30g 이내로 제한하는 식사로써, 콜레스테롤 함량이 높은 재료는 사용하지 않는다.

기름 사용 제한을 위해 찜, 굽기 등의 조리법을 사용한다.

② DBML(Diabetic Meal) : 당뇨식

1일 지방 섭취량을 30g 이내로 제한하며, 당뇨 증세가 있는 환자를 위한 식사이다.

열량, 단백질, 지방, 당질의 섭취량을 조절한다.

③ LCML(Low Calorie Meal) : 저열량식

체중 조절을 목적으로 열량을 제한한 식사로써, 튀기는 조리법은 사용하지 않는다.

지방 함량이 적은 육류, 저지방 유제품을 사용한다.

④ LPML(Low Protein Meal) : 저단백식

1일 단백질 섭취량을 40g 이하로 제한한 식사로써, 육류, 계란, 유제품 등을 이용하여 단백질 함량을 제한한다.

⑤ HFML(High Fiber Meal) : 고섬유소식

1일 20~25g의 식이섬유소를 포함한 식사로써, 전곡류의 빵과 시리얼, 생과일, 콩류 등이 제공된다.

⑥ BLML(Bland Meal) : 연식

소화가 쉽고 위장 자극이 적은 식사로써, 위장장애, 소화기능이 저하된 고객들을 위한 식사를 말한다.

⑦ GFML(Gluten Intolerant Meal) : 글루텐 제한식

Gluten 함량을 엄격히 제한한 식사로써, Gluten이 함유된 밀, 호밀, 보리, 귀리, 맥아 대신 쌀, 감자, 고구마, 옥수수, 콩을 사용한다.

⑧ LDML(Liquid Diet Meal) : 유동식

씹거나 삼키는 기능에 문제가 있는 고객을 위한 식사로써, 미음과 주스, 요거트, 액상형태의 유동식 식사가 있다.

⑨ LSML(Low Salt Meal) : 저염식

1일 염분 섭취량을 2,000mg 이하로 제한한 식사로써, 고혈압 증세가 있는 고객들을 위한 식사이다.

⑩ NLML(Low Lactose Meal) : 유당제한식

유당을 포함한 유제품의 사용을 엄격히 제한한 식사로써, 유당분해효소 결핍이 있는 고객에게 적합하다.

⑪ PRML(Low Purine Meal) : 저퓨린식

1일 Purine 섭취량을 150mg 이하로 제한한 식사이며, Purine 함량이 높은 육즙, 등푸른 생선 등은 사용하지 않는다.

용어설명

Bland : 부드럽고 온화한, 자극이 적은
* Gluten : 밀과 밀가루 등의 곡물류에 함유된 단백질
* Lactose : 유당(Type of sugar which is found in milk)
* Purine : 요산(단백질의 한 종류로써 신체가 요산을 분해하지 못할 경우 통풍 등이 발병함)

(6) 기타 특별식

항공사에 따라서 다양한 특별식을 제공하는 곳도 있다. 대표적인 것이 해산물을 주재료로 하는 해산물식과 과일식인데, 해산물식은 말 그대로 생선 및 해산물을 이용하고 과일식은 일반적인 기내식이 아닌 과일만으로 구성된 기내식이 나온다. 그 외에도 국내 항공사의 경우 생일이나 허니문 비행일 때 요청하면 축하 케이크를 제공받을 수 있다. 특별식의 경우

요청을 해야 받을 수 있다.

① SFML(Seafood Meal) : 생선 및 해산물을 주재료로 하며 곡류, 야채류, 과일류가 함께 제공되는 식사이다.

② FPML(Fruit Platter Meal) : 신선한 과일로만 구성된 식사를 말한다.

③ SPMA(Anniversary Cake) : Birthday Cake, Honeymoon Cake와 같이 특별한 날을 위한 축하 케이크이다.

〈그림 8-5〉 기내에서 축하 케이크를 서비스하고 있는 승무원
출처 : www.singaporeair.com

8.2 Special Menu의 서비스 방법

Special Meal은 일반식보다 먼저 제공되며, 승무원은 Special Meal 주문 고객을 확인하고 주문 내용이 맞는지 확인한 후 제공하며 Wine 및 기타 음료는 Meal Tray 서비스와 동시에 주문받아 곧바로 제공한다.

Special Meal 종류별로 상세한 메뉴내역과 제공 가능한 식품과 제공 불가한 식품은 아래와 같다.

종류	메뉴 상세내역
영아식	- 완제품 구매하여 제공
유아식	- 완제품 구매하여 제공
아동식	- 각 항공사 규정 출발편 메뉴/해외 출발편 메뉴
연식	- 강한 향신료, 가스 유발할 수 있는 야채 및 기름기 많은 음식 제한 - 저지방 육류 및 흰살 생선 제공 - 카페인 함유 음료 제한

종류	메뉴 상세내역
당뇨식	– 저지방 유제품과 정제되지 않은 곡류가 함유된 빵, Rice 및 시리얼 제품 등이 제공됨 – 제공 가능 : 껍질을 제거한 가금류, 육류, 살코기, 고섬유질 음식 제공 – 제공 불가 : 튀긴 음식 제한
글루텐 제한식	– 제공 가능 : 글루텐 함유식품인 밀, 보리, 호밀, 귀리, 맥아, 견과류를 사용하지 않고 대체식품으로 쌀, 감자, 고구마, 옥수수, 콩 제공 – 두유 및 유제품 제공 가능, 과일, 채소, 육류, 생선, 가금류 제공
저열량식	– 제공 가능 : 지방 적게 함유된 육류, 저지방 유제품, 과일 및 채소류 등이 제공됨 – 제공 불가 : 튀김 조리법 사용치 않고 고지방 소스류, 오일 및 설탕 함유 음식, 디저트류 미제공/지방, 설탕은 조리 시 필요한 최소량을 기준으로 사용
저지방식	– 제공 가능 : 저지방 육류와 저지방 생선 제공, 조리 시 튀김, 볶음 대신 굽기 등 조리법 주로 사용/필수지방산 섭취를 위해 허용범위 내의 올리브유, 옥수수유 등의 식물성 기름 사용/고섬유질 빵 및 시리얼, 과일 및 채소류 제공 – 제공 불가 : 콜레스테롤 함량이 높은 고지방 육류, 농축된 육수, 계란 노른자, 갑각류, 가공치즈, 햄 및 베이컨류 사용하지 않음
저염식	– 훈제류, 염장제품 사용하지 않으며 버터나 마가린은 무염제품 사용 – 케첩, 머스터드와 같은 Ready Made 제품도 제한하나 재료 내의 염분량을 고려하여 허용범위 내에서 사용
유당제한식	– 제공 가능 : 유제품 미포함된 육류 및 가금류, 채소류, 두유와 같은 콩음료 제공 – 제공 불가 : 유당을 포함하고 있는 모든 형태의 유제품(우유, 크림, 분유 등) 엄격하게 제한/우유, 요거트, 치즈, 아이스크림, 분유, 셔벗, 푸딩, 유제품 포함된 빵, 시리얼, 오믈렛, 크레페류, 계란요리, 초콜릿, 캐러멜류
회교도식	– 제공 가능 : 쇠고기, 양고기, 가금류 등을 필히 회교율법에 따라 준비한 재료 사용 – 제공 불가 : 알코올, 돼지고기, 햄, 베이컨, 젤라틴 또는 돼지고기 부산물
힌두교식	– 쇠고기, 송아지고기, 돼지고기, 날생선 및 훈제생선을 사용치 않으나 양고기, 가금류, 조리된 생선류, 해산물, 우유제품 포함됨
유대교식	– 유대교 율법에 따라 고유의 전통의식을 치른 후 조리된 음식 제공 – 완제품(Ready Made)을 구매하여 제공하며 항상 밀봉상태로 탑재 – 승무원이 고객의 확인을 거친 후 개봉하여 제공
서양채식	– 제공 가능 : 유제품(우유, 치즈, 요거트), 계란, 콩, 야채, 신선한 과일 – 제공 불가 : 모든 종류의 생선, 육류, 육가공품, 동물성 지방, 젤라틴
엄격한 서양채식	– 제공 가능 : 야채, 신선한 과일, 곡류, 콩류 – 제공 불가 : 모든 종류의 생선, 육류, 육가공품, 동물성 지방, 젤라틴, 유제품, 계란, 꿀
인도채식	– 제공 가능 : 유제품(우유, 치즈, 요거트), 콩류, 신선한 과일 – 제공 불가 : 모든 종류의 생선, 육류, 육가공품, 동물성 지방, 젤라틴, 계란
엄격한 인도채식	– 제공 가능 : 야채, 신선한 과일, 곡류, 콩류, 향신료, 시리얼, 두부 – 제공 불가 : 모든 종류의 생선, 가금류, 육류, 해산물, 계란, 유제품, 마늘, 생강, 파, 감자, 당근, 양파, 무 등의 근채류

종류	메뉴 상세내역
동양채식	– 제공 가능 : 야채, 신선한 과일 – 제공 불가 : 모든 종류의 생선, 가금류, 육류, 해산물, 계란, 유제품 * 주로 중국식으로 조리한 야채 제공
생야채식	– 제공 가능 : 순수 생야채, 생과일, 생야채주스, 유제품, 빵류 – 제공 불가 : 카페인 함유 음료, 보존물/첨가물, 가공식품
과일식	첨가물과 보존료가 제외된 과일로만 구성된 식사
해산물식	– 생선 및 해산물을 주재료로 하며 곡류, 야채류, 과일류가 제공
특별기내식	– 특정 식재 취식이 불가하므로 해당 식재를 제외하고 조리하여 제공 예) 오이, 깨, 양파, 마늘, 계란, 토마토 등에 대한 알러지 반응 고객에 한해서만 제공
기념케이크	– 각 항공사 규정 사이즈에 한해 제공

8.3 기내 Special Menu 미탑재 시 응대요령

1) 공통사항

주문한 Special Meal이 제공되지 못하는 경우 해당 Zone 승무원이 고객에게 정중히 사과드리고 상황에 따라 추가응대를 한다.

대체음식이 있는 경우 대체식사를 권유한다.

대체음식은 고객이 선택한 경우에만 제공하며 승무원이 임의로 조리, 가공은 하지 않는다.

응대 시 아래와 같은 언행에 의한 불만이 가중되지 않도록 주의한다.

① 주문 누락으로 비행 중에는 어쩔 수 없다는 언행

② 상위클래스 식사 제공 시 상위클래스 식사임을 지나치게 강조하는 언행

2) 미탑재 Special Meal 종류에 따른 응대

① 종교식, 야채식, 식사 조절식의 경우 소스 등은 성분파악이 용이하지 않으므로 권유를 지양하고, 대체소스로 레몬Slice 등을 권유한다.

② IFML, BBML이 미탑재되었을 경우 : 생후 12개월 미만 영아에게 생우유는 권장하지 않도록 주의한다.

③ CHML : 부드러운 질감의 주요리, 빵, 과일, 디저트를 권유한다.

④ HNML : 소고기, 돼지고기, 날생선 및 훈제생선은 취식이 불가하다.

⑤ MOML : 회교 율법에 따라 제조된 기내식만 취식이 가능하며, 돼지고기 및 알코올음료는 취식 불가하다.

⑥ KSML : 대체 가능 식사는 없으며 조심스럽게 일반식을 안내하고 취식의사를 파악 후 요청에 따라 제공한다.

⑦ 야채식 : 뿌리채소, 유제품, 계란 취식 여부를 확인 후 기내에서 서비스 가능한 음식을 제공한다.

⑧ 식사 조절식 : 채소, 과일 위주로 안내하되 반드시 고객의 선택에 따라서만 제공한다.

⑨ 기타 특별식 : 주문 내용과 목적을 우선 파악 후 목적(기념, 축하)에 맞는 대체식사 및 서비스를 제공한다.

8.4 고객 개인 휴대식품에 대한 안내

1) 고객 휴대식품 관리

① 비행 중 기내에서 고객이 개인적으로 식품을 휴대하였을 경우 음료수, 과자, 간식류 등에 대해서 취식을 허용하나, 주변 고객의 1차 불만 시 가급적 먼 곳으로 좌석을 변경하는 것이 좋다.

② 주변 고객 2차 불만 발생 시에는 해당 식품 취식을 자제해 줄 것을 요청한다.

③ 김치, 마른 오징어 등 발효식품이나 냄새가 강한 음식은 불만 여부 관계없이 취식이 불가함을 안내한다.

④ 라면, 분유 등에 뜨거운 물을 요청할 경우에는 화상에 주의하도록 안내해 드리고 뜨거운 물을 제공한다. 분유의 경우 너무 뜨거운 물을 제공할 경우 유아화상으로 이어질 수 있으므로 손등 안쪽에 살짝 떨어뜨려 보아 온도가 느껴지지 않을 정도의 미지근한 물이 적당하며 온도가 높거나 낮다고 해서 정해진 용량보다 물을 더 많이 타거나 버리지 않도록 하여 농도를 유지한다.

⑤ 고객이 개인 휴대 식품을 스스로 취식하는 것은 가능하나, 객실승무원이 별도로 데워서 제공하는 것은 금물이다. 왜냐하면 음식을 데운 이후 변형, 위생 관련 문제 발생 시 책임소재가 불분명하므로 대신 데워드릴 수 없기 때문이다. 가능하면 뜨거운 물을 제

공하여 손님이 직접 데울 수 있도록 도와드리거나 기내에 탑재되는 기내식 및 스낵 등을 제공하는 것이 좋다.

2) 자체 발열식품(Self-Heating Meal) 취식 시

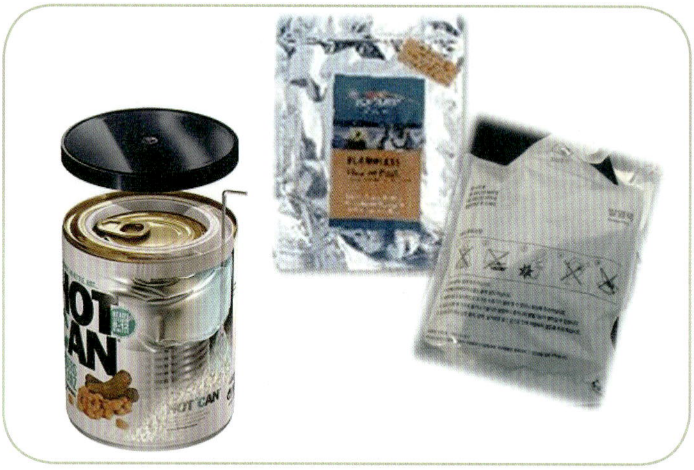

〈그림 8-6〉 Self Heating Food
출처 : www.wikipedia.org

Self-Heating Meal이란 조리 완료된 인스턴트식품을 가열기구 없이 자체 내장되어 있는 발열팩의 개봉만으로 Heating하여 따뜻하게 먹을 수 있는 음식이다.

자체 발열식품을 고객이 소지하고 있는 것을 발견하거나, 고객이 취식 가능 여부를 문의하는 경우, 위험물 규정에 의해 기내에서 Self-Heating Meal의 취식이 불가함을 안내하고, 별도 보관 후 하기 시 돌려드린다.

3) 고객이 개인 음식 또는 약품을 냉장 보관해 달라고 요청 시

고객이 개인음식이나 약품을 냉장 보관해 달라고 요청할 때에는 원칙적으로 불가함을 알리고 얼음과 Plastic Bag 등을 제공해서 스스로 보관하도록 안내한다.

이는 맡긴 음식이나 약품류의 훼손 또는 변질 시 책임 소재가 불분명하기 때문이며 고객이 직접 보관하도록 안내한다.

Chapter 9

기내식 서비스

학습목표

1. 일반석 기내식 서비스 시 준비사항과 유의사항에 대해 이해한다.
2. Business Class 기내식 서비스 Procedure와 각 서비스 절차별 준비방법과 서비스 방법을 이해하고 설명할 수 있다.
3. First Class 기내식 서비스 Procedure와 각 서비스 절차별 준비방법 및 서비스 방법을 이해하고 설명할 수 있다.

9.1 Economy Class 기내식 서비스

1) Economy Class(일반석) 기내식 서비스의 특징

객실승무원은 고객에게 식사를 제공하기 전에 식사 Tray 내에 식사에 필요한 Item들이 정리되어 Setting되어 있는지, 위생상 문제는 없는지 등을 재확인한 후에 서비스해야 한다.

고객에게 식사 서비스 전, 당일 제공되는 식사의 메뉴, 조리방법, 소스 등 세부 내용에 대해 숙지하고, 고객의 요청이 있을 시 적절히 응대해야 한다. 비행 중에는 식사 서비스가 원활히 이루어질 수 있도록 Galley Briefing을 통해 승무원 간 정보 공유가 이루어져야 한다.

승무원은 각 항공사 자사 내부의 system을 통하여 비행 중 서비스되는 식사의 종류 및 조리 방법, 식음료와 관련된 용어검색에 대해 사전 학습이 가능하다.

2) Economy Class(일반석) 서비스 순서 및 점검사항

(1) Heating전 점검사항

① 모든 Heating은 Oven을 이용하는 것을 원칙으로 한다.
Heating 기준은 Entree 냉동상태나 Oven 작동상태에 따라 다르므로 유의해야 한다.

② Meal Cart 상단에 놓인 Dry Ice는 적정시점에 제거한다.

③ Dry Ice로 보관되거나 냉동 탑재되는 Meal이 제대로 해동되지 않을 경우, Meal이 차갑거나 딱딱한 상태로 고객에게 서비스될 수 있으며, 이로 인해 고객 불만이 야기될 수 있기 때문이다.

④ 2nd 기내식의 경우, Galley에서 기내식을 담당하는 Duty는 기내식 서비스 약 2시간 전에 Entree의 상태를 확인하여 Dry Ice 제거 시점을 가늠하도록 한다.

⑤ 2nd 기내식 Entree를 Oven에 세팅하는 시점에 Entree의 해동상태를 확인하고, 해동되지 않았을 경우에는 Oven을 이용하여 해동하도록 한다.

⑥ 다른 종류의 Entree가 한 Oven에 세팅된 경우 Oven 상단부의 온도가 높음을 감안하여 Entree Setting한다.

⑦ 2nd 서비스용 Entree는 Dry Ice 또는 Chiller를 이용하여 신선하게 유지하도록 한다.

(2) Heating 시 유의사항

① Entree별 Heating 시간 및 온도는 Entree상태 및 보관상태, Oven성능에 따라 차이가 나므로 유의해야 한다.

② Entree Heating 중 Heating상태를 중간 점검하여 상태에 따라 온도를 가감해야 한다.
Heating 종료 후 Meal상태를 확인하여 추가 Heating 여부를 결정한다.

③ 기내식 서비스 시작 직전 다시 한 번 Entree의 Heating상태를 확인하여 필요시 추가 Heating하거나 또는 대체 기내식 제공 등의 조치를 취한다.

(3) Entree Setting 시 유의사항

① Dry Ice를 적정시점에 제거하여 음식물이 얼지 않도록 해야 한다.

② Tray의 물기는 Paper Towel을 이용하여 제거한다.

③ Entree Setting 시에는 Galley 커튼을 닫아 고객에게 노출되지 않도록 한다.

④ 내용물의 변형을 막기 위해 Entree Setting 시 Entree를 포개어 놓지 않는다.

⑤ Entree를 Galley 바닥에 두지 않는다.

⑥ 훼손된 Entree Tin Foil은 완전히 제거한 후 새것으로 교환하여 세팅한다.

⑦ Entree Setting 시 Tray 내에 있는 버터 등은 Entree로 인해 녹기 때문에 Entree와 떨어진 곳에 놓는다.

⑧ Meal Setting이 끝난 Meal Cart를 보관할 때는 Entree의 온도가 식지 않도록 Air Chiller를 OFF시켜 두어 냉기가 남아 있지 않도록 한다.

(4) Heating 후 유의사항

① Meal Heating 종료 후 Entree는 즉시 Oven에서 꺼내어 제공하며 Oven 내에 방치하지 말아야 한다. 이유는 Egg요리 및 Steak류의 경우, Oven 내 여열에서 방치될 경우 Entree가 굳어지고 색이 바라기 때문이다.

② 취식 시간대가 다른 고객에게 개별적으로 식사서비스를 하는 경우 제공 전 Entree상태 및 온도를 확인하고 충분히 뜨겁지 않을 시 데워서 제공한다.

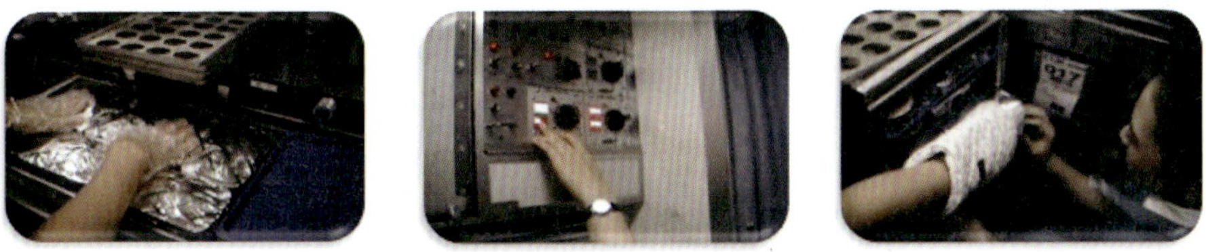

① ② ③

① Entrée 해동상태, Oven 작동상태를 Heating 전에 점검한다.
② Entrée 종류별 Heating 시간을 준수한다.
③ Entrée 내용물이 변형되지 않도록 주의하며 Entrée를 setting한다.

〈그림 9-1〉 기내식 Heating 및 Setting 시 유의사항

(5) 기내식 식기 취급 시 유의사항

예전 항공사에서 사용하던 기내식 식기는 Chinaware형태의 Casserole에 Main dish를 제공하였으나 항공기의 무게 감소, 안전상의 이유로 C-Pet Casserole이 개발되어 사용되고 있는 추세이다.

C-Pet Casserole은 인체에 무해한 플라스틱 소재의 1회용

Casserole로 중장거리용 China Casserole(265g) 대비 매우 가볍고(12g), 열에 강하며, 소재 특성상 가열 후 Aisle 서비스 시점에는 상단 테두리를 이용하여 맨손으로도 취급이 가능하다는 이점이 있다.

인체 무해성 여부는 국내외 관련 기관을 통해 안전성 검사를 완료하였다.

맨손으로 취급 시 C-Pet Casserole의 상단 테두리 부분을 이용해야 하며 하단 부분이나 Casserole의 중간 부분을 만지게 되면 Casserole의 모양에 손상이 오거나 화상을 입을 우려가 있으며 Casserole의 모양에 손상이 오게 되면 Meal을 제공받은 고객의 만족도는 저하되는 결과를 초래하므로 주의하도록 한다.

(6) 기내식 제공 시 서비스 순서 및 유의사항(Economy Class Dinner)

Economy Class 서비스 Procedure

1ST Meal	2nd Meal	Refreshment
Amenity Kit / 신문 Headphone / Child G/A	Hot Towel	Refreshing Towel
Refreshing Towel		
Aperitif [Welcome Cart] [Morning Cart] [Nuts Basket & BEV Tray] [Beverage Tray]	Aperitif [Beverage Tray]	※ Meal Tray Type Beverage Tray -> Refreshment ※ Box Meal Type Beverage & Refreshment Cart
Meal Tray [with Wine & Cold Beverage] [with Hot & Cold Beverage]	Meal Tray [with Wine & Cold Beverage] [with Hot & Cold Beverage]	
Hot Beverage	Hot Beverage	
Meal Tray 회수	Meal Tray 회수	Meal 회수
Clear Off	Clear Off	Clear Off

〈그림 9-2〉 Economy Class(일반석) 기내식 서비스 순서(장거리 기준)

기내식을 제공할 때는 기내식 Cart 상단에 레드와인, 화이트와인, 주스류, 플라스틱컵, 와인 서비스용 리넨, 소금·후추, 주무시고 계신 고객을 위한 서비스안내 Tag 등을 준비하며 국내 항공사의 경우 튜브형 고추장을 고객 기호에 따라 제공하기도 한다.

비빔밥과 같은 한식을 제공할 때는 미역국을 같이 서비스하므로 Pot에 뜨거운 물을 서비스 직전에 준비한다. 이때 Pot 외부는 Towel로 깨끗이 닦아 얼룩이 없도록 청결하게 준비한다. 한식 기내식이 제공될 경우에는 한식 취식 안내지와 젓가락 사용법 등의 안내지가 별도로 서비스되는 경우도 있으니, 승무원은 항공사별 서비스 매뉴얼을 숙지하도록 한다.

① 일반 기내식보다 특별 기내식을 먼저 서비스해 드린다.

② Galley를 담당하는 승무원은 Galley에서 잔여 기내식 세팅을 종료하고 고객에게 식사를 서빙하는 승무원을 도와 기내식을 서비스하며 적정 시점에 Aisle별로 기내식 카트 상단 부족 item을 채워 넣는다.

③ Galley 담당 승무원은 담당 Zone, 각 Aisle의 서비스 진행 여부를 확인하고, 기내식이 부족할 경우 여유 있는 기내식 카트로부터 기내식을 전달하는 등 전체적인 서비스가 동시에 종료될 수 있도록 서비스를 조절한다.

④ Galley 담당 승무원은 Aisle 담당 승무원으로부터 기내식 제공 완료 여부를 보고받은 후 담당 Zone을 순회하며 기내식을 제공받지 못한 고객 유무를 확인하여 조치한다.

⑤ Aperitif 서비스가 종료된 후 Used Cup 등을 회수하고 Galley 및 Aisle을 정리 정돈한 후 Meal을 서비스한다.

⑥ 담당 Zone별로 Aisle Duty 승무원은 담당 Aisle을 전담하여 서비스한다.

⑦ 특별 기내식을 주문한 고객을 확인하고 주문 내용이 맞는지 확인한 후 제공하며 Wine 및 기타 음료는 기내식 서비스와 동시에 주문받아 곧바로 제공한다.

⑧ 서비스 시점 및 기종별로 서비스 Flow에 차이가 있으므로 이에 따라 제공한다.

⑨ 기내식을 제공할 때는 고객의 Table을 펴고 Entree 종류 및 내용, 조리법 등을 설명한 뒤 식사를 주문받는다.

⑩ Tray에 물기가 있는 경우 Paper Towel 등을 이용하여 닦아낸 후 제공한다.

⑪ 기내식 Cart는 고객 좌석 6열을 기준으로 중간에 위치시킨 후 고객의 앞쪽에서 기내식과 함께 음료를 신속하게 제공한다.

⑫ 1인이 Handling할 때는 3열 단위로 이동시킨다.

⑬ 서비스가 진행되는 동안 기내식을 드리지 않은 고객이 없는지 확인한다.

⑭ 고객의 주문에 따라 기내식을 제공하고 비빔밥이 제공되는 경우 Pot의 Hot Water를 비빔밥용 국 Bowl에 부어 드리며 서비스 시 뜨거운 국으로 인해 화상을 입지 않도록 안내한다.

⑮ 비빔밥용 국은 기내식을 서비스한 후 국에 물을 부어 직접 Tray에 손으로 놓아드리는 것이 원칙이나 안쪽 또는 창 측 고객의 경우 의향을 물어 물을 부은 국과 기내식 Tray

를 함께 서비스해도 된다.

⑯ 비빔밥을 주문한 외국인 고객에게 비빔밥 취식 안내지를 서비스한다.

⑰ 저열량국수의 제공 시 기내식 Tray를 먼저 제공 후 국수는 뜨거운 물을 부어 곧 제공됨을 안내하고, Galley를 담당하는 승무원은 Aisle 담당 승무원을 도와 뜨거운 물을 부은 저열량국수를 Galley에서 준비하여 제공하며 해당 고객에게는 취식 가능시간 및 뜨거운 국물로 인한 화상에 주의하도록 안내한다.

⑱ Wine은 고객에게 권유하여 서비스하며 기타 음료는 원하는 고객 위주로 서비스한다.

⑲ Wine 서비스 시 Wine의 흘러내림을 방지하기 위하여 Wine Server를 꽂아 사용하며 Wine 서비스용 Linen을 다른 한 손에 준비한다.

⑳ 고추장은 원하는 고객 위주로 서비스한다. 기내식 제공이 끝난 후 Wine Refill을 다시 실시한다.

(7) 기내식 제공 시 서비스 순서 및 유의사항(일반석 Breakfast)

한편 아침식사로 서비스하는 기내식 카트 상단은 제공하는 메뉴와 시간의 특성을 고려한다.

서비스하는 기내식 카트의 상단, 투명 Drawer에 오렌지 주스, Muddler Box(Tea Bag & Cream, Sugar), Lemon Slice, Plastic Cup, Small Tray, 소금, 후추, 서비스 Tag을 준비하고 각종 Sauce류(토마토 케첩, 머스터드, 고추장)를 적정량 담아 준비한다. 이는 아침 메뉴로 오믈렛과 같은 계란을 활용한 메뉴가 포함되는 경우가 많고 아침에 빵과 함께 간단히 커피나 차를 마시는 고객이 많기 때문이다.

Bread가 Bulk로 탑재된 경우, Bread Basket에 리넨을 깔아 Heating한 Bread를 Pack째 담고 Tongs를 올려서 준비한다. Heating한 Bread는 식지 않도록 서비스 직전에 Oven에서 꺼내어 Basket에 담아야 한다.

기내식 Tray에 물이 세팅되어 있지 않은 경우 생수도 함께 준비한다. Tea, Coffee Pot을 Drawer 외부, Cart 상단에 세팅하고 신선한 맛을 내는 Coffee를 제공하기 위해 서비스 직전에 내리도록 한다.

Coffee Maker 내의 Coffee Pack은 Brew 직전에 오픈하여 세팅하며 Brew 직전 Coffee Pot 내부의 청결상태를 점검하고 이물질이 있는 경우 Hot Water로 헹구어낸 후 장착하여 Brew

한다. 차(tea) 서비스용 Pot은 뜨거운 물로 1차 Warming한 후 차(tea) 서비스용 뜨거운 물을 받아 준비한다.

9.2 Business Class 기내식

기내에서는 상위클래스 고객에게 서양식 정찬을 바탕으로 '고객 맞춤형 기내식 서비스'(Flexible Meal Time Service)를 제공하고 있다. 상위클래스라 함은 First Class와 Business Class를 일컬으며, 공항에서부터 전용 탑승카운터와 기내 우선 탑승, 좌석의 기울기와 안락함, AVOD시스템의 차별화, 고품격 기내식을 제공하는 특징을 갖는다.

Business Class 기내식 서비스는 First Class와 비슷하나 Course와 Choice 면에서 간소화하였다고 볼 수 있다. 따라서 전체적인 서비스 절차와 준비는 First Class와 비슷하나 축소된 면을 띠고 있다. First Class와의 가장 큰 차이는 Basic Tray를 활용하는 점과 First Class는 Main Dish를 승무원이 직접 Dish up하여 서비스하지만 Business Class에서는 Dish up된 Entree를 서비스하는 점을 들을 수 있다.

Business Class 기내식 서비스 Procedure

1ST Meal	2nd Meal
Menu List	Hot Towel
Menu Order Taking	Table Opening
Hot Towel	Pre Drink
Table Opening & Tablecloth Spread	Basic Tray (양식 Main Dish, 빵, 요거트)
Pre Drink with Starter	Main Dish(한식)
Basic Tray & Bread	Hot Beverage
Wine	Basic Tray Collecting
Soup(양식)	Fruit
Main Dish	Hot Beverage Refill
Basic Tray Collecting	Final Collecting
Cheese	
Dessert	
Beverage & Liqueur	
Final Collecting	

〈그림 9-3〉 Business Class 기내식 서비스 순서(장거리 기준)

1) 고객 탑승 전 Galley 준비 업무

(1) 고객 탑승 전 지상업무 : Galley work

① Galley 장비 Check & Power On

② Coffee Power On 전 Air Bleeding

③ Meal Check(Menu List 기준)

④ Meal Cart 내 Meal Tray 수량(1st와 2nd 각각 확인)

⑤ Oven 내 Entree 수량(2nd Entree 확인)

⑥ Bread, Cheese, Dessert, 단무지, 액상 Cream, Refreshment, Cocktail Garnish 등

⑦ Catering 담당자와 Meal 수량 상호 확인 후 사무장님께 보고

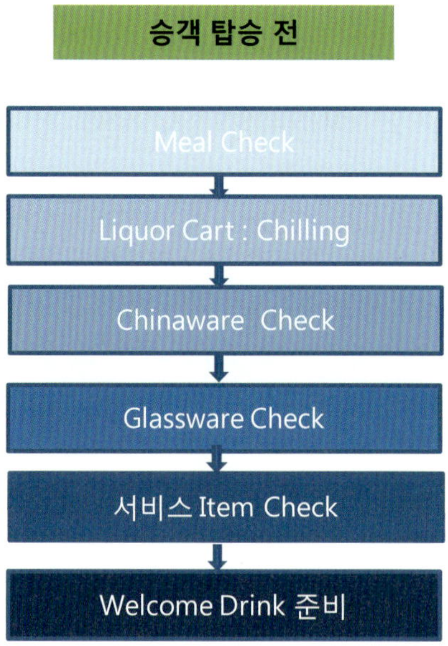

〈그림 9-4〉 고객 탑승 전 Galley Check 업무

(2) Liquor Cart 확인 & Chilling

① Liquor Cart 내 Red Wine, Mixer류 탑재를 확인한다.

② Liquor Cart 뒷면에 탑재된 Item 중 서비스에 필요한 Item을 Liquor Cart 앞면으로 옮기거나 Galley Comp't에 보관한다.

③ Chilling해야 되는 Item : White Wine, Champagne, Beer, 물, 페리에, 우유, Soft Drink, 각종 주스류

(3) 기물의 확인

① 종류별 수량을 확인해야 한다.

② Serving Tray가 수량대로 탑재되는지 확인한다.

(4) Chinaware 확인

① 종류와 수량을 확인한다.

② Chinaware Cart 뒷면에 한식 Cutlery Set도 확인한다.

③ Warming item : Bowl Small, Coffee Cup, 한식 밥그릇, 국그릇을 Warming한다.

(5) Glassware 확인

① Wine, Tumbler Glass 수량이 충분한지 확인한다.

② Glass의 청결상태 및 파손 여부를 확인한다.

(6) 그 외 서비스 Item의 확인

① 고추장, 라면, 스낵, Water Spray, Towel, Linen의 수량을 확인한다.

② 부족 Item을 주문한다.

③ Galley 정돈 및 Galley 내 탑재된 Item을 정리 및 보관한다.

④ Muddler Box, Coaster, Napkin을 준비한다.

(7) Welcome Drink 준비

Serving Tray에 각각의 Glass, Coaster, Napkin, Nuts 등을 준비한다.

2) 고객 탑승 후 서비스

(1) Welcome Drink

① 고객 탑승이 50% 정도 이루어졌을 때 Welcome Drink를 준비하여 음료를 따르고 Welcome Drink를 서비스한다.

② Welcome Drink를 서비스할 때는 고객의 직함을 호칭하며 탑승에 대한 환영의 의미가 담긴 음료임을 안내한다.

③ 선택한 음료는 고객이 직접 집도록 유도하며 땅콩, Coaster, Cocktail Napkin도 권한다. 준비된 음료 이외의 음료를 주문받을 경우 Galley에서 준비하여 서비스한다.

〈그림 9-5〉 고객 탑승 후 Galley 업무

(2) 이륙 전·후 Galley 준비업무

① 이륙 전

- Welcome 서비스 후 회수한 Glass를 정리하고 Galley 내의 서비스 물품도 정리한다.
- Galley 내 유동물질을 고정하고 Comp't Locking을 확인한다.

- 이륙 사인이 나면 Hot Towel과 햇반을 Heating한다.
- Hot Towel은 Med 20분, 햇반은 Low 10~15분간 Heating한다.

② 이륙 후

- 이륙 후 프레스티지석 Aisle Duty가 Menu Order Taking받는 중 서비스 전에 사전 Galley업무를 해야 한다.
- Serving Cart를 준비한다.
- Wine 4종류를 Open하고 Breathing한다.
- Pre Drink with Starter Cart를 Setting한다.
- 북어국을 끓이고 햇반의 Heating상태를 확인한다.
- Basic Tray와 한식 Tray를 정리한다.

3) Menu Order Taking(1st/2nd 모두 주문받는다)

① Galley에서는 Serving Cart를 준비한다.

② Pre Drink with Starter Cart를 세팅한다.

③ Wine을 Open한다.

④ Starter에 Bread 서비스가 있는 경우 Heating한다.

⑤ Menu Order Taking은 한식이 있는 경우, Steak가 있는 경우, Quick Meal 서비스가 있는 경우, Continental 서비스가 있는 경우만 Order Taking하고 그 외 경우는 Entree를 보여드리고 Choice받는다.

4) Hot Towel

① Serving Tray Setting 후 Spray한다.

② 이때 Galley에서는 한식 국을 끓인다.

③ 햇반 및 Entree를 Heating한다.

④ Steak는 익힘 정도에 따라 다르게 Heating한다.

⑤ Tablecloth를 준비해 놓는다.

⑥ Basic Tray를 준비해 놓는다.

⑦ Pre Drink with Starter Cart 중간에 Starter를 세팅한다.

5) Table Opening & Tablecloth Spread

① Tablecloth Spread를 진행한다.

② 1/3 정도 진행되면 Pre Drink with Starter를 서비스한다.

6) Pre Drink with Starter

① Galley에서는 Bread를 Heating한다.

② Entree상태를 확인한다.

③ Steak가 Medium, Rare인 경우 Heating을 시작한다.

④ Basic Tray의 Tumbler Glass에 물을 따른다.

〈그림 9-6〉 Stater로 제공된 게살과 마(좌) 오이 조개관자(우)

⑤ 국 상태를 확인한다.

⑥ Soup 상태 확인 후 뜨겁지 않으면 Hot Cup에 끓여서 준비한다.

⑦ 한식 밥그릇에 햇반을 담는다. (햇반의 2/3 정도를 담아 밥뚜껑을 덮어도 밥뚜껑에 밥이 눌리지 않을 정도로 담도록 주의한다)

7) Basic Tray & Bread

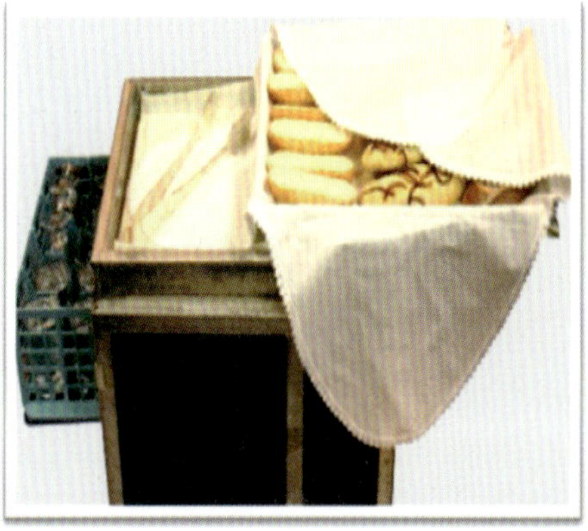

〈그림 9-7〉 Basic Tray & Bread Cart(좌)와 Cart 내 Basic Tray(우)

① Chilling한 물을 Tumbler Glass에 부어 Glass Rack을 Large Tray에 받쳐 Basic Tray Cart 내부 상단에 꽂는다.
② Tumbler Glass에 물을 따를 때는 흐르지 않도록 조심해야 한다.
③ Cart 상단에는 깨끗한 Tablecloth를 접어 깔고 각종 빵이 담긴 Serving Tray Large와 Bread Tongs를 준비한다.
④ Basic Tray는 미리 3개를 빼서 Galley에 보관한다.
⑤ 1인용 Cup Type Dressing이 2종 이상 Bulk로 탑재된 경우, Large Tray에 적정량 준비하여 Cart 내부 상단 1열에 Setting한다.
⑥ 서비스 후 남은 Bread는 여열이 남아 있는 Oven이나 Warmer에 보관한다. (첫 서비스부터 마지막 Refill 시점까지 고객에게 따뜻한 빵을 제공하기 위하여 보관에 신경을 써야 한다)
⑦ Dessert에 Ice Cream이 있는 경우 Ice Cream상태 확인 후 Dry Ice를 제거한다.
⑧ Soup에 Bread가 있는 경우 Heating한다.
⑨ Pre Drink가 1/2 정도 진행되었을 때 준비된 Basic Tray Cart를 이용하여 서비스. Cart는 Aisle 중간에 위치시켜 놓고 Tray를 하나씩 빼서 신속하게 서비스한다.
⑩ 4개의 Basic Tray를 서비스한 후 Bread를 한꺼번에 서비스하여 Basic Tray서비스 시간을 최소화한다.
⑪ Basic Tray 오른쪽 상단에 Tumbler Glass를 올리고 Tray Setting상태를 정리하여 고객 Table 위에 놓아 드린다.
⑫ Appetizer에 Food Cover가 씌워져 있는 경우 서비스 직전 Tray 정리 시 제거하여 서비스한다.
⑬ 제거한 Food Cover는 Cart 맨 하단의 Basic Tray부터 서비스하고 그곳에 넣거나 1인용 Cup Type Dressing 서비스용 Tray가 Cart 상단에 준비된 경우 Dressing 안쪽으로 넣어 Food Cover로 인해 Meal Cart 상단이 지저분해지지 않도록 해야 한다.
⑭ Bread는 종류를 소개하고 고객이 자리에서 직접 보고 고를 수 있도록 Serving Tray Large의 위치를 낮추어 보여 드린다.

8) Wine

① Wine 서비스가 2/3 정도 진행됐을 때 Appetizer 회수 Cart를 준비한다.

② 비빔밥, 양식 Entree Cart를 준비한다.

③ Serving Tray에 Soup를 준비한다.

④ Soup Bowl에 따른 후 6인분씩 준비하여 서비스한다.

9) Soup(양식)

① 고객에게 제공 전 Soup의 온도, 맛, 농도 등을 점검 후 최상의 상태로 서비스해야 한다.

② Soup에 Bread가 같이 서비스되는 경우 서비스 직전 Setting해서 서비스한다.

③ Appetizer 회수가 끝난 후 Serving Tray에 Setting된 Soup을 들고 나가 Soup의 종류를 소개하며 양식 취식 고객에게 서비스한다.

10) Main Dish

〈그림 9-8〉 Main Dish Cart 상단(좌)과 중단(우)

① 국은 서비스 직전 담아서 서비스한다.

② 밥, 국, 나물은 6인분 기준으로 준비하여 한꺼번에 서비스한다.

③ 양식 Entree는 서비스 직전 Oven에서 꺼내어 Cart에 Setting한다.

④ Steak의 경우, 육즙과 야채의 수분 발생 상태를 확인 후 Spoon으로 물기를 제거하고 서비스한다.

⑤ Oven에서 꺼낸 Main Dish는 뜨겁게 서비스될 수 있도록 준비하고 점검시간을 최소화 한다. Main Dish를 덮고 있는 Tin Foil은 Galley에서 제거해야 한다.

⑥ Order Chart를 참조하여 고객의 Main Dish를 확인한 후 음식명, 재료, 요리방법 등을 소개하며 Main Dish를 서비스한다.

⑦ 고객이 원할 경우 Ready-Made Sauce 및 고추장을 서비스한다.

⑧ Ready-Made Sauce류 중 Horseradish, Mustard는 Tea Spoon을 이용하여 고객의 Main Dish Casserole이나 고객이 원하는 곳에 적정량 덜어 드리고 Hot Sauce, A1 Sauce, Worcestershire Sauce는 뚜껑을 열어 병째로 Table에 놓아 드린다.

⑨ Main Dish 서비스 후 Bread, Wine 및 생수를 Refill해야 한다.

⑩ Basic Tray 회수 Cart를 준비한다.

⑪ Condiment Set 회수용 Large Tray를 안쪽 상단에 준비한다.

⑫ Dessert Tablecloth를 Cart 안쪽 상단에 준비한다.

11) Basic Tray Collecting

① Cheese상태를 확인한다.

② Mini 바게트가 탑재되는 경우 Heating을 준비한다.

③ Ice Cream 상태를 Re-check한다.

④ Meal Cart 상단에 Tablecloth를 깔고 빈 Glassware Rack을 준비한다.

⑤ Cart 내부 상단에 Condiment Set 회수용 Large Tray를 준비한다.

⑥ 고객이 다 드셨는지를 확인한 후 의향을 묻고 개별적으로 Basic Tray를 회수해야 한다.

⑦ Basic Tray 회수 시 물 잔과 와인 잔은 고객의 의향을 물은 뒤 회수해야 한다.

12) Cheese

① Cheese는 Cheese Board에 올리고 Cutting용 Knife를 적정량 준비한다.

② Grapes, Salad Tongs와 함께 준비한다.

③ Cheese 서비스용 6"Plate를 적정량 준비한다.

④ Port Wine과 Liqueur Glass, Cocktail Napkin을 Setting한다.

⑤ Linen을 접어 Fork, Knife를 담아 준비한다.

⑥ Cheese를 주문받아 Knife를 이용하여 6"Plate에 담는다.

⑦ 고객 Table 오른쪽에 Knife 칼날이 안쪽으로 가도록 준비하고, 왼쪽에 Fork를 세팅한 후 Cheese와 Cocktail Napkin을 서비스한다.

⑧ Cheese를 주문한 고객에게는 Mini Baguette와 크림 크래커를 주문받아 6"Plate에 담아 함께 서비스한다.

⑨ Cheese 서비스 후 Cheese와 잘 어울리는 Port Wine을 권유하여 서비스한다.

13) Dessert(Cake/Ice Cream)

① Ice Cream과 Cake를 Setting한다.

② Ice Cream과 받침용 Sauce와 Cocktail Napkin을 준비한다.

③ Linen을 접어 Fork, Tea Spoon을 담아 준비한다.

④ Cart 중단에는 Extra Ice Cream과 Cake를 준비한다.

⑤ Hot Beverage 서비스를 위해 Coffee Brewing을 한다.

⑥ Milk Tea 서비스를 위해 Milk Warming을 한다.

⑦ Ice Cream과 Cake이 준비되어 있음을 소개하고 주문받는다.

⑧ Ice Cream은 받침용 Saucer에 Cocktail Napkin을 깔고 Tea Spoon과 함께 드린다.

⑨ Cake를 주문받은 경우, 고객 Table 오른쪽에 Fork를 Setting한 후 Cocktail Napkin과 함께 서비스한다.

14) Beverage & Liqueur

① Hot Beverage, Cold Beverage, Liqueur류를 함께 준비한다.

② Coffee Brew 시간은 3분 정도 소요되므로 Cart를 준비하면서 Brew를 시작해 신선한 Coffee를 제공할 수 있도록 해야 한다.

③ Hot Beverage를 먼저 주문받고 Liqueur순으로 주문받아 제공하며 기타 Cold Beverage도 준비되어 있음을 안내하고 주문받아 Coaster/Cocktail Napkin과 함께 서비스한다.

④ 고객이 Cart에 준비되지 않은 Liquor류, Wine, Champagne 및 Soft Drink 등을 주문할 경우, Galley에서 별도로 준비하여 제공한다.

Brew Coffee

① 향과 신선도를 살릴 수 있도록 서비스 직전에 Coffee Pack을 Brew시켜 뜨겁게 제공한다.

② 설탕, Cream을 함께 주문받는다.

③ Coffee Cup의 손잡이가 오른쪽으로 오도록 하여 Saucer에 받쳐 들도록 한다.

④ Cup의 7~8부까지 따르고 설탕과 Cream을 모두 원하는 경우 Tea Spoon은 Cup의 앞쪽에, 설탕은 Cup의 뒤쪽에 놓고, Cream은 설탕 왼편에 놓아 드린다.

❀ Milk Tea

① Tea Bag은 Butter Bowl에 담아 Cup의 오른쪽 상단에 놓고 Fresh Milk는 Liqueur Glass에 담아 Butter Bowl의 오른쪽에 놓는다.

❀ 인삼차

① Pack을 뜯어 내용물을 Cup에 담고 Cup의 손잡이를 오른쪽으로 하여 Saucer에 받쳐 뜨거운 물을 Cup의 7~8부까지 따른다.

② 꿀의 취식 여부를 반드시 여쭈어 서비스한다.

③ 인삼차 고유의 맛을 즐기는 고객들이 많기 때문에 승무원 임의대로 꿀을 서비스하지 않도록 주의한다.

❀ Lemon Tea

① Lemon은 Tongs로 집어 Butter Bowl에 담아 Cup 오른쪽 상단에 놓는다.

② Tea Bag은 Butter Bowl에 담아 Cup 오른쪽 상단에 놓는다. (Black Tea만 서비스할 경우)

❀ 녹차

① Tea Bag은 Pack째 Butter Bowl에 담아 오른쪽 상단에 놓는다.

❀ Instant Coffee

① Pack을 뜯어 내용물을 Cup에 담고 Cup의 손잡이를 오른쪽으로 하여 Saucer에 받쳐 뜨거운 물을 Cup의 7~8부까지 따르고 Tea Spoon을 Cup의 앞쪽에 얹어 서비스한다.

15) Final Collecting

① Serving Cart 상단에 Glass 회수용 빈 Glassware Rack과 Chinaware 회수용 투명 Drawer(Large Tray)를 준비한다.

② Cart 맨 하단에 회수용 Extra Large Tray를 준비한다.

③ Glass류는 Glass Rack에, 나머지 Item들은 Large Tray(혹은 Drawer)에 정리한다.

④ 회수한 Linen은 Cart 중단에 놓는다.

⑤ Cart 위에 준비한 Drawer(Large Tray)가 가득 찼을 경우, Galley 안으로 가지고 들어가 정리하고, Cart 하단에 준비한 Extra Large Tray 혹은 Drawer를 상단에 올려 회수한다.

9.3 First Class 기내식 서비스

통상적으로 정해진 시간에 제공되는 일반석 기내식 서비스와 달리 상위클래스에서는 고객의 편의를 도모하여 고객이 원하는 취식 시간대와 개인 취향, 신체 리듬에 따라 원하는 식사 시간대에 개별적으로 식사를 서비스한다. 이러한 서비스를 통해 고객께서 원하시는 시점에 언제든지 식사할 수 있도록 준비하고 있으며 항공여행 중 수시로 즐길 수 있는 다양한 메뉴의 식사와 간식이 준비되어 있다.

새롭고 다양한 기내식 서비스를 제공하고자 국내 유수의 레스토랑 및 전문가와 제휴하여 최상급 품질의 조리 장인의 맛을 즐기실 수 있도록 준비하는가 하면, 국내 항공사에서는 궁중한식의 정통성을 유지하고 있는 '궁중음식연구원'과 함께 개발한 한식을 서울 장거리 출발편에서 제공하거나, 동치미국수, 영양밥 등 한국 고유의 건강식을 제공해 고객의 입맛과 건강, 소화의 편의성을 높이는 것은 물론, 외국인들에게 한식의 깊은 매력을 선사하기도 한다.

First Class 기내식 서비스 Procedure

1ST Meal
Menu List
Menu Order Taking
Hot Towel
Table Opening & Tablecloth Spread
Pre Drink with Starter
Tableware Setting
Water
Wine
Bread
Caviar & Combo Appetizer
Soup
Salad
Main Dish/Tooth Pick
Tableware Collecting
Cheese & Fruit
Dessert
Espresso 안내지
Hot Beverage & Liqueur
2nd Hot Towel
Final Collecting

2nd Meal
Hot Towel
Beverage & Menu Order Taking
Table Opening & Tablecloth Spread
Beverage Service
Tableware Setting
Water
Hot Beverage
Bread
Yoghurt & Cereal
Main Dish
Fruit
Toothpick
Tableware Collecting
Hot Beverage Refill
2nd Hot Towel
Final Collecting

〈그림 9-9〉 First Class 기내식 서비스 순서(장거리 기준)

1) 고객 탑승 전 Galley 준비사항

기내에서 승무원은 고객이 탑승하기 전에 Galley 장비와 서비스되는 식음료, 기물 등을 확인하여야 한다. Meal Check 및 서비스 물품 확인이 지상에서 제대로 이루어지지 않을 경우, 이륙 후 고객에게 원활한 서비스를 할 수 없으며 탑재 요청도 불가능하기 때문이다.

① Galley 장비 Check & Power On

② Coffee Power On 전 Air Bleeding(Coffee Brew 기기 내의 가스를 제거해 주는 것)

③ 기내식 Check

- 지상업무 중 가장 우선시되는 것이 Meal Check이다.
- 일등석은 비즈니스 Class와 달리 Basic Tray가 없다.
- 고객 한 명의 기내식이 Meal Cart 내에 Course별로 탑재되므로 Menu 세부사항을 반드시 숙지하고 있어야 한다.
- Catering 담당자 기내식 수량 상호 확인 후 수량을 사무장에게 보고하고 해당 내용을 승무원들과 공유한다.

④ Liquor Cart 확인 & Chilling

- Liquor Cart 내에 탑재되어야 할 물품이 모두 탑재되어 있는지 확인 후, Chilling해야 할 물품 및 필요한 물품을 꺼내놓는다.
- Chilling Item : White Wine, Champagne, Beer, Orange Juice, 물, Soft Drink, 각종 주

Champagne 서비스 준비

Champagne은 서비스 적정온도가 White Wine보다 낮은 4~6도인 데 반해 병이 두꺼워 Chilling하는 데 시간이 오래 걸린다.

그러나 Ice Bucket에 Ice와 Water를 함께 넣어 Chilling하면 단시간에 차갑게 할 수 있다.

Ice Bucket에 얼음과 물을 6 : 4의 비율로 Chilling할 경우, 1도씩 내려가는데 약 1분이 소요된다. 따라서 이 비율로 Chilling할 경우 15도 내리는 데 15분이 소요되는 셈이다. 예를 들어 실온이 20도일 경우 이와 같은 방법으로 Chilling하여 15분이 경과하면 Champagne의 온도가 5도가 된다.

스류, 오미자 배화채, Perrier, Tio Pepe, Vodka, Sparkling이 함유된 Mixer류 등
- 고객의 탑승 직후, 시원하게 Chilling된 Welcome Drink가 서비스될 수 있도록 지상에서 충분히 Chilling해야 한다.

특히 샴페인 및 와인, 맥주는 반드시 얼음으로 시원하게 Chilling하여 최상의 상태로 서비스할 수 있도록 해야 한다.

⑤ Glassware Check
- 파손유무 확인과 함께 Wine, Tumbler, Champagne, Liqueur Glass 수량을 확인한다.

⑥ Chinaware Check
- Chinaware Cart는 총 2 Cart가 탑재되며 종류, 수량, 상태를 확인한다.

⑦ 그 외 서비스물품 확인
- 기물의 종류, 수량, Serving Tray가 개수대로 탑재되었는지 확인한다.
- Cart Mat, Tablecloth, Tray Mat, Linen, Napkin, Tea Tray Mat 등을 확인한다.
- 고추장, 라면 및 나무젓가락, Water Spray 등 서비스하는 용품의 수량을 확인한다.

⑧ Galley 정돈 및 Galley 내 탑재된 물품을 정리 및 보관한다.

2) 기물 준비(Chinaware Warming)

이륙 후, Chinaware를 Warming한다. Bowl Medium, Bowl Small, 9″Plate, 7″Plate, 6″Plate, Soup Spoon, Korean Soup Spoon, 한식 밥그릇, 밥뚜껑, 국그릇, Snack Plate, Coffee Cup, Espresso Cup 등 기내식에 사용되는 Chinaware를 Warming함으로써 보다 만족스런 서비스를 제공하도록 준비한다.

3) Menu List

① 서비스 전 해당 편수의 Menu List가 맞는지, Menu Cycle 변경시기에는 해당 Cycle의 Menu List가 탑재되는지 확인한다.

② 서비스 전 수량과 청결상태를 확인한다.

〈그림 9-10〉 Menu List를 설명하고 있는 승무원
출처 : www.aeroflot.ru

③ Menu List는 고객의 해당 언어 면을 펴서 드리며, 식사에 대해 간단히 소개한다.

④ Wine과 Cocktail은 Beverage List를 참고하도록 안내한다.

⑤ 한정식 안내지가 있을 경우 한정식 주문 고객의 해당국가 언어 면에 첨부한다.

4) Menu 주문

① Serving Tray Medium에 Order Chart를 준비해서 Pre Drink 및 Menu Order Taking을 실시한다.

② Pre Drink로 Wine과 Cocktail을 원하실 경우, 좌석 앞에 꽂혀 있는 Beverage List를 참고하여 보실 수 있도록 안내하며 내용을 간략히 소개하고 주문을 받는다.

③ Menu Order Taking 시에는 전체 일등석 식사의 코스를 간략히 소개하도록 하고, Beef Steak인 경우 익힘 정도(Rare, Medium Rare, Medium, Medium Well, Well-Done)를 주문받는다. 한식 비빔밥의 경우, 쌀밥과 보리밥, 고추장과 양념간장을 선택하실 수 있도록 안내하고 주문받는다.

5) Hot Towel

① Serving Tray Medium에 종이 Mat를 제거하고 Heating한 Towel을 담아 Spray하여 서비스한다.

② Spray를 뿌릴 때는 Galley에 있는 음식물로부터 거리를 두어 Spray하며, 제공 전에 Towel의 온도, 습기를 확인해야 한다.

6) Table Opening & Tablecloth Spread

① Tablecloth는 청결상태, 다림질 상태를 확인하여 고객 수만큼 준비한다.
곧 식사가 제공됨을 알리고 고객 Table을 Open함.

② 3절로 접혀 있는 Tablecloth를 왼팔에 걸치고 나가 고객 Table 중앙에 놓아 드린 후, 정성스럽게 Tablecloth를 펴 드린다.

7) Pre Drink with Starter

서비스 준비

① White Wine은 Label이 벗겨지지 않도록 랩으로

〈그림 9-11〉 Starter의 예 : 바질 페스토 소스를 곁들인 알래스카산 왕게다리

잘 감싸고 눕혀서 Chilling해야 하며, 주스나 맥주 류 등 Chilling한 모든 음료는 제공 전, 직접 만져보아 Chilling상태를 확인한 후 제공해야 한다.

② Starter는 Fish Plate에 1인분씩 Dish-Up되어 탑재되며, Dips를 Butter Bowl에 부어 준비한다.

③ Serving Tray Large에, 고객 주문에 따라, Pre Drink, Starter, 냅킨, Coaster를 준비한다.

④ 일등석 Starter 서비스용 대나무 Fork를 Starter에 꽂아서 Pre-drink와 함께 제공한다.

서비스 방법

① 고객 테이블 오른쪽에 Pre-Drink를 먼저 서비스하고, Starter는 테이블의 중앙에 서비스한다.

② Starter의 내용과 드시는 방법 등을 안내한다.

8) Tableware Setting

준비방법/상단

① Serving Tray Large에 6″Plate(Bread용), Butter Bowl, Olive Oil, Olive Oil Bowl, Condiment Set, Tumbler Glass, Wine Glass를 Setting하여 상단 양쪽에 준비한다.

② Cart 중앙에 Extra Cutlery Tray, Linen Napkin을 Setting한다.

중단

① Chilling된 Water Bottle, White Wine, Red Wine 및 Wine Linen을 Holder에 Setting한다.

Setting 방법

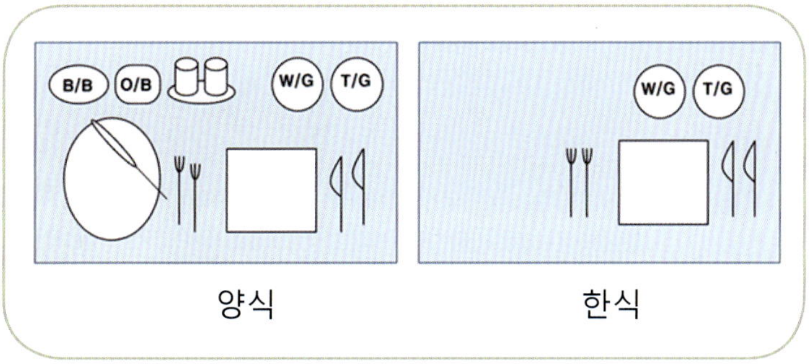

〈그림 9-12〉 Tableware Setting

① Tableware Setting 순서의 원칙은 고객 Table 상단의 안쪽부터 바깥쪽으로 Setting, 고객 Table 하단의 안쪽부터 바깥쪽으로 Setting한다.
② 양식을 주문하신 고객에게 Olive Oil/Butter를 모두 드린다.
③ Tableware를 취급할 때는 고객의 손이나 입이 닿지 않는 부분을 손으로 잡아야 하며 한 손으로 여러 개의 Cutlery를 한꺼번에 잡지 않도록 해야 한다.
④ Tableware 취급 시 간단한 대화를 할 수 있어야 한다.

9) Water

Cart 중단에 있는 Chilling한 물을 Tumbler Glass에 7~8부까지 따른다.

10) Wine

① Wine Chilling은 Label이 젖지 않도록 Wrap을 감고, 눕혀서 골고루 차가워지도록 Chilling하도록 한다.
② 선택하신 와인을 시음하고, 드실 수 있도록 따라 드린다.
③ 와인은 1/2만 따르고, Refill 서비스를 한다.

11) Bread

① "Do Not Re-Heat"이라고 명기된 빵을 제외한 모든 빵은 별도로 정해진 Heating 기준에 의해 Heating한다.
② 탑재 시 빵이 들어 있는 비닐 백에 빵 이름이 쓰여 있으므로 빵 이름을 숙지하고 서비스해야 한다.
③ 향이 강한 빵은 Linen으로 따로 감싸 다른 빵에 향이 배지 않도록 한다.
④ 첫 번째 서비스 후 Refill 전까지 모양과 Warming상태가 유지되도록 종류별로 빵을 나누어 오븐에 가지런히 놓아 따뜻하게 보관한다.

〈그림 9-13〉 Appetizer로 제공된 Caviar

12) Appetizer

① Appetizer로 Caviar가 서비스될 경우 Caviar Jar의 아랫부분(유리병)을 통해 Caviar의 색이 변질되었는지 반드시 확인

한다.

② Caviar는 지상 준비 시부터 차갑게 보관해야 한다.

③ Caviar는 얼면 서비스할 수 없으므로 Dry Ice로 인해 얼지 않도록 주의해야 한다.

④ Caviar 서비스 전, 샴페인과 Vodka를 차갑게 Chilling한다.

⑤ Plate에 Caviar Stand & 전용 Spoon을 준비한다.

⑥ 탑재된 Crushed Ice를 Caviar Stand Bowl 안에 적당량 넣어 준비한다.

⑦ Caviar를 취식하지 않는 고객에게는 다른 Appetizer를 서비스한다.

⑧ Caviar Service 직후 Caviar와 잘 어울리는 샴페인과 보드카를 드실지 여쭈어본다.

13) Soup

① Soup 서비스 전 양식을 드시는 고객에게 Service Plate(위치접시)를 먼저 서비스한다.

② Soup는 Plastic Bottle에 탑재되며 Hot Cup에 부어 끓인다.

③ Soup가 끓는 동안 Hot Cup이 눌어붙지 않게 저어줘야 한다.

④ Cold Soup가 제공될 때는 서비스 준비 시 얼음으로 Chilling해야 한다.

⑤ Warming된 Bowl에 2~3 Ladle을 담고(Plate의 1/2 정도가 가장 적당), Soup Garnish 등을 얹어 준비한다.

⑥ Soup Spoon과 Korean Soup Spoon은 Warming하여 서비스한다.

⑦ Soup 서비스 시 가장 중요한 사항은 뜨겁게 서비스해야 한다는 점이다.

14) Salad

① Salad는 야채의 신선도 유지를 위해 서비스 직전 Chiller Comp't Cart에서 꺼내서 준비한다.

② Meal 탑재 확인 시, Salad가 보관된 Dry Ice를 즉시 제거하여 동결현상을 방지하고 Chiller Cart 내부에 보관하여 신선도를 유지한다.

③ Gravy Boat에 종류별로 Dressing을 담으며, 너무 많은 양을 담지 않는다.

④ Salad Cart에는 Wine을 Setting하지 않는다. (Wine은 고객이 원하는 경우에만 서비스함)

⑤ Bowl에 야채를 색상이 조화롭게 담고 주문받은 Dressing을 야채 위에 끼얹는다.

⑥ Garnish는 종류별로 주문받아 보기 좋게 Topping한다.

⑦ 야채의 가장자리가 마르거나 갈변하여 신선해 보이지 않는 것은 Galley에서 위생장갑

을 착용하고 가장자리를 일부 잘라내거나 제거한다.

⑧ Salad Tongs로 집을 때에는 손상이 없도록 주의하고 신선한 것 위주로 담는다.

15) Main Dish

❀ 양식

① Warming한 9"Plate에 Dish-up Information을 확인하며 Dish-Up한다.

② 제공하는 Cycle별로 Meal 내용 및 Dish-Up방법이 다르므로, 해당 information을 잘 참고하여 Dish-Up해야 한다.

❀ 비빔밥

① Serving Tray Large에 1인분씩 준비한다.

② 서비스 전 Glassware만 남기고 모두 정리한 후 수저받침과 한식 수저를 준비하여 고객 Table의 오른쪽에 놓는다.

③ 나물이 담긴 비빔밥 용기는 Tin Foil을 덮어 Low로 7분간 Heating하여 서비스한다.

④ 먼저 비빔밥용 밥, 국, 나물, 반찬류를 Tray에 준비하여 들고 나가 고객 Table 하단/안쪽부터 놓아 드린다.

⑤ 나물이 담겨 있는 용기는 뜨거울 수 있으니 취급 시 조심할 수 있도록 안내한다.

⑥ 밥그릇의 뚜껑은 고객에게 의향을 물어 열어 드리거나 고객이 직접 연 후에 회수한다.

⑦ 빈 밥그릇, 고추장 용기, 참기름을 치워 드리고 Tray에 준비된 비빔밥용 주요리와 김을 Tray 중단 빈자리에 놓아 드린다.

⑧ 고객의 밥그릇에 밥이 남아 있을 경우 반드시 밥그릇을 치워 드려도 되는지를 확인한 후 회수한다.

⑨ 고객이 밥을 지속적으로 드시길 원하는 경우, 밥그릇은 치우지 않고 주요리를 고추장, 참기름을 치운 빈자리에 놓아 드린다.

⑩ 기타 다른 종류의 한식은 공지사항을 확인하여 이를 토대로 서비스한다.

⑪ 주요리 제공 시 옆 좌석에 착석하신 고객과 시차가 나지 않도록 해야 한다.

⑫ Steak 서비스 후에는 익힘상태가 고객의 입맛에 맞는지 재차 확인하고, 기타 모든 종류의 식사도 고객의 입맛에 맞게 제공되었는지 확인한다.

⑬ 고객의 요청이 있을 시 Galley에서 다시 준비하여 제공한다.

⑭ Main Dish 제공 시 Galley Duty 승무원은 Ice Cream상태를 반드시 확인해야 하며

2nd Hot Towel을 Heating해야 한다. 또한 Hot Beverage & Liquor 서비스를 위한 우유를 Warming한다.

⑮ Aisle에서는 Water, Wine, 빵을 Refill하며, 고객의 취식 만족도 여부를 확인한다.

16) Toothpick

① Serving Tray에 Toothpick과 Cocktail Napkin을 준비하여 들고 나가 원하시는 고객에게 서비스한다.

② '이쑤시개'라는 직접적인 단어는 사용하지 않도록 주의한다.

17) Tableware Collecting

① 고객의 취식상황을 고려하여 양식 취식 고객의 Condiment Set 및 한식 취식 고객의 한식기, 한식 수저 & 받침대 등을 회수한다.

② Tumbler Glass 및 Wine Glass 사용 여부도 여쭤보고 회수한다.

③ 단순히 다 드신 식사를 회수한다는 개념보다 더 필요하신 것은 없는지, 식사는 맛있게 드셨는지를 항상 관심을 갖고 지켜보아야 한다.

18) Cheese & Fruit

① Cheese는 Cheese Board에 올리고 Knife를 치즈 종류의 2배 개수에 맞추어 준비한다.

② Cracker는 비닐을 벗겨 Lemon Tongs와 함께 치즈가 탑재된 Serving Tray Large에 담아 준비한다.

③ Port Wine과 Liqueur Glass, 7″Plate, Cocktail Napkin을 준비한다.

④ 과일은 Tray에 Pre Cutting되어 탑재되므로 Tray째 Setting한다.

⑤ 미니바게트 서비스 노선에서는 따뜻한 미니 바게트를 호일을 제거하고 Food Tongs와 함께 치즈가 탑재된 Serving Tray Large에 담아 준비한다.

⑥ Cheese와 과일을 종류별로 소개한 후, 고객이 원하는 것을 각각 별도의 7″Plate에 담아 준비한다.

⑦ Pre Cutting되어 Dish up되어 탑재된 것을 Serving Cart에 Setting하여 서비스한다.

⑧ 중거리인 경우 Dessert로 과일과 함께 아이스크림을 서비스한다.

⑨ 과일과 아이스크림 중에 원하는 Dessert를 주문받고 과일을 선택한 경우 종류를 소개한 뒤 주문을 받아 서비스한다.

19) Dessert

① Ice Cream이 너무 얼거나 녹아서 취식하는데 불편하지 않도록 적정 시점에 Dry Ice를 제거한다.

② Main 서비스 준비 시 Ice Cream상태를 보고 Dry Ice를 제거하거나 소량만 남겨두어야 한다.

③ Plate에 Information을 확인하며 Dish-Up한다.

④ Dessert 종류에 따라 필요한 Cutlery를 Dessert와 함께 Serving Traye에 담아 준비한다.

⑤ Ice Cream만 드시는 경우 Bowl에 담아 준비하고 Cake만 드시는 경우 Plate에 Dish up 해서 드린다.

20) Hot Beverage & Liqueur

〈그림 9-14〉 기내에 장착된 Coffee Maker
출처 : http://www.oag-bvg.gc.ca

① Cart 상단 한쪽에는 Hot Beverage 서비스 물품, 다른 쪽에는 각각의 Liqueur를 Setting한다.

② Coffee를 Brew하기 전 Coffee Pot를 깨끗이 헹구어 낸다.

③ Coffee를 Brew하고 Coffee Cup, Coffee Server Pot를 Warming한다.

④ 차게 보관했던 액상크림은 냉기가 가시도록 서비스 전 실온에 미리 꺼내 Cream Pitcher(2~3개)에 담아 준비한다.

⑤ Milk Tea 서비스용 Fresh Milk는 Pack째 미리 중탕해 둔다.

⑥ Tea Bag류는 Combo Plate에, Sugar는 Tumbler Glass에 담아 준비한다.

⑦ Serving Tray Medium에 Warming한 Coffee Cup을 준비하고 Butter Bowl, Saucer, Tea Spoon을 적당량 준비한다.

⑧ 각종 Liqueur, Brandy, Port Wine Bottle 외부의 청결상태 및 뚜껑 부분의 상태를 확인

한다.

21) Hot Towel

① Hot Towel 서비스 준비방법 및 서비스방법과 동일하다.

② 식사를 마무리하신 후 사용하시는 Towel이므로, 상쾌함을 느끼실 수 있도록 반드시 뜨겁게 다시 Heating해야 한다.

③ 이륙 후 서비스하여 Warmer에 보관한 Towel을 재사용하지 않도록 주의한다.

22) Final Collecting

① Large Tray를 이용하여 고객 Table에 사용된 모든 서비스 물품을 회수 및 정리한다.

② Final Collecting 시에는, 주변 정리도 함께 도와드려 쾌적한 환경에서 휴식을 취하실 수 있도록 한다.

③ Final Collecting 전에 담당승무원은 반드시 화장실 청결상태 및 소모품 비품상태를 점검하여 식사 후 깨끗한 화장실을 사용하실 수 있도록 한다.

9.4 기내식 Heating

1) 기내 Galley 시설

(1) Oven

기내 Galley에 탑재되는 Oven Type은 Convection Type과 Steam Type 두 가지가 있으며 기종별로 상이하므로 승무원은 해당 편수의 기종시설 information을 숙지하고 Oven Type에 맞는 Heating Time과 유의점에 주의하여 Heating하도록 한다.

Convection Type Oven은 대류식 Oven으로써, 오븐 내부에 팬(Fan)을 설치, 열풍의 대류 이용으로 인하여 예열시간이 짧은 특징을 갖고 있다. Convection Oven은 Oven과 Control Panel이 분리되어 있다. 7개의 Pan이 들어가며 1개의 Pan에는 4개의 Entree가 들어간다.

따라서 한 Oven에 Entree가 총 28개 들어간다. Control Panel에는 On/Off 스위치, Timer, 온도 선택 버튼이 있다.

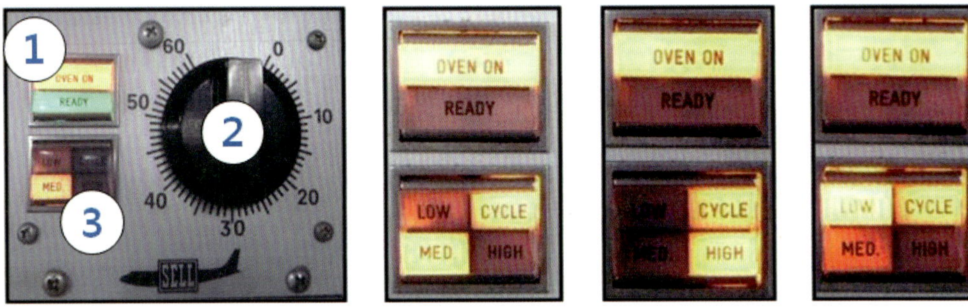

〈그림 9-15〉 Galley 내 장착된 Oven Control Panel

(2) Oven 작동방법

① Heating할 내용물을 넣고 Door를 닫은 후 Latch로 Locking한다.

② 1번 조절장치를 눌러 Oven을 On시킨다.

③ 2번 timer를 이용하여 원하는 heating시간을 맞춘다.

④ 3번 switch를 눌러 원하는 온도로 맞춘다. (Low/Med/High)

⑤ Timer가 0이 되면 파란 불이 들어오며 '삐~~' 소리가 난다.

⑥ 1번 switch를 눌러 Oven을 Off시킨다.

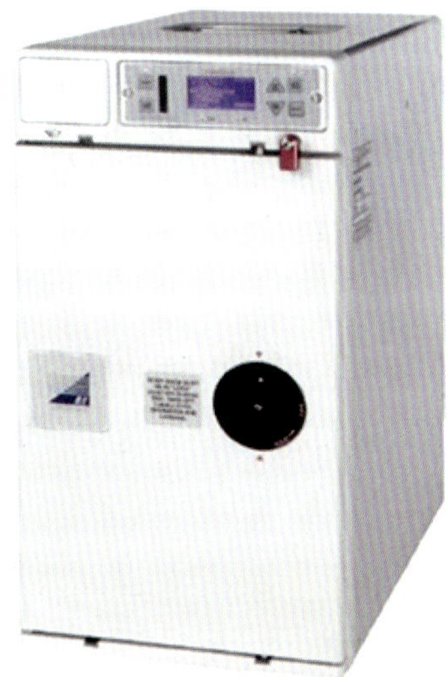

〈그림 9-16〉 Galley 내에 장착된 Steam Type Oven

한편 Steam Type Oven은 습식 Oven으로써, Convection Type Oven과 다른 점은 크게 2가지이다. Steam Type Oven은 Control Panel과 Oven 일체형이다.

또한 Steam을 이용한 방식의 Heating을 할 수 있고, 1개의 Oven에 Pan이 8개 설치되어 있어 32개의 Entree가 들어간다.

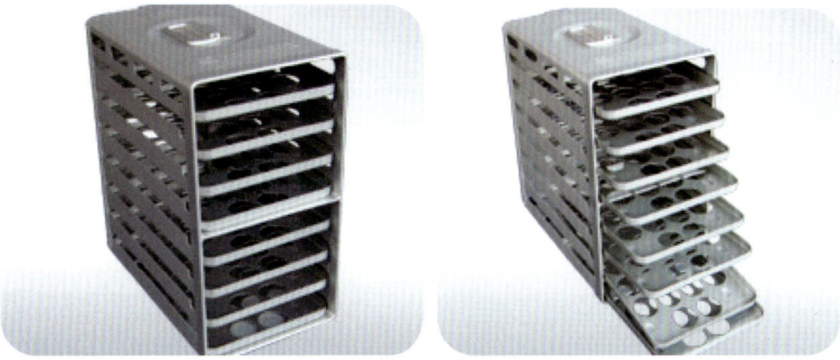

〈그림 9-17〉 Oven Rack & Pan
출처 : www.diethelmkelleraviation.com

Oven을 사용할 때는 Heating할 Item 이외의 물건은 넣지 않는다.

또한 Oven을 닫고 반드시 Locking을 하고, Oven Door를 열어 놓은 채 방치하지 않는다.

사용 시에는 Oven Door나 Rack에 화상을 입지 않도록 장갑을 끼고, 일부 Oven의 경우 가운데 Hole로 뜨거운 바람이 나오기 때문에 화상을 입지 않도록 주의한다.

개폐 시 소음에 유의하며, Timer를 반 시계방향으로 돌리면 고장의 원인이 되므로 Timer를 시간 이상으로 설정한 경우 필요시간 Heating 후 Off하며 다시 뒤로 돌리지 않도록 한다.

2) Bread Heating Time

Bread Type	Heating Time	
	Convection Oven (내류식 오븐)	Steam Oven (스팀 오븐)
크로와상	3분(Low)	6분(Dry heat)
미니 마늘바게트	8분(호일에 감싸서) + 4분(호일을 벗기고-Medium)	/
토스트빵	4분(Medium)	10분(Dry heat)
중국식 꽃빵	10분(Sprinkle water)	9분(Medium Stream)
기타		8분(Dry heat)

〈그림 9-18〉 Bread Heating Time

3) Ecomony Class(일반석) Item Heating Time

Type	Heating Time	
	Convection Oven (대류식 오븐)	Steam Oven (스팀 오븐)
Beef Stew	20min	Medium Steam 25min
Veal	20-25min	Medium Steam 25min
Fish/Seafood/Poultry	20min	Medium Steam 25min
Omelets	18min	Dry heat 15min
Pasta	18min	Medium Steam 15min
Ready-made Rice/녹차죽	Low 15min (Leave in the oven for 10min with power off)	Medium Steam 18min
Pizza, Frozen, ready made	15min	Dry heat 10min
카레덮밥/낙지덮밥, 소스	20min	
곤드레밥/버섯밥	Low 20min	
Hot Bibimbab	Low 15min	Medium Steam 20min

〈그림 9-19〉 Economy Class(일반석) Item Heating Time

4) Business Class Item Heating Time

Type	Heating Time	
	Convection Oven (대류식 오븐)	Steam Oven (스팀 오븐)
Beef Steak	25-30min	Dry heat 17min
Beef Stew	20min	Medium Steam 20min
Veal	20-25min	Medium Steam 20min
Fish/Seafood/Poultry	20min	Medium Steam 20min
Omelets	18min	Dry heat 15min
Crepe/Pasta	18min	Medium Steam 15min
Ready-made Rice	Low 15min (Leave in the oven for 10min with power off)	Medium Steam 18min
Hot Sandwich	15min	/

〈그림 9-20〉 Business Class Item Heating Time

5) Frist Class Item Heating Time

Type	예열	Foil On/Off	Heating Time	
			Convection Oven (대류식 오븐)	Steam Oven (스팀 오븐)
양식 Soup, 500ml	15min	On	/	Medium Heat 15min
Beef Tenderloin(안심)	15min	On	Beef Steak heating 참고	Dry heat 15min
Beef 불갈비	15min	On	10min	Medium steam 12min
Rib eye Steak	15min	On	15min	Dry heat 12min
Fish/Seafood/Poultry	15min	On	15min	Medium steam 18min
Pasta	15min	On	10min	Medium steam 18min
Omelets	15min	On	10min	Dry heat 15min
Crepe	15min	On	10min	Medium steam 15min
Rice	15min	On	10min	Medium steam 15min
Vegetables	15min	Off	12min	Medium steam 10min
Green Vegetables (예 : 아스파라거스)	15min	Off	10min	Medium steam 8min
Cherry tomato	15min	Off	10min	Medium steam 10min
Roasted Cheery tomato	15min	Off	6min	Medium steam 10min
Mash Potato(80g)	15min	On	10min	Medium steam 10min
Boiled Chateaux potato	15min	On	15min	Medium steam 10min
Roasted potato, Foil off	15min	Off	15min	Dry heat 15min
Mixed Grill	15min	On	15min	Dry heat 15min
Entrée Sauce	15min	On	10min	Medium steam 10min
Ready Made Rice	15min	On	Low 15min	Medium steam 18min
Hot Sandwich	15min	On	15min	/

〈그림 9-21〉 First Class Item Heating Time

9.5 클래스별 서비스 점검사항

1) 일반석 기내식 서비스 점검사항 체크 리스트

기내식 서비스를 하는 객실 승무원은 서비스 항목별로 Check Point를 염두에 두며 자연스럽게 서비스되도록 한다.

(1) 기내식 서비스

① 기내식 Cart 이동 시 고정하는가?

② 기내식 주문동작은 정중한가?

③ 공손하고 정중한 자세와 대화체를 사용하는가?

④ 기내식 Tray를 잡고 놓는 동작은 매뉴얼에 의거 정확한가?

⑤ 한식에 맞춘 국 서비스를 하는가?

⑥ 와인 주문은 Procedure에 맞추어 서비스하는가?

⑦ 회수동작은 정중한가?

⑧ 밝은 표정 유지 및 Eye Contact을 유지하는가?

(2) Hot Beverage 서비스

① Coffee Maker 내 Pot 장·탈착 시 소음에 주의하는가?

② Pot의 위치는 안정적인가?

③ Pot의 청결성을 유지하는가?

④ Tray 잡는 동작 및 서비스에 유의하는가?

⑤ 공손하고 정중한 자세와 대화체를 사용하는가?

⑥ 밝은 표정 유지 및 Eye Contact을 유지하는가?

2) Business Class 서비스 점검사항

승무원은 Procedure별로 해당 Check Point를 사전 확인하고 제공 후에는 고객의 만족도를 항상 점검해야 한다.

취식 메뉴에 대한 고객의 불만족이 파악되면 최대한 수정 제공하여 고객의 만족도를 높이도록 한다.

모든 서비스는 임의로 판단하여 생략되는 일이 없도록 하고 고객의 별도 요청이 있는 경우에는 고객의 요청에 따른다.

① Menu List

- 고객의 국적에 맞는 해당 언어 면을 펼쳐서 제공하는가?
- 한식 주문 고객께 한식 안내지를 제공하는가?

② Order Taking

- 앞쪽 고객부터 눈높이 자세로 Order Taking을 하는가?
- 식사 서비스 개시 안내를 하는가?(미취식 또는 차후 취식 여부 확인)
- Wine, Champagne, Cocktail 등 식전주를 적극적으로 안내하는가?
- 전체 코스에 대한 내용을 간략히 소개하는가?
- 고객이 주요리를 결정하지 못한 경우 내용물, 요리법, 소스 등을 보다 상세히 안내하는가?
- 간단한 식사 요청 시 한 상 차림으로 취식하실지 코스대로 취식하실지 의향을 확인하는가?
- Order Taking에 누락된 고객 확인 후 의향을 타진하는가?

③ Hot Towel

- 청결상태 및 습도, 온도를 확인하는가?

④ Tablecloth Spread

- 청결상태, 얼굴 및 다림질 상태를 확인하는가?
- 식사 준비를 알리고 Table을 연 후 Tablecloth가 펄럭이지 않게 펼치는가?

⑤ Pre-Drink with Starter

- Starter는 Table의 중앙에 Pre-Drink는 Table의 오른쪽에 세팅하는가?
- 주문한 음료를 구두로 확인하며 제공하는가?

⑥ Basic Tray & Bread

- 제공 전 Tray의 청결상태 및 Cutlery의 유무를 확인하는가?
- Appetizer에 Cover가 있는 경우 서비스 직전에 제거하여 서비스하는가?
- Bread 명칭을 숙지하여 정확히 소개하는가?

- Bread를 집을 때에는 Tongs 끝을 이용하여 아래, 위로 잡는가?

⑦ Yoghurt & Hot Beverage

- Breakfast 서비스 시 반드시 Hot Beverage를 주문 접수 및 제공하는가?
- Yoghurt는 양식 취식 고객 위주로 제공하며 한식 취식 고객이 원할 경우에 제공하는가?

⑧ Wine

- Wine 서비스 시 Tasting을 실시하는가?
- Wine은 Dessert Course까지 Refill하는가?

⑨ Soup

- Soup 종류를 소개하며 양식 취식 고객에게 제공하는가?
- Soup 제공 시 Water를 Refill하는가?

⑩ Main Dish

- 서비스 직전에 온도를 재확인하는가?
- Order Chart를 통해 Main Dish 종류를 확인한 뒤 서비스하는가?
- Casserole 청결상태를 재확인하는가?
- Bread, Water, Wine의 Refill을 병행하는가?

⑪ Basic Tray Collecting

- Water, Wine을 계속 드실지 의향을 확인 후 Glass 등을 회수하는가?

⑫ Cheese

- Cheese는 각각 다른 knife를 사용하여 Cutting하여 제공하는가?
- Cheese와 서비스 후 Port Wine을 권유하여 서비스하는가?

⑬ Dessert

- Ice cream인 경우 제공 전 해동상태와 청결상태를 재확인하는가?

⑭ Hot Beverage & Liqueur

- Cart에 Setting하는 Pot의 청결상태를 점검하는가?

⑮ Final Collecting

- 고객이 취식을 마칠 무렵 식사 만족도 및 추가 필요사항을 확인하는가?

3) First Class 서비스 점검사항

승무원은 First Class에서 서비스를 진행하면서 아래 사항을 수시로 체크하면서 기내식 서비스 만족도를 높이기 위해 노력해야 한다.

① Menu List

- 고객의 국적에 맞는 해당 언어 면을 펼쳐서 제공하는가?
- 한식 주문 고객께 한식 안내지를 제공하는가?

② Order Taking

- 앞쪽 고객부터 눈높이 자세로 Order Taking을 하는가?
- 식사 서비스 개시 안내를 하는가?(미취식 또는 차후 취식 여부 확인)
- Wine, Champagne, Cocktail 등 식전주를 적극적으로 안내하는가?
- 전체 코스에 대한 내용을 간략히 소개하는가?
- 고객이 주요리를 결정하지 못한 경우 내용물, 요리법, 소스 등을 보다 상세히 안내하는가?
- 간단한 식사 요청 시 한 상 차림으로 취식하실지 코스대로 취식하실지 의향을 확인하는가?
- Order Taking에 누락된 고객 확인 후 의향을 타진하는가?

③ Hot Towel

- 청결상태 및 습도, 온도를 확인하는가?

④ Tablecloth Spread

- 청결상태, 얼굴 및 다림질 상태를 확인하는가?
- 식사 준비를 알리고 Table을 연 후 Tablecloth가 펄럭이지 않게 펼치는가?

⑤ Pre-Drink with Starter

- Starter는 Table의 중앙에 Pre-Drink는 Table의 오른쪽에 세팅하는가?

- 주문한 음료를 구두로 확인하며 제공하는가?

⑥ Tableware Setting

- Item은 하나씩 옮기되 모든 Item을 빠짐없이 세팅하는가?

⑦ Water

- 생수병을 잡지 않은 손목에는 Linen을 걸고 잔에는 7~8부로 물을 채우는가?

⑧ Wine

- Bottle을 잡지 않은 손목에 Linen을 거는가?
- 제공한 Wine을 기록하여 Refill 시에 혼동을 방지하는가?

⑨ Bread

- Bread 명칭을 숙지하여 정확히 소개하는가?
- Bread를 집을 때에는 Tongs 끝을 이용하여 아래, 위로 잡는가?

⑩ Yoghurt & Cereal

- Breakfast 서비스 시 반드시 Hot Beverage를 주문 접수 및 제공하는가?
- Yoghurt & Cereal은 양, 한식 취식 구분 없이 제공하는가?
- Cereal은 제공 직전 우유를 부어 Crispy한 상태로 제공하는가?

⑪ Appetizer

- Caviar 제공 시 Item을 하나씩 옮겨 세팅하고 Champagne과 Vodka를 권유하는가?
- 기타 Appetizer 제공 시 내용물을 소개하며 제공하는가?

⑫ Soup

- 서비스 Plate를 먼저 제공하는가?
- Soup 종류를 소개하며 제공하는가?
- Water Refill을 병행하는가?

⑬ Salad

- Dressing을 소개-Garnish 소개- Dish up 후 제공하는가?

⑭ Main Dish

- 서비스 직전에 온도를 재확인하는가?
- Item은 하나씩 세팅하되 여러 번 자리를 옮기지 않도록 위치 선정에 주의하는가?
- Main Dish 종류를 확인하며 제공하는가?
- Water 및 Wine Refill을 병행하는가?

⑮ Tableware Collecting

- Water, Wine을 계속 드실지 의향을 확인하여 Glass를 회수하는가?

⑯ Cheese & Fruit

- Cheese-Wine-Fruit 순으로 권유 및 서비스하는가?
- Cheese와 Fruit은 별도의 접시와 Cutlery로 제공하는가?

⑰ Dessert

- Ice cream 제공 전 해동상태와 청결상태를 재확인하는가?

⑱ Hot Beverage & Liqueur

- 먼저 커피 안내지를 제공하며 종류를 안내하는가?
- Hot Beverage-Liqueur-Brandy-Port wine 순으로 소개하고 Order Taking하는가?

⑲ Final Collecting

- 고객이 취식을 마칠 무렵 식사 만족도 및 추가 필요사항을 확인하는가?

Chapter 10

각 노선별 기내식 제공 시 유의점

학습목표

1. 아시아 노선 고객 특성에 맞는 기내식 서비스 및 유의점을 이해한다.
2. 중동 노선의 고객 특성에 맞는 기내식 서비스 및 유의점을 이해한다.
3. 북미 노선의 고객 특성에 맞는 기내식 서비스 및 유의점을 이해한다.
4. 유럽 노선의 고객 특성에 맞는 기내식 서비스 및 유의점을 이해한다.
5. 남미 노선의 고객 특성에 맞는 기내식 서비스 및 유의점을 이해한다.
6. 오세아니아 노선의 고객 특성에 맞는 기내식 서비스 및 유의점을 이해한다.

10.1 아시아 노선 기내식 제공 시 유의점

1) 일본

(1) 고객의 특성

① 대부분 일본어만으로 의사소통을 원하는 편이며 중·장년층의 경우 서양인과도 일본어로 의사소통을 하는 경향이 있다.

② 연령대와 무관하게 영어를 구사하는 일본인 고객이 점차 늘어나는 추세이며 고객이 영어로 말을 건넬 경우 일본어 대신 영어로 대답하는 편을 선호한다.

③ 매우 조용하고 정중한 태도로 서비스를 요청하며 몸에 밴 세련된 매너로 감사함을 표현한다.

④ 서비스 요청 시 담당 승무원이 해결해 줄 때까지 조용히 기다린다.

(2) 식음료 서비스 시 유의점

① 젊은 층의 경우 다양한 음료를 선호하는 추세이다. 장년층의 경우 과거에는 Whisky 등의 Hard Liqueur류를 선호했으나 최근에는 Wine이나 맥주 등 Soft Liqueur류를 선호한다.

② 식사 전 맥주에 대한 선호도가 높고 반드시 차게 서비스한다.

③ 식사 중 맥주를 즐기나 장거리의 경우 Wine의 선호도 또한 높아지는 추세이다.

④ 식사 후 차와 커피를 모두 좋아하며 커피는 블랙을 선호한다.
(상위클래스 고객의 경우 아이스크림 및 Cake와 어울리는 향을 가진 베일리스를 많이 찾는다)

⑤ 일본식, 서양식 등을 가리지 않는 편이나 특히 해산물요리를 선호한다.

⑥ 한식으로는 비빔밥이 꾸준히 인기 있으며, 최근 한식에 대한 관심이 더욱 높아지는 추세에 따라 양식 취식 시에도 고추장을 주문하는 경우가 많다.

⑦ 식후에는 Cake, 초콜릿, 아이스크림 등 단맛의 디저트를 선호한다.

⑧ Meal 서비스 시 취식 속도가 느린 편이므로 코스별 식사 서비스 시에는 여유를 가지고 진행한다.

⑨ Meal Skip이 생기지 않도록 주의하며, 주문받은 사항은 Memo pad를 적극 활용하여 주문받은 담당 승무원이 해결하도록 한다.

⑩ 단거리 구간의 짧은 비행시간으로 인하여 Meal Tray를 빨리 회수해야 하는 경우에는 승객이 후식, 차, 커피를 즐길 여유를 가질 수 있도록 사전 안내 및 양해를 구하고 미리 준비한 냅킨을 깔아 드린다.

2) 중국

(1) 고객의 특성

① 대부분 중국어로만 의사소통이 가능하다. 개인별 영어 구사 능력에 차이가 많으나 점차 영어로 의사소통을 원하는 승객이 증가하는 추세이다.

② 언어적인 의사소통이 어렵다고 느끼면 적극적으로 보디랭귀지를 이용해 의견을 전달하려고 노력한다.

③ 간단한 중국 인사말을 건네거나 경청하려는 자세만으로 분위기가 부드럽게 전환되는 우호적인 성향이다.

(2) 식음료 서비스 시 유의점

① 기내 모든 서비스 Item에 대한 관심과 욕구가 크며 양적인 면으로 풍부한 서비스에 흡족해 하는 경향이 있다.

② 대부분의 중국 승객은 식사 종류 및 코스에 따라 어울리는 음료를 고르기보다는 본인이 처음에 선택한 음료 한 가지만을 반복 주문하는 경향이 있다.

③ 식사 전에 얼음을 넣지 않는 차가운 Coke를 선호한다.

④ 식사 중에는 Wine보다 중국 맥주나 한국 맥주를 선호한다.

⑤ 식사 후에는 Hot Beverage를 선호하며 이 중 차의 선호도가 가장 높다.

⑥ 커피를 주문할 경우 설탕과 크림의 소비량이 높다.

⑦ 뜨거운 물만 요청하는 승객도 많다.

⑧ 식사 시 취식 속도가 매우 빠르다.

⑨ 대부분 치킨요리를 선호하므로 치킨요리 서비스가 불가한 경우에는 안내와 함께 한식을 제공한다. 한식에 대한 반응도 매우 좋은 편이다.

⑩ 평소 기름진 식사로 인해 차 종류를 선호하며 개인적으로 소지하고 탑승하는 경우가 많다.

⑪ 음료에 얼음 넣는 것을 싫어하는 경향이 있으므로 모든 음료를 충분히 Chilling 준비하여 제공한다.

⑫ Meal Choice 시 의사소통이 어려운 고객들이 있으므로 직접 샘플을 보여드리거나 식사 안내서를 적극 활용해서 주문을 받는다.

3) 태국

(1) 고객의 특성

① 상위클래스 태국 승객의 경우 영어로 의사소통이 가능하나 태국식 영어 발음 경향이 있으므로 경청하여 주의 깊게 듣도록 한다.

② 승무원과의 대화 내용을 이해하지 못할 경우 단순한 제스처나 표정으로 의사표현을 한다.

③ 간단한 한국어 '감사합니다', '안녕하세요'라는 말을 자주 사용하므로 이에 대해 반갑게 응대하도록 한다.

(2) 식음료 서비스 시 유의점

① 식사 전에 차가운 탄산음료를 선호한다.

② 식사 중에는 Wine을 거의 마시지 않으며 맥주를 선호한다.

③ 식사 후에 차나 커피에 설탕을 듬뿍 넣어 마시는 경향이 있다.

④ 닭고기 선호도가 두드러지게 높으며 소고기를 기피한다.

⑤ 천천히 식사하는 경향이 있으므로 서둘러 회수하지 않으며 차를 Refill해 주길 요청하는 경우가 많다.

4) 싱가포르

(1) 고객의 특성

① 영어가 능통해 의사표현이 자유롭다.

② 중국어는 능숙하지 않으나 대체적으로 내용은 이해하는 수준이다.

③ 승객 대부분이 우호적이고 친절하며 승무원에 대해 관심이 많다.

(2) 식음료 서비스 시 유의점

① 식사 전에 탄산음료를 좋아하며 주스는 토마토 주스를 선호한다.

② 식사 중에 Wine은 대체적으로 가볍게 한 잔 정도 마시는 편이다.

③ 식사 후에 차의 선호도가 높은 편이나 설탕을 많이 넣은 단 커피를 즐기는 승객도 많다.

④ 식사는 양식메뉴를 선호하며 그중 대체적으로 닭고기 메뉴 선호도가 높다.

⑤ Meal Choice 불가 시 정중히 사과하고 빵이나 다른 대체 아이템을 찾아 충분히 서비스하도록 한다.

⑥ 개별 Order가 많으므로 Memo Pad를 적극 활용하여 서비스 Skip이 발생하지 않도록 주의한다.

⑦ 음료는 충분량을 서비스하며 특히 Hot Beverage는 수시 Refill서비스를 실시한다.

5) 필리핀

(1) 고객의 특성

① 대부분 공식 언어인 필리핀어보다 비공식 언어인 영어에 능통하므로 원활한 의사소통

이 가능하다.

② 연령대가 높은 고객의 경우 영어사용이 어려워 언어소통에 문제가 있을 수 있으며 몸짓이나 표정으로 적극적으로 의사표현을 한다.

(2) 식음료 서비스 시 유의점

① 대부분의 승객이 물과 기타 음료 두 종류를 동시에 요청하며 맥주 서비스 시 제공되는 간식을 선호한다.

② 식사 전 탄산음료를 선호하고 Glass보다는 Can으로 제공되기를 원한다.

③ 식사 중 Wine보다는 맥주나 탄산음료를 선호한다.

④ 식사 후 차보다는 커피를 선호하며 설탕, 크림을 적극적으로 서비스하도록 한다.

6) 인도네시아

(1) 고객의 특성

① 맥주를 좋아하며 술을 많이 먹는 고객이 종종 있으므로 승무원 간 승객의 음주량 등 필요정보를 교환하면서 서비스한다.

② 인도네시아 현지어인 '아파카바르' 및 영어로 예의바르고 밝게 인사하는 성향이 있다.

③ 이슬람 사회이지만 비교적 여성의 활동에 개방적이다.

④ 머리는 영혼을 담는 곳이라고 생각하므로 어린아이라도 함부로 머리를 쓰다듬는 행동은 하지 않도록 한다.

(2) 식음료 서비스 시 유의점

① 양식 메뉴 선호도가 높아서 Meal Choice가 불가할 시에는 현지 승무원을 통하여 한식 메뉴를 안내해 드린다.

② 단맛을 좋아하므로 Hot Beverage 주문 시 여분의 설탕을 항상 준비한다.

③ 매운맛을 좋아하므로 Meal 서비스 시 제공되는 소스에 대하여 자세히 안내하도록 한다.

④ 맥주를 많이 마시며 탄산음료 Order가 많다.

⑤ 주스 및 땅콩을 좋아하며 커피에 설탕을 많이 넣는 편이다.

⑥ 녹차보다 홍차를 선호하며 홍차와 함께 설탕을 즐겨 마시는 고객도 종종 있다.

⑦ 종교인 이슬람교의 영향으로 돼지고기는 먹지 않는다.

⑧ 양식 메뉴 선호도는 닭고기 〉 소고기 〉 해산물 순이다.

⑨ 유·소아 동반 고객은 우유, 이유식 주문이 많다.

7) 홍콩

(1) 고객의 특성

① 홍콩은 광동어를 사용하지만 영어로 대화 시에도 어려움이 없다.

② 대부분 고객이 우호적이며 승무원과 대화하기를 좋아한다.

③ 자신의 생각을 정확하게 표현하는 편이다.

④ 영국의 영향으로 서구적인 사고방식과 행동성향이 강하다.

⑤ 개인적으로 불이익이라고 생각되면 즉각 불만을 토로한다.

(2) 식음료 서비스 시 유의점

① 땅콩을 선호하고 Hot Bervage를 선호한다.

② 식사 전에 술이나 주스보다는 탄산음료를 선호한다.

③ 식사 중에 Wine은 대체적으로 가볍게 한 잔 정도 마시는 편이다.

④ 식사 후에 차의 선호도가 높은 편이나 젊은 층은 블랙커피도 선호한다.

⑤ 해산물 및 닭고기 메뉴를 선호한다.

⑥ 주류 선호도가 낮기 때문에 빵, 주스, 따뜻한 음료의 지속적인 Refill이 필요하다.

⑦ 식사를 여유롭게 즐기려는 경향이 있으므로 취식 속도에 맞추어 서비스를 진행한다.

8) 인도

(1) 고객의 특성

① 밝은 표정과 함께 영어로 인사하며 환영하는 경향이 있다.

② 노약자와 거동이 불편한 휠체어 고객이 많으므로 탑승 시 개별 브리핑을 실시한다.

③ 신분이 높은 탑승객이 많고 일반 탑승객이라도 현지의 높은 교육열로 인하여 대부분 영어에 능통하다.

④ 고개를 가볍게 젓는 것은 '좋다'는 긍정의 의사표현이다. 반면 말없이 고개를 옆으로 끄덕이는 것은 상대의 말에 동조하는 것이므로 오해하지 않도록 한다.

⑤ 전통의상을 입은 여자 고객이 많다.

(2) 식음료 서비스 시 유의점

① 식사 전 오렌지 주스와 Diet Cock을 선호한다.

② 식사 중 알코올음료보다는 식전 음료와 같은 종류의 음료를 선호한다.

③ 식사 후 따뜻한 음료 서비스 시 종류에 상관없이 많은 양을 요청하며 차와 커피는 설탕과 크림을 듬뿍 넣어 천천히 즐기는 편이다.

④ 힌두교신자가 전체 인구의 3/4을 차지하고 있어 Special Meal 주문이 많다.

⑤ 주류보다는 탄산음료를 선호하기 때문에 충분히 Chilling한다.

⑥ Special Meal이 많으므로 고객성명대조 등 응대에 유의해야 한다.

⑦ 승객이 주문한 Special Meal이 탑재되지 않았을 경우 상위클래스의 더운 야채나 햇반 등을 대체식품으로 적극 제공한다.

10.2 중동 노선 기내식 제공 시 유의점

1) 아랍에미리트

(1) 고객의 특성

① 무슬림 고객이 많고 낙천적이며 느긋함이 몸에 배어 있다.

② 개인적인 성향을 가진 고객이 많다.

③ 남자가 여자보다 더 귀한 대접을 받으며 노인을 공경한다.

(2) 식음료 서비스 시 유의점

① 무슬림 고객을 위한 Special Meal이 많다.

② 음식을 먹을 때는 오른손만 사용하기 때문에 왼손으로 서비스하는 것을 지양한다.

③ 돼지고기, 술은 전혀 먹지 않는 무슬림 고객이 많으므로 Meal Order 시 주의한다.

④ 주류보다는 탄산음료를 선호하기 때문에 충분히 Chilling한다.

2) 이스라엘

(1) 고객의 특성

① 대부분의 승객이 승무원의 요구 및 서비스 내용에 대해 호의적이며 협조를 잘 해주시는 편이다.

② 수면을 잘 취하지 않으며 대부분 기내를 자주 걸어다니는 편이다.

③ 요구사항이 많고, 자녀들의 행동에 무리한 제지를 가하지 않는다.

(2) 식음료 서비스 시 유의점

① Coke, Diet Coke, Sprite 요청이 많다.

② 스낵 중에서 피자를 선호한다.

③ Special Meal 중 Kosher Meal 서비스 시, 겉포장까지 끼워서 제공받기 원하는 고객이 있으므로 서비스 전 Kosher Meal 서비스 방법에 대한 사전 확인이 필요하다.

④ Hot Beverage 서비스 시, 설탕 요청이 많으므로 여분을 충분히 Galley에 Setting해 놓는다.

10.3 북미 노선 기내식 제공 시 유의점

1) 미국

(1) 고객의 특성

① 소단위 가족 고객이나 단독 여행객이 많다.

② 낯선 사람에게도 인사할 정도로 친근감을 적극적으로 표현한다.

③ 연령, 지위, 신분에 대한 서열의식이 강하지 않아 사람들 사이에도 격의 없이 대화가 이루어진다.

④ 안전에 대한 의식이 철저하며 기내 안전 규정에 대해서도 인지도가 높다.

⑤ 개인 독서물과 물을 휴대하는 고객이 많다.

⑥ 비행 중 Stretching, 체조를 좋아한다.

(2) 식음료 서비스 시 유의점

① 식사 전 주스나 다른 음료수보다 물을 가장 선호하며 탄산음료로는 Diet Cock을 선호한다. 종종 칵테일 주문도 있다.

② 식사 중 알코올음료보다는 식전 음료와 같은 종류로 물이나 탄산음료를 주문한다.

③ 식사 후 Hot Beverage 서비스 시 종류에 관계없이 음료 주문이 많으며 차나 커피를 천천히 즐긴다.

④ 소고기를 선호하나 Meal Choice 불가 시 한식을 간단한 영어 설명과 함께 안내할 때

우호적으로 흥미를 보이는 편이다.

2) 캐나다

(1) 고객의 특성

① 자립심을 중요하게 여기며 자신들이 독립적이라고 느낀다.

② 먼저 온 사람이 먼저 서비스를 받는 (First Come, First Served) 서비스를 선호한다.

③ 평등한 것을 좋아하며, 시간 지키는 것을 중요시여긴다.

(2) 식음료 서비스 시 유의점

① 서비스 Skip이 발생하지 않도록 주의한다.

② 건강에 대한 관심이 많아 저칼로리 식음료를 선호한다.

③ 주류에 대해 엄격한 법을 적용하는 지역이 많아 주류를 비선호하며, 따뜻한 음료를 지속적으로 Refill하도록 한다.

10.4 유럽 노선 기내식 제공 시 유의점

1) 영국

(1) 고객의 특성

① 의사소통에는 큰 문제가 없으나 영국식 영어는 미국식 영어와 발음 및 억양이 상이하므로 고객의 말을 주의깊게 듣고 응대한다.

② 남성 고객의 경우 신사라는 이미지를 중시하며 여성 고객을 우선 배려하는 서비스를 원한다.

③ 개인적인 성향이 강하여 불필요한 Personal Touch를 싫어한다.

(2) 식음료 서비스 시 유의점

① 식사 전 탄산음료보다 미네랄워터를 선호한다.

② 식사 중 알코올음료보다 식전 음료와 같은 종류의 음료를 선호하며 Mixer류인 Ginger ale, Perrier 등을 선호한다.

③ 식사 후 녹차보다는 Fresh Milk나 레몬을 곁들인 홍차를 선호한다.

④ 커피를 마실 경우에는 대부분 설탕 없이 크림만 넣는다.

2) 프랑스

(1) 고객의 특성

① 자국어에 대한 자긍심이 높아 무조건 불어를 사용한다.

② 항공기 탑승 경험이 많아 서비스에 대한 기대 수준이 높고 까다로운 성향이다.

③ 아프리카계 프랑스 고객들의 경우 문화 및 지식수준이 높은 편이다.

(2) 식음료 서비스 시 유의점

① 비행 중 물 대신 Perrier나 Club Soda를 즐겨 찾는다.

② 식사 전 상위클래스 승객은 식전주로 종류에 관계없이 샴페인을 선호한다.

③ 식사 중 코스별 메뉴에 따라 Wine을 종류별로 다양하게 즐긴다.

④ 식사 후 모든 종류의 주류에 관심을 보이며 골고루 즐긴다.

⑤ 커피는 설탕이나 크림을 넣지 않고 마시며 홍차를 즐기는 편이다.

⑥ 대부분 양식을 선호한다.

⑦ 천천히 즐기면서 식사하는 경향이 있어 취식 속도가 매우 느리다.

3) 이태리

(1) 고객의 특성

① 개인 여행객이 대다수이다.

② 필요사항이 있을 경우 적극적으로 의사표현을 하며 불만이 있을 경우 손짓, 몸짓과 함께 표현하는 편이다.

③ 대부분 여행경험이 풍부하며 여행관련 휴대품이 많다.

④ 간식이나 음료수를 자주 마시며 대화를 많이 한다.

(2) 식음료 서비스 시 유의점

① 생선이나 해산물을 선호한다.

② 다양한 치즈를 와인과 함께 즐긴다.

③ 식사 후에는 디저트로 케이크나 아이스크림을 즐겨 먹는다.

④ 식사 전에는 오렌지 주스나 토마토 주스를 즐겨 마신다.

⑤ 이태리 현지에서 저렴하고 품질 좋은 와인을 쉽게 구할 수 있으므로 식사 시 와인을 즐겨 마신다.

⑥ 식사 후 커피를 좋아하며 특히 진한 에스프레소나 카푸치노를 즐긴다.

4) 독일

(1) 고객의 특성

① 비교적 우호적이며 비행 내내 조용한 편으로 필요사항이 있을 경우 적극적으로 의사를 표현한다.

② 정확한 것을 당연시하여 늦거나 지연되는 것을 못 참아 한다.

③ 대부분 영어 구사 및 의사소통이 가능하다.

(2) 식음료 서비스 시 유의점

① 비행 중 물 대신 Perrier나 Club Soda를 즐겨 찾는다.

② 식사 전 Coke나 Sprite를 선호한다.

③ 식사 중 다른 음료보다 독일 현지 맥주와 와인을 즐기며 Red Wine보다 White Wine을 선호한다.

④ 대부분 양식메뉴를 선호하나 한식을 안내하면 흥미를 보인다.

⑤ 신체가 장대하여 식사 후에도 시장기로 간식을 찾는 고객도 많다.

5) 러시아

(1) 고객의 특성

① 관광보다는 Business나 기타 목적으로 탑승하는 고객이 대부분이다.

② 요구사항이 있을 때 콜버튼을 이용하기보다는 승무원이 올 때까지 기다리거나 직접 승무원에게 와서 요구사항을 말한다.

(2) 식음료 서비스 시 유의점

① Vodka와 토마토 주스를 비행 중 지속적으로 즐겨 마신다.

② 알코올음료를 선호하며 특히 Whisky, Cognac, Wine, Gin, Vodka를 매우 좋아한다.

③ Whisky는 얼음을 넣지 않고 Straight로 마신다.

④ 갈증이 날 때 물보다는 주스나 Soft Drink를 선호한다.

⑤ 양식 Starch로 Rice보다는 감자나 국수를 선호한다.

⑥ 한식보다는 양식을 선호한다.

⑦ 개인당 음주량이 많아서 비행 중 술을 계속 주문하나 술에 강한 편이라서 쉽게 취하지는 않는다. (음주 고객에 대해서 승무원들 간 정보공유가 필요하다)

6) 스위스

(1) 고객의 특성

① 책임감이 강하여 시간을 철저히 준수하고 업무처리가 깔끔한 편이다.

② 출·도착 시간에 대한 문의가 많다.

③ 보수적이고 내성적인 경향이 있다.

④ 악수 및 이름을 기억하는 것에 많은 의미를 둔다.

(2) 식음료 서비스 시 유의점

① 와인을 즐기는 편이며 와인과 치즈에 대한 지식이 풍부하여 다양한 종류로 서비스를 요청한다.

② 차보다는 커피를 선호한다.

③ 대부분 양식메뉴를 선호한다.

④ 상위클래스 고객의 경우 소식하거나 아예 취식하지 않는 고객도 있다.

⑤ 메인요리보다 디저트나 와인을 더 까다롭게 고르는 경향이 있다.

⑥ 와인이나 맥주를 많이 마시므로 충분히 Refill 서비스를 실시한다.

⑦ Hot Beverage도 충분히 Refill 서비스한다.

10.5 남미 노선 기내식 제공 시 유의점

1) 브라질

(1) 고객의 특성

① 탑승하는 대부분의 미국계 브라질 승객은 영어로 의사소통이 힘들다.
(포르투갈어로 간단한 인사말이나 메뉴를 숙지하면 용이하다)

② 브라질에서는 특히 Eye Contact을 잘한다.

(2) 식음료 서비스 시 유의점

① 브라질 승객 대부분은 소고기에 대한 선호도가 높다.

② 식사 시 탄산음료(콜라, 다이어트 콜라) 요청이 많다.

③ Sugar, Equal 소모량이 많으므로 충분히 준비해 놓는다.

10.6 오세아니아 노선 기내식 제공 시 유의점

1) 호주

(1) 고객의 특성

① 영국계 영어를 사용하므로 의사소통 시 오해소지가 없도록 중요한 핵심내용을 확인한다.

② 표정이 밝고 매우 우호적이며 모든 서비스에 대해 긍정적인 반응과 적극적인 감사의 뜻을 표현한다.

③ 동승한 일행 상호 간에 동료의식이 강하다.

④ 개인 독서물과 음료수 한 병 정도를 대부분 소지하고 탑승한다.

⑤ 인권 및 여성 보호의식이 높은 수준이다.

⑥ 화가 나도 불만을 겉으로 표현하지 않는다.

(2) 식음료 서비스 시 유의점

① 식사 전 차가운 탄산음료를 선호한다.

② 식사 중 호주산 와인과 맥주를 선호한다.

③ 식사 후 커피보다는 홍차나 녹차를 선호한다.

④ 일반적인 양식 메뉴를 선호하나 Meal Choice 불가 시 간단한 안내와 함께 한식을 권유해도 긍정적으로 받아들인다.

2) 뉴질랜드

(1) 고객의 특성

① 친절하며 상대방에게 호의적이다.

② 궁금한 사항이 있으면 승무원에게 직접 물어보고 대화를 즐기는 편이다.

③ 철저한 주 5일제 영향으로 금요일부터 주말여행이 생활화되어 있다.

④ 스포츠에 열광하며 특히 럭비나 요트를 즐기는 편이다.

(2) 식음료 서비스 시 유의점

① 알코올음료보다는 주스류와 Diet Cock을 선호한다.

② 대부분 양식 메뉴를 선호하지만 한식에 대해서도 거부감이 없는 편이다.

③ 맥주보다 Hard Liquor나 Cocktail에 대한 선호도가 높다.

④ 와인은 식사 시 함께 마시는 경우가 많으므로 사전 Breathing하여 준비한다.

부록

Menu Guide A to Z

A

A La Carte 일품요리, 취향에 따라 선택할 수 있는 Menu Cf. Set Menu

A La King White Cream Sauce 또는 Bechamel Sauce에 피망, 양송이, 풋고추를 넣어 요리한 것

A La Mode 1. 일정한 Fashion에 따른 2. 고기를 Roast한 후 야채를 넣고 볶은 요리 3. Ice Cream과 함께 제공되는 Pie(Pie A La Mode)

A La Reine 음식 사이사이에 닭고기가 들어간 요리(With Chicken Slice)

A La Russe Fry한 게살에 파슬리를 뿌리고 마요네즈를 곁들여 냉육시킨 것

Abalone 전복

Adobo Butter 소금, 후추, 다진 파슬리, 레몬즙을 혼합한 버터, Spicy한 맛

Aging 1. 술을 숙성시키기 위하여 통 속에 넣고 일정기간 동안 저장하는 것 2. 육질(Meat)을 부드럽게 하기 위하여 일정한 습도와 온도(1℃/34℉)가 유지된 상태에서 저장시키는 것

Ahi Tuna 황다랑어. 육질은 복숭아색을 띠고 약간 단단하며 담백한 맛을 내며 주로 횟감용, 초밥용으로 사용된다.

Aioli Dressing 계란 노른자에 Salad Oil, 다진 마늘, 소금, 후추 등을 넣어 만든 것

Ala 일정한 Fashion이나 Style에 따른(According to or according to the Style)

Alfredo Bread 버터와 크림이 많이 사용된 이탈리아 Bread

Almondine Sauce Almonde가 들어간 Butter Sauce

Almondine 아몬드를 첨가하거나 Garnish로 한 요리

Aloo Gobi 감자, 콜리플라워로 만든 인도음식

Alsacienne 묽은 Demi Glace Sauce에 사과와 삶은 양배추를 넣어 요리한 것(알자스풍)

American French Dressing 계란 노른자, 다진 마늘, 파프리카, 설탕, 소금, 후추, Worcestershire Sauce를 섞고 Salad Oil, 식초를 조금씩 넣어 섞는다.

American Sauce 보통 바닷가재나 새우 등을 이용하여 토마토와 함께 끓인 소스로 연한 붉은색을 띠고 주로 해산물요리 등에 많이 사용한다.

Ananas Pineapple의 불어 표현

Ancho 멕시칸 고추의 일종(Dried Poblano Chilli)으로 매운맛을 표현하기도 함

Anchovy 멸치과에 속하는 작은 물고기. 통상 소금에 절여 젓갈처럼 만들어 Appetizer, Salad, Sauce의 첨가물로 쓰임

Andalouse 마요네즈를 Base로 한 소스의 일종으로 토마토, 다진 양파, 다진 피망, 레몬주스를 첨가하여 만든 마요네즈 계열의 소스. 주로 튀김이나 애피타이저용으로 사용

Angel Hair Pasta(=Capellini) 천사의 머리카락' 같은 모양이라고 엔젤 헤어라는 별칭을 가졌다. 파스타 중에서 제일 가늘며 파스타 외에 튀김에도 사용된다.

Anglaise 흔히 Vanilla Cream이라고도 하며, 주로 디저트 소스에서 사용되는 용어임. 계란 노른자와 설탕, 크림의 혼합물

Angler Fish 생선 "아구"

Antipasto Hors D'Oeuvre의 이태리어(주로 Pickled Fish, Olive, Anchovy 등을 이용)

Aperitif 식욕을 돋우기 위하여 식사 전에 드는 Alcoholic 음료로 보통 차게 마신다. (서양에서는 식전 필수 코스로 달지 않은 모든 칵테일이 여기에 포함됨)

Appenzeller 경질의 스위스산 치즈

Appetizer 식욕을 돋우기 위하여 식사 초반에 제공되는 소량의 음식 또는 음료(보통 "전채"의 의미로 사용된다)

Apple Strudel 사과를 넣어 만든 파이의 일종

Apricot 살구

Arugula 쓴맛 나는 샐러드의 일종. 주로 유럽 등지에서 많이 쓰임

Asparagus 아스파라거스. 유럽과 지중해가 원산지이며 아스파라긴과 아스파라긴산이 많은 것이 특징이다. 피로회복에 좋다. 각종 영양소가 많고 열량이 적어서 다이어트식으로 좋다.

Aspic 진한 육류, 가금류 또는 생선류의 국물을 졸여 Jelly 모양으로 만든 것(Canape, Hors D'Oeuvre, Dessert 등의 냉요리에 Decoration 또는 Garnish로 사용)

Au Beurre With Butter

Au Gratin 흔히 말하는 "그라탱"이라는 단어로 치즈 혹은 크림, 빵가루 등을 넣어 오븐에 구운 요리라는 의미

Au Jus Lie 고기를 Roast할 때 생기는 Natural한 맑은 Sauce로 진한 고기향을 가지고 있다.

Aubergine 가지(Eggplant)

B

Baby Bell 작은 Ball 모양으로 만든 Edam Cheese

Baby Pepper 미니 피망, 파프리카 등

Baby Squash 호박. 모양은 조롱박과 비슷하게 생겼으며 속은 한국의 늙은 호박과 비슷하다.

Baguio Bean 아스파라거스를 곁들인 요리

Baigan 인도어로 가지

Baked Potato 감자를 은박지에 싸서 윗부분에 십자 모양의 칼집을 내 Oven에 구운 것(Chive, Sour Cream, Crispy Bacon을 Garnish하여 서비스함)

Baked Oven을 이용하여 전열로 굽는 방법. 제과, 제빵, Pastry를 굽는 것

Ballotine 생선이나 육류, 가금류의 고기를 둥굴게 말아 만든 요리의 일종으로 속에는 주로 다진 재료 등으로 채운다.

Balsamic 발사믹 식초는 와인을 발효시켜 만든 식초를 참나무 오크통에 넣어 숙성시킨 것으로 단맛이 강해 신맛이 부드러운 것처럼 느껴진다. 농도가 진하고 짙은 암갈색을 띤다. 오래 숙성시킬수록 풍미가 진하며 그만큼 가격도 비싸다. 이태리 동부 모나네가 원조다.

Bamboo Shoot 죽순

Barbecue 각종 양념으로 만든 Sauce(Berbecue Sauce)를 발라 굽는 것이 Broil과 다르다)

Barquette 작은 배 모양의 비스켓

Barramundi 호주산 흰살생선(Round형의 Fish)

Basa Fish 베트남 메콩강 유역에서 서식하는 대표어종으로 흰살생선이며 부드럽다.

Base Cocktail을 Mix할 때 가장 기본이 되는 술

Basic French Dressing 식초에 소금, 후추를 섞어 희석시킨 후 Salad Oil과 섞는다. (기름이 위로 뜨기 때문에 잘 저어주어야 한다)

Basil 허브의 일종. 주로 이태리 토마토 요리에 많이 사용됨

Basil Pesto 바질잎, 잣, 올리브 기름, 마늘을 갈아 만든 소스의 일종

Baton 감자나 야채를 5cm 정도의 직사각형으로 자른 모양이라는 프랑스식 표현

Bavarois Bavarian Cream을 Mould에 넣어 만든 Dessert

Bay Leaf 월계수잎. 잎의 겉면이 매우 짙은 녹색으로 섬세한 꽃 향료와 함께 달콤한 맛이 있음(원산지는 터키)

Bay Shrimp 태평양 연안에서 가장 일반적인 새우의 일종(Small Size Shrimp)

Bay Top Shell 골뱅이

Bayaldi 바이욜디, 여러 야채 등을 얇게 잘라 층층이 쌓아 구운 야채 요리

Bearnaise Sauce 기름의 유화작용을 이용해 만든 소스, 계란 노른자를 다량 함유하고 있으며 버터, 물, 레몬 주스, 식초 등이 혼합되어 만들어진 홀랜다이즈 소스에서 파생된 것으로 여기에 다진 Shallot, 식초, 다진 허브(주로 타라곤 사용)를 첨가(Meat, Poultry 등과 어울림)

Beef Bourguignonne 부르고뉴 Red Wine, Pearl Onion, Mushroom, Bacon 등을 넣어 요리한 France Beef Stew

Beef Carbonnade 양파, 맥주를 사용한 벨기에 스튜요리

Beef Round 쇠고기 부위 중 엉덩이 살(방심)

Beef Silverside 쇠고기 부위 중 허벅다리 윗부분

Beef Stew Kalderata Coconut Milk로 요리한 Beef Stew로 필리핀풍의 요리

Beef Stroganoff 양질의 쇠고기를 가늘게 썰어 Wine, Sour Cream, Demi Glace Sauce를 첨가한 것으로 러시아가 본 고장이며 주로 Boiled Rice와 함께 서비스한다.

Beef Tataki 소 안심을 약간 익혀 Ginger, Lemon, Daikon 등으로 양념하여 차게 서비스한다.

Beef Toban 양파, 피망 등을 넣고 매콤하게 요리한 Beef Stew

Beef Top Round 홍두깨살(Ragout나 Goulash 등에 사용)

Beef Wellington 잘게 썬 Foie Gras, 송로버섯, 양파를 버터에 볶아 Fillet 부위의 고기 위에 얹고 Puff Paste(부풀린 밀가루 반죽)로 싸서 계란 노른자를 칠한 후 Oven에 구운 요리

Beefroot 근대 뿌리

Bel Paese 이태리어로 “아름다운 나라”라는 의미를 갖는 Cheese로 감미롭고 온화한 맛과 부드러운 맛이 있는 숙성이 빠른 이태리의 Table Cheese

Bell Pepper 단맛이 강하여 Sweet Pepper라고 불리기도 하며, 종 모양으로 생겼다 하여 Bell Pepper라고 불린다. 미국에서는 파프리카, 혹은 Pimentos라고도 하며 녹색, 붉은색, 노란색 등이 있다. 육질이 부드럽고 칼슘, 염분, 비타민 C 등의 풍부한 영양 성분을 함유하고 있다.

Belle Vue 상치, 채썬 셀러리, 양배추에 카레 넣은 마요네즈 소스를 얹은 것(파리 남서쪽의 작은 마을)

Bergader Cheese 스위스 산악지방에서 생산되는 치즈

Bergard Blue Cheese 블루 치즈의 일종

Beurre 버터(Butter)

Beurre Blanc Sauce White Butter Sauce(기본 버터 소스)

Bigarade Sauce 설탕을 조려 캐러멜을 만들고 오렌지, 레몬즙을 넣어 끓여 졸인 후 오리 소스와 Demi Glace Sauce를 첨가한 다음 오렌지와 레몬 껍질을 곁들인 것

Bisque 주로 갑각류(새우나 게), 닭고기, 야채 등을 이용한 진한 Cream Soup

Bitoke 쇠고기 튀김(러시아 요리로 Hamburger Steak와 비슷)

Black Fungus Black Mushroom(표고버섯)

Blend 2가지 이상의 재료를 완전히 섞어 다른 모양이나 맛을 내는 것

Blending Whisky와 Brandy에 사용하는 용어로 일정기간 Barrel에 저장한 것을 술끼리 혼합시켜 새로운 술을 만드는 것(예로 Chivas Regal은 Malt Whisky와 Grain Whisky를 혼합시켜 만든 Blended Whisky임)

Bleu de Bresse 프랑스 중부의 도시 프랑스산 푸른 곰팡이 치즈

Blini 번철로 구워 만든 러시안 메밀가루 케이크로 캐비어를 얹어 먹는다. (러시아식 팬케이크)

Blue Cheese 내부가 푸른색 또는 초록색 맥상으로 얼룩진 치즈의 종류이며, 프랑스의 로크포르, 이탈리아의 고르곤졸라, 영국의 스틸턴이 대표적이다. 치즈 제조 시 푸른 곰팡이 포자를 넣고 3~5개월 정도 숙성단계를 거치며, 크림같이 질감이 연하고 독특한 자극적인 냄새가 난다.

Blue Cheese Dressing French Dressing에 Mayonnaise, Blue Cheese를 첨가하여 물로 농도를 맞추어 만듦

Blue Cheese(Danish Blue) 유럽 전 지역에서 생산됨. 발효 시 곰팡이에 의해 숙성됨. 대리석 모양의 푸른 무늬가 있으며 코를 찌르는 강한 냄새가 특징

Blue Costello 덴마크산 젖소 치즈로 Dessert 치즈이다.

Bocconcini Baby Mozzarella Cheese

Body 술이 갖고 있는 본래의 맛으로, 그 맛이 옅은 것은 Light Body, 짙은 것은 Full Body라고 함

Boil 물이나 Stock을 100도 이상의 온도로 끓이는 것

Boletus Sauce Demi Glace Sauce에 크림과 버섯을 섞어 맛을 낸 소스

Bolivar 뼈를 제거하고 그 속을 Soubise Sauce (Onion Sauce)와 토마토를 넣어 다진 생선살로 채운 다음 뜨거운 물기를 빼고 백포도주 Sauce를 끼얹는다.

Bolognaise 볼로냐풍의(북이탈리아 도시)

Bombe Glace Caramel Praline 아몬드, 호두 등을 설탕에 절여 멜론 모양으로 만든 사탕과자

Bonne Femme 가정식의 간편한 요리를 뜻하는 용어

Bonne Femme Sauce 생버섯을 얇게 썰어 즙을 내고 다진 Shallot, Parsley, White Wine, Lemon Juice, 생선 Soup를 부어 익혀 물기를 빼고 국물을 조려 버터를 넣고 휘저어 부풀어오르게 하여 생선 위에 끼얹고 설탕을 첨가한다.

Boston Clam Chowder 대합조개, 버터, 베이컨, 둥근 파 등을 넣어 걸쭉하게 만든 Soup. Garnish로는 보통 크래커가 사용됨

Bouchee 한입에 들어갈 만한 작은 Canape 형태의 Pie로 새우, 조개류의 살을 조미하여 넣은 Sea Food Bouchee가 있음

Bouillon Soup나 Sauce를 만드는 Stock으로 고기를 고아서 만든 육수로 통상 Beef로 만든다.

Bouquetiere 강낭콩 꼬투리, 순무, 당근을 각각 다발로 하여 곁들인(부케이풍의)

Bourguignonne Sauce 양파, 버섯, Red Wine 등으로 만든 Sauce

Boursin 하얗고 매끄러운 크림치즈이며 버터 같은 질감을 가지고 있다. 허브, 마늘이나 후추 간 것으로 맛과 향을 내며 달지 않은 화이트와인이나 과일맛이 나는 레드와인과 함께하면 좋다.

Braid of Salmon & Halibut 연어와 가자미를 엮어서 만든 요리

Braise 고기나 야채를 약간의 기름을 넣고 볶은 다음에 Water, Milk, Cream Stock을 넣고

천천히 오래 끓이는 것(찜)

Bran 겨, 밀기울

Bread Crumb 빵 부스러기, 흔히 빵가루를 지칭

Breast of Duckling Surprise 오리 가슴살에 Foie Gras를 채우고 Ham으로 만 것

Breton 다진 양파, 부추, 버섯과 섞은 달걀 혼합물

Brick 미국 Wisconsin 주에서 생산되는 반경질의 치즈. 영국의 Cheddar Cheese와 같은 계통의 Cheese로 American Cheddar라고 불리며 맛은 Cheddar보다 부드럽고 풍미가 있다.

Brie Cheese 프랑스 파리 근교 Brie 지방에서 생산. 표면의 흰 곰팡이에 의해 숙성되는 부드러운 치즈. 치즈의 여왕이라고도 하며, 약간 신맛이 나지만 부드럽다. 일반적으로 두께가 3cm 내외이며 얇은 흰색 막으로 덮여 있다. 속은 보통 아이보리색으로 상온에 오래 두면 크림처럼 녹는다.

Brill 생선 "가자미, 넙치"과의 일종

Brioche Roll 브리오슈빵의 한 가지 모양으로 보통 어린아이 주먹만한 크기이며 윗부분에 작은 꼭지가 있다. 브리오슈는 이탈리아에서 주로 아침에 먹는 빵으로 버터와 계란이 다른 빵에 비해 월등히 많이 포함된 영양가가 매우 풍부한 빵이다.

Broccoli Fleurt 작은 꽃 모양의 브로콜리

Brochette 산적. 고기를 꼬치에 꿰어 굽는 방식. 꼬치구이

Broile 직접 불에 굽는 것(Grill). 굵은 석쇠를 써서 아래, 위로 열을 가해 굽는 방법으로 기름이나 물 없이 조리하는 방법

Broth Meat를 서서히 끓여 만든 맑은 국물(고기, 생선, 조개류를 끓여 생긴 국물에 야채, 향료 등을 넣고 끓인 다음 걸러 만든 맑은 Soup)

Brown Sauce Brown Stock에 Tomato Puree, Flour, Butter, Salt, Pepper, 각종 향료를 넣어 만든 Sauce

Brownie 케이크와 쿠키의 중간단계로 쫀득하고 부드러운 맛을 지닌 영국 과자

Brunoise 야채를 아주 작은 모양으로 자른 것

Brussel Sprout 아주 작은 모양의 양배추

Brut 주로 샴페인에서 술이 달콤하지 않고 Dry하다는 뜻으로 'Brut'는 'Dryness'의 등급 표시

Burdock Shred 우엉채

Buttered Marrow 서양호박

Buttered Noodle 버터에 볶은 국수

Butternut 버터 호두나무, 가래나무과(Juglandaceae)에 속하며 견과(堅果)가 맺히는 낙엽교목

Butternut Squash 조롱박

C

Cabbage Parcel 양배추 조각

Caciotta Cheese 향이 강한 이태리 치즈

Caesar Salad 주로 Romaine Lettuce를 샐러드 재료로 이용하며 Caesar Dressing을 넣어 버무리고 Anchovy, Crutons, Bacon, Parmesan Cheese와 Egg Yolk 등을 곁들여 만드는 Salad

Cafe de Paris Sauce 버터, 토마토즙, Herb, Shallot, Brandy, Beef, Lemon Juice 등을 넣어 만든 Beef Steak Sauce

Cajun Olive Oil, 피망, 마늘, 소금, 후추 등을 혼합하여 만든 향료로 소스 등에 많이 사용하며 가금류 등을 절일 때 사용하기도 한다.

Calvados Apple Brandy(프랑스 북부에 위치한 도시로 유명한 사과 생산지)

Cambozola 독일 치즈로 속살에는 블루치즈처럼 푸른곰팡이, 껍질에는 프랑스의 브리처럼 흰곰팡이가 피어 있다. 카망베르와 고르곤졸라의 결합인 셈인데, 그래서 캄보졸라(Cambozola)라는 이름이 붙었다. 속살이 부드럽고 맵싸하면서 달콤시큼하기도 한 풍부한 맛으로 과일이나 견과류와 잘 어울리며, 정찬 후에 먹기 좋아 미국을 비롯한 세계 각지에서 인기를 끌고 있다.

Camembert 프랑스 노르망디 지역의 대표적인 젖소 크림치즈이다. 주로 가을(10월)이 가장 맛좋은 시기이며 버섯향이 나고 끝맛은 약간 씁쓸한 맛이 난다. 납작한 원통형으로 흰색 곰팡이가 덮여 있으며 속은 Cream Type인 Cheese

Canadian Bacon 돼지 등심으로 만든 Ham, 통상적으로 Bacon은 삼겹살로 만듦

Canape 구운 빵조각이나 Cracker 위에 Caviar, Anchovy, Salmon, Foie Gras 등을 얹어 만들어 Cocktail과 함께 먹는 Appetizer 종류

Canneloni Pasta요리의 일종으로 굵은 Macaroni(Tube 모양)

Cannolicchi Pasta 짧은 마카로니의 일종

Cantaloupe 대표적인 미국산 Melon의 일종으로 겉은 Musk Melon과 비슷하고 과육은 오렌지색이다.

Cantonese 중국 요리 중 광동식 조리방법

Caper 지중해 연안의 풍조목이라는 나무의 꽃봉오리를 소금이나 식초에 절여 Garnish나 향료로 사용. 주로 훈제연어와 함께 먹는다.

Caper Sauce Allemande Sauce에 Caper, Vinegar를 넣어 만든 Sauce

Cappeletti Pasta 둥근 원통형으로 된 고깔 모양의 파스타

Capricornia 닭고기를 말아 오븐에 굽고 Madeira Sauce를 곁들임

Casanova 마요네즈에 삶아 다진 달걀 노른자, 사철 쑥, 송로를 혼합한 것

Cashew Nuts 서인도제도산 옻나무과의 열매(왕관 장식용의 곡옥처럼 생겼음)

Casino Cake Vanilla Mousse on Biscuit

Cassata 크림이나 잼 등을 바른 케이크

Cassata Ice Cream Pre-Cutting된 Cassata Mould Ice Cream에 Strawberry Sauce, Whipping Cream, Nuts, Cherry, Lady Finger로 장식한 것

Castillyane 토마토를 으깨어 기름에 볶아 고기에 뿌리고 감자 크로켓과 동그란 모양으로 튀긴 양파를 곁들인 것

Cat Fish 메기과의 생선

Cauliflower 꽃양배추라고 하며 지중해 연안이 원산지이다. 양배추보다 연하고 소화가 잘된다.

Cauliflower Floret 콜리플라워를 작은 꽃모양으로 만든 것

Cauliflower Subric 콜리플라워를 적당한 크기로 잘라 프라이팬에 구운 것

Caviar 1. 조제하거나 소금에 절인 철갑상어의 알(=Sturgeon's Row, 일종의 알젓) 2. Beluga(알이 가장 크고 최고의 등급. 고소하고 진함), Osetra(황금색에서 갈색에 이르는 다양한 색. 맛이 감미로움), Sevruga(제일 작은 알을 낳음. 여러 종류의 회색을 나타내고 농축된 강한 맛을 냄) 이 세 종류의 철갑상어에서만 Caviar를 얻을 수 있음(Malossol은 러시아어로 "Little Salted"라는 뜻)

Cayenne Pepper 작고 매운 고추를 건조시켜 분말한 것(소량으로도 매운맛이 나므로 많이 사용하지 않도록 주의)

Cecilia 아스파라거스를 주로 한 것으로 곁들이는 요리에 붙은 명칭

Celeriac 뿌리를 쓰는 셀러리, Celery Root과 동일한 단어, Celeriac은 불어식 표현

Champagne Sauce 소스에 샴페인을 주 알코올로 사용한 것으로 화이트 계통이 주를 이루며 간혹 브라운 계통의 소스에 샴페인을 첨가하기도 한다.

Champignons 양송이버섯 종류의 총칭 (Champignons = Mushrooms)

Chanterelle 버섯의 일종(크기가 작으며 상당히 고급 버섯임)

Chantilly Sauce 계란 노른자에 레몬 주스, 물, 매운 고추 등을 첨가하고 크림을 넣은 부드러운 농도의 소스로 생크림 거품을 올린 것과 같은 질감이다.

Char 곤들매기류

Char Siu Pork 오향, 꿀, 간장, 발효두부, 술, 색소에 절여 구운 요리로 표면이 붉은색이다. 중국 전통요리 중 하나

Charlotte Mould로 만들어내는 Cake의 일종으로 위는 Fruit으로 장식하고 옆은 Lady Finger로 장식하는 Style

Chaser 독한 술을 Straight로 마실 경우 혀가 마취되는 것을 막고 술의 맛을 충분히 즐기기 위해 마시는 물이나 Soda Water, Ginger Ale 등의 음료

Chasseur Sauce Demi Glace Sauce에 Tomato Sauce, Mushroom, Shallot, Onion, White Wine, Butter, Parsley, Tarragon, Chervil, Salt, Pepper를 넣어 만든 Sauce(Beef, Veal, Chicken, Sauteed Fowl 등에 잘 어울린다)

Chateau Potato 장방형 모양의 감자를 쓴맛이 우러나도록 휘저어 삶고 정제버터에 넣어 갈색으로 구운 것(성, 성곽의 뜻)

Chateaubriand Fillet(쇠고기 안심) 부위 중 가장 좋은 부분의 최고급 Steak로 300~500g 정도의 대형 Steak로 Tenderloin의 중앙부에서 두껍게 잘라낸 Round 형태로 통상 3~5cm 두께로 잘라 2인분으로 서비스하며 일반적으로 Grill하여 감자를 Garnish로 한다.

Chaud-Froid 영어의 Hot-Cold의 의미. 익혀낸 재료에 젤리와 마요네즈를 친 냉육소스 조각들을 덮어서 윤을 낸 요리법

Chaud-Froid Sauce White Wine Sauce에 Aspic과 Cream을 넣어 만든 Sauce

Chaumes Cream Type의 프랑스산 연질 Cheese. 겉부분은 주황색이며 내부는 아이보리색의 크림타입 치즈로 메주냄새 비슷한 풍미가 풍기나 씹을수록 고소한 맛이 난다.

Cheddar Cheese 영국 Cheddar 지방에서 생산되는 대형의 반경질 Cheese로 흰색 또는 노란색을 띰. 잘라 먹기도 하고 불에 녹여 빵에 발라 먹기도 한다.

Cheese Crostini Crostini는 이태리나 프랑스에서 빵조각을 구운 후 그 위에 내용물을 올려 간단하게 먹는 일종의 애피타이저를 말한다. 다른 말로는 파이라고도 한다. Crosta는 이태리어로 작은 파이 혹은 작은 오픈 샌드위치의 개념이다. Cheese Crostini는 Toast한 빵조각 위에 치즈를 올린 것을 말한다.

Cheese Topped Roll 치즈를 올려 구운 빵

Chef's Salad Sliced Red & White Cabbage, Tomato, Carrot 등 많은 종류의 야채를 종합한 것을 완숙 달걀 Slice와 햄으로 장식하고 Parsley, Caper를 넣어 French Dressing을 곁들인 것

Chervil 미나리과의 향초, 파슬리와 비슷하면서 맛은 부드럽고 섬세하다. 신선한 것은 Soup나 Salad에 이용되고 건조시킨 것은 Sauce의 양념과 양고기에 이용한다.

Chester 영국에서 제일 오래되고 일반적인

Cheese로 경질이나 조직이 연하여 깨지기 쉬우며 맛은 Cheddar와 비슷하고 Table Cheese로 널리 인기가 있다.

Chestnut 밤

Chevre Cheese 프랑스 전역에서 생산되는 염소젖으로 만든 Cheese의 총칭

Chicken Tatsuta-Age 닭고기를 한입 크기로 썰어 미림, 간장 등을 묻히고 전분을 묻혀 튀긴 Japanese Style요리

Chicken Ticino Tomato, Red & Green Pepper, Garlic 등으로 요리한 이태리식 닭고기요리

Chicory 치커리. 샐러드용 녹색 야채잎

Chiffonade 잎, 야채류를 아주 가늘게 써는 것

Chiffonade Dressing French Dressing에 다진 파슬리, 다진 계란, 붉은 비트 뿌리를 첨가한 것

Chili Con Carne 얇게 저민 쇠고기, 붉은 콩, 양파, 마늘, 고추 등으로 요리한 Mexican Style Meal

Chili Oil Sauce 고추기름 소스

Chili Sauce 멕시코 요리로 고추, 마늘, 완두콩을 함께 조린 것

Chill 아주 차게 하는 것(얼린다는 뜻의 Freeze와 구별됨)

Chinese Chard 중국 근대

Chipolata 쇠고기에 수분기 많은 양파, 밤, 당근 등을 채운 이태리식 순대

Chive 부추의 일종(파의 일종으로 향기가 온화하다)

Chop 1. 잘게 써는 것. 조그맣게 조각으로 자르거나 토막낸다. 2. 뼈가 붙은 채 두껍게 잘라낸 고기(예 : Lambchop) 3. 다진 것, 주로 칼 등을 이용해 다진 것을 말한다.

Chop Suey 중국 요리. 고기, 야채, 간장, 녹말 등을 넣어서 만든 것

Chorizo 햄을 만들고 남은 돼지고기의 부위를 잘게 다져 마늘과 칠리파우더, 소금, 후추, 피망, 기타 향신료 등을 섞어 맛을 내고 건조하거나 훈연하여 저장이 가능하게 만든 돼지고기 소시지. 주로 멕시코 및 스페인 등에서 많이 사용한다. 신맛과 매콤한 맛이 난다.

Choux 양배추, 캐비지 또는 Puff Pastry

Chow Mein 닭고기를 넣어 요리한 볶음국수

Chowder 1. 주로 Clam, Oyster, Fish 등에 감자, 양파, 베이컨 등을 넣어 볶아 만든 걸쭉한 Soup 2. New England Style : With Milk/Cream 3. Manhattan Style : With Tomato

Choy Sam 중식 야채의 일종, 청경채와 유사

Chuck 쇠고기의 목과 어깨 부위 살

Chutney Sauce 1. 인도의 달콤하고 매운 양념, 소스 등에서 자주 사용하는 단어로 주로 과일 등을 이용해 달고 매운맛을 내는 소스를 만들 때 사용한다. 2. 갈색의 자극성이 강하고 매운 소스(카레로 요리한 음식에 어울림)

Ciabatta 이태리에서 주로 샌드위치용으로 사용하는 이태리 전통 빵으로 반죽의 75%가 물과 올리브 기름으로 혼합된다.

Cinnamon 계피. 막대기 모양과 분말이 있다(단맛과 향미를 지니고 있다)

Cinnamon Toast 버터를 바르고 계피와 설탕을 섞어 뿌린 Hot Toast

Citron 레몬 비슷한 식물(구연)

Citrus Sauce 감귤, 오렌지, 자몽 등 감귤류의 과실을 첨가하여 만든 소스

Clam 대합

Clam Chowder 우유와 생크림을 이용한 크림 수프에 각종 야채와 대합조개를 더해 맛을 가미한 대합조개수프

Clear Soup Stock에 야채를 넣고 고아 걸러

낸 맑은 소스

Clove 정향

Coaster Glass 밑에 놓는 받침으로 대개 흡수성 있는 두터운 종이로 만든 것

Cocktail Sauce Shrimp, Crab Claw 등 Seafood의 Dips로 붉은색(Tomato Ketchup, Horseradish, Lemon Juice, Worcestershire Sauce, Tabasco Sauce에 Pepper를 첨가) 소스

Cocotte 음식이 요리되거나 서브되는 둥글거나 타원형의 용기(질그릇, 자기)

Cod Fish 생선 "대구"

Cointreau 브랜디에 오렌지 꽃향을 넣고 증류한 Liqueur로 식후에 마심으로써 소화작용을 원활히 하고 강장제로 좋음

Cole Slaw Salad 양배추 샐러드(White Cabbage/Carrot/Mayonnaise/Vinegar 등을 섞어 만듦)

Combination Dressing French Dressing에 Cream을 넣어 Sugar, Nutmeg을 첨가한 것

Compote 설탕에 절인, 끓인(주로 과일 Stewed Fruit)

Comte 프랑스산 경질치즈이자 프랑스의 Gruyere라고 하며 젖소치즈이다. 노란색의 내부는 단맛이 나며 짠맛과 신맛도 난다.

Concasse 거칠게 썰거나 절구에 넣고 빻는다는 조리용어

Condiment 1. 겨자, 후추, 향료나 양념 Sauce 등(예 : Horseradish, Mustard, Ketchup) 2. 조미료

Confit 설탕에 절여놓은 것. 최근에는 약한 불에서 은근하게 오랫동안 조리하는 방식을 뜻하기도 한다.

Consomme 2가지 이상의 고기류나 야채류를 삶아 간을 맞추어 걸러낸 맑은 Soup(사용된 재료에 따라 많은 종류가 있다)

Consomme Julia Tapioka로 걸쭉하게 만든 Chicken Soup으로 Garnish로 Royal과 Profiterole을 사용

Coq au Vin 프랑스 중부지방의 요리로 닭 껍질을 벗기지 않고 Red Wine을 넣은 유명한 닭찜요리

Coquile Saint Jacques 불어 표현, 가리비조개

Cordon Bleu 햄과 치즈를 곁들인 요리(솜씨좋은 여자 요리사의 뜻)

Coriander 미나리과의 고수풀(단맛의 방향을 지니고 있다)

Corn Spritz Roll 표면이 소보루처럼 거친 옥수수빵

Corned 소금에 절인, 소금으로 간을 한 (Corned Beef : 쇠고기절임)

Cornet 고깔이나 작은 나팔모양의

Cornish Game Hen with Whisky Sauce Whisky를 넣어 만든 Sauce를 뿌린 암탉요리(영국 Conwall 지방의 암탉)

Cote Fleurie 꽃처럼 장식한

Cotelette 양, 송아지 따위의 갈비(프랑스 요리에서는 주로 빵가루를 묻힘)

Cottage Cheese 지방을 뺀 우유나 연유, 분유로 만든 연질의 숙성시키지 않은 백색 치즈로 많은 양의 수분을 포함하고 알맹이 모양으로 되어 있다.

Coulibiac Brioche나 파이반죽으로 고기, 야채, 생선 등을 싸서 굽는 요리(예 : Salmon Coulibiac)

Coulis 1. 야채나 갑각류를 갈아 퓌레형태로 만든 것. 2. 음식의 맛과 향을 증가시키는 목적으로 사용되기도 하고 그 자체로 소스로 쓰이기도 한다. 3. 과일의 경우 생으로 갈아 퓌레로 만드는 경우가 더 많으며 디저트의 소스로 주로 쓰인다. 4. 주로 과일을 이용한

원액의 소스를 Coulis라 부른다.

Courgette 호박(Zucchini)

Court Bouillion 각종 향신료나 야채를 넣어 만든 Cooking Liquid. 주로 생선이나 갑각류를 가볍게 삶아낼 때 사용된다. 때에 따라 와인이나 우유, 레몬, 식초를 첨가하기도 하며, 익힌 원재료에 맛이나 향이 잘 살아나게 되어 풍미를 더한다.

Couscous 쿠스쿠스, 밀을 쪄서 고기, 야채 등을 곁들인 북아프리카 요리

Crab 게

Crab Apple 야생 사과나무에서 열리는 사과과의 작고 신 열매. 맛이 시큼하여 그 자체로 먹기보다는 젤리 형태로 만들어 스콘이나 브리오슈에 넣기도 하고, 고기, 가금류에 곁들여 먹기도 한다.

Crabclaw 게 집게발

Crabmeat 게살

Cranberry Sauce Cranberry(넝쿨 월귤열매)를 Slice하여 만든 빨간색의 Jelly와 같은 Sauce로 매우 부드러우며 약간 시큼한 맛을 갖고 있음(Roast Turkey와 어울린다)

Crawfish 가재, 왕새우

Crayfish 민물에서 사는 갑각류인 가재를 총칭한다.

Cream Asparagus Omelette 버터와 밀가루로 만든 Bechamel Sauce Omelette을 얹어 Asparagus를 첨가한 것

Cream Cheese Dressing 요구르트와 크림치즈를 섞어 Chive나 각종 허브를 다져 넣고 경우에 따라 Lemon Juice, Worcestershire Sauce를 넣어 맛과 향을 더하여 만든 드레싱

Cream de Cassis Black Currant 열매로 만든 Liqueur로 약간 신맛이 난다. 식전주로 주로 음용한다.

Cream de Menthe Sprits에 페퍼민트를 주원료로 하여 여러 약초류를 혼합해 만든 Liqueur

Cream Sauce Bechamel Sauce에 Cream을 넣어 만든 Sauce

Cream Soup Stock에 버터와 밀가루를 섞어 볶은 Roux, Milk, Cream 등을 넣고 서서히 끓인 Soup

Creole Rice 쌀과 양파를 볶은 후 야채 또는 Chickenstock, 부케가르니(Thyme, Bayleaf, 파)를 넣어 삶은 후 오븐에서 익힌 쌀요리. 버섯, 피망, 토마토를 넣어 완성시키고 각종 육류, 가금류, 생선, 갑각류와 함께 제공된다.

Crepe 밀가루, 버터, 달걀을 혼합하여 프라이팬에 얇게 구워낸 것(A Very Thin Pan Cake)

Cretin Pommes 큼지막한 Chateau 모양으로 만든 감자를 삶아 표면에 버터를 바르고 Thyme을 뿌려 오븐에서 구운 감자요리

Crispy 1. 바삭바삭하거나 부서지기 쉬운 음식(Ricecrispy같이) 2. 야채나 Salad를 바삭바삭할 때까지 Ice Water에 담그는 것

Croaker 농어목, 도미

Croissant Puff Pastry 반죽으로 만든 초승달 모양의 Roll. 주로 아침용 빵으로 서비스되며 햄, 치즈, 버섯 등을 넣어 먹는 경우도 있다.

Crouton 빵을 작은 Cube 모양으로 잘라 Oven에서 노릇하게 색깔이 나도록 굽거나 기름에 Sautee하여 만든다. 바삭한 느낌이 특징으로 Soup나 Salad의 Garnish로 주로 쓰인다.

Crumb 보통 빵 등의 작은 조각, 빵가루를 의미

Crumpet 핫케이크의 일종

Crust 딱딱한 빵껍질

Crusty Farm Roll 표면이 딱딱하고 두꺼운 빵

의 일종

Cube 주사위 모양으로 자른 것

Cuisine 1. Kitchen이나 Cooking Department 2. Cooking하는 방법 또는 특정한 요리 Style 3. 준비된 Food

Cultivateur 불어, 농산물의 경작

Cumberland Sauce 영국식 Sweet-Sour Sauce, 주로 찬 햄, Chicken Pate, Game Pate, Roasted Duck 등과 서비스한다. Port Wine, 오렌지, 레몬주스, Red Currant Jelly 등이 주재료이며 젤리나 딥 형태로 서비스함

Cumin 미나리과 식물종자의 건조품. 자극성 있는 맛과 독특한 풍미가 있다. 장방형의 작은 향신료로 Caraway Seed와 비슷하며 원산지는 이란. Curry와 Chili Powder의 주요 원료이며 Soup, Cheese, Stuffed Egg, Meat Pie 등에 사용된다.

Curry 완전히 말려서 가루로 빻은 향료들의 배합. 대부분 15~20가지의 Herb, 씨앗 향료가 배합된 것이며 그 강도는 Chilli(고추의 일종)로 좌우된다.

Custard 우유와 설탕, 계란 반죽을 뻑뻑하게 굳어질 때까지 익힌 것. 여러 종류가 있어 Dessert로 다양하게 쓰인다.

Cutlet Fry용이나 Broil용으로 갈비살이나 다리살을 잘라낸 조그마한 Meat Slice

D

D'Agnea 어린 양(= Lamb)

Daikon Sprout 무(=Radish)의 싹, 무순

Danish Pastry 패스트리에는 크게 두 가지 종류가 있다. 하나는 반죽에 이스트가 포함되어 있어 발효과정을 거치는 데니시 패스트리이고 다른 하나는 반죽에 이스트를 넣지 않고 반죽 사이의 유지가 녹아 생긴 공간을 수증기압으로 부풀리는 퍼프패스트리이다. 쉽게 크로와상 반죽을 생각하면 되며, 여기에 주로 단과일을 곁들여 구워 아침용 빵으로 먹는다.

Dartois Savoury와 Sweet 두 종류의 Dartois가 있다. 두 장의 Puff Pastry를 겹쳐 각종 속을 채워 굽는 방식으로 조리한다. Savouy Dartois의 Filling으로는 Anchovy, Chicken, Foie Gras, Sardines, Crayfish 등을 주로 사용한다. Sweet Dartois는 라즈베리, 사과, 살구잼, 아몬드 페이스트 등을 주재료로 한다.

Dates 대추야자의 열매

Daube 고기, 생선, 야채를 찜으로 만드는 조리방식을 의미. 주로 각종 허브로 맛을 낸 Red Wine Stock에 넣어 조리한다. Daube 그 자체의 의미는, 프랑스 남부지방에서 유명한 요리인 "와인에서 익힌 쇠고기 찜"을 말하며, 차게 혹은 뜨겁게 먹는다.

Dejeuner 프랑스어로 점심, 간단한 중식을 의미

Demi Baguette 반쪽 크기의 바게트 빵

Demi Glace Sauce 기본 Brown Sauce에 White Wine, Tomato Puree, Butter, 각종 향료를 넣어 만든 농축 갈색 Sauce(Demi = Half)

Devil Sauce Beef Stock에 Mustard, Pepper, Onion, White Wine, Pimento 등을 넣어 만든 향이 강한 Sauce

Dice 네모진 입방체로 자른 것(= Cube)

Dieppoise 생선을 조리하는 방식 중 하나. 주로 Sole, Brill, White Fish를 White Wine에 넣어 익힌 후 홍합, 새우, 버섯과 함께 서비스한다.

Dill 식물 "시라"(한국식명)의 열매, 회향풀. 딜잎은 스칸디나비아 지방에서 Salmon, Crayfish 조리 시, 맛과 향을 증가시키는 목

적으로 주로 사용된다. 섬세하고 독특한 향은 생선, 해물, 계란요리, 크림베이스의 요리 등에 잘 어울리며, Vinaigrette이나 피클 등에 첨가하기도 한다.

Dip 주로 애피타이저 등의 소스에서 사용하는 단어로 찍어먹는 소스를 칭하는 단어. Dressing보다 걸쭉한 형상의 소스

Diplomat Sauce 바닷가재와 노르망디 소스를 혼합하여 잘게 썬 송로와 바닷가재를 곁들인 것

Doily Decoration Paper

Donauwelle Cake 층마다 색깔을 달리해 만든 초콜릿 케이크(유명한 도나우 강 물결에서 따온 이름)

Drambuie 스카치 위스키를 Base로 벌꿀, 향초 등을 첨가해 만든 Liqueur

Drawn Butter(Clarified Butter) Lemon Butter라고도 하며 버터에 레몬즙을 넣어 맑게 정제한 것

Drizzle Roll 시나몬 롤

Dry 술 자체의 맛을 가리키며 단맛이 적은 것을 말함(불어로는 Sec이라고 함)

Dubarry Cream Soup Cauliflower Cream Soup

Durian 파인애플 크기이고 표면에 가시가 난 듯한 모양의 열대과일로 과육은 고구마와 비슷하고 맛이 좋으나 독특한 향이 자극적임

Duxelle 곱게 다진 양송이에 향신료와 양파를 넣고 Saute하여 으깨어 만든 양송이 해쉬(Hash)

E

Ecossaise 1. Scotch Broth풍의 Soup를 뜻함. 작게 잘라 익힌 양고기, 야채를 넣은 Clear Soup를 의미. 2. 연어를 주 재료로 하는 계란요리를 통칭하기도 함

Edam Cheese 네덜란드 치즈. 치즈가 발효하자마자 아마자유로 페인팅하거나 코팅한 것이 특징임(수출용만 붉은 빛깔의 파라핀 표피를 입힘. 지방이 적음)

Eel Kabayaki 장어구이

Eel Teriyaki with Steamed Rice 장어덮밥

Eel 장어

E-Fu 중식에서 주로 사용하는 밀가루국수의 일종으로 튀김처럼 기름에 튀겨낸 후 끓는 물에 삶아 조리한다.

E-Fu Noodle 계란국수

Egg Noodle 달걀을 넣어 납작하게 만든 국수

Eggplant 서양식 가지를 일컫는 말로 나라별로 부르는 말이 틀리며 크게 보통 사이즈의 Eggplant와 이것보다 좀 더 큰 Italian Eggplant로 나누어진다.

Eglantine Sauce 약간 단맛이 나는 White Wine으로 장미열매 퓌레에 레몬주스로 간을 맞춘 것

Emince 조각, 얇게 저민 고기

Emmentaler Sausage 스위스산 에멘탈 치즈가 들어간 Veal Sausage

Emmenthal Cheese 스위스 치즈. 살균처리된 우유로 만들며 엷은 노란색. Gas Hole이 크며 곰팡이가 없음

En Coquille 조개껍질에 담긴 것을 의미함

Endive Boat Endive라고 불리는 야채의 잎을 하나씩 떼어낸 후 엎어놓은 것. 엎어놓았을 때의 모양이 보트와 비슷하여 Endive Boat로 불림

English Pancake Pancake에 레몬을 곁들여 만 것

Enoki Mushroom(Enokitake) Small Long & White Mushroom(팽이버섯)

Entrecote Ribsteak, 두 개의 갈비뼈를 사이에 두고 잘라낸 고품질의 스테이크. 마블링이 풍부하고 부드러우며 Grill하는 것이 보통이다.

Entree Full French Course에서는 Hors D' Oeuvre와 생선요리 다음으로 Roast 요리에 앞서 제공되는 세 번째 코스요리를 의미한다. 오늘날은 통상 Appetizer와 Dessert 중간에 나오는 Main Course Meal을 뜻함

Entremets 치즈 다음에 제공되는 디저트 코스를 의미한다.

Escalope 고기나 생선의 작고 얇게 썬 Slice (=Scallop)

Escargot Cream Soup Fish Stock에 달팽이와 White Wine을 넣어 만든 수프

Escargot Snails, 달팽이요리

Escoffier, Auguste 20세기 최고의 프랑스 명요리사(1846-1935), 13세에 그의 숙부와 요리계에 입문 후 은퇴 시까지 62년의 조리사 생활을 하며 프랑스뿐만 아니라 모든 서양요리의 대가가 되었으며, Emperor of Chefs로 불렸다. 지금도 그가 창안해 낸 요리법들은 전설처럼 전해 내려오고 있으며 많은 Gourmet의 혀를 즐겁게 하고 있다.

Eye Round 쇠고기 엉덩이 부위의 가장 연한 부분

F

Fajita 쇠고기나 닭고기 등을 구워서 볶은 야채와 함께 토르티야에 싸서 먹는 멕시코 요리

Farce 양념하여 다진 고기 등을 소로 채워 넣는 것(=Stuffed)

Fedora 작고 둥근 빵틀에 당근, 순무, 아스파라거스 조각을 채우고 설탕을 바른 빵. 오렌지 조각으로 장식함

Fennel 미나리과의 회향풀(생선요리나 Salad 등에 사용)

Fennel Nicoise Fennel을 Slice한 후 Diced Onion, Chopped Garlic & Diced Tomato와 함께 볶은 요리

Fern 양치류, 고사리의 일종

Feta Cheese 1. 염소젖(Goat)으로 만든 그리스산 치즈 2. 양의 우유로 만든 하얀색의 그리스 치즈, 맛이 짜며 강도는 중간 정도이다. Salad Garnish로 많이 사용

Fettuccine 이태리 Pasta의 일종(넓적하고 납작한 면)

Fiddle Heads 항해 용어로 뱃머리 양쪽에 소용돌이가 생기는 것에서 유래(소용돌이 꼬임이 있는 짧은 국수). 바이올린의 두부장식과 비슷. 고사리의 머리부문만 잘라 더운 야채로 쓰기도 함

Fig 무화과

Filled Sole Sole은 광어와 같은 Flatfish의 종류로 원산지는 프랑스이며 Filled Sole은 sole 안에 무스 등을 넣어 요리하는 방식을 말함

Fillet of Cod Fish Oriental 대구살을 저며 중국식 Sauce를 얹어 요리한 것

Fillet of Mignon(미뇽) 쇠고기 안심의 끝부분으로 고기 맛이 연한 최고급 Steak. 이 Steak에 Foie Gras Slice를 얹고 Madeira Sauce를 뿌린 Fillet Mignons Rossini가 유명하다.

Fillet(Filet) 안심(소, 양, 돼지, 송아지), 저민 생선살. Beef Fillet는 소의 크기에 따라 다르나 길이가 약 60cm로 머리는 굵고 가늘며 소 1마리에 척추 양쪽에 1개씩 2개가 있으며 1개로 약 8~10인분의 Steak를 만든다. Fillet의 부위에 따라 그 명칭은 다음과 같다. 1. Beef Steak 2. Chateau Briand 3. Fillet Steak 4. Tournedos 5. Fillet Mignon

Fine Herbs Parsley, Cerfeuil, Estragon, Ciboulette 등을 잘게 썰어서 혼합한 것 (Sauce와 향초 등으로 사용)

Fingerling Potatoes 다른 감자 종류와 달리 Fingering Potato는 손가락 모양처럼 길게 뻗은 모양으로 자르는 것이 특징임

Flat Fish 넙치

Flavored 재료가 가진 고유의 향을 일컫는 말

Fletan 홍가자미(= Halibut)

Fleurette 작은 꽃의 뜻으로 꽃장식을 말함(= Fleuron)

Float 두 가지 술을 Cocktail할 때 비중이 가벼운 술을 비중이 무거운 술 위에 조용히 부어 혼합되지 않고 뜨도록 하는 것(예 : B & B)

Florentine French, Italian 요리 중 시금치가 주된 재료로 쓰인 요리를 칭할 때 Florentine이라 함(예 : Egg Florentine). 또는 견과류, 꿀, 마른 과일류를 넣어 만든 비스킷 종류를 칭한다. 주로 한쪽 면에 초콜릿 코팅을 한다.

Flounder 가자미

Flour 밀가루

Flying Fish Roe 날치알

Foie Gras 지방질이 많은 거위 또는 오리의 간

Foie Gras in Brioche (브리오슈) 빵에 거위 간을 채워 넣고 오븐에서 조리한 것

Fondant Potato 감자를 계란 크기로 만들어 삶아 감자 위에 버터, 소금, 후추, Stock을 넣고 Oven에 넣어 갈색이 나게 구운 것

Fondue 한 종, 또는 여러 종의 치즈에 버터, 향신료, 와인을 섞어 Fondue 전용 도자기 그릇에 넣어 녹인 후, 빵에 찍어 먹는 스위스 요리. 지방별, 도시별로 독특한 Recipe가 있다.

Frappe 1. Ice cream, Syrup, Fruits, Nuts를 넣고 휘저어서 거품처럼 부풀린 것 또는 cream 2. 여러 가지 향료를 넣어 빙수와 같이 얼린 Mixture 또는 음료. 불어로 "얼음으로 차게 한다"는 의미로 얼음을 잘게 부수어 술을 서서히 부은 것(예 : Cream de Menthe Frappe) 3. 잘 저으면서 걸쭉한 죽처럼 얼린 것(빙수)

French Dressing 기름과 식초를 2 : 1의 비율로 혼합해서 양념한 것

French Fried 감자 껍질을 벗겨 잘라 찬물에 담갔다가 쇼트닝에 5분 정도 Blanch(데치다, 찌다) 후 냉동고에 얼렸다가 기름에 튀겨 소금, 후추를 뿌린다.

French Toast 계란과 Milk Butter에 담가 튀긴 빵

Fricasse White Cream Sauce에 갈색으로 겉만 그을린 육류나 가금류를 Stew처럼 조리하는 것

Fried Rice 쌀밥에 Egg, Onion, Beef, Pork, Chicken, Ham, Shell Fish, Soy Sauce 등을 넣고 기름에 볶은 것

Frisee Lettuce 끝이 꼬불꼬불한 모양. Garden Salad의 France식 표현

Fry 많은 기름을 넣고 튀기거나 적은 기름에 지지는 것

Fume Smoke(훈제)

G

Galantine Terrine과 비슷하며 닭이나 오리 등을 각종 속으로 채워 천이나 쿠킹호일로 싸서 Stock에 넣어 끓여 익히는 요리. 차게 제공한다.

Galette Potato 감자를 오븐에 구운 후 계란 노른자, 소금, 버터 등을 넣어 섞은 후 납작한 원형케이크 형태로 만들어 구운 것

Gammon Ham Smoked Ham

Garden Greens 여러 종류의 샐러드 야채를 일컫는 말

Garishoga 생강 절인 것

Garnish 음식이나 Cocktail을 Bright하고 Colorful하게 장식하는 것(Garniture는 장식물 자체를 말함)

Garoupa Thai 등 동남아에서 잡히는 Local Fish(우럭바리, 석반어라고도 하며 바닷속 바위틈에서 자란다)

Gateau Tosca 케이크 표면을 Saran(설탕시럽의 일종)으로 입힌 후 Slice한 아몬드로 옆면을 장식함

Gateau Cake의 불어

Gazpacho 토마토·오이·피망·완두콩 등의 여러 가지 야채로 만든 시원한 수프로서 에스파냐의 대표적인 요리

Gem Fish 생선 "돔"의 일종

Gerkin 초절임한 작은 오이

Ginko Nut 은행

Givree "서리로 뒤덮인"의 뜻

Glaze 1. Meat나 fish에 그 국물을 바르거나 Sweet Potato처럼 그 위에 설탕을 입혀 광택이 나게 하는 것(예 : Glazed Carrot) 2. 묽은 Soup를 끓여 Gelantin Paste로 만들어 찜 위에 얇게 바르는 것

Goat Cheese 염소의 우유로 만든 치즈로 지방의 함량이 적으며 표면이 젖어 있고 공기와 접촉 시 쉽게 상하므로 Plastic Pack이나 진공포장을 주로 하며 냉동실에 얼리면 오래 보관할 수 있다.

Goose Liver 거위 간(=Foie Gras)

Goose Liver Delice Goose Liver Mousse

Gorgonzola Italy Gorgonzola 지방에서 생산되는 Cheese로 Cow의 우유로 만들며, 숙성된 정도에 따라 Blue/Green/Gray로 나누어진다.

Gouda 소젖으로 만든 네덜란드 치즈. 지방함량 30~40%, 대량생산하는 Gouda Cheese는 Edam과 매우 비슷하지만, 전통방식으로 만든 Gouda 치즈는 진한 과일향의 풍미를 가진다.

Goulash Beef에 토마토, 백포도주, 파프리카, 감자를 첨가한 헝가리식 고기조림

Gourmet 미식가, 고급 미식요리

Grain 여러 종류의 곡물을 일컫는 말

Grand Manier 꼬냑에 오렌지, 설탕을 넣은 Liqueur로 단맛이 나며 Liqueur 중 최고급에 속함

Grand Mere 닭고기를 Stew하여 Crouton, 버섯 등을 곁들임(할머니라는 뜻)

Gratin 표면에 Cheese나 크림 소스, 빵가루를 입혀 Oven에 노릇노릇하게 구운 것

Gravy 육류를 요리할 때 생기는 육즙에 전분을 섞어 만들어 고기 위에 쳐서 먹는 Sauce. 이 Sauce를 담아 서비스하는 용기를 Garvy Boat라고 함

Green Bean 완두콩

Green Rice 밥 안에 Green 색깔의 허브 등을 첨가하여 만드는 밥

Greens 푸른색 야채를 일컫는 말

Grenadin 1. 송아지, 칠면조고기의 stew 2. 석류로 만든 시럽, Aperitif나 Cocktatil에 첨가하는 용도로 사용한다.

Grenobloise 껍질째 Dice한 Lemon과 Caper에 Butter를 섞어 Fry한 생선요리. Grenobloise는 프랑스 도시 이름

Grill Broil과 같은 의미. 석쇠나 Grill판에서 굽는 요리방법

Grissini 표면이 딱딱한 Bread Stick으로 Whole Wheat Flour로 만들며 Dipping Sauce에 주로 찍어서 먹는다.

Gros Gateau 대형으로 구운 Cake (Decoration Cake, Wedding Cake 등)

Grouper See Garouper

Gruyere 스위스 Gruyere 지방에서 생산되는 Cheese로 Cow's Milk로 만들며, 강도가 단단하며 3개월에서 12개월 정도 완전히 숙성되면 Cheese에 작은 구멍과 금이 생긴다. (Emmental과 거의 비슷하나 Gas Hole이 훨씬 작은 스위스 치즈)

H

Haddock 북대서양산 명태의 일종

Hake 바다의 창꼬치라 불리는 머리가 뾰족하고 납작한 고기로 살이 많은 흰살생선

Halibut 큰 광어

Hammour 생선 "돔"의 일종

Hapuka Fish 대양주 지역에서 많이 서식하는 어류로 Grouper와 동일 분류체계에 속한다.

Harvest Fish "돔"과의 식용어

Hash 고기나 야채를 잘게 다져 굽거나 (Baked) Pan Fry한 것

Hash Brown Potato 거칠게 간 감자를 Butter, 양념과 혼합하여 팬케이크처럼 프라이팬에 양년을 노릇노릇하게 구워낸 것

Hash Potato 삶은 감자를 다져서 동그랗게 모양을 낸 후 튀긴 감자

Hashi 젓가락

Hashioki 젓가락 받침

Havana 튀긴 닭고기 간, 잘게 썬 녹색 고추와 토마토를 오믈렛에 채운 다음 토마토 소스를 부음

Havarti Scandinavian Cheese

Hazelnut Parfait Log Hazelnut을 넣어 만든 직사각형의 Ice Cream Cake

Hazelnut 개암나무 열매(둥근 장방형의 열매로 원산지는 지중해 연안임). Dessert나 Appetizer의 재료나 Decoration으로 사용

Herb Crust 여러 종류의 허브를 다져 섞어 반죽한 것으로 Meat, Poultry, Fish 등에 뿌리거나 반죽에 섞어 생선이나 고기 위에 얹기도 한다.

Herb Frittata Frittata는 Italy Version의 Omelet으로 Herb와 달걀을 섞은 후 일반 Omelet과 달리 Oven에서 익힌다.

Herbs Mint 포도주로 만든 식초에 다진 박하잎을 넣고 끓여 거른 다음 박하잎을 곁들인 소스로 주로 양고기와 함께 차가울 때 먹는 것

Herring 청어

Hollandaise Sauce Butter, Egg Yolk, Shallot, Onion, Vinegar, Pepper Corn, Lemon Juice, Tarragon, Salt를 넣어 만든 Sauce

Homard Pate en Croute 바닷가재에 빵 껍질을 씌워 차가운 상태로 서비스

Homard Sauce Homard Beurre(Butter)와 Cream Sauce를 섞고 네모나게 썬 가재를 첨가한다.

Homard 바닷가재(=Lobster) 중 앞집게발이 큰 것을 이르는 불어 Cf. Langustine

Homogenized Milk 고압을 가함으로써 우유 속의 유구를 파괴, 균등하게 분산시켜 소화가 잘 되게 만든 우유

Honey Dew 미국 캘리포니아에서 생산되는 매끄럽고 크림색이 나는 Melon

Honey Glazed Gammon Steak 돼지고기로 만든 햄에 꿀을 발라 윤이 나게 한 것

Hongroise Potato 감자를 잘라 양파에 볶아 섞어 살짝 익힌 다음 파프리카, 소금, 후추, Stock을 넣어 뚜껑을 덮고 익혀낸 후 다진 파슬리나 베이컨을 뿌린다.

Hongroise Sauce Chicken Stock에 Butter, Flour, Onion, Paprika, Tomato Paste, Cream, Salt, Pepper 등을 넣어 만든 Sauce

Hors D'Oeuvre 식사 전 Cocktail이나 Wine과 함께 먹는 여러 가지 Appetizer를 말함. Cold Hors D'Oeuvre와 Hot Hors D'Oeuvre(Hot Savory)가 있다.

Horseradish Sauce Horseradish에 Vinegar, Fresh Cream, Sour Cream, Lemon Juice, Salt, Pepper 등으로 만든 흰색의 소스로 Smoked Trout, Poached Salmon의 Dips로 씀

Hosomaki 가늘게 만든 김밥

Hot Bean Sauce 중식 소스의 이름으로 매운 콩소스를 일컬음. 흔히 두반장이라고 하는 소스임

Hot German Potato Salad 삶은 감자를 Dice하거나 둥글게 잘라 Sauteed Bacon, 다진 셀러리, 양파 등과 섞어 뜨거운 Stock과 식초를 붓고 그 속에 감자를 섞는다.

Hot Savory 뜨거운 Hors D'Oeuvre를 말하며 Shrimp Ball, Crepe with Beef 등이 있음

Hungarian Beef Goulash Beef에 토마토, 백포도주, 파프리카, 감자 등을 첨가한 헝가리식 쇠고기 스튜

Hungarian Sauce Demiglace Sauce에 White Wine, Shallot, 버터에 볶은 버섯 등을 넣어 만든 Sauce

I

Ice Cream Parfait with Jubille Sauce Chocolate Mould에 Vanilla Ice Cream을 채워 Cherry Jubille Sauce를 Warming하여 Chocolate Cup 위에 곁들인다.

Ice Cream Ring Monte Carlo Strawberry, Brandy, Mocha 3종류의 Ice Cream을 Ring 모양으로 만든 후 가운데를 각종 과일로 채운 것

Ice Cream Sundae 3종류(Vanilla, Strawberry, Chocolate)의 Ice Cream에 Chocolate Syrup, Fruit, Nut, Cherry를 Garnish한 것

Iceberg Lettuce 아이스버그 레티스(잎이 양배추 모양)

Infusion 달이기, 우려내기, Tea 종류

Island Cake Coconut Cream with Biscuit

Italian Dressing Garlic, Dry Mustard, Salt, Wine, Vinegar, Olive Oil, Parmesan Cheese로 만듦

J

Jacobine 네모나게 썬 감자와 초록색 제비콩과 순무, 작은 완두콩, 가늘게 채친 송로버섯을 곁들임

Jade Chicken 시금치를 잘라 넣어 요리한 닭고기

Jade Rice 시금치를 잘라 넣어 지은 밥(녹색 제이드 보석 색 같다는 뜻)

Jalapeno Ponze Jalapeno라는 고추를 이용한 일식 소스

Jambon 불어로 햄을 뜻하며, 옛날엔 오래 저장하기 위해 소금에 Jambon을 절여서 보관하기도 했음

Jambonnette 허벅지, 다리살

Japanese Shioyaki 1. 소금구이 : 재료에 소금을 뿌려 30분쯤 두었다가 물로 씻은 후 다시 소금을 뿌려 굽는다. (예 : Salt Grilled Whole Trout Japanese Shioyaki) 2. 노른자구이 : 소금구이를 해서 달걀 노른자를 바른다(예 : Grilled Whole Trout with Egg Yolk)

Japanese Taro 토란

Jardinier 야채요리의 일종. 주로 Carrots, Turnip(순무), French Beans을 주사위꼴 또는 기다란 조각으로 생야채를 썰어 익힌 다음 메인요리 주위에 Garnish로 이용한다.

Jelly 젤라틴에 설탕, 계란 흰자 등을 혼합하여 형을 만들고 차게 굳힌 것으로 포도주 혹은 Liquor, Sherry, 과일 등을 넣어 만듦

Jelly Fish 해파리

Jette Promenade 가늘게 채썬 감자를 특수 주형에 넣어 Oven에 구움

Joinville 1. Prawn Butter, 가늘게 채썬 Truffle 등이 첨가된 노르망디 소스 2. Sole Fillet를 원형으로 둘러놓은 요리를 의미

Julienne 야채나 고기를 길이로 가늘게 채썬 것

Juniperberry 노간주나무의 열매. 단맛의 풍미와 향이 강함. Gin을 만들 때 빼놓을 수 없는 재료

Jurassienne 동프랑스 Jura풍(싹파, 파슬리, 기름기 없는 햄 등을 곁들인 요리)

K

Kahuku Shrimp 하와이 특산 새우 이름

Kaiser Roll Round Shape를 하고 있으며 달지 않은 Roll을 말함. 빵 위에 바람개비 모양의 무늬가 있음

Kalamata Greece의 북쪽에 위치한 도시명으로, Greece Kalamata Olive의 주요 생산지이며 Kalamata Olive는 검정색으로 향이 강하고 윤기가 많이 나는 것이 특징임

Kaldereta 토마토 소스에 각종 야채, 해산물 그리고 돼지고기를 넣어서 만든 소스 같은 음식

Kashi 일본식 후식인 Amami를 담는 접시

Kates Carrot Cake 당근이 들어간 Pound Cake

Kates Mixed Berry Cake Berry류를 이용한 디저트 케이크

Kebab 1. Meat를 작은 조각으로 잘라 마늘과 기름으로 양념하여 꼬치에 꿰어 Roast한 것 2. 인도에서는 일반적으로 양고기를 꼬치에 꿰어 석쇠에 굽거나 졸인 것

Kidney Bean Salad Kidney Bean(붉은콩)을 잘 삶아 양파, 셀러리, 오이피클, 피망 등을 Slice하여 섞고 Mayonnaise로 버무린다.

Kijiyaki 옛날 산에서 꿩을 잡아 꼬치에 꿰어 굽던 방식

King Fish 민어

King Oyster Mushroom 새송이버섯

King Prawn 일반 Shrimp와 달리 길이 10cm 이상의 큰 새우를 일컫는 말

Kiwi 뉴질랜드산이 많고 크기와 모양이 계란과 비슷하여 갈색 겉껍질은 털이 부숭부숭나 있고 과육은 녹색으로 단맛과 신맛을 가지고 있다.

Knot Roll Soft Roll의 종류로 빵의 가운데 부분이 볼록한 게 특징

Kofta Curry 인도 커리의 한 종류로 양이나 닭고기 미트볼로 만들어 첨가한 커리요리

Kolbassa 동유럽 스타일의 소시지

Korean Beef Tendon Soup 도가니탕

Kosher 히브리어에서 파생된 말로 유대인 음식물 금기법에 따라 조리된 유대 정교 신봉자들의 식사(유태인이 요구하는 대표적인 Special Meal임)

Kumquat 낑깡을 일컫는 말

L

Lajo 중식의 매운 소스

Laksa Noodle 동남아식 쌀로 만든 국수의

일종

Lamb 일년생 미만의 새끼 양고기(Mutton은 1년생 이상의 성숙한 양고기)로 육질이 부드럽고 지방과 수분함량이 적다. 주로 Mint Sauce, Mint Jelly Sauce를 곁들여 서비스한다.

Lamb Noisette 1 Inch 두께가 되도록 뼈를 빼내고 다듬은 허리 부위살을 Saute하거나 Fry한 후 Provencal Sauce를 곁들여 서비스하는 요리이다.

Langoustine 작은 바닷가재(때로 가재를 일컫는다)

Lapereau with Herb Rate Lapereau는 불어로 집토끼(Rabbit)라는 뜻. Rabbit & Fresh Herbs Rate

Lard 녹여서 정제하여 다시 굳힌 돼지기름(The Fat of Hogs)으로 튀김류 또는 쇼트닝으로 이용된다.

Lasagna 넓적하게 만든 국수에 Tomato & Cheese Sauce를 층층으로 얹어 Oven에 Baked한 Pasta류

Leek 굵은 파의 일종으로 한국산 대파와 모양은 비슷하나 Leek은 속에 겹겹이 층으로 싸여 있음

Leek Frittata Frittata는 Italy Version의 Omelet으로 Leek에 달걀을 섞은 후, 일반 Omelet과 달리 Oven에서 익힌다.

Lentil Bean 단백질이 많이 함유되어 있는 콩으로 유럽식 요리에 많이 쓰이며 조리 후 모양이 그대로 유지됨(Small & Large Size가 있음)

Lettuce 일반적으로 Leaf Lettuce와 Head Lettuce 두 가지 Type이 있으며 한국에서는 Leaf Lettuce를 주로 사용한다. Leaf Lettuce는 Head Lettuce에 비해 성장속도가 3주 정도 빠르고, 이른 봄에 자라기 시작한다.

Lettuce Frisee (끝이 곱슬곱슬한) 상추, 서양상추

Lichee 남아시아 중국 대륙 남부의 상록수 열매로, 과피를 벗기면 하얀 씨를 덮은 과육이 있음. 약간 신맛을 띤 단맛이 나며 그대로 먹기도 하고 설탕에 졸여 Can으로 만들기도 함

Lima Bean 리마콩으로 푸른색을 띠고 있으며 보통 껍질을 벗겨서 먹는다.

Limone Sauce Lemon Sauce

Limousine 잘게 썬 버섯과 소시지 살을 닭다리 속에 채워 Stew한 것(프랑스 남부지방의 지명)

Linguine 스파게티보다 굵은 파스타로 약간 넓적하다.

Linguini Pasta 일반적으로 알고 있는 Pasta와 달리 동그랗지 않고 넓적한 모양을 하고 있음

Link Sausage 사슬 모양의 Sausage

Linseed 아마라는 식물의 씨. 아마유와 아마밀을 얻기 위해 재배하며 주로 아르헨티나, 캐나다, 미국 등지에서 주로 재배한다.

Liqueur 식후에 마시는 입가심 술로 작은 잔에 소량 부어 마신다. 달고 시럽 같은 맛을 내며 독한 것이 특징. 다양한 향취와 색깔이 있고 미국에서는 Cordial이라고도 한다.

Liquor 주류를 통칭하는 말로 주로 쓰이며 정확하게는 증류주를 말함(예 : Whisky, Brandy, Gin, Vodka, Rum, Liqueur 등)

Loaf (일정한 크기를 틀에 넣어 구운) 한 덩어리의 빵(예 : Bread, Roll)

Lobster 바닷가재

Lobster Bisque with Avocado 바닷가재로 만든 Soup에 Garnish로 Avocado를 곁들인 것

Loin 등심

Lollorosso Lettuce 잎끝이 꼬불꼬불한 다갈색의 샐러드로 이태리가 원산지다.

Lorette Potato 감자를 삶아 으깨어 밀가루, 난황, 소금, 후추, 우유와 잘 섞어 초승달 모양이나 긴 벽돌 모양으로 만들어 기름에 튀긴 것

Lorraine Smoked Ham을 곁들인 서양식 파이를 일컫는다. (예 : Quiche Lorraine), 로렌풍이란 뜻

Lotus Root 연근

Louisianne 옥수수크림을 닭고기에 끼얹고 얇게 썰어 튀긴 고구마, 크림과자용 쌀, 둥글게 썰어 튀긴 바나나조각을 얹어 장식함(Chicken Louisianne)

Lyonnaise 일반적으로 요리를 하는 데 있어 Chopped한 Onion을 Butter에 볶은 후 Parsley, Herb 등을 뿌려 마무리한 것. 요리에 양파의 맛이 강하게 나타나는 것

Lyonnaise Potato 감자를 얇게 잘라서 기름에 Sautee하여 양파와 함께 버터를 넣고 볶음

Lyonnaise Sauce 버터에 노랗게 구운 다진 양파에 백포도주 1/2, 식초 1/2을 넣고 졸여 Brown Sauce를 첨가하고 천에 밭쳐 거른다.

M

Macadamia Hazelnut과 유사한 향이 있는 흰색의 둥글고 부드러운 Nuts로 원산지는 호주(Queensland Nut이라고도 함)

Macaire Potato 감자를 오븐에서 구워 속을 파내고 버터와 섞은 후 틀에 넣고 모양을 만들어 오븐에서 구운 감자를 뜻함

Mache 샐러드의 일종. 잎이 부드럽고 맛이 순하다.

Mackerel 고등어

Madeira Sauce Demi Glace Sauce에 Madeira Wine, Butter, Tomato, 각종 향료를 넣어 만든 Sauce

Madeleine Mould에 넣어 굽는 작은 Cake

Magunouchi Bento 일식 특별 도시락 요리를 일컫는 말

Mahi Mahi 황새치과에 속하는 하와이의 Local 생선(태평양산)

Maison 특제의(집, 가문의 뜻)

Maitake Rice 버섯의 한 종류인 Maitake Mushroom(동충하초의 일종)을 넣은 밥을 말함

Maitre D'Hotel 1. 식당을 책임지는 지배인 2. 소금, 후추, 다진 파슬리, 레몬즙을 혼합한 부드러운 Butter Sauce(Vegetable, Fish, Meat 등과 잘 어울린다) 3. 예전 중세시대에 귀족 집안의 집사 등을 일컫는 단어로 독립한 후에는 레스토랑이나 호텔의 총 책임자를 일컫는 말로 바뀌었으며, Maitre D'Hotel Butter or Maitre D'Hotel Sauce 등은 귀족시대의 고급스러운 요리라는 의미

Makhanwala 마사라, 크림, 생강, 마늘, 큐민 등을 넣은 인도 스튜요리의 일종

Malai Kofta Curry 경단처럼 빚은 커리이며 크림을 바른 것을 말라이 코프타라고 함

Malelote Red Wine이나 White Wine으로 만든 생선 스튜요리

Mandarin 귤의 일종으로 표피가 황색으로 단맛이 짙음

Mandarin Segment 귤 껍질을 벗기고 귤의 속살만을 발라낸 것

Mango 열대과일로 표면이 노란 것, 빨간 것의 두 종류가 있으며 매우 달다.

Mango Chutney Sauce Mango 과일을 이용하여 설탕에 조린 소스로 맛이 달고 Mango 조각이 안에 많이 들어가 있는 Sauce

Mangosteen 귤 크기의 모양으로 자주색의 두꺼운 과피 속에 뽀얀 귤 조각 같은 과육이 6조각으로 나뉘어 있으며 Cream색을 띠고 있음. 좋은 향기와 단맛과 신맛이 나며 Queen of Fruit로 불림

Manoucher 빵의 형태는 일반적으로 넓적하며 반죽의 Texture는 기본적으로 인도빵 난과 비슷하다.

Maple Syrup 단풍나무시럽

Maraschino Dalmatia 지역에서 재배되는 Marasca Cherry로 만든 Liqueur

Marchand de Vin 마늘을 버터로 볶아 적포도주를 뿌려 졸이고 농축한 육즙과 Demi Glace Sauce를 첨가하여 만든 Sauce(포도주 상인이란 뜻)

Marengo Tomato Sauce에 Demi Glace Sauce, Cruton, 버섯 등을 첨가하여 만든 일종의 Stew

Marigny 양 엉겅퀴를 버터로 볶고 완두콩을 곁들인 요리(Normandie의 Continental 반도에 있는 마을 이름)

Marinara Sauce 해산물(특히 앤초비)을 포함한 토마토 소스로 주로 파스타에 많이 사용된다.

Marinate 1. 고기를 부드럽게 하기 위하여 여러 가지 술, 향신료, 야채에 재워두는 것 2. 재료에 좀 더 풍미를 가하기 위해 술, 향신료로 담가두는 요리방법

Marinated 주로 음식의 좋지 않은 냄새를 제거하고 맛과 향을 좋게 하기 위해 음식 재료를 알코올, 야채와 같이 재워두는 서양식 요리법

Marjoram 꽃 박하(약용, 향미용 약초)

Marlin 청새치

Marmalade 오렌지, 레몬 따위의 껍질로 만든 Jam

Marquise Potato 버터와 토마토 퓌레를 첨가한 크로켓. 혼합물을 둥글넓적한 팬케이크 모양으로 만들어 버터를 발라 구움

Marrow 소고기 뼈 안에 들어 있는 골을 일컫는다.

Marseillaise 마늘을 넣어 볶은 토마토와 감자를 넣은 요리

Maryland 닭가슴살에 옥수수 Crepe, 파인애플, 체리, 토마토 등을 넣은 요리

Maryrose Sauce Mayonnaise, Tomato Ketchup, Cognac으로 만든 Lobster, Poached Trout 등의 Dips(찍어 먹는 소스)로 진한 살색

Masala Aloo Uttappam 인도식 감자요리와 쌀가루 반죽을 납작하고 둥글게 펴고, 그 위에 여러 가지 야채와 향신료를 얹어 구운 인도의 전통요리

Mascarpone Cheese Triple Cream Cheese로 일반적으로 적은 지방함량을 가진 Fresh Cream이다. 보통 Cow's Milk(소젖)로 만들어진다.

Mash Potato 감자를 삶은 후 버터, 크림 등과 함께 섞어 으깨어 부드럽게 만든 것

Matelow Fish 대서양산 생선

Matsutake 송이버섯

Mature Black Diamond Cheddar 체다 치즈의 한 종류로 숙성이 잘된 치즈를 일컫는 말

Matzo 밀가루와 물을 반죽하여 발효시키지 않고 만든 얇은 Cracker 모양의 빵으로 Kosher Meal 내용의 하나

Maya Maya Espanola 남미산 생선으로 스페인식으로 요리한 것

Maytag Blue 블루 치즈의 한 종류

Meat Ball 고기 완자, 미트볼

Meaux 머스터드가 들어간 소스를 일컫는다.

Medallion (소고기 안심/바닷가재 등을) 동그

란 메달 모양으로 썬 것

Mediterranean 일반적으로 Mediterranean은 Greece인을 말하며, 요리에선 그리스 스타일의 음식을 말한다. 다른 음식에 비해 좀 더 건강을 생각한 Healthy Food를 일컫는다.

Mediterranean Olive 유명한 지중해산 Olive와 Olive Oil을 넣어 만든 Sauce

Medley of Vegetables Julienne 여러 종류의 야채를 얇게 채썰어 섞어 놓은 것

Mee 인도네시아어로 '국수' 라는 뜻

Melba Toast 빵을 얇게 Slice하여 Oven에서 약간 Brown색을 낸 것. Soup나 Salad 서비스 시 함께 서비스(표면이 바삭하며 두께가 얇은 일반적인 Toast Bread)

Mereille Potato 잘게 썬 감자와 아티초크를 혼합한 것

Meringue 설탕과 계란 흰자로 만든 크림 과자의 일종

Mesclun Lettuce 녹색의 야채, 완전히 다 자라지 않은 어린 채소를 일컫는 말

Meuniere 밀가루를 입혀 버터에 튀긴 다음 다진 Parsley, 레몬즙, 연갈색 Butter를 첨가한 것(생선요리법 중 하나)

Mexicaine 뽀삐에뜨 안에 넣어 만 뒤 데쳐서 토마토와 버섯을 깍둑썰어 구워낸 것에 잘게 썬 고추(Capsicum)를 White Wine에 섞은 것

Mi Chay Rice

Mignon 섬세한, 작은(Very Small Portion of a Meat Type), Filet Mignon(작은 안심 스테이크)

Mignonette 굵게 빻은 후추 혹은 야생의 작은 씀바귀에 Wine을 넣은 Sauce

Millefeuille 파리의 유명한 과자(반죽을 겹겹이 하여 그 사이사이에 크림이나 잼을 발라 구운 Cake)

Minced 곱게 다지다. 잘게 썰다.

Minestrone 걸쭉한 이태리 야채 Soup(보리쌀이나 Vermicelli, Macaroni, Spaghetti 등을 넣은 Thick Vegetable Soup로 Parmesan Cheese와 함께 서비스된다)

Mint 박하(여러 종류가 있으나 Spearmint/Hosmint/Peppermint가 대표적이다)

Mint Jelly Sauce 박하잎에서 향을 축출하고 시금치로 초록색을 내어 젤리로 굳힌 것으로 Lamb요리에 주로 사용하는 Cold Sauce

Minted 음식에 Mint Herb 향을 첨가한 것

Minute Steak Rib Loin 또는 Sirloin을 Cutting한 소형 Steak이며 빨리 조리할 수 있기 때문에 이 명칭이 붙었다.

Mirabeau Sauce 마늘을 첨가한 독일 소스에 향로, 버터를 넣어 만든 Sauce

Mirabelle 작은 금빛의 오얏으로 만든 파이

Mireille Potato Timbale에 으깬 감자와 토마토, 아티초크를 버무려 만든 감자

Mirepoix 야채 종류를 다져서 혼합한 것

Mironton 토마토 퓌레와 혼합한 Demi Glace Sauce에 겨자로 간을 맞추고 버터로 튀긴 양파를 곁들인 Stew

Mississippi Rice 미시시피 지방에서 생산되는 쌀(야생쌀)

Mixed Grill 1. Broil 또는 Grill한 여러 가지 고기(통상 lamb, Beefchop, Bacon, Sausage) 2. 세 가지의 Grilled Items

Mizuna 겨잣과의 야채. 배추와 같은 종류이나 잎이 좁게 갈라져 있음

Mocha 1. 모카커피 2. 커피나 초콜릿으로 맛들인(형용사)

Monk Fish 생선 "아구"

Mont Morancy Sauce Black Cherry를 넣은 검은색 소스. 프랑스의 Black Cherry가 많이 생산되는 지방이름으로 요리이름에 Mont

Morancy가 붙으면 Cherry가 들어갔다는 의미임

Monte Carlo Madeira Sauce에 살짝 튀긴 오이, 녹색콩, 완두콩 등을 채워 넣은 크로켓 감자를 곁들여 냄

Monte Vibiano Italy의 Olive Oil Brand

Moriguchi Radish Japanese Long Radish

Mornay Sauce Bechamel Sauce에 Parmesan Cheese, Butter, Cayenne Pepper를 넣어 만든 Sauce(Meat, Egg, Vegetable 등에 어울린다)

Morrel 삿갓버섯

Morrel Sauce 얇게 썰어 튀긴 삿갓버섯을 첨가한 프랑스 Sauce

Motadella 이태리 소시지의 일종. 얇게 저며 오르되브르로 많이 쓰임

Moussaka 야채와 고기를 올리브유에 볶은 후 화이트소스를 얹어서 오븐에 구운 그리스 전통요리

Mousse Mousse는 프랑스어로 "거품"이란 뜻으로 재료를 갈아 거품이 일게 하고 크림을 넣어 부드러운 느낌이 나게 만든 요리에 붙인 이름이다. Dessert의 경우 계란, 설탕, 우유를 적당히 끓여 거품을 낸 다음 차게 해서 향료, 양주 등을 첨가하여 용기에 담아 얼려 굳힌 것으로 각종 과일을 갈아 넣은 것도 있다.

Mousseline Sauce Hollandaise Sauce에 Whipped Cream을 넣어 만든 Sauce(Fish, Hot Vegetable 등에 어울린다)

Mousseline 1인분으로 만든 작은 Mousse

Moutarde de Meaux 겨자 소스

Moutarde 겨자(=Mustard)

Mozzarella Cheese 소젖으로 만든 순하고 부드러운 질감의 이탈리아산 치즈. 크림빛이 도는 흰색 또는 옅은 상아색이며, 녹으면 고무처럼 쭉 늘어나고 쫄깃쫄깃한 질감이 생긴다. 신선한 젖내 속에 가벼운 단맛과 신맛이 나며, 숙성치즈 특유의 냄새가 없어 치즈 초심자들도 부담없이 먹을 수 있음. 발효시키지 않은 생치즈와 2-3주간 짧게 숙성시킨 것으로 두 가지가 있고 비교적 보존기간이 짧은 것이 특징

Muesli 곡물, 견과, 건과일 등을 섞어 만든 시리얼로 우유를 부어 아침에 먹음

Muesli Roll 곡물, 견과, 건과일 등을 재료로 만든 롤 빵

Muffin 밀가루, 설탕, 마가린, 소금, 계란, 우유 등을 반죽하여 홈이 파인 Muffin Pan에 구운 빵

Mullet 숭어

Multi Grain Roll 여러 가지 곡식을 섞어 만든 잡곡 롤 빵

Munster Caraway 또는 Aniseed로 향을 낸 반경질의 치즈. Munster 계곡의 Alsace에서 만들어짐

Muscat (사향) 포도주를 곁들인

Mushroom Cheese Omelette 버섯을 넣은 치즈 오믈렛

Mushroom Sauce Brown Sauce에 Mushroom, Shallot, Burgundy Wine, Butter, Salt, Pepper 등을 넣어 만든 Sauce

Muskmelon 주로 일본지역에서 많이 나며 겉에 거미줄과 같은 줄이 그어져 있는 멜론

Mussel 홍합

Mustard Grain Cream Sauce 겨자 씨를 첨가한 Cream Sauce

Mustard Sauce 버터 소스에 Mustard를 넣고 걸러 만든 소스

Mustard 서양 겨자(흰 겨자와 검은 겨자가 있으며 매운맛은 검은 겨자 쪽이 강하다)

Musubi 주먹밥

N

Nachujang 중국식 매운 된장으로 중국 요리에 많이 사용

Nantaise 포도주와 버섯을 졸여 조개 사이에 넣고 찐 후 굴과 홍합을 곁들이고 설탕을 넣어 백포도주를 끼얹은 것

Napolitaine Tomato Sauce, Cheese, 으깬 토마토, Butter를 넣은 스파게티

Napolitan Parmesan Cheese와 토마토로 맛을 낸 Sauce의 일종(나폴리풍의)

Nashif 중동식 Beef요리. Beef, 피망, 감자를 5cm 정도로 썰어 중동 특유의 매콤한 향신료, Pepper 등을 가미하여 Stew한 것

Navaran 당근, 양파, 감자, 완두콩 등과 같은 야채를 넣어 만든 Stew

Nectarine Edgeam Fan 복숭아 가장자리를 잘라 부채모양으로 만든 것

Nemours Green Pea, 당근, 감자의 Croquette (파리 동남쪽의 지명)

Newberg Sauce Lobster Meat, Butter, Paprika, Fish Veloute, Dry Sherry Wine, Lemon Juice, Salt, Pepper 등을 넣어 만든 Sauce(Lobster 요리에 잘 어울린다)

Newyorksteak 13번째 갈비에서부터 좌골 끝 사이의 척추 위로 붙은 등심살(Short Loin)을 말하며 Cut했을 때의 모양이 "New York Manhattan을 닮았다" 하여 이 명칭을 붙였다.

Nile Perch Nile 강 부근에서 서식하는 농어

Nine Months Cured Peppercorn 훈제하거나 초절임해 놓은 요리법으로 여기서는 후추 열매를 초절임해 놓은 것을 말한다.

Noilly Prat 1. 프랑스에서 최초로 창제된 Dry Vermouth의 상표. White Wine을 Base로 하며 초근목피향을 첨가해 씁쓸한 맛이 나는 혼성 포도주(무색). 식전에 식욕을 촉진하기 위하여 애피타이저 와인으로 만든 것이지만 칵테일용으로도 많이 이용 2. 노란색의 크림 소스. 프랑스 Vermouth 지방의 이름 있는 Vermouth에 진한 생선 수프와 레몬즙을 넣어 졸인 다음 버터를 넣고 휘저어 백포도주를 첨가함

Noisette Broil하거나 지지는 데 쓰이는 Loin 부분의 작은 Meat 조각(원래는 개암을 뜻함)

Noodle Gratin 국수에 Mornay Sauce를 혼합하여 Parmesan Cheese를 뿌린 후 Oven에서 Gratin 요리한 것

Nori 김

Norimaki 1. 김밥 2. Hutomaki - 굵게 만 김밥 3. Hosomaki - 가늘게 만 김밥

Normande 통상적으로 사과가 들어 있다는 뜻

Normande Sauce White Wine Sauce에 Mushroom Stock, Fish Stock, Liaison 등을 넣어 만든 Sauce(생선과 함께 서비스)

O

O'Brien Green Pepper, 피망과 양파가 들어 있는

O'Brien Potato 감자를 Cube(입방체) 모양으로 잘라 양파와 Fry하여 Red & Green Pepper를 뿌려 놓은 것

Obon Shokado Bento의 음식을 놓는 Tray

Ochawan 밥 공기

Oil & Vinegar Dressing Oil, Vinegar, Dry Mustard, Salt, Green Pepper, Sugar, Paprika 등으로 만든 Dressing

Okra 아프리카 원산의 꽈리고추 모양의 야채로 Creole식 요리에 많이 사용

Old Fashioned Potato Duchess 감자처럼 반

죽해서 Patty로 만들어 밀가루를 묻혀 버터에 튀김

Olive Roll Olive를 재료로 사용한 롤빵

Omelet Opera 닭고기 간과 아스파라거스 조각으로 채운 오믈렛에 Madeira Sauce를 얹어냄

Omelette Fermier 당근, 양파, 셀러리를 버터에 튀겨 소금, 후추, 파슬리를 섞은 후 버터에 튀겨내고 햄을 넣어 만든 Omelette

Omelette Havana 튀긴 닭고기 간, 잘게 썬 녹색 고추와 토마토를 오믈렛에 채운 후 그 주위에 Tomato Sauce를 뿌린 것

Orange Mayonnaise Orange Juice를 반으로 졸인 다음 Mayonnaise와 함께 섞음

Orange Roughy 농어과의 생선

Orange Roughy Herb Butter 농어 버터구이

Oriental Dressing Korean Dressing이나 Japanese Dressing 같은 Soy Sauce를 기본으로 한 Dressing

Oriental Sauce 전분과 각종 양념으로 매콤하게 맛을 낸 중국식 소스

Oroshi Ponzu Sauce 무를 갈아 간장, 식초, 다시물을 혼합하여 만든 소스

Oshi 누름돌

Oshisushi 눌러서 만든 초밥

Osinko 야채나 무 등의 식초절임

Ossi Buchi in Gremolata Stewed Veal Shanks with Lemon

Ossobucco 골수를 사용해 만든 조리법으로 적포도주에 샬롯, 골수 등으로 만든 소스에 송아지 정강이 살 부분을 찜한 요리

Ox-Tail Soup Broth Ox-Tail을 서서히 끓여 생긴 국물에 야채, 향료 등을 넣고 끓인 다음 걸러 만든 맑은 Soup

Ox-Tongue Ham 소혀를 주재료로 만든 햄

Ox-Tongue Mosaic Mosaic이란 장식적인 표현으로 Ox-Tongue으로 내용물을 둘러싸서 모양을 낸 것

Oyster 굴

Oyster Sauce 굴 소스. 굴과 간장으로 만드는 소스(주로 중국 요리용)

P

Paella 쌀, 고기, 어패류, 야채에 사프란을 넣고 스페인 식으로 찐 밥(또는 냄비)

Pak Choy 청경채(중국 배추)

Pakora 인도식 튀김요리

Palak Paneer 시금치와 커티지 치즈로 만든 시금치커리

Palet 원반 모양으로 만들어 구운

Palm Heart 야자 심(종려나무 심)

Pan de Sal 소금빵이라는 뜻을 가진 필리핀의 전통빵

Pan Fry 뚜껑을 덮지 않은 상태에서 소량의 기름으로 Pan에 넣어 익히는 것

Pancetta 이태리의 삼겹살. 주로 훈제하여 즐김

Paneer Makhani with Jeera Pulao 파니르 치즈를 부드러운 마크니 소스로 맛을 낸 커리와 큐민향의 인도식 볶음밥

Panna Cotta 19세기 초 이탈리아 피에몬테 지방에서 시작된 밀크 푸딩의 원조로 각종 과일을 곁들여 차게 먹는 대중적인 디저트

Panner Kabab 치즈케밥

Panner Makhani 인도식 치즈 요리

Papaya 타원형과 원형, 두 가지 종류가 있으며 타원형은 녹색 껍질에 붉은색 과육을 갖고 있고, 원형은 황색 과피에 황색 과육으로 되어 있음

Paprika 1. 고추의 일종(Sweetpepper) 2. 매운맛이 약한 붉은 고추를 건조 분말 형태로 만

든 것

Paprika Sauce 양파를 버터로 졸이고 Veloute Sauce에 양고기의 육즙을 가해 졸인 후 양파를 넣고 Paprika를 많이 넣어 거른 뒤 Cream을 가함

Paratha 인도식 납작한 빵

Parfait 과일, 시럽, 아이스크림 따위를 섞어 얼린 디저트

Paris Brest 슈크림을 Stuffing하고 Almond Slice를 위에 뿌린 동그란 모양의 Cake

Parisienne Fillet of Beef에 Green Pea와 Crayfish Tail(가재 꼬리)로 장식하는 것과 같이 정교하고 값비싼 Garnish(원래 파리에 사는 여성을 의미함)

Parisienne Potato Small Ball로 깎은 감자를 삶아 버터를 바르고 소금, 후추를 뿌린다.

Parma Ham 이태리 Parma 지방산의 햄

Parmentiere 감자가 들어 있는 여러 가지 요리의 조리방식(Parmentiere는 불란서에 감자를 들여온 사람 이름)

Parmesan 이태리 파르마시가 원산인 매우 딱딱한 치즈

Parsley Potato 삶은 감자를 원통형으로 다듬어 버터를 흠뻑 바르고 그 위에 다진 Parsley를 뿌린 것

Parsleysprig 자잘한 파슬리 가지

Pasta 달걀 섞은 초경밀 가루반죽을 다양한 크기와 모양의 Dice에 압축시켜 뽑은 국수로 Pasta에는 Macaroni, Spaghetti, Vermicelli, Ravioli, Cannelloni 등 여러 종류가 있다.

Pastry 과자, 양과자를 통칭하는 말

Pate 1. Terrine과 비슷하나 Pastry 반죽을 씌워 굽는 요리로 속의 빈 곳은 Aspic으로 채운다. 2. 고기, 생선, 야채, 과일 등을 반죽하여 Oven에서 구워 차게 또는 따뜻하게 먹는 Pie의 일종(반죽, 밀가루 반죽)

Pate en Croute 주재료에 빵 껍질을 씌워 Pie 모양으로 만든 것

Pate in Feuillete 반죽 사이사이에 버터를 얇게 발라 겹쳐 놓은 것

Patty 작은 파이(=Small Pie)

Paupiette 고기에 속재료를 넣고 말아서 하는 요리

Paysanne 야채 자르는 방식을 일컫는 말로, 보통 삼각형의 형태로 자른다.

Pea 완두콩

Peach Melba Vanilla Cream Sauce 위에 복숭아와 아몬드로 장식한 것

Peapod 콩깍지

Pear Cake 배를 재료료 한 케이크

Pearl Onion 진주 모양의 작은 양파

Pecan 피칸, 북아메리카가 원산지인 견과류의 일종

Peking 중국 요리 중 북경식 조리법. 양념기술과 Light한 Style이 특징

Penang 베트남 페낭식의 닭요리

Penne 1. 물과 밀가루를 사용하여 만드는 이탈리아 국수요리. 파스타 종류는 재료에 따라 150여 가지. 면의 형태상으로 600여 가지가 넘을 정도로 매우 다양함. 면의 형태면에서는 크게 롱(Long) 파스타, 쇼트(Short) 파스타로 나뉘고, 펜네(Penne)는 쇼트 파스타에 해당한다. 그 밖에 리가토니(Rigatoni), 로텔레(Rotelle), 푸질리, 마카로니, 파르팔레(Farfalle) 등이 있다. 2. 구멍난 파스타를 비스듬히 잘라 입구가 펜촉처럼 뾰족함. 파인 구멍으로 소스가 스며들기 때문에 비교적 진한 소스의 풍부한 맛을 즐기는 데 사용된다.

Pepitoria Sauce 스페인산 Red & Green Pepper로 만든 Sauce

Pepper 후추과의 덩굴성 식물 과실(녹/흑/적/백의 4종으로 분류)

Peppercorn (말린) 후추 열매

Perch 농어

Peri Peri Sauce(Piri Piri Sauce) Chilli, Olive Oil, Lemon Juice, Herb 등으로 만든 매콤한 맛의 소스

Perigord Truffle Black Truffle(송로버섯). Truffle 재배로 유명한 France Perigord 지역의 Truffle

Perigordine Brown 소스에 기름기 있는 간 Puree를 넣음

Perigueux Sauce Demi Glace Sauce에 Madeira Wine과 Truffle(송로버섯)을 넣어 만든 Sauce(Meat, Game, Fowl 등에 잘 어울린다)

Pernod 약용 쑥으로 만든 Liqueur의 상표 이름

Pesto 마늘, 바질, 올리브유, 파르메산 치즈, 파인너트 등을 재료로 한 파스타 소스의 한 종류

Peter Fish John Dory의 독일식 이름

Petit Fours 소형 Cake. 매우 작은 Cake로 여러 가지 무늬를 장식해 먹기도 좋고 미관상으로도 화려하게 만드는 것

Petit/Petite 불어로 작다는 뜻을 표현한 것

Petite Marmite 잘게 썬 당근, 순무, 부추, 양배추, 셀러리, 쇠고기나 닭고기를 냄비에 끓여 걸러낸 짙은 쇠고기나 닭고기 콩소메

Pheasant Terrine 꿩의 살을 갈아서 Terrine Mould라고 불리는 사기로 된 그릇에 넣어 찌거나 오븐에 익힌 다음에 식혀서 차갑게 먹는 요리

Phyllo Pastry Pouch 종잇장처럼 얇은 반죽 사이에 유지가 들어간 패스트리로 여러 디저트에 주로 사용됨

Picante Sauce 일종의 Hot Spicy Sauce (Picante는 스페인어로 맵다는 의미)

Piccata 일반적으로 송아지에서 잘라낸 작은 Cutlet(Veal Piccata)

Piccata Pomodoro 피카타(송아지고기 따위를 얇게 썰어 구운 것에다 소스와 레몬즙을 넣고 파슬리를 곁들인)에 토마토 소스를 곁들인 요리

Pickerel 곤들매기

Pickled 야채, 생선 따위를 소금물, 초에 절인

Piemontaise 백색 송로버섯을 넣은 Risotto(쌀요리)

Pike Perch 창꼬치 농어. 등은 짙은 녹색이며 옆쪽은 밝은 흰색으로 살이 희고 부드러우며 수분이 많아 맛이 부드럽다.

Pilaf 쌀을 양파와 다른 속재료들과 함께 볶아서 오븐에 익혀서 만드는 쌀요리 방법

Pilaw Rice Long Grain 쌀에 잘게 썬 양파, 옥수수, 버터를 넣고 육수로 밥을 지은 것

Pinacolada Cake 파인애플, 코코넛 케이크

Pistachio 피스타치오 나무 초록색 열매로 가루반죽이나 과자에 넣어 달콤한 맛을 내는데 이용됨. 중동 지역과 중앙아시아가 원산지로 Dessert, Ice Cream의 Decoration으로 사용

Pistachio Roll 피스타치오 너트를 재료로 한 롤빵

Pita Bread 지중해 지역에서 유래된 둥글고 담백한 밀빵

Pizza 이태리의 대표적인 음식으로 빵을 둥글게 빚어 치즈, 토마토 등을 얹어 구운 것

Pizzola 피자와 비슷한 이태리식 요리로 토마토 소스와 Garlic, Oregano, Black Pepper 등을 넣어 만듦

Plaice (유럽산) 가자미

Plain Congee 흰 쌀죽(Congee는 중국어로

Rice Porridge라는 뜻)

Platter '타원형의 큰 접시'라는 뜻(요리에서는 여러 종류의 음식을 접시 가득 담아 놓는다는 의미로 쓰임)

Plaza Dressing Tarragon, Vinegar, Olive Oil, Mustard, Chili Sauce, Chutney 등으로 만든 Dressing

Pleurotte Mushroom 느타리버섯의 한 종류

Plum 서양의 검정색 자두를 일컫는 말

Plum Tomato 이탈리아에서 생산되는 플럼 토마토는 과육이 알차고, 씨가 적으며, 풍미가 강함

Poach 끓는 물에 잠기게 해서 익혀 원래 모양을 변형시키지 않은 것

Poached Egg 계란을 깨서 끓는 물에 원형이 변하지 않도록 삶아낸 것(반숙)

Poached Egg Lorette 수란에 버터와 Egg Yolk가 들어간 삶은 감자를 넣어 아스파라거스로 장식한 것

Polenta 보리, 옥수수 등의 가루로 익혀서 만드는 요리로 죽처럼 되게 만들거나 익힌 후 모양을 잡고 프라이팬에 다시 익혀서 색깔을 내기도 한다.

Pollack Soup 북어국

Pollo 이태리어로 "병아리"의 뜻

Polonaise 폴란드식 요리

Pomegranate 석류

Pomodori(Pomodoro) 토마토

Pompano 병어

Pont L'Eveque 프랑스의 오쥬 등지에서 소의 생유나 살균유를 써서 세척하며 숙성시킨 치즈. 노르망디에서 가장 오래된 온화한 품격의 치즈이다. 어떤 와인과도 잘 어울리는 치즈(사각의 벽돌 모양 지방을 제거한 우유(탈지유)로 만든 반경질의 연노란색 치즈)

Porcini 이탈리아의 버섯 품종

Porcino Mushroom 포르치노 버섯(송이버섯과 비슷한 모양)

Porjarsky 원래 러시아 애국자의 이름으로 닭고기 튀김요리를 뜻함

Pork Shu Mai 돼기고기로 속을 채운 덤블링

Porridge 죽. 곡류를 주재료로 하여 물을 붓고 끓여 반유동식으로 만든 음식의 총칭

Port du Salut 9세기 후반 프랑스 "Port du Salut" 수도원에서 처음 만들어진 반경질의 치즈로 맛이 진한 크림색으로 결이 섬세하고 탄력이 있으며 독특한 맛을 갖고 있다.

Portabello 전 세계적으로 가장 흔하게 사용하는 버섯 중 하나로, 표고버섯보다 갓이 크고 편평함. 특히 포타벨로 버섯은 갓 뒷면의 주름이 외부로 많이 노출되어 있어 버섯즙이 계속 증발하는데, 이로 인해 버섯의 맛이 농축되어 풍부한 맛을 내며 고기와 비슷한 질감을 지님

Portuguese Tomato Sauce에 Onion, Garlic, Parsley, Butter 등을 첨가한 것

Pot au Feu 냄비에 Meat와 야채를 넣고 약한 불에 끓인 Soup(곰탕과 비슷한 불란서 요리)

Potage Thick Soup(전분질이 들어 있는 걸쭉한 Soup)

Potato Blangeres 얇게 썬 양파를 버터에 볶고 얇게 썬 감자를 첨가한 다음 양념을 하고 콩소메를 조금 적셔 오븐에 구움

Potato Jette Promenade 가늘게 채썬 감자를 특수 주형(직경 7~8cm 정도의 작은 원형 모양)에 넣어 오븐에 구움

Potato Savoyarde 프랑스 옛 지방의 이름으로 사브와산 감자요리

Poulet Cocotte Grandmere 닭고기를 Stew하여 크루통, 버섯 등을 곁들임(Grandmere는 할머니라는 뜻)

Poultry 집에서 기르는 조류. 닭, 오리, 거위, 칠

면조 등

Praline 설탕, 물, 견과류 페이스트 혹은 견과류, 신선한 크림, 버터 등으로 속을 채운 후 초콜릿 층으로 봉인된 것(원산지는 벨기에)

Prawn 큰 새우, 참새우(Lobster보다 작고 Shrimp보다 큰 것)

Printanier 야채요리처럼 만든. 네모나게 썬 야채

Profiterole 조그마한 Ball 모양의 과자. Chocolate Sauce를 씌운 꼬마 슈크림

Proof 주류의 중량에 따른 알코올농도 표시방법

Proscuitto 이태리산 훈제햄(주사위 꼴로 썰어 소금에 절이고 조미하여 압착한 돈육)

Provencale Sauce 프로방스풍의 토마토 소스. 토마토 소스의 파생 소스로서 백포도주에 양파와 마늘을 넣고 조린 후 토마토 다진 것과 토마토 퓌레(Puree)를 넣고 끓여서 다진 파슬리, 올리브, 버섯을 넣은 소스를 말함

Provencale Brown Sauce와 토마토, 마늘, 양파, 향신료를 사용하는 조리방식의 요리(불란서 프로방스 Style)

Providence Oka 부드럽고 향기로운 풍미와 반연질 조직을 가지고 있다. 퀘벡의 오카 마을에 있는 트라피스트 수도원에서 처음 만들었다. Providence는 Oka Cheese의 한 종류

Prune 말린 오얏

Pudding 차가운 것과 뜨거운 것이 있으나 만드는 방법은 같음. 대표적인 것으로 계란, 우유, 버터, 소맥분, 캐러멜을 섞어 만든 Custard Pudding이 있으며 차게 제공됨

Pudding Diplomat Cream, 카스텔라, Biscuit, 건포도 등에 버찌 술과 Milk를 곁들여 Pudding Cabinet을 만들고 럼주를 뿌려 점화하여 Table에 냄

Puff Pastry 파이 반죽을 여러 번 접어서 구웠을 때 부풀어오른 Pastry로 다른 요리의 재료로 많이 쓰임(예 : 파이를 만들 때 싸는 재료)

Puttanesca 토마토, 블랙올리브, 양파, 오레가노, 마늘, 앤초비, 케이퍼 등을 재료로 하는 매콤한 맛의 파스타 소스

Q

Quail 메추리

Quenelle 모든 부드러운 재료의 모양을 낼 때 쓰이는 말로, 형태를 잡을 때 보통 숟가락을 이용하여 양 옆이 있는 반달모양의 형태를 말한다.

Quiche 1. 크림, 계란, 햄, Butter 등으로 만든 계란찜 형태의 소형 파이 2. 파이요리의 일종. 파이 껍질 위에 구운 베이컨이나 치즈·양파 따위를 많이 얹고 커스터드를 쳐서 구운 것

Quince 모과

R

Rachel Sauce Bearnaise Sauce에 Tomato Puree, Demiglace Sauce를 넣어 만든 Sauce

Rack of Lamb Provencale Sauce 새끼양의 등심부위를 Roast하여 프로방살 소스를 곁들인 요리

Radish Salad용 작은 무, 장미 모양 장식을 하여 Garnish로도 쓰임

Ragout Meat를 야채와 함께 끓여 만든 진한 Stew로 토마토 향료를 넣어 양념한다(찜, Stew요리의 일종)

Rainbow Trout 생선의 비늘 위에 무지개 색

깔이 나는 송어를 말한다(캐나다 원산)

Rakkyo 파뿌리(Shallot) 절인 것

Rambol Cheese Cow's Milk Cheese에 호두가 박혀 있는 프랑스 치즈

Rambutan 5~6cm 정도의 장방형으로 표피는 붉은색이며 푸른색 털이 밤송이같이 돋아나 있음. 맛이 Lychee와 비슷하다.

Ramekin 빵가루, 치즈, 달걀 등을 섞어서 구운 것

Ranch Dressing 사워크림, 마요네즈, 양파, 마늘 등을 재료로 하는 드레싱

Rashera 이탈리아 북부에서 생산되는 치즈의 일종

Raspberry 산딸기

Raspberry-Walnut Dressing Raspberry Vinegar와 Walnut Oil 등으로 만든 Dressing

Ratatouille 각종 야채(다진 마늘, 호박, 가지, 양파, 피망, 토마토, 토마토 Paste)를 올리브 기름에 절여 만든 Stew(프랑스 남쪽 지방의 전통음식)

Ravigote Sauce 녹색의 매운맛이 나는 Sauce. Bechamel Sauce나 Mayonnaise에 빻은 녹색 향초, Butter, Tarragon을 넣은 것

Ravioli Spinach, Meat, Cheese 등으로 속을 채운 작은 베개 모양의 이태리식 만두로 Pasta의 일종임

Recipe Cocktail이나 요리의 조리방법

Red Bell Pepper 붉은 파프리카, 고추과에 속하는 단고추종으로 우리나라에서는 착색 단고추로 불리며 나라에 따라 Sweetpepper, Bellpepper, Pimento, Paprika로 불리는데 파프리카는 피망을 이르는 또 다른 독일어 명칭임

Red Currant Sauce 작고 씨 없는 건포도(까치밥나무 열매)로 만든 소스

Red Kidney Bean 달콤한 맛을 지닌 콩(핑크색에서 밤색까지 여러 가지 색과 종류가 있음)

Red Mullet 숭어과의 식용어

Red Snapper 도미류(특히 물퉁돔/금눈돔 등)

Red Tilefish 생선 "붉은돔"의 일종(옥돔)

Red Wine & Marrow Beef Marrow(육수)를 넣어 만든 Red Wine Sauce

Reforme Sauce 송로조각, 완숙한 달걀 흰자, 소 혓바닥, Gherkin(초절임용 오이)을 곁들인 후추 소스

Relish 신선한 채소나 Pickle류를 잘게 부순 얼음으로 덮어낸다.

Remoulade Sauce 냉육, 생선, 샐러드용 소스

Rib Eye Steak 쇠고기 갈비 등심 Steak

Rice Creole 옥수수로 지은 밥에 버섯, 피망, 토마토 속을 넣고 볶은 후 크로켓 형태로 만든 것

Rice Croquette 쌀을 달걀 노른자, Parmesan Cheese, Butter와 혼합한 후 냉각하여 Croquette 모양을 만들고 달걀과 빵가루를 묻혀 기름에 튀긴 것

Rice Galette 익힌 밥을 Cake 모양으로 만든 것

Rice Porridge 쌀죽

Rice Valencienne 잘게 다진 햄, 토마토, Sweet Pepper, 녹색 완두콩을 Rice와 혼합함

Risi Bisi Fat Rice에 Fresh Green Pea를 넣고 육수로 밥을 지은 것

Risoni 쌀모양을 한 이태리 파스타의 한 종류

Risotto Piemontaise 쌀을 다진 양파와 함께 볶고 고기국물을 첨가하여 버터와 토마토 소스를 섞어 만든 요리

Risotto Rice 쌀밥 요리(이태리어 : Rice Dish)

Roast Breast of Duckling Bigarade 오리 가슴 부위 살을 Roast한 후 설탕, Orange Juice, Duck Stock을 넣어 졸인 것에 Demiglace Sauce를 곁들여 Orange Slice를 얹어 요리한 것

Roast Leg of Veal 송아지 다리 부위를 Roast 한 것으로 풍미를 더하기 위해 Bacon으로 감아서 Roast하기도 한다. 엷은 Pink색이 되도록 Well-Done으로 익혀 서비스하며 Cutting은 Roast Beef와 같은 방법으로 6~8mm 두께로 Cutting한다(Mustard Sauce와 곁들이면 좋다)

Roast Potato 감자의 껍질을 벗겨 Salad Oil, 소금을 뿌려 Oven에서 익힌 후 소금, 후추를 뿌린다.

Roast Rack of Pork with Apple Sauce 돼지 갈비뼈가 붙어 있는 부위를 뼈째 Roast한 요리로 반드시 Well-Done상태(Pink빛이 없는 Gray White)로 Heating하여 Apple Sauce를 곁들여 서비스

Roast Stuffed Quail Parmentier 감자를 반으로 잘라 Scooped한 후 Fry하여 Foie Gras와 Truffle로 Stuffed한 Quail을 Saute하여 감자 위에 놓고 버섯과 Madeira Sauce를 넣은 메추리요리

Roast Oven 속에 넣어 전기열에 굽거나 탄이나 숯불로 굽는 것

Roasted Vine Ripened Tomato Vine Ripened Tomato(넝쿨 토마토)

Roasted 오븐에 구워서, 육류의 제맛을 내는 서양요리방법

Rock Fish 볼락, 바닷물고기로 주둥이가 뾰족하며 눈의 큼(회갈색에 흑색 가로띠가 있음)

Rocket Leaf 로켓 샐리드, 잎은 직고 연하며 쓴맛을 낸다.

Rocket Pesto Rocket Salad를 주재료로 한 Pesto Sauce

Roe 생선 알의 총칭

Roesti Potato 감자를 잘라 강판에 밀어 가늘게 채를 만들어 양파 찹(Chop)과 베이컨을 넣고 만드는 요리(Swiss Potato Pancake)

Romano Parmesan과 비슷한 초경질 Cheese로 용도도 Parmesan Cheese와 같다. 혀를 강하게 자극하는 풍미가 있고 반숙성한 것은 그대로 Table Cheese로 제공된다.

Romesco 생선과 잘 어울리는 스페인식 소스로 육류가 전혀 들어가지 않고 올리브오일과 야채만을 이용해 만들어진 웰빙소스. 토마토와 피망, 양파, 올리브오일, 홍고추, 아몬드, 마늘, 파프리카, 와인식초 등이 들어간다.

Roquefort 프랑스 동남부 지방의 양젖으로 만들어진 푸른 곰팡이 Cheese. Roquefort 지방에서 만들어진 것 이외의 푸른 곰팡이 Cheese는 Blue Cheese라 한다.

Rose 장미 모양으로 된

Rosemary 차조기과의 저목. 독특한 향기와 자극적인 쓴맛이 특징(돼지고기와 양고기 등에 많이 사용)

Rosette Roll 장미 모양으로 만 형태(예 : Salmon Rossette Roll)

Rosette 장미꽃 모양의 장식

Rossini Foie Gras와 Truffle을 고기 위에 곁들인

Rosti Potato Potato Pancake

Rotini Pasta Short Pasta의 한 종류

Roularde 말이, Rolles

Roux 밀가루와 정제된 버터를 볶아 만든 걸쭉한 재료로 소스의 기본이 됨. 볶은 정도에 따라 White, Blond, Brown Roux 등으로 바뀜

Royal 달걀 노른자, 고기 국물, 크림을 혼합한 것을 익혀 주사위 모양이나 다이아몬드 모양

으로 자른 것

Royalpotato 달걀을 입혀 노르스름하게 구워 낸 감자

Rucola 독특한 향을 갖는 향신채소의 일종. 주로 이탈리아 요리에 많이 사용되는 채소로 샐러드나 피자 등에 다양하게 이용됨

Rump 소의 우둔(방심)살

Rum Savarin Savarin Mould(Doughnut 모양)에 만든 Cake으로 뜨거울 때 Rum을 섞은 시럽에 담아 가운데 구멍을 Papaya로 채운 것

Russian Dressing Thousand Island Dressing에 Caviar를 넣은 것

Russian Rye Sour Dough 인위적으로 이스트를 넣지 않고 자연발효에 의해 발효되고 산미(酸味)를 가진 반죽으로 만든 러시아 호밀빵

Rustique Camembert 프랑스 카망베르 지방이 원산지이며 흰곰팡이를 이용하여 숙성시킨 치즈다. 지름 12cm, 두께 3cm, 무게 약 300g으로, 숙성기간은 약 3주다. 치즈 표면에는 흰곰팡이가 펠트(양털이나 수모섬유를 축융하여 시트형태로 만든 것)모양으로 생육한다. 단백질 분해가 비교적 빠른 것이 특징이다.

Rye Linseed Roll 아마씨가 함유된 호밀 롤빵

Rye Roll 호밀로 만든 롤빵

S

Sabayon 계란을 중탕 용기에 넣고 휘저어 익히는 것

Saffron/Safran 야생 장미꽃의 수술에서 얻는 향신료로 붉은색을 띠며 실처럼 가느다랗다. 수작업으로 수확하기 때문에 세상에서 제일 비싼 향신료로 일컬어짐. 특히 스패니시 파에야나 이탈리안 리조토 요리, 프렌치 부야베스 수프의 빼놓을 수 없는 재료 중 하나. 이외에도 많은 서양요리에 쓰임. 요리에 특유의 향과 노란빛의 색을 더해줌

Safran Cream Sauce 크림소스에 Safran이라는 식물에서 나온 착색 향료를 넣은 Sauce

Safran Rice 달걀을 섞어 반죽한 국수와 야채를 넣고 볶은 밥에 Safran 착색 향료를 넣어 노란색이 나도록 한 것

Sage 박하류 식물에 속하는 정원초

Saint Marcelli 프랑스 Dauphine 지방에서 생산되는 소 젖으로 만든 치즈. Fresh한 상태로부터 치즈가 숙성됨에 따라 맛과 향이 달라짐

Saint Nectaire 프랑스 오베르뉴 지방의 특산 치즈로 소의 생유나 살균유를 숙성시켜 만든 Semi-Hard Cheese

Saint Pierre 생선 John Dory의 불어명

Saint Vernier 프랑스 Haute Jura 지방에서 주로 생산되는 Washed Rind(세척외피) 치즈의 한 종류

Saint-Andre Saint-Andre Cheese, Soft Cheese의 일종

Salami 매콤하고 맛이 짠 이태리식 Sausage로서 둥글고 납작하게 썰어 제공된다.

Salisbury Steak 셀리스베리 스테이크(햄버그 스테이크의 일종)

Salmon Coulibiac 연어를 밀가루 반죽으로 씌우고 구운 일종의 파이

Salmon Mousse 연어살을 곱게 갈아 크림 등을 넣고 부드럽게 만든 요리

Salmon Spiral 연어살을 얇게 저며 속을 채우고 나사 모양으로 동그랗게 말아놓은 것

Salmon 연어

Salsa Verde Sauce 파슬리, 케이퍼, 마늘, 양

파, 앤초비, 식초, 올리브오일 등을 재료로 사용하며 육류, 가금류, 생선, 야채요리 등의 딥핑소스로 애용됨

Salsa　멕시코·스페인 요리에 쓰이는 매운 소스

Sauerbraten　맥주 소스를 곁들인 전통 독일식 쇠고기 Roast요리

Sauerkraut　소금에 절인 양배추요리. 주로 독일산 소시지와 함께 먹음

Saute/Sauteed　일종의 지짐 또는 부침. 기름을 Pan 표면에 바르고 고기나 생선을 같은 크기로 잘라 강한 불에 익히는 것(주로 색깔이 나게 노릇하게 볶는 것을 의미한다)

Savarin　왕관형으로 만든 Cake로 Rum주를 이용한다.

Savory　1. 지중해 연안이 원산지인 민트과 허브의 종류 2. "향긋하다", "풍미가 있다", "맛좋은", "신선한"이라는 의미 3. 또한 서양요리에서는 "Sweet"의 반대의미를 갖기도 한다. 4. Main Entree Course 전, 후에 소량 먹는 음식을 말하기도 함

Savoy　감자를 얇게 잘라서 Stock이나 Consomme에 Cheese를 뿌려 Oven에서 구워낸다.

Scallion　골파(달래과)

Scallop(Escallop)　1. 관자 2. 조개껍질을 여닫는 근육으로 요리한 것 또는 그 조개 껍질에 담아 요리하는 것 3. 얇은 조각으로 자르는 것(예 : Scalloped Potatoes) 4. 가리비 조개 5. 빵가루를 씌워 White Sauce에 구운 것

Scallop Caprice Style　이태리 카프리풍의 조개요리

Scallopine　Veal Cutlet(송아지 커틀릿)

Scampi　가시발 새우. 유럽산 작은 식용 새우

Scarod　새끼 대구

Scrambled Egg　계란, 우유와 버터를 넣어 익히면서 굳을 때까지 휘저어 만든 달걀요리

Sea Bass　농어

Sea Devil　아귀

Seabass　농어

Seabream(Snapper)　도미류

Seafood Consomme　여러 종류의 Fish와 Shellfish 등을 넣어 걸러 만든 맑은 Soup

Seafood Navarin　해산물에 당근, 양파, 감자, 완두콩 등의 야채를 넣은 요리

Seafood Potpourri　(고기와 채소의) 잡탕

Seafood Ragout　Seafood와 야채를 함께 끓여 만든 Stew요리

Seaperch　농어

Seared Salmon　그릴한 연어

Sec　Dry한 맛(포도주나 샴페인의 맛)

Semolina　양질의 거친 밀가루(마카로니, 푸딩용)

Serrano Ham　스페인 햄으로 돼지 뒷다리를 가공한 후 최소 12개월을 숙성시킨 햄으로 프로슈토보다 살짝 더 마른 상태와 덜 짜고 살짝 단맛을 갖고 있다.

Serviette　식탁용 냅킨

Sesame Oil　참기름. 향이 강하며 아시아 요리에 주로 쓰임

Sesame Seed　깨

Shallot Sauce　Shallot을 주재료로 하여 만든 소스. Balsamic Vinegar 혹은 Red Wine이나 Red Wine Vinegar를 첨가하여 만들기도 한다.

Shark's Fin Soup　Chicken Stock에 상어 지느러미를 넣고 Corn Starch로 걸쭉하게 만든 Soup

Shark's Fin　상어 지느러미. 젤라틴이 많이 함유되어 있으며 그 자체로는 아무 맛이 없음

Sheat Fish　메기의 일종

Shell Fish　게, 바닷가재, 새우를 뜻하는 갑각

류(Crustaceans)와 전복, 대합, 굴, 가리비를 뜻하는 연체류(Mollusks)로 분류된다.

Sherbet 1. 과즙을 주로 한 빙과, 향료를 넣은 과일주스를 얼린 것 2. 과즙에 계란 흰자, Gelatine, 설탕, 향미 좋은 양주 등을 첨가하여 얼린 것

Sherry Spain산 Fortified Wine, Brandy를 첨가하여 알코올농도를 높인 것으로 크게 식전주로 Soup과 어울리는 Dry Sherry와 Dessert용 Wine인 Cream Sherry로 구분함

Shokado Bento 주로 Kaiseki(회석) 요리를 코스별로 서비스하는 Bento Style의 정식

Short Rib 6~10째의 갈비(참고로 소의 갈비는 머리쪽에서부터 1에서 13번까지의 갈비가 있음)

Shortening 주로 Baked 제품에 쓰며 부드러운 작용을 하는 역할을 하며 Cotton Seed, Soy Bean, Corn 등을 포함한 Vegetable Oil이 주원료

Shredded Beef 잘게 썬 쇠고기

Shrimp & Pate Diploma 왕새우와 고기 파이

Shrimp Shinjyou Style 중국 Shinjyou(신쪼우)풍의 새우요리

Siam Perch 샴(태국의 옛 이름)에서 나는 농어

Sicilian Style 이탈리아 "시칠리아풍"을 의미

Side Dishes 폭넓게 반찬의 의미로 쓰임. 기내식에서는 한식 반찬, 일식 반찬, 우동 및 면류의 반찬 등이 있음

Simmer Boil보다 낮은 온도인 80~90도 정도에서 오랫동안 끓이는 것

Sirloin Steak Strip Loin(Short Loin)이 끝나는 부분이며 엉덩이살 앞쪽까지를 Sirloin이라 한다. 모양이 일정하지 않고 질도 Round 쪽에 가까워 Rib, Loin 모든 부위 중 하급에 속하나 맛이 뛰어나 "Sir"라는 경칭을 붙여 부른다.

Sizzle 지글지글 끓도록 굽는 것

Skewer 꼬치요리(고기를 쇠꼬챙이에 꿰어 요리하는 방식으로 Brochette, Kebab과 같은 방법임)

Skewered Brochette와 같은 스타일로 꼬치에 끼워진 음식을 의미

Sliver 얇은 가느다란 조각(예 : Sliver of Bacon, Green Bell Pepper Slivers)

Small Turban Fish 소라

Small Turban Shell 작은 왕관 조개

Smoked Ahi Tuna 하와이 특산 참치

Smoked Knockwurst Sausage 짤막하고 굵으며 매콤한 맛이 나는 Sausage로 독일에서 Breakfast에 많이 사용한다.

Smoked Marlin Rose 훈제 청새치

Smoked Salmon 훈제연어. 맛이 부드럽고 좋음. Horseradish 혹은 얇은 토스트와 함께 먹음

Smoked Sturgeon 훈제철갑상어

Smoked Ticino Ham 훈제햄의 일종(이태리 국경 Ticino 지방산)

Smoked 훈제된, 연기에 그을린(예 : Smoked Salmon, Smoked Chicken)

Snap Pea 야채의 일종. Snow Pea, Green Pea 등과 같이 녹색을 띠며 손가락 정도의 크기

Snapper(Seabream) 도미류

Snow Crab 대게의 일종. 앞 집게발을 전채로 많이 사용

Snow Pea 작은 콩이 들어 있는 납작한 콩

Soft Knot Roll Softroll의 일종으로 중앙에 볼록 나온 부분 때문에 붙여진 이름

Sole & Salmon Ballotine 생선이나 고기에 농축액즙을 발라 냉동시키는 요리법

Sole Princess 가자미를 삶아 Mornay Sauce

를 뿌리고 아스파라거스를 곁들여 Oven에 넣어 굽는다.

Sole 혀 가자미

Sorbet 술, 향료, 과즙이 든 일종의 셔벗. 과즙과 Liqueur를 주재료로 함

Sorrel 수용, 괴승애, 산 시금치, 괴싱아 등으로 불림. 영국 원산의 야생식물로 Soup나 Sauce를 만드는 데 이용되며 어린 잎은 Sour Grass라고 불리며 Salad 또는 야채식으로 이용

Soubise Sauce 흰 양파소스. 버터에 녹인 얇게 썬 양파에 Bechamel Sauce를 첨가함

Souffle 달걀 흰자 위에 Milk를 섞어 부풀려 오븐에 구운 후식으로 시간을 맞추어 부풀리기가 까다로움

Sour Cream Dressing Mayonnaise, Sour Cream, Lemon Juice를 섞어 혼합한 것

Sourdough Herb 빵에 허브를 첨가한 것(Sourdough : Yeast Type Dough(반죽)로서, 오랫동안 발효시켜 신맛이 나는 반죽, 또는 그 반죽으로 만든 빵을 의미한다)

Soya Sauce(Soy Sauce) Soy Bean으로 만든 묽은 Brown Sauce, Oriental Dish에 사용

Spaetzle 독일식 Noodle

Spanish Noodle 시금치로 색을 낸 연두색 Noodle

Spanish Omelette 스페인풍의 토마토 소스에 양파, 피망을 첨가하여 만든 Omelette

Spear Fish 청새치

Spinach Layer 시금치가 겹겹이 겹쳐져 있는 상태를 의미함(예 : Salmon with Spinach Layer)

Spinach Subric 시금치를 갈아 베샤멜 소스, 계란 등을 섞어 둥글게 만들어 프라이팬에 잘 구운 것

Sprig 식물의 어린 싹, 가지

Spring Chicken 영계(Baby Chicken)

Spring Onion 쪽파

Squab 비둘기 고기

Squid 오징어

St. Neltaire Cheese 부드러운 맛의 불란서산 Cow Milk Cheese

Steak Sauce Spicy한 Brown Sauce(Steak에 사용)

Steamed Chinese Bao 화권

Steamed 찜

Stew 은근한 불에 장시간 육수와 함께 조리한 요리, 또는 그러한 조리방식을 의미(예 : Red Wine Beef Stew)

Stilton 영국의 Stilton 지방에서 생산되는 푸른색 곰팡이 치즈로 지방이 많음

Stir Fried Spinach Parcel 기름에 볶은 시금치를 뭉쳐 놓은 것

Stir Fried 기름에 볶은

Stir 얼음과 술, 음료 등을 저어서 섞는 것

Stir-Fried 센 불에 살짝 볶는것을 의미, 주로 아시아요리에 많이 쓰이는 조리용어(예 : Stir-Fried Vegetables)

Stock Soup의 토대가 되는 국물로 각기 뼈 등을 고아 만드는데 재료에 따라 Beef, Chicken, Fish Stock으로 나뉨

Straight Hard Liquor를 아무것도 섞지 않고 그대로 마시는 것

Strain Cocktail을 Shake하거나 Stir한 후 액체만을 따르는 것

Strasbourgeoise 구운 고기에 Foie Gras를 얇게 얹고 Madeira Sauce를 곁들인 것(스트라스보그풍을 의미)

Straw Mushroom 팽이버섯

Streaky "줄무늬가 있는"이라는 뜻으로, 요리에서는 주로 "지방층이 있는"이라는 의미로 쓰임(예 : Streaky Bacon)

Streusel 크럼블 상태의 토핑을 의미. 주로 지방(버터), 설탕, 밀가루를 함께 섞어 부슬부슬한 크럼블을 만들어 빵, 과자, 케이크 등의 위에 얹어 굽는다. 이런 형식의 빵을 의미하기도 함

Striploin 쇠고기 등심살(13번째 갈비부터 좌골 끝까지의 등심살로 최고 부위임)

Strips 가늘고 긴 조각들

Stroganoff 쇠고기에 Demiglace Sauce를 첨가한 러시아식으로 Boiled Rice와 함께 서비스한다.

Struddle 사과나 포도를 넣은 파이의 일종

Stuff/Stuffed 주재료 안에 부재료를 속박이하여 넣는 것을 의미(채워 넣는/속을 채운) (예 : Grilled Chicken Breast Stuffed with Ricotta and Spinach)

Sturgeon Caviar를 생산하는 철갑상어로 주로 카스피해나 시베리아 강 유역에서 서식한다.

Suchet White Cream Sauce

Sugar Pea 꼬투리콩

Suki Yaki 일본 요리. 고기, 야채, 소금, 후추, 육수를 넣어 끓인 다음 설탕을 약간 넣은 요리

Sultana Pilaff 청포도를 이용하여 만든 쌀요리

Sunblush 햇볕에 말린

Sundae(Icecream) Sauce나 Syrup, Nut, 과일, 크림 등을 얹은 Ice Cream

Sunflower Seed Roll 해바라기씨 빵

Supreme Sauce Veal Veloute에 Cream, Chicken Stock, Lemon Juice, Butter, Salt, Pepper를 넣어 만든 Sauce

Supreme 최고의, Supreme of Chicken(최상의 닭 가슴살)

Surf & Turf Seafood(보통 Lobster Tail이나 Prawn)와 Beef Steak을 함께 Dish-Up하여 서비스하는 요리이다(Surf는 파도를, Turf는 잔디를 의미한다)

Surf Clam 대합조개

Surimi With Mayo Crab Meat을 마요네즈에 버무린 것(Japanese Style)

Sushi 1. 초밥 2. Nigiri Sushi - 손으로 쥐어 만든 초밥 3. Inari Sushi - 유부초밥

Suzette Pancake에 Orange 껍질과 과일을 넣고 Cognac, Cointreau, Grand Marnier를 부어 불꽃을 내어 향이 스미게 한 것

Sweet & Sour Sauce 달콤하고 새콤한 중국식 소스로 Sweet & Sour Pork(탕수육)나 Sweet & Sour Prawn 등이 유명하다.

Sweet Bread 송아지나 어린 양의 후두육

Sweetcorn Kernel 옥수수 알갱이를 의미

Sweetcorn 옥수수

Sword Fish 황새치

Sword Shrimp 장식용으로 쓰는 유럽산 작은 새우로 긴 이가 있는 주둥이가 머리에 있다. 익게 되면 붉은색이 되는데 살은 희고 단단하다.

Szetchwan 중국 요리 중 서부 사천식 조리법. Hot & Spicy한 요리가 특징. 토마토 소스, 고추 기름 등을 넣어 만든 사천식 소스

T

Tabasco Sauce 식초와 매운 고추(Hot Sauce)로 만든 매운맛이 나는 Sauce(Oyster Raw) 등에 사용)

Tabbouleh Salsa 토마토, 오이, 양파, 레몬주스, 파슬리, 올리브오일 등을 이용한 중동식 샐러드

Table D'Hôte 각 코스 요리가 정해진 일반 정식

Tagliatelli Pasta의 일종. 가장 일반적인 형태의 가는 이태리 국수

Talapia 흰살생선의 일종

Tamatari Panner 토마토 소스를 이용한 인도식 치즈요리

Tangle 다시마류

Tapenade 앤초비, 케이퍼, 블랙올리브를 믹스해 만든 짭짤하면서도 담백한 소스

Tare Tare 육류나 생선류를 잘게 다져 양념한 요리

Tarragon 사철 쑥(국화과의 향초). Sauce나 닭고기에 많이 사용

Tartar Sauce Mayonnaise에 Egg Yolk, Pickle, Onion, Caper, Parsley, Salt, Pepper 등을 넣어 만든 Sauce(Fish 등에 잘 어울린다)

Tarte Biscuit 등을 Pie형으로 만들어 구운 후 그 안에 과일을 넣고 계란 노른자, 우유, 생크림에 섞은 것을 얹어 Oven에 구운 것

Tartlet/Tartelette 한입에 들어가는 크기의 조그마한 파이(작은 Tarte)

Tartrazini 음식물 착색용 오렌지색 분말

Tasmanian Salmon (오스트레일리아 남동의 섬) 타스마니아산 훈제연어

T-Bone Steak 한 개의 뼈를 사이에 두고 한쪽에는 Fillet, 다른 한쪽에는 Sirloin이 붙어 있어 하나의 Steak에서 두 개 부분을 맛볼 수 있는 사치스런 Steak이다(뼈가 T자 모양을 하고 있어 이름지어짐)

Tenderloin 쇠고기의 가장 연한 부위의 하나로 통상 안심이라고 칭함

Tendon Chinese Style 중식 스지요리

Teriyaki Sauce 일본 요리. 간장, 설탕, Sake, 향신료 등을 넣어 만든 Sauce

Teriyaki 보통 간장, 미림, 설탕, 식초 등을 주재료로 하여 만든 소스에 재어 놓았다가 윤기나게 굽는 형태의 일식 조리방식을 의미한다. 더 나아가 소스 자체 또는 그러한 방식으로 조리한 요리 자체를 의미하기도 한다.

Terrine Harlequin 연어/농어/시금치를 테린하여 김(Nori)으로 싸놓은 것

Terrine 1. 본래 몰드 자체를 의미하지만, 주로 그 틀 안에 야채, 고기 등을 층층이 눌러 담거나, 갈아 담아 익혀 조리한 음식을 의미. Pate의 종류라고도 볼 수 있으며 프랑스 음식에서는 빼놓을 수 없는 요리 중 하나(예 : Duck Foie Gras Terrine) 2. 냉육요리, 파이요리를 통칭하는 요리 3. Terrine을 만들 때 사용하는 도기/용기(원래는 단지, 항아리, 질그릇의 뜻) 4. 베이컨 조각을 깐 용기에 여러 가지 고기와 가금육을 채워 넣어 이중탕으로 하여 구워낸 음식 5. Terrine은 용기에 담아 그대로 두거나 꺼내 젤리를 입혀 냉각시켜 작게 잘라 사용 6. Terrine은 항상 차게 서비스하며 여러 모양의 젤리를 Garnish로 사용

Thermidor 부추나 양파를 버터로 볶고 백포도주와 생선 Veloute를 넣고 조려 치즈, 버터, 크림을 첨가한 Sauce

Thousand Island Dressing 마요네즈에 칠리소스, 토마토 케첩을 넣고 삶은 계란, 풋고추, 파슬리, 오이피클, 양파, 피망을 다져 넣은 것

Thyme Jus 사향초 Thyme으로 Gravy한 맛을 낸 Sauce

Thyme 1. 타임 : 비교적 강한 향을 지닌 허브의 일종으로 서양요리에서 빼놓을 수 없는 허브. 주로 양고기, 닭고기, 쇠고기 등 향이 강한 육류요리를 재어 놓을 때 사용하거나, 육수나 소스를 만들 때 사용함 2. 사향초(지중해성 식물로 조그맣고 방향성이 있는 꽃이나 잎을 음식에 향신료로 사용)

Ticino 이태리 국경 Ticino 지방풍의

Tilapia 아프리카산 민물고기

Tile Fish 생선 "돔"의 일종. 옥돔

Timbale 1. 곱게 간 고기에 양념을 하고 야채와 생계란을 첨가하여 버무린 뒤 오븐에 물 중탕으로 구워낸 것 2. 길쭉한 원통 모양의 틀을 의미, 나아가 이 틀을 이용하여 야채나 다양한 재료들을 겹겹이 넣어 익힌 요리를 의미, 틀에서 빼내어 원통 모양 그대로 올려 서비스하는 것이 보통(예 : Mushroom Rice Timbale)

Tiramisu Cake Italian Chocolate Coffee Cake에 Masperone Cheese나 Amoretta Liqueur로 향을 낸 것

Toast 1. 직접 열에 의해 갈색이 되도록 굽는 것 2. 축배, 건배를 들다.

Tokuri 일본 술 서비스 시 사용되는 작은 호리병 모양의 기물이며 용량은 180ml임

Tomato Concasse 거칠게 썰거나 절구에 넣어 빻은 Tomato

Tomato Coulis 토마토를 고아서 응결시켜 놓은 것

Tomato Pesto Sauce Basil, Olive Oil, Parmesan Cheese 등에 Tomato Puree를 섞어 만든 소스

Tomato Sauce Fresh Tomato, Flour, Bacon, Butter, 각종 향료를 넣어 만든 Sauce

Top Shell 소라

Tortelini Pork, Veal, Turkey 등을 잘게 다져서 Parmesan Cheese와 함께 Mix하여 속을 채운 작은 초생달 모양의 Pasta류

Tortilla 1. 계란, 감자, 올리브오일, 소금으로 만들어진 Spanish Omelette을 말한다. 그 외에 Chorizo, 양파, 참치나 다른 야채를 넣기도 한다. 이탈리아의 Frittata와 비슷한 음식. 2. 멕시코에서 Tortilla는 밀가루, 혹은 옥수수, 잡곡으로 만든 부드럽고 납작한 빵을 의미함. 속을 채워 말거나 접는 형태로 주로 서비스되고, 살사나 구아카몰(아보카도를 으깬 것)과 함께 먹는다.

Tortino 작은 크기의 케이크, 파이 혹은 작은 케이크 모양의 요리

Tournedos Dijon Madeira Sauce와 감자를 곁들인 안심 스테이크

Tournedos Fillet의 가운데 부분으로 약 150g 정도로 Cutting한 것에 얇게 저민 돼지비계나 Bacon을 감아서 모양을 낸 것으로 이는 지방분을 보충하고 Steak의 풍미를 증가시키기 위해서이다.

Tourte 고기, 과실 따위를 넣은 파이

Tri-Color Noodle 3가지 색(쑥색, 주황색, 흰색)의 이태리식 Pasta

Trout 송어

Truffle 송로버섯(프랑스와 이태리에서 발견되는 둥글고 자극적인 맛을 지니는 검은 버섯류로 Sauce와 Pate 요리에 쓰이며 Decoration에도 사용된다)

Tsukemono 일본식 절임류를 일컫는 말. 단무지

Tumeric Ground 생강과의 뿌리로 오렌지색을 띠며 부드러운 맛이 있음. 원산지는 인도와 자메이카이며 Curry Powder의 주원료로 주로 Meat, Dressing, Salad의 맛을 내기 위해 겨자와 함께 사용하며 노란색을 띰

Tuna Salad 삶은 계란, 양파, 피망, 올리브 등을 Dice하여 참치와 함께 마요네즈에 버무려 소금, 후추로 간을 맞추고 파슬리로 장식한다.

Tuna 참치

Turbot 가자미

Turkey 칠면조

Turkey Breast 칠면조 가슴살로만 만든 칠면조요리

Turmeric Rice 터메릭가루로 노랗게 물들인 Rice

Turned Carrot 당근을 원반형으로 다듬은 것

Turnip 순무

Twist Raisin Roll 건포도빵

Tyrolienne 기름을 넣고 휘저어 부풀어 오르게 한 Choron Sauce(이태리 북부 Tyrol 지방의)

U

Uni 성게알

V

Valoise Sauce Veal Stock과 Butter, White Wine을 재료로 한 Sauce

Vanilla 건조시킨 난초 꽃봉오리. 향료로 쓰임

Vatapa Peanut & Ginger Sauce

Veal Chasseur Chasseur는 Hunter의 뜻으로 요리법에서는 Mushroom Sauce를 뜻하며 거의 모든 Meat류나 Poultry에 함께 사용한다.

Veal Piccata 송아지고기를 두드려 납작하게 만들어(Cutlet) 밀가루와 계란을 입혀 Pan-Fry한 요리

Veal Sweetbread Medallion 송아지의 후두육을 찬물에 담가 얇은 막을 제거한 다음 밀가루를 묻혀 Butter로 Pan Fry한 후 밀가루, Sherry Wine 등을 넣은 Sauce를 곁들이는 요리이다.

Vegetable Crudites 조리하지 않은 생야채요리(=Raw, Rough)

Vegetarian 개인의 신조, 건강, 종교 등의 이유로 야채와 과일만 먹는 채식주의자

Veloute Sauce 닭고기 또는 송아지고기를 삶은 국물에 후추, 버섯, Garnish를 넣고 찜해 걸러 만든 White Sauce(Croquette, Fish 등에 잘 어울림)

Veloute Soup Stock에 White Roux를 섞어 묽게 하고 달걀 노른자의 크림을 넣어 걸쭉하게 조리한 Soup

Venison 사슴고기(=Deer Meat)

Verjuice Sauce 신 포도나 레몬 등의 과즙으로 만든 Sauce로 Fry한 생선 등에 Natural Sauce로 사용한다.

Vermicelli Soup의 Garnish로 사용되는 길고 가느다란 이태리 국수

Vichy 야채류를 버터와 소량의 설탕을 첨가한 물에 넣어 익히는 것(Vichy Carrot)

Vichyssoise Cold Potato & Leek Soup

Vienna Coffee 묽은 Cream을 넣은 Coffee 위에 거품 Cream으로 Garnish한 Coffee

Vienna Sausage 가느다란 7~9cm 길이의 맛이 순한 Sausage

Viennoise 고기를 썰어 양념하고 빵가루를 입혀 Fry하고 파슬리와 레몬을 곁들인 Sauce(비엔나풍의)

Vinaigrette 프랑스어로 "Little vinegar"를 의미한다. 주된 재료는 올리브오일, 식초, 소금이며, 머스터드, 꿀, 허브, 고추 등의 재료를 첨가하여 맛과 향을 낸다.

Vintager 포도 잎과 베이컨으로 싸서 굽고 마데이라 소스, 송아지 국물을 넣고 조리하여 포도를 곁들인 것

Vol-Au-Vent Sauce로 버무린 고기나 가금육, 어육을 채워 넣어 서비스하는 Puff Paste Shell(일종의 고기파이)

W

Waffle 계란과 우유를 혼합한 것에 밀가루를 부드럽게 풀어 원형의 격자무늬가 있

는 틀에 넣어 구운 것으로 Syrup, Honey, Whipped, Butter 등을 곁들인다.

Waldorf Salad 네모나게 썬 Celery, 사과, 바나나, 호두를 마요네즈로 버무려 상추잎에 담고 건포도로 장식한 것

Walnut Bread 호두가 첨가된 빵

Walnut Tarte 호두를 넣어 만든 작은 Pie

Walu (Pacific Mackerel Fish) 고등어류의 생선

Water Chestnut 마름 열매(밤의 일종)

Watercress 물냉이

Wax Bean 깍지째 먹을 수 있는 완두

Weggli Roll 롤의 일종

Westlite Portion Cheese로 Westlite는 상표명

Westphalian Ham Westphalia산 Smoked Ham(Westphalian은 독일지명)

White Baguettini 작은 형태의 바게트로 색깔이 안 나도록 하얗게 굽는 빵

White Bait 청어 새끼요리

White Fish 황어. 연어과에 속하며 약간 건조하여 조리한 것이 살이 희고 맛있다.

White Wine Sauce 생선 Veloute Sauce에 Fish Stock, Egg Yolk, Cream, Butter, Lemon Juice, Salt, Pepper 등을 넣어 만든 Sauce

Whole Trout Japanese Shioyaki 일본식으로 Grilled하여 소금으로 간을 한 송어 소금구이

Wholemeal Pastry Dough Crust Puff Pastry Dough 또는 일반 Pastry Dough로 Meat, Poultry, Fish 등을 덮어 씌운 것

Wholemeal 통밀

William Potato Croquette 반죽을 William Pear(비파형태의 조그만 서양배) 모양으로 만들어 계란을 묻히고 빵가루를 입혀 기름에 튀겨낸 것

Worcestershire Sauce Soy Sauce, 식초, Molasses(당밀), 고추, 열대성 과일과 각종 Spice를 주원료로 만든 매운맛의 Indian Sauce(Cocktail, Tomato Juice 등에 사용)

Y

Yam 마, 참마

Yellow Corvina 조기

Yellow Squash 노란색 껍질의 호박

Yellow Tail 방어

Yoghurt Bavarois Yoghurt와 Bavarian Cream을 Mould에 넣어 만든 Dessert

Yoghurt & Herb Dressing Yoghurt에 Sour Cream, 파, 파슬리, Coriander, Tarragon, Chervil, Chive 등을 다져 잘 혼합한다.

York 노른자위, 난황

Yorkshire Pudding 밀가루, 버터, 소금으로 만든 빵의 일종으로 Roast Beef에 곁들여 육즙을 스며들게 하여 먹는다.

Yuzu Dressing 유자 드레싱, 주로 일식 샐러드 요리에 많이 쓰임

Z

Zabaglione Gateau 달걀 노른자, 설탕, 포도주 등으로 만든 Custard 비슷한 케이크

Zakouski Patty 작은 파이의 일종. 유럽에서는 Savory/Canape 등을 흔히 Zakouski라 부른다.

Zebra Pastry 얼룩말무늬처럼 색깔을 달리해서 만든 케이크

Zingara Madeira Sauce에 Tomato Sauce, Mushroom Stock, Ham, Tongue, Truffle, Paprika, Salt, Pepper 등을 넣어 만든 Sauce

Zucchini 돼지호박, 오이 비슷한 짙은 초록 껍질의 서양호박(Courgette라고도 칭함)

참고문헌

구난숙 외(2001). 세계 속의 음식문화, 교문사

구성자, 김희선(2008), 새롭게 쓴 세계의 음식문화, 교문사

권삼윤(2007), 빵은 길을 만들고 밥은 마을을 만든다, 이가서

김기숙 외(2003), 식품과 음식문화, 교문사

김복래(2007), 속속들이 이해하는 서양 생활사, 안티쿠스

김상보, 함인의(1999), 중국 요리, 수학사

김숙희, 강병남(2007), 세계의 식생활과 음식문화, 대왕사

김혁(2000), 김혁의 프랑스 와인기행, 세종서적

김형곤(1999), 미국의 음식문화, 역민사

김혜영 외(2004), 문화와 식생활, 도서출판효일

로드 필립스(2003), 도도한 알코올 와인의 역사, 시공사

로제 샤르티에 외(2002), 사생활의 역사3-르네상스부터 계몽주의까지, 새물결

마빈 해리스(1994), 음식문화의 수수께끼, 한길사

맛시모 몬타나리(2002), 유럽의 음식문화, 새물결

문수재, 손경희(2004), 식생활과 문화, 신광

볼프강 쉬벨부시(2000), 기호품의 역사, 한마당

성태종 외(2006), 음식문화비교론, 대왕사

손경희(1991), 식품문화사, 효일문화사

요네라하 마리(2002), 미식견문록, 마음산책

원융희(2001), 지구촌 음식문화기행, 신광출판사

이어령(2011), 빵만으로는 살 수 없다, 열림원

일로나 아로노브스키, 수자타 고피나스(2008), 고고학탐험대, 인더스(인류문명발굴하기6), 넥서스

임성빈 외 2인(2008), 맛있는 이탈리아요리, 효일문화사

임영상 외(1997), 음식으로 본 서양문화, 대한교과서

장마리 펠트(2005), 향신료의 역사, 좋은책 만들기

잭터너(2012), 스파이스, 따비

정한진(2006), 향신료 이야기, 살림

정혜경, 이정혜(1996), 음식문화연구의 다양한 이론적 시각과 연구주제들, 식품영양정보 제7호, 이

화여대출판부
존 앨런(2013), 미각의 지배, 미디어윌
차용준(2001), 전통문화의 이해, 전주대학교출판부
폴 프리드먼(2009), 미각의 역사, 21세기북스
하이드룬 메르클레(2005), 식탁위의 쾌락, 열대림
홍법원편집부(1999), 불교학대사전, 홍법원
대한항공 객실훈련원(2011), Cabin service management, 대한항공
대한항공 객실훈련원(2000), 상위클래스 Food and Beverage, 대한항공
김의부(2011.6.27), "선사시대 식생활, 어패류와 해조류는 중요한 부분", 한남일보
박상현(2010.10.1), "식민지배와 분단의 역사가 만들어낸, 베트남 쌀국수 '포 Pho', 부산일보
이규태(2008.7.8), "아침밥", 조선일보
Carla Capalbo(2010), Collio Fine Wines and Foods from Italy's North-East, Pallas Athene
Linda Civitello(2004), Cuisine and Culture, History of food and people, Wiley Press
Mimi Sheraton(1965), German Cookibook : A Complete guide to mastering Authentic German cooking, Random House
Souce Wikipedia(2011), Cocktails : Cocktail, Screwdriver, Rob Roy, Sambuca, Green Dragon, Mai Tai, Margarita, Fizz, the Fine Art of Mixing Drinks, Books LLC
〈사이트 및 사진〉
http://travelchatter.dailymail.co.uk
http://skyscanner.com
http://hanfamily.kr
http://cookart.co.kr
http://cafe.naver.com/f17
http://bartender.or.kr
http://kbs.co.kr/2tv/sisa/hansik
http://blog.koreanair.com
http://menzelophoto.com
http://wikipedia.org
http://remymartin.com
http://koreanair.co.kr
http://flyasiana.co.kr
http://aircanada.com
http://airbaltic.com
http://delta.com

http://www.gourmet.co.kr

* 인도 맥도날드 메뉴 그림

http://www.travelro.co.kr/route/3958

* 이집트 McArabia 그림

http://hi8001.egloos.com/2538716

* 트러플 그림

http://www.foodrepublic.com/2011/08/22/hunting-australian-truffles

* 한식 상차림 9첩 반상 사진

http://miniature.or.kr

* 포도품종사진

http://wikipedia.org

* Wine의 aroma weel

http://danzantewines.com/aroma-wheel.html

* 와인 Temperature chart

http://wineintro.com

* 고대 이집트 맥주 제조과정

http://bartender.or.kr

* 커피 Tasting Flavor wheel 사진

SCAA

* Fish 종류 사진

http://wikipedea.org

* Cheese 사진

http://blog.daum.net/_blog/BlogTypeView.do?blogid=0NjIR&articleno=63&categoryId=0&regdt=20110415120124#ajax_history_home

* First Class 기내식 사진

http://blog.daum.net/_blog/BlogTypeView.do?blogid=06vL8&articleno=14683919&categoryId=674113&regdt=20080508115211#ajax_history_home

* Singapore 항공 기내식 사진

http://www.flickr.com/photos/ok200/galleries/72157624011573568

*운항 초기 기내식 서비스 사진

http://75.aircanada.com/timeline/1954-super-constellation-graces-the-skies/2#timeline/?&_suid=1373117139048010310564656358118

* Special meal 사진

http://www.singaporeair.com/ko_KR/flying-with-us/yummy/

* VGML 사진

http://ramzy.tistory.com/96

* KSML 사진
http://lewiskosher.com/alias "Making Kosher Food Great"
* 커피메이커 사진
http://www.oag-bvg.gc.ca/internet/english/parl_cesd_200903_01_e_32285.html
* 오븐 및 Rack 사진
http://www.diethelmkelleraviation.com/p4.html
* Business Class 서비스 사진
http://trueskyairways.com/76
* 국내 항공사 일반석 장거리 노선 기내식 제공 사진 http://www.dongponews.net/news/articleView.html?idxno=5750
* 기내에서 제공하는 다양한 간식 사진 http://www.airtravelinfo.kr/xe/air_news/688725#ixzz2YN0Hr3F8
* 터키항공 기내식 사진 http://www.gourmet.com/food/gourmetlive/2012/010412/airplane-food-of-the-future
* 싱가포르 항공 도시락 사진
http://www.flickr.com/photos/sutanto/206659778/
* 아에로플롯트 서비스평가 사진
http://www.airlinequality.com/Forum/aeroflot.htm
* 승무원 메뉴리스트안내 사진
http://www.aeroflot.ru/cms/ko/special_offers/Sale_Asia-Europe
* 대한항공 기내식 명품화 사진 http://weekly.hankooki.com/lpage/goodlife/200905/wk20090527133635105010.htm
* 기내식 선주문 사진
http://www.airbaltic.com/about/pre-order-menu.pdf
* 명품서비스기내 최고급 와인과 테이블 웨어 사진
http://m.koreanair.com/Class/InService.aspx?class type=pr&lang=kor&vmode=
* 기내 Bar 사진
http://cafe397.daum.net/_c21_/bbs_search_read?grpid=hD1J&fldid=EkuT&datanum=677&contentval=&docid=hD1JEkuT67720060513233511
* 버진항공 Bar 사진 http://www.ausbt.com.au/photo-tour-the-best-in-flight-bars-in-business-class
Several airlines offer in-flight bars
* 발열식품 사진
http://en.wikipedia.org/wiki/Self-heating_food_packaging

■ 저자 소개

엄경아

(現) 경민대학교 항공서비스과 전임교수
인하대학교 대학원 석·박사 졸업(서비스경영 전공)
University of California Riverside Extension(TESOL)
(前) Saboten Franchise 식음료 및 서비스 교육팀장
대한항공 객실훈련원 훈련운영팀 상위클래스 훈련교관
부천대학교 전임교수
인하대학교 외래교수

황승미

(現) 경민대학교 항공서비스과 전임교수
경희대학교 대학원 석사 졸업(호텔관광 전공)
경희대학교 대학원 박사과정(호텔관광 전공)
(前) 경복대학교 외래교수
대덕대학교 외래교수
SU & MI 서비스 컨설팅 대표
대한항공 객실 여승무원 및 부사무장

항공기내식음료론

2013년 9월 5일 초판 1쇄 인쇄
2013년 9월 10일 초판 1쇄 발행

저 자 엄 경 아 · 황 승 미
발행인 寅製 진 욱 상

저자와의 합의하에 인지첩부 생략

발행처 백산출판사
서울시 성북구 정릉3동 653-40
등록 : 1974. 1. 9. 제 1-72호
전화 : 914-1621, 917-6240
FAX : 912-4438
http://www.ibaeksan.kr
editbsp@naver.com

값 27,000원
ISBN 978-89-6183-769-9